MMT 논쟁

진인진

MMT 논쟁

초판 1쇄 발행 | 2021년 6월 22일

지은이 | 나원준, 민병길·박원익, 신희영, 안현효, 유승경, 이정구, 조복현, 황재홍
편   집 | 배원일, 김민경
발행인 | 김태진
발행처 | 진인진
등   록 | 제25100-2005-000003호
주   소 | 경기도 과천시 별양상가 1로 18 614호(별양동 과천오피스텔)
전   화 | 02-507-3077-8
팩   스 | 02-507-3079
홈페이지 | http://www.zininzin.co.kr
이메일 | pub@zininzin.co.kr

ⓒ 진인진 2021
ISBN 978-89-6347-470-0 93300

* 책값은 표지 뒤에 있습니다.

목차

편자 서문   5

Ⅰ   현대화폐이론 개관   7
   1. 현대화폐이론(MMT) 논쟁의 현 단계   **나원준**   9
   2. '현대화폐이론'에 대하여: 『균형재정론은 틀렸다:
      화폐이론의 비밀과 현대화폐이론』 서평   **황재홍**   31

Ⅱ   MMT의 이론적 논점들   43
   3. 현대화폐이론(MMT)의 의의와 내재적 비판   **나원준**   45
   4. 개방경제와 MMT   **나원준**   93
   5. 현대화폐이론에 대한 비판과 제언   **신희영**   103
   6. 현대화폐이론 비판 : 정부는 정말 화수분인가?   **이정구**   143
   7. 현대화폐이론(MMT)과 재정·통화정책   **조복현**   155

Ⅲ   MMT와 비전통적 통화정책, 기본소득, 암호화폐   211
   8. 비전통적 통화정책과 현대화폐이론(MMT)   **나원준**   213
   9. 국가 발권력을 활용한 경제정책 대안들:
      "모두를 위한 양적완화"와 "주권화폐"를 중심으로   **유승경**   259
   10. 통화정책을 통한 기본소득의 가능성   **안현효**   287
   11. 현대화폐이론(MMT)의 재구성을 통해 본 비트코인의
       설계사상과 그 한계   **민병길 · 박원익**   311

편자 서문

　신고전학파 주류 거시경제학에서 중앙은행 통화정책과 정부 재정정책의 역할 분담(assignment issue)에 대한 이론적 논의는 아무리 늦게 잡아도 2000년대 중반 경에는 거의 종결되었다고 할 수 있다. 논의의 결론은 대체로 통화정책은 경기 변동의 조절과 물가 관리에, 그리고 재정정책은 국가채무(정부의 빚)와 재정수지(정부의 수입에서 지출을 뺀 것)의 관리에 초점을 맞춰야 한다는 것이었다. 당시까지만 해도 재정정책은 미리 정해둔 '재정 준칙'을 따름으로써 국가채무비율을 일정 수준에서 유지하는 수동적인 것이 최선이라는 인식이 지배적이었다.
　그러나 2008년 11월 25일자 미국 일간지 보스톤 글로브의 한 기사 제목("지금은 우리 모두 케인스주의자들(We are all Keynesians now")이 웅변했듯, 2007-2008년 글로벌 금융위기와 최근의 코로나19 감염 확산에 따른 세계경제위기는 균형재정과 재정건전성을 강조해온 전통적인 인식의 한계를 여지없이 드러내는 사건이었다. 죽어가는 경제를 소생시키고 미래 전략 과제에 투자하는 적극적인 역할을 재정정책이 맡아야 한다는 주장에 이젠 누구도 반대하기 어렵다. 과거의 잘못된 사고방식에 생긴 균열은, 기실 기성 이론보다 더 논리적으로 완벽하게 구성된 어떤 대안적 이론체계 때문은 아니었다. 바로 우리 눈앞에서 전개되는 현실 그 자체가 과거 이론에 대한 가장 강력한 도전이었다. 그리고 그 현실은 이제 다시 이론에 영향을 미치고 있다. 국가 재정을 바라보는 경제학의 시각은 새롭게 막을 올린 이 재정정책의 시대에 변화의 진통을 겪고 있다.

최근 '현대화폐이론(이하 MMT)'을 둘러싸고 학계와 세간의 관심이 뜨거운 것은 그런 점에서 어쩌면 자연스러운 현상이라고 하겠다. 우리 사회에서도 MMT가 갖는 다양한 이론적, 정책적 논점들은 때로는 학술 논문의 엄격한 언어를 통해 그리고 때로는 유튜브와 SNS의 대중적 언어를 통해 나름의 방식으로 소화되고 있다. 비록 후자의 경우에는 이론 자체를 오해하는 경우도 더러 보이지만 말이다. 전문가라며 나서는 사람은 넘쳐나지만 정작 제대로 아는 사람은 설 자리가 없는 세태의 한 반영일 터이다.

이 책은 2021년 3월말 시점을 기준으로 한국 경제학계에서 현재까지 이루어진 MMT에 대한 학술적 논의를 모은 결과물이다. 이 책의 11개 장 가운데 6개는 한국연구재단이 등재한 전문 학술지에 게재된 논문들이다. 전문 학술지이건 일반 학술지이건 현재까지 국내에서 발표된 MMT 관련 논문은 이 책에 사실상 빠짐없이 반영되어 있다. 이 책을 통해 독자들은 지금 국내 학계에서 MMT가 어떻게 연구되고 있는지 그 경향을 조망할 수 있을 것이다.

편자는 책의 최초 기획 단계부터 출판사를 접촉하는 단계까지 도움을 주신 대구대학교 안현효 교수님께 감사한다. 기획 과정에서 함께 고민해주신 충남대학교 민병길 교수님과 미국 라이트 주립대학교 신희영 교수님, 그리고 진인진 출판사의 김태진 사장님께도 감사한다. 이미 지면을 통해 발표된 논문이 재출간될 수 있게 허락해주신 각 학술지의 편집위원회와 관련 담당자께도 감사의 말씀을 드린다.

편자 나원준

I

현대화폐이론 개관

1장
현대화폐이론(MMT) 논쟁의 현 단계

나원준(경북대학교 경제학과)

I 현대화폐이론과 포스트케인지언 경제학

2015년 5월 28일 캐나다 토론토 라이어슨 대학교의 한 강의실에서는 캐나다 진보경제학포럼(Progressive Economics Forum)이 주최한 일일 여름학교가 열렸다. 연사는 당시 미국 캔자스시티의 미주리 대학교 교수였던 스테파니 켈튼(Stephanie Kelton)이었다. 켈튼 교수는 이듬해 상원의원 버니 샌더스(Bernie Sanders)의 경제 자문을 맡게 된다. 강연의 제목은 '공공부채의 의미를 다시 생각하기(Rethinking the meaning of public debt)'였다. 이 책이 다루는 현대화폐이론(Modern Money/Monetary Theory, 이하 'MMT')의 문제의식에 관심을 가진 대학원생과 연구자들을 위해 마련된 자리였다. 강연은 열띤 질의와 토론으로 시간에 쫓기며 아쉽게 마무리되었다. 필자도 그 청중 가운데 있었다.

이튿날에는 캐나다 전국경제학회 학술대회(Canadian Economic Association Conference)의 한 세션에서 아침 일찍부터 MMT를 둘러싼 토론이 벌어졌다. 오타와 대학교의 마리오 세카레치아(Mario Seccareccia) 교수가 켈튼 교수와 함께 토론에 참여했다. 세카레치아 교수는 공공부채 문제에 대한 MMT의 통찰에 적극적으로 공감을 표하면서도 동시에 MMT의 몇 가지 이론적, 정책적 난점을 지적하기도 했다. 필자의 2015년 봄 MMT와의 이틀에 걸친 조우는 다시 같은 해 가을학기 오타와 대학교에서 마크 라부아(Marc Lavoie) 교수가 개설한 대학원 화폐경제학 수업으로 이어졌다. 그 해 방문교수 자격으로 라부아, 세카레치아 두 분 교수님의 수업에 꼬박꼬박 출석했던 필자의 MMT 공부는 그렇게 논쟁의 현장에서 시작되었다.

MMT는 케인스를 계승한 포스트케인지언(Post-Keynesian 혹은 Post Keynesian) 전통에서 발전해 온 유효수요이론과 내생화폐이론에 화폐가 국가의 산물이라는 화폐국정설(the state theory of money)을 접목시켜 주권통화(sovereign money)를 가진 나라의 재정 활동에 대해 분석하는 비주류 경제학의 최근 사조를 일컫는다. 주권통화란 간단히 말하자면 화폐주권을 가진 정부가 정한 고유의 화폐 단위(money of account)로 발행된 통화이다. 주권통화는 그 중에서도 특히 다른 나라의 통화나 귀금속과 고정된 비율로 교환해 줄 의무가 없는 것을 일컫는다.

포스트케인지언 경제학은 MMT가 성장해온 토양을 제공했다. 이는 MMT가 포스트케인지언 경제학으로부터 최근 들어 이제 막 분화가 시작된 새로운 흐름이기 때문이다. 이에 따라 이 책의 주제인 MMT와 포스트케인지언 경제학 사이에는 이론적으로나 역사적으로 긴밀한 연결고리가 존재한다. 다만 우리가 MMT를 이해하고 정당하게 평가하고자 한다면 MMT만의 독창적인 이론 요소들부터 짚고 넘어가는 편이 적절할 수 있다. 실제로는 포스트케인지언 경제학과 MMT의 상호 작용은 복잡해서 전자가 후자를 낳았지만 거꾸로 최근에는 전자가 후자의 기여에 힘입어 발전하는 측면도 있다. MMT는 정부지출과 조세의 재정 과정에 대한 제도적 분석에 천착해 왔다. 그 결과로 재정 과정의 화폐 순환에 대한 기존 연구의 공백이 인식되었고 그 공백이 새로운 내용으로 채워지고 있다. 전통적인 포스트케인지언 내생화폐이론의 외연이 그렇게 확장되고 있는 것이다.

하지만 폴 데이비드슨(Paul Davidson), 말콤 소여(Malcolm Sawyer), 마크 라부아(Marc Lavoie) 등 포스트케인지언의 거장들과, 한때는 포스트케인지언 학파의 일원으로 한솥밥을 먹던 MMT의 주창자들 사이에는 이제 의견의 불일치가 뚜렷하다. 여러 포스트케인지언 저자들은 재정 과정이나 거시경제 원리에 대한 해석, 그리고 정책 처방 등 여러 측면에서 MMT에 대해 일종의 '동지적 비판(friendly critique)'을 제기해 왔다. 그러나 대개 그렇듯 논쟁을 통한 새로운 합의의 형성은 점차 불가능한 과제로 여겨지게 되었다.

학계의 논의는 어디까지나 학술지 지면을 중심으로 전개되는 것이 맞다. 불공정하지 않도록 최대한의 수의를 기울여 평가한다면, 포스트케인지언 학자들 사이의 내부 논쟁에서 적어도 MMT에 대한 비판이 양적으로는 더 많았다고 할 수 있다. 물론 반론도 만만치 않았다. 하지만 MMT의 지지자들이 주력한 장소는 따로 있었다. 그것은 대중을 상대로 하는 온라인 블로그와 소셜 네트워크(SNS)였다. 블로그와 SNS에서 MMT 지지자들의 활동이 활발해질수록 역설적으로 MMT의 수용을 둘러싼 포스트케인지언 학파 내부의 이론적인 논쟁은 오히려 수면 아래로 잦아들었다.

MMT가 대중적으로 주목을 받으면서 이론적인 논쟁을 주도했던 연구자들 사이에 학술 교류도 현저히 줄어들었다. 분열이 가속되었다. 매년 가을이면 전 세계 포스트케인지언 경제학자들을 미국 캔자스시티의 미주리 대학교로 불러 모았던 국제 포스트케인지언 학술대회(International Post Keynesian Conference)는 2016년 13회 대회를 끝으로 더 이상 열리지 않는다. 2017년부터 캔자스시티 미주리 대학교 경제학과는 새롭게 국제 MMT 학술대회(International Conference on MMT)를 출범시켰다. 필자가 개인적으로 경험한 바에 따르더라도 MMT를 비판하는 포스트케인지언 저자의 글은 이 새로운 학술대회에 초대받지 않는다.

하지만 MMT를 둘러싼 포스트케인지언 내부의 논쟁은 여전히 현재 진행형이기도 하다. 세계경제학협회(WEA, World Economics Association)의 공개(open access) 학술지 『현실 경제학 리뷰, Real-world Economics Review』의 2019년 10월호가 그와 관련된 주목되는 움직임이었다. 보다 최근에도 독일 한스 뵈클러 재단(Hans-Böckler Stiftung)이 후원하는 거시경제 포럼(FMM, Forum for Macroeconomics and Macroeconomic Policies)의 2020년 10월 온라인 컨퍼런스에서 MMT를 둘러싼 논의가 이루어진 바 있다.

II 이론적 분열의 지점: 정부지출의 재원 조달 문제

MMT가 포스트케인지언 학파로부터 분화되는 과정에서는 몇 가지 중요한 이론적 분열 지점이 이미 분명히 드러났다고 할 수 있다. 필자로서는 그 중에서도 정부지출의 재원 조달과 관련된 논점이 가장 두드러져 보인다.

MMT의 기본 입장은 정부가 지출을 할 때에는 항상 화폐를 창조하는 과정이 수반되며 그렇게 지출의 재원이 만들어진다는 것이다. 정부지출이 이루어질 때 본원통화인 지급준비금이 늘어나는 것만큼은 틀림

없는 사실이다. 하지만 그 점은 전혀 새로운 사실의 발견이 아니다. 이를테면 국내에서도 수십 년째 유통되며 고시생들도 공부하는 주류 경제학 저자의 화폐금융론 교과서만 보더라도 재정적자가 본원통화를 늘린다는 사실은 중앙은행 대차대조표의 변화를 설명하는 대목에 잘 소개되어 왔다. 그런데 그렇게 늘어나는 지급준비금을 어떻게 이해할 것이냐를 놓고는 전통적인 포스트케인지언 저자들의 시각과 MMT의 시각 사이에 차이가 있다.

예를 들어 보자. 정부가 민간 사업자로부터 업무용 컴퓨터를 구입하면서 조달청과 물품 공급 계약을 체결한 해당 사업자의 은행 계좌에 컴퓨터 구매 대금이 입금된다고 하자. 물론 이런 입금은 정부의 국고를 관리하는 중앙은행이 정부의 재정 대리인으로서 수행하는 업무이다. 이 경우 중앙은행은 해당 사업자의 계좌가 개설된 민간은행에 지급준비금을 제공하고 대신에 같은 금액만큼을 정부의 국고 계좌에서 차감한다.

MMT는 정부와 중앙은행을 실질적으로는 하나의 결합된 경제단위로 간주할 수 있다고 본다. 이에 따라 국고 계좌처럼 중앙은행에 예치된 정부의 예금은 형식적인 규칙과 관계된 것일 뿐이다. 넓은 의미의 정부에는 정부의 금융 부서인 중앙은행이 포함되기 때문이다. MMT의 출발점은 말하자면 다음과 같은 질문이다. 포스트케인지언 경제학자들이 오래전부터 주장해온 것처럼 민간은행이 순수한 신용 창조로 대출을 제공하고 있다면, 국정화폐를 발행하며 심지어는 민간은행으로 하여금 신용 창조를 할 수 있게 허락해 준 정부가 어떻게 신용 창조를 못한다는 것인가? 이를테면 민간의 컴퓨터 사업자에게 대금을 지불할 때 정부가 신용 창조를 할 수 없어 미리 배정해둔 예산이 없거나 어떤 이유로든 예산이 소진되어 버리면 대금 지불이 불가능하다는 것이 말이나 되는가?

중앙은행과 정부가 정말로 한 몸으로 결합되어 있다면 그런 정부는 얼마든지 신용 창조를 할 수 있다고 볼 법하다. 그렇다면, 즉 실제로 신용 창조가 이루어지고 있다면 그것의 구체적인 형태는 어떻게 드러날까? MMT의 해석에 따르면 정부가 지출을 할 때 지급준비금이라는 본원통화가 늘어나는 현상 자체가 곧 정부에 의한 신용 창조에 해당한다. MMT의 이와 같은 해석은 심지어는 오늘 이 순간에조차 정부의 지출은 별도의 재원 조달 없이 중앙은행에 의한 신용 창조, 즉 발권으로 이루어지고 있다는 주장으로 이어진다. 정부가 조세를 거두거나 국고채를 발행하는 것은 실제로는 지출의 재원을 조달하려는 것과는 관계없는 다른 목적 때문이다. 정부와 중앙은행의 제도적 분리는 이와 같은 경제적 사실을 숨긴다. 정부로부터 분리되어 독립된 중앙은행이란 정부가 스스로에게 부과한 가공의 제약일 따름이다. 정부와 중앙은행의 제도적 관계는 얼마든지 바뀔 수 있다. 그 점은 과거 왕정이나 전시 재정의 역사적 경험이 입증한다.

　MMT의 이런 해석을 처음 접한 독자라면 혹시 당황했을지도 모르겠다. 그러나 잠깐만 이런 생각을 한번 해보자. 중앙은행은 민간은행을 상대로 국채를 사고 파는 공개시장운영의 과정을 거침으로써 지급준비금의 공급량을 조절한다. 국채를 사면 그 매입 대가로 은행에 지급준비금을 입금하고 반대로 국채를 팔면 그 매도 금액만큼 은행의 지급준비금 잔액을 차감하는 것이다. 왜 이런 공개시장운영을 하는가 하면, 그렇게 함으로써 콜 시장 이자율을 통화정책 기준금리에 접근시킬 수 있기 때문이다. 중앙은행이 국채를 사면 지급준비금이 늘어나면서 콜 시장 이자율이 떨어지고 반대로 중앙은행이 국채를 팔면 지급준비금이 줄어들면서 콜 시장 금리가 오르는 현상을 활용하는 것이다. 콜 시장 이자율의 변화는, 보다 장기에 걸쳐 자금을 빌려 쓰는 데에 적용되는 장기 이자율에 시차를 두고 반영되며 그와 같은 과정을 통해 국민경제에 영향이 파급되는 것으로 알려져 있다. 바로 이와 같은 공개시장운영이 오늘날 세계 각국 중앙은행이 수행하는 통화정책의 요체라고 할 수 있다.

그런데 이 공개시장운영의 과정에서는 시중 통화량의 기초인 본원통화의 공급이 줄어들기도 하고 늘어나기도 한다. 본원통화는 중앙은행이 제공하는 화폐로서 현금과 지급준비금이 이에 해당한다. 중앙은행이 국채를 사면 본원통화의 공급이 늘어난다. 발권이 이루어지는 셈이다. 반대로 중앙은행이 국채를 팔면 본원통화인 지급준비금이 회수된다. 중앙은행에 의해 회수된 지급준비금은 어떻게 될까? 그냥 사라진다. 혹은 MMT 저자들의 표현을 이용하자면 회수된 지급준비금은 파괴된다. 독자들이 발권이라는 말의 어감을 어떻게 받아들일지 모르겠다. 다만 현대적인 중앙은행 제도에서 발권은 일상적인 공개시장운영 과정에서 늘 일어날 수 있는 자연스러운 현상인 것만큼은 틀림없는 사실이다.

이제 다시 재정 활동에 대한 분석으로 돌아가자. 앞에서 이미 설명한 바와 같이 정부지출은 지급준비금을 증가시킨다. 이는 정부지출이 발권을 수반한다는 의미이다. 주의할 점은 정부지출이 지급준비금을 늘리는 만큼 정부가 중앙은행에 예치한 국고 계좌의 잔액이 줄어든다는 사실이다. 그런데 지급준비금은 본원통화인 반면에 국고는 그렇지 않다. 이런 이유로 MMT는 국고가 줄고 지급준비금이 늘면 이를 중앙은행이 신용을 창조해 화폐가 늘어난 것으로 해석한다.

한편 조세나 국채 발행 대금이 국고로 입금되는 경우에는 반대로 지급준비금의 감소가 수반된다. 이는 중앙은행이 공개시장운영의 일환으로 국채를 은행에 매도할 때 지급준비금이 줄어드는 현상과 유사하다. 조세 수입이 발생한 만큼 지급준비금인 화폐가 사라지고 마는 셈이다. 물론 국채에 대해 정부가 이자를 지급하거나 원금을 상환하면 다시 지급준비금이 늘어난다.

그렇다면 전통적인 포스트케인지언 학파의 시각에서는 정부지출의 화폐적 효과가 어떻게 설명될까? 필자와 인식을 공유하는 포스트케인지언 저자들의 이해 방식에 따르면, 현대 국가의 재정 과정을 실제의 모습대로 정확히 분석하려면 정부와 중앙은행이 분리되어 있는 제도 현실을 전제해야 하며 이를 자의적인 제약일 뿐이라고 무시할 일은 아니라고 본다. 이 책 편집자의 입장을 떠나 한 명의 연구자로서 필자가 이해하는 바로는, 정부의 지출 재원이 무엇인가 하는 문제는 결국 국고의 잔액이 어떻게 조달되는가의 문제로 환원된다. 물론 국고 잔액이 꼭 조세 수입이나 국채 발행 수입으로 사전에 제한되는 것은 아니다. 이를테면 한국의 경우에도 동일 회계 연도 내에 상환된다는 전제 하에서 중앙은행에 의한 신용 창조(즉 중앙은행으로부터의 차입) 등으로 실제 재원이 부분적으로나마 확보되고 있는 실정이 감안되어야 한다. 포스트케인지언 경제학의 이해 방식에 따르면 정부지출의 개시 자체는 '초기 금융(initial finance)'인 중앙은행 차입이나 재정증권 발행 등의 방식으로 재원 조달이 이루어진 다음, '최종 금융(final finance)'인 조세 수입과 국고채 발행에 의해 이 초기 금융이 상환되는 일종의 화폐 순환으로 재정 과정이 설명되는 것이 타당하다.

이런 해석에서는 정부지출이 지급준비금을 늘리는 것은 틀림없지만 이는 국고가 똑같은 금액만큼 줄면서 발생한 현상일 뿐이라는 사실이 강조된다. 중앙은행의 부채 총량에는 변화가 없는 것이다. 왜 이런 사실이 중요한가? 내생화폐이론의 논리에 근거하면 민간은행의 신용 창조는 민간은행의 부채 증가를 수반한다. 중앙은행에 의한 신용 창조 역시 그 과정에서 중앙은행의 부채 증가를 수반해야 한다. 만약 중앙은행의 부채 총량이 늘어나지 않았다면 지급준비금이 늘어나는 것만으로는 이를 신용 창조로 볼 수 없다는 뜻이다.

III 정부 예산 제약이라는 개념의 허구성

이 문제는 결코 간단하지 않다. 이 책은 여러 장에서 이 문제를 이론적으로 다룬다. 이상 MMT와 전통적인 포스트케인지언 저자들의 두 서로 다른 해석 가운데 어떤 쪽이 더 우월하다고 볼 것인지 하는 판단은 어디까지나 개별 연구자와 이 책 독자의 몫이다. 다만 필자로서는 이상의 두 해석이 갖는 공통점 또한 중요해 보인다. 그 공통점이란, 이 두 해석 모두 조세 수입이나 국채 발행 수입이 정부지출의 총량을 사전적으로 제한한다고 보지 않는다는 사실에 있다.

MMT의 해석에서 특징적인 점은 비유컨대 정부가 지출을 위해 자금을 빼서 쓰는 주머니와 조세를 담는 주머니가 분리되어 있다는 설명이다. 첫 번째 주머니는 마치 화수분과 같이 자금을 원하는 만큼 얼마든지 빼서 쓸 수 있다. 실제로는 중앙은행이 지급준비금으로 이 주머니를 늘 채워주고 있다는 것이다. 이와는 반대로 두 번째 주머니는 마치 블랙홀과 같이 조세나 국채 발행 대금이 그 안에 들어가면 사라져버린다. MMT는 정부지출로 지급준비금이 늘어나면서 화폐가 창조되고 조세 수입으로 지급준비금이 줄어들면서 화폐가 파괴된다고 이야기한다. 이는 조세를 거둬들이거나 국채 발행 대금을 납입 받으면 지급준비금이 사라지는데 이렇게 사라지는 지급준비금을 지출의 재원으로 쓸 수는 없다는 해석으로 이어진다. 위의 두 주머니는 연결되어 있지 않다. 따라서 정부지출의 총량은 조세 수입이나 국채 발행 수입과는 전혀 관계가 없다. 정부의 예산 제약은 완전히 의미를 상실한다. 말그대로 허구적인 개념 이상이 아니다.

포스트케인지언 저자들은 중앙은행은 화수분과 블랙홀의 주머니를 가지고 있지만 중앙은행과 분리된 현실의 정부는 그것과는 분명 다르다고 본다. 중앙은행이 국채 등을 매입하기 위해 자금을 빼서 쓰는 주머니는 화수분과 같다. 중앙은행이 국채 등을 매도하면서 거둬들인 지급준비금은 블랙홀 주머니에 들어가 사라지고 만다. 하지만 정부는 제도적으로 국고라는 중앙은행 예금을 통해 재정 활동을 하므로 우리가 재정정책을 논의할 때 정부와 중앙은행을 결합된 하나의 경제단위인 것처럼 간주하는 것으로는 부족하다.

정부 예산 제약에 대한 포스트케인지언 저자들의 전통적인 해석은 수요가 공급을 결정한다는, 케인스 경제학의 유효수요 원리(principle of effective demand) 자체에서 출발한다. 유효수요의 원리에 따르면, 투자나 정부지출이 먼저 이루어져 국민경제 내에 경제주체들의 소득이 만들어진 다음에야 비로소 민간 저축이나 조세 수입이 가능하다. 소득이 있기도 전에 소득 중에 소비되고 남는 저축이 가능할 리 없다. 지출이 소득을 만들고 그렇게 만들어진 소득 가운데 저축이 이루어진다는 생각은 경제학의 역사에서 하나의 코페르니쿠스적 전환에 해당하는 케인스 혁명의 핵심 아이디어였다.

그런데 이 유효수요의 원리라는 것은 직관적으로 받아들이기가 쉬운 것만은 아닌 듯하다. '문송'한 필자를 포함한 많은 사람들은 심지어는 오늘날에도 여전히 아침이면 태양이 뜨고 저녁이면 태양이 지는 것처럼 체감하지만 이는 전혀 과학적인 이해가 아니다. 마찬가지로 사람들은 케인스 혁명에도 불구하고 오늘날에도 여전히 마치 저축된 재원이 미리 있어야만 그 돈으로 투자를 할 수 있는 것처럼, 혹은 조세로 거두어들인 재원이 미리 있어야만 그 돈으로 정부가 지출을 할 수 있는 것처럼 착각한다. 왜냐하면 그런 방식으로 해석하는 편이 너무나 직관적이고 피부에 와 닿기 때문이다. 마치 태양이 매일 뜨고 진다고 믿는 것처럼, 우리는 정부도 가계와 똑같이 주어진 예산을 초과해 지출할 수는 없는 일이라고 믿는다. 그러나 그것은 상식에 가까운 것일지는 몰라도 과학적인 이해는 아니다. 이미 오래전에 경제학자 케인스가 극복하고자 했던 과거의 경제이론일 뿐이다.

사실은 이렇다. (1) 먼저 중앙은행과 민간은행의 신용 창조에 힘입은 '초기 금융'으로 투자와 정부지출이 개시된다. (2) 그런 다음 국민경제 내에 '돈이 돌아' 경제주체들에게 소득이 만들어진다. (3) 그렇게 만들어진 소득이 저축되거나 조세로 거두어들여진다. 이렇게 화폐가 순환하는 과정으로 경제를 이해하는 것이 올바르다. 그것이 곧 케인스 혁명이 시사하는 과학적 이해라고 할 수 있다.

정부의 재정 과정에 이와 같은 생각을 적용하면 정부지출이 조세수입에 선행한다는 논리가 자연스럽게 구성된다. 그렇게 보면 신고전학파 경제학에서 정부의 예산 제약이라고 말하는 부등식의 실체는 논리적 인과관계를 거꾸로 전도시킨 셈이다. 왜냐하면 신고전학파적 해석에서는 마치 조세 수입의 크기나 발행되는 국채의 규모에 따라 재정 총량이 사전에 제한되는 것으로 이해되기 때문이다. 이런 해석은 실제로는 정부의 재정 과정에 대해 물구나무를 세우는 셈이다. 국가 재정도 가계의 살림살이와 마찬가지라는 잘못된 인식은 그만큼이나 뿌리가 깊다. 자연과학에 무지한 필자가 매일 태양이 지구 주위를 돈다고 체감하듯 말이다. 오늘도 우리는 해가 서쪽으로 저문다고 말하지 지구가 해의 동쪽 방향으로 자전한다고 말하지는 않듯 말이다.

포스트케인지언 경제학의 관점에서 이른바 정부의 예산 제약은 가계의 예산 제약과는 달리 재정 총량의 불가피한 제한을 보여주는 부등식이 아니다. 정부지출이 소득을 만들어내고 그렇게 만들어진 소득을 기초로 조세를 거두어들이며 '초기 금융'의 온전한 상환을 위해 조세로는 부족한 만큼을 국채 발행으로 조달한다는 것이 실제 정부 예산 제약의 부등식이 담고 있는 의미이다. 정부의 예산 제약은 사후적인 항등식일 뿐이다. 그렇게 볼 때에만 논리적인 인과관계의 방향이 분명히 드러난다. 정부지출이 조세 수입의 원인이다. 따라서 조세 수입은 지출을 제약할 수 없다. 결과가 원인을 제한할 수는 없는 노릇 아닌가.

IV 주류 경제학계의 평가: 시카고 대학 IGM 포럼 설문 결과

지금까지 MMT를 둘러싼 논쟁은 주로 포스트케인지언 학파 내에서 찬반이 나뉘어 이루어져 왔으며 점차 학파의 분화 단계로 이행하는 형국으로 보인다. 하지만 궁극적으로 MMT가 앞에서 제시한 논점을 중심으로 포스트케인지언 진영에서 분화된다고 하더라도 이 두 진영 사이의 차이를 과장할 이유는 전혀 없어 보인다. MMT에 대한 반대나 비판적인 연구들은 연구자마다 결이 크게 다르다. 포스트케인지언 경제학자들 중에도 토마스 팰리(Thomas Palley)처럼 MMT를 강하게 비토하는 경우가 있지만 대개는 MMT의 문제의식 자체에 대해서는 공감하면서도 케인스 경제학의 문법에 기초한 내재적 비판을 강조하는 경향성이 발견되기 때문이다. 굳이 따지자면 포스트케인지언 저자들은 MMT를 이론적으로는 비판하지만 정치적으로는 지지하는 입장에 가까워 보인다.

이와는 달리 국내외의 보수적인 주류 경제학자들은 MMT에 대한 진지한 논의 자체를 거부하는 편이다. 그 점은 지난 2019년 3월 13일에 미국 시카고 대학교의 부스(Booth) 경영대학원이 발표한 IGM 포럼 전문가 패널 조사 결과에서도 드러난다. 이 조사에서는 MMT의 주장이 타당한가를 묻는 두 개의 설문 문항이 활용되었다. 첫 번째 문항은 "자국 통화로 자금을 빌릴 수 있는 나라는 재정적자를 걱정해서는 안 된다. 왜냐하면 언제든 발권을 통해 국가채무를 갚을 수 있기 때문이다(Countries that borrow in their own currency should not worry about government deficits because they can always create money to finance their debt)"는 진술에 대해, 그리고 두 번째 문항은 "자국 통화로 자금을 빌릴 수 있는 나라는 발권을 통해 원하는 얼마든지 정부지출의 재원을 조달할 수 있다(Countries that borrow in their own currency can finance as much real government spending as they want by creating money)"는 진술에 대해 미리 선정된 학계 권위자의 의견을 묻는 것이었다.

응답 결과는 필자의 예상을 크게 벗어나지 않았다. 먼저 첫 번째 문항의 경우 부동의(disagree)가 36%, 강한 부동의(strongly disagree)가 52%였고 동의(agree)나 강한 동의(strongly agree)는 둘 다 0%였다. 개별 응답자의 확신 정도를 반영한 응답 결과는 부동의 28%, 강한 부동의 72%, 동의 0%, 강한 동의 0%였다. 다음으로 두 번째 문항은 부동의 26%, 강한 부동의 57%, 동의나 강한 동의는 둘 다 0%였다. 개별 응답자의 확신 정도까지 반영하면 부동의 24%, 강한 부동의 76%, 동의나 강한 동의는 둘 다 0%였다.

응답자 몇몇의 면면을 살펴보는 것도 흥미로울 수 있다. 먼저 대런 아세모글루(Daron Acemoglu)는 두 문항 모두에 부동의로 답했다. 앵거스 디턴(Angus Deaton), 배리 아이켄그린(Barry Eichengreen), 레이 페어(Ray Fair), 앨런 아우어바흐(Alan Auerbach)는 두 문항 모두 강한 부동의로 답했다. 불평등을 연구해온 엠마뉴엘 사에즈(Emmanuel Saez)는 첫 문항에 대해서는 부동의로, 두 번째 문항에 대해서는 강한 부동의로 답했다. 행동경제학으로 2017년 노벨상을 수상한 리처드 탈러(Richard Thaler)는 첫 문항은 부동의로, 두 번째 문항은 의견 없음으로 답했다.

필자는 설문의 첫 문항에 대해서는 동의하는 응답이 충분히 나올 수 있었다고 봤다. 예상과 달리 실제로는 긍정적인 반응이 전혀 나오지 않았지만 말이다. 반면에 설문의 두 번째 문항에 대해서는 문항 자체에 다소 불명확한 측면이 있었다고 봤다. 왜냐하면 MMT를 지지하는 사람이라도 이 두 번째 문항에 대해 부동의로 응답할 가능성이 없지 않기 때문이다. MMT에 따르면 유효수요가 생산 능력을 초과하면 인플레이션이 발생한다. 발권을 통해 원하는 만큼 정부지출을 수행하는 것은 인플레이션이 문제되지 않을 때로 제한해야 된다는 것이 MMT의 주장이다. 그런 점에서 필자는 두 번째 문항 자체에 일종의 프레이밍 효과(framing effect)가 작용하지 않았는지 의심스럽다.

아울러 필자는 이 패널 조사의 응답자들이 정말로 설문 문항에 대한 적절한 '전문가'인지에 대해서도 다소 의문을 갖는다. 학술상 수상자라고 해도 자신의 전공 분야가 거시경제학과 화폐금융론이 아니면 재정지출이 실제로 집행되는 화폐적 절차(monetary implementation)에 대해서는 잘 모를 수 있다. 어쩌면 경제학자의 다수가 이 특수한 문제에 대해서는 문외한일 것이다.

필자는 이런 설문에서 응답자가 기성 학계의 권위자들로 구성되어 있는 점도 결코 바람직하지 않다고 본다. 왜냐하면 설문의 결과가 당대의 주류 패러다임이 갖는 자기 확신의 한계에 갇힐 위험이 그만큼 더 클 수 있기 때문이다. 지금이 어떤 때인가. 경제의 위기와 함께 경제학의 위기가 공공연히 거론되는 시대가 아닌가.

V 이 책의 소개

필자의 기억이 틀리지 않다면 MMT에 대한 한국어 문헌은 2017년

칼폴라니사회경제연구소에서 번역 출간한 책(마리아나 마주카토·마이클 제이콥스 엮음, 정태인 옮김, 『자본주의를 다시 생각한다』)의 제2장과 제3장이 최초이다. 책의 제2장은 켈튼 교수가, 그리고 제3장은 MMT의 대표 저자인 랜덜 레이(L. Randall Wray)가 그의 제자 예바 네르시샨(Yeva Nersisyan)과 함께 쓴 글이었다. 같은 해 연말에는 레이 교수가 쓴, 사실상의 MMT 표준 교과서인 *Modern Money Theory*가 번역 출간되기도 했다(홍기빈 옮김, 『균형재정론은 틀렸다』, 책담). 2020년에는 일본 경제학자 이노우에 도모히로(井上智洋)의 『MMT現代貨幣理論とは何か』이 번역 출간되었다(송주명·강남훈·안현효 옮김, 『기본소득의 경제학: 알기 쉬운 현대화폐이론(MMT) 논쟁』, 진인진). 국내 저자에 의한 본격적인 개설서도 같은 해에 출판되었다(전용복, 『나라가 빚을 져야 국민이 산다』, 진인진). 이는 한국경제 자료를 직접 분석에 활용한 보기 드문 저작이다. 2021년에 들어서도 켈튼 교수의 신간이 번역 출간되었다(이가영 옮김, 『적자의 본질』, 비즈니스맵).

논의의 범위를 발권 기반의 재정정책 옹호론까지 넓히면 참고할 만한 국내 번역서가 2019년과 2020년에 각각 한 권씩 더 출판되었다. 이노우에 도모히로의 『ヘリコプターマネー』(강남훈·송주명·안현효 옮김, 『거품경제라도 괜찮아』, 다돌책방)과 프란시스 코폴라(Frances Coppola)의 *The Case for People's Quantitative Easing*(유승경 옮김, 『프리드먼은 왜 헬리콥터로 돈을 뿌리자고 했을까』, 미래를 소유한 사람들)이 그것이다.

MMT를 주제로 하는 한국인 저자의 순수 학술 연구는 2019년부터 전문 학술지에 게재되기 시작했다. 독자 여러분들이 읽고 계신 지금 이 책은 2021년 3월말까지 국내 전문 학술지에 게재된 MMT 관련 논문을 망라해 모두 한데 모으고 여기에 주제 관련성이 깊은 글 몇 편을 더해 편집한 것이다. 그 점에서 이 책은 국내에 최근까지 출간된 책들과는 성격이 다르다. 논문을 모은 책이므로 난이도로만 따지면 조금 더 어렵지만(즉 불친절하지만) 그 대신에 더 깊이 있는 내용을 다룬다고도 할 수 있다. 필자는 이 책에 실린 글들이 일반 독자에게 처음에는 다소 어렵게 느껴질 수 있지만 관련 이론의 기초를 어느 정도 습득하고 나면 상당히 흥미로운 읽을거리가 될 것이라고 감히 예상한다.

이 책을 기획한 의도는, 최근 들어 세계적인 관심의 대상이 되고 있는 MMT라는 진보 담론이 한국 경제학계에서 어떻게 수용되고 있고 어떻게 소화되고 있는지 확인하고 이를 대중적으로 공유하고자 함이다. 이 책은 MMT를 둘러싼 한국 학계의 논의 수준을 가감 없이 드러낸다. 관점에 따라서는 평가도 천차만별일 법하다. 어떤 이에게는 우리 학계의 논의가 세계적인 논의 수준에 빠른 속도로 근접해가는 것처럼 보일 수도 있다. 반면에 또 다른 이에게는 실망스러워 보일 수도 있다. 필자로서는 이 책이 학계의 냉정한 자기 평가의 계기가 될 수 있기를 바란다.

이 책은 각 장마다 독립된 완결성을 가지고 있다. 이에 따라 책 전체를 관통하는 일관된 관점은 없다. 각 장에 실린 글의 내용은 해당 저자의 것이며 이에 대해서는 해당 저자가 온전히 책임을 진다.

필자는 또한 이 책의 어떤 장이든 대체로 논쟁을 유발하는 성격을 가진 점도 미리 밝혀두고자 한다. 이는 이 책의 기획 의도에 따른 불가피한 결과이다. 학술 연구란 것 자체가 기존에 제기되지 않았던 물음을 던지면서 비로소 출발하는 것이라고 본다면, 이 책의 글들이 대체로 논쟁적인 것은 어쩌면 자연스럽다. 다만 전문 학술지에 게재된 몇 편의 글은 논문심사라는 학계의 엄정한 동료 평가(peer review) 과정을 거치면서 더 다듬어졌고 조금은 더 객관화된 측면이 있다고 하겠다.

특히 필자는 이 책을 위해 글을 모으는 과정에서 포스트케인지언 외부의 주류 신고전학파 경제학이나 마르크스경제학의 관점에서 쓰인 국내 저자의 진지한 이론적 비판을 책에 포함시키고자 했다. 그 결과로

마르크스경제학자의 입장은 책의 제5장과 제6장에 반영할 수 있었다. 그러나 필자 나름대로는 부지런히 노력했음에도 불구하고 주류 신고전학파 저자에 의한 비판 글은, 적어도 이런 종류의 책에 포함시킬 만한 것을 찾을 수 없었다. 어쩌면 이는 경제학의 본산인 미국보다도 더 완고하게 시장원리주의가 지배하는 국내 경제학계의 냉정한 현실을 드러내는 하나의 사례일지도 모르겠다. 어쨌든 신고전학파 관점에서의 진지한 MMT 비판을 찾는 데 실패한 점은 필자로서는 내내 아쉬움으로 남아 있다.

이 책은 구성 상 크게 세 부분으로 나누어진다. 책의 첫 부분은 두 개의 장으로 구성되며 독자들에게 MMT에 대한 일종의 개관을 제공한다. 제1장인 본 장은 책의 기획과 구성을 맡은 편저자 나원준이 작성했으며 책 전체에 대한 일종의 해제로서 MMT 논쟁의 배경 이야기를 간략히 소개한다. 본 장에 이어지는 제2장은 황재홍의 글로서 독자들은 랜덜 레이의 『균형재정론은 틀렸다』에 대한 이 서평을 통해 MMT 주장의 핵심을 파악할 수 있을 것이다.

책의 두 번째 부분(제3장-제7장)은 MMT의 이론적 논점을 중심으로 하는 논쟁적인 성격의 논문들로 구성되어 있다. 먼저 제3장은 나원준의 논문으로 이 장에서는 포스트케인지언 경제학의 내생화폐이론과 순환학파의 화폐 순환 모형에 기초해 MMT의 재정 과정 해석을 내재적으로 비판하는 작업이 이루어진다. 저자는 한편으로는, MMT가 재정 활동의 화폐적 함의에 대한 분석을 통해 포스트케인지언 경제학의 발전에 기여한 측면이 있고 오늘날 한국경제를 포함해 세계 경제가 마주하고 있는 구조적 침체의 상황에서 재정정책이 어떤 역할을 할 수 있는지와 관련해 탁월한 메시지를 던지는 점에서 긍정적으로 평가한다. 하지만 동시에 저자는 다른 한편으로 MMT의 명제들에는 케인스 경제학과 내생화폐이론의 문법으로 해소하기 어려운 비현실적이고 반직관적인 문제점이 포함되어 있어 이에 대한 순화와 제한적 해석이 필요하다고 주장한다. 이어지는 제4장은 나원준의 한국사회경제학회 2019년 가을학술대회 발표 논문 가운데 분량 상 출간되지 않은 원고 부분이다. 이 장은 개방경제와 관련된 기본적인 논점을 짚어준다.

제5장은 신희영의 논문이다. 이 장에서는 MMT의 핵심적인 문제의식과 정책 제안의 타당성이 포스트케인지언 시각과 마르크스주의 시각에서 비판적으로 분석된다. 저자는 주권 국가의 무제한적 예산 편성 가능성을 시사하는 MMT의 분석과 정부주도 일자리 보장이라는 정책 제안 간에는 필연적인 상관관계가 존재하지 않는 점, 국제 무역 및 금융 질서가 발전 도상에 있는 소규모 개방 경제 체제에 부과하는 외부적 제약 요인들을 MMT가 제대로 파악하지 못하는 점, 포스트케인지언 학자들과 마르크스주의자들이 강조해온 자본주의적 소유권 개혁과 독점 자본에 대한 개혁 문제가 MMT의 시야에서 사라진 점을 지적한다.

이어지는 제6장은 이정구가 마르크스주의의 관점에서 쓴 글이다. 이 장에서 저자는 MMT에 입각한 대규모 재정 부양은 금융자본의 이해에 부합하는 측면이 있고 미국이 아닌 다른 나라에는 적용되기 힘들다고 지적한다. 아울러 자본주의 체제의 근본적 변혁 대신 개혁주의 대안의 제시에 그치는 점에서 MMT나 포스트케인지언 경제학은 둘 다 한계를 갖는다고 주장한다.

제7장은 조복현의 논문이다. 이 장에서는 MMT 진영과 포스트케인지언 진영 간에 논란이 야기된 배경에 대해 검토가 이루어진다. 저자는 포스트케인지언 진영의 비판과 관련해서는 화폐 발행과 소멸의 순환주기에 대한 오해, 총수요 창출과 일자리보장정책의 차이에 대한 혼란, 화폐와 금융 사이의 구분 미비와 같은 문제점을 지적하며 MMT 진영과 관련해서는 국가화폐와 본원통화 등 용어 사용의 혼란, 통화정책의 자산가

격에 대한 영향 경시 등의 문제점을 지적한다.

책의 세 번째 부분은 MMT와 관련성이 있는 다양한 이슈를 소개하는 네 개의 장으로 구성되어 있다. 먼저 제8장은 나원준의 논문이다. 이 장에서는 재정정책과 통화정책의 새로운 조합의 가능성에 주목하는 다양한 비전통적 통화정책을 대차대조표 효과 측면에서 비교 분석하고 이와 관련해 MMT가 제시하는 새로운 시각에 대해 논의한다. 이를 위해 저자는 먼저 글로벌 금융위기 이후 양적완화가 도입된 역사적 과정을 개관하고 양적완화의 전달경로에 내포된 문제점을 내생화폐이론의 관점에서 비판적으로 규명한다. 그리고 실물경제에 대한 직접적인 지원을 특징으로 하는 대안적 정책 구상으로서 전략적 양적완화, 직접 및 간접 헬리콥터머니, 재정화폐 등에 대해 살펴본다. 저자는 MMT가 지급결제시스템의 제도 맥락에서 재정정책과 통화정책의 연관성을 조명함으로써, 전통적인 통화정책체계를 대신해 재정정책과 통화정책의 상호 조율된 결합을 고민하는 과제에 있어 의미 있는 정책 시사점을 제공하는 것으로 평가한다. 다만 이 장에서도 저자는 MMT가 이론적으로 발전되어야 하는 과제들을 다시 한 번 짚고 있다.

제9장은 유승경의 글이다. 이 장에서 저자는 양적완화에 대한 비판적 검토로부터 출발해 이른바 '모두를 위한 양적완화'로서 발권에 기반한 재정정책의 가능성과 효과에 대해 논의한다. 아울러 저자는 민간은행의 신용 창조나 부분지급준비제도를 폐지해 국가의 화폐주권을 회복하고 화폐발행이익을 공공의 이익에 활용하자는 주권화폐론의 주장에 대해서도 검토한다. 모두를 위한 양적완화나 주권화폐론의 아이디어는 모두 MMT와 이론적으로 밀접한 관련이 있다.

제8장과 제9장에 이어 제10장도 비전통적 통화정책에 대한 논의에 해당한다. 제10장은 안현효의 논문이다. 이 장에서 저자는 헬리콥터머

니를 세 가지로 유형화한 다음, 헬리콥터머니를 활용해 기본소득의 재원 문제에 대한 대안을 마련할 수 있는 가능성을 모색한다.

마지막으로 제11장은 MMT에 기초해 암호화폐제도의 한계와 과제를 밝히는 내용이다. 저자인 민병길과 박원익은 현대 자본주의 화폐 제도를 법정화폐와 은행 신용화폐가 제도적으로 결합한 것으로 파악하고 이에 반해 암호화폐는 화폐제도를 둘러싼 유기적인 사회적 관계를 결여한 점에서 한계가 있다고 주장한다. 결국 암호화폐가 기존 화폐제도에 대한 대안이 되기 위해서는 대안적인 사회 신용체계가 구축되어야 한다는 것이다.

각 장의 저자와 제목 및 정확한 출전은 다음과 같다. 필자를 비롯한 이 책의 공저자들은 다음의 글을 이 책에 새로 재출간할 수 있도록 허락해주신 각 학술지의 편집위원회 및 관련 담당자 분들께 깊이 감사드린다. 단, 이 책을 준비하는 과정에서는 제2장과 제5장, 제9장의 원래 출판 원고가 각각 해당 저자들에 의해 수정되었음을 밝혀둔다.

제1장 나원준, 현대화폐이론(MMT) 논쟁의 현 단계.

제2장 황재홍, '현대화폐이론'에 대하여, 『녹색평론』, 제167호, 2019년 7-8월.

제3장 나원준, 현대화폐이론(MMT)의 의의와 내재적 비판, 『경제발전연구』, 제25권 제3호, 2019년 9월, pp. 91-127.

제4장 나원준, 개방경제와 MMT, 미출간 원고.

제5장 신희영, 현대화폐이론에 대한 좌파 케인즈주의-마르크스주의적 비판과 제언, 『사회경제평론』, 제61호, 2020년 2월, pp. 45-79.

제6장 이정구, 현대화폐이론 비판: 정부는 정말 화수분인가?, 『마르

크스21』, 제30호, 2019년 6월, pp. 30-42.

제7장 조복현, 현대화폐이론(MMT)과 재정·통화정책,『사회경제평론』, 제62호, 2020년 6월, pp. 227-277.

제8장 나원준, 비전통적 통화정책과 현대화폐이론(MMT),『사회경제평론』, 제61호, 2020년 2월, pp. 1-44.

제9장 유승경, 국가 발권력을 활용한 경제정책의 대안들: '모두를 위한 양적완화'와 '주권화폐'를 중심으로,『시대』, 제74호(2019년 12월) 및 제75호(2020년 1-2월).

제10장 안현효, 통화정책을 통한 기본소득의 가능성,『마르크스주의 연구』, 제16권 제3호, 2019년 8월, pp. 68-87.

제11장 민병길·박원익, 현대화폐이론(MMT)의 재구성을 통해 본 비트코인의 설계사상과 그 한계,『사회경제평론』, 제60호, 2019년 10월, pp. 73-121.

마지막으로 필자는 MMT를 지지하는 독자들이 혹시 이 책에 대해 가질 수도 있는 오해와 관련해서 한 가지 말씀을 덧붙이고 싶다. 독자들 중에는 이 책에 실린 모든 글이 그런 것은 아니지만 대체로 MMT에 대해 비판적인 글이 더 많은 점에 대해 의문을 제기할지도 모른다. 오해를 미연에 방지하고자 분명히 밝혀두자면, 이 책을 엮으면서 필자는 현 시점까지 한국 학계에서 발표된 연구 성과 가운데 필자의 잣대로 평가해 임의로 선별하는 작업을 하지 않았다. 한국의 전문 학술지에 현재까지 게재된 MMT에 대한 모든 논문이 이 책에 포함되어 있다. 전문 학술지 논문들이 MMT를 대체로 비판적으로 독해하고 있다면 그것은 그것 자체로 평가되어야 하는 일이다.

필자는 학술 연구를 정치 운동이나 신앙처럼 대할 일은 아니라고 믿는다. MMT가 건강한 이론이라면 그것은 논의되고 발전되어야 할 어떤 것이지 학계의 논의를 도외시하는 다른 차원의 것이 되어서는 안 된다. MMT의 지지자라면 이 책에 실린 논문이 제기하는 정도의 비판을 견딜 수 없어 해서는 안 된다는 것이 필자의 생각이다. 이 책에 실린 논문 저자들의 태도는 MMT를 출발선에서부터 적대시하는 주류 경제학의 그것과는 거리가 멀다. MMT에 대한 찬반 여부를 떠나 저자들이 MMT를 진지하게 검토하고 걱정도 하는 이유는, 오늘 한국경제가 당면한 과제들이야말로 대안 경제학의 건강한 비전을 그 어느 때보다 절실히 요구하고 있다는 우리들의 믿음 때문이다.

2장
'현대화폐이론'에 대하여:
『균형재정론은 틀렸다: 화폐이론의 비밀과 현대화폐이론』 서평

황재홍(목원대학교 금융경제학과)

『균형재정론은 틀렸다』는 캔자스 시티의 미주리 대학 경제학과에 재직하고 있는 랜덜 레이(Randall Wray) 교수가 쓴 책 *Modern Money Theory: A Primer on Macroeconomics for Sovereign Monetary Systems* (2nd edition)을 번역한 책이다(**이하 MMT**). 처음 제목만 보면 같은 책이 맞나 하는 생각이 들 정도로 전혀 다른 제목을 사용하고 있다는 것을 확인할 수 있다. MMT는 주류 거시/화폐이론의 입장에서는 받아들이기 어려운 여러 가지 도발적 주장들을 담고 있는데 그 중 국가 재정과 관련된 부분이 MMT에서 가장 발본적이고 핵심적인 것이라는 역자의 생각이 담긴 제목이 아닌가 생각된다.

레이 교수 등이 속해 있는 MMT 진영은 경제학계 전체에서 변방이라고 할 수 있다. 그런데 역자 서문에 나타나 있듯이 글로벌 경제위기 이후 주류경제학에 대한 비판이 확산되고, 최근 미국의 진보적 정치 세력

중에서 MMT를 지지하는 사람들이 등장하면서 MMT에 대한 세간의 관심이 높아지고 있다. 우리나라에서도 비주류라고 할 수 있는 포스트케인지언들이 주장했던 소득주도성장이론이 주요 경제 정책으로 등장하면서 학계와 시민사회에서 비주류 경제이론에 대한 논쟁이 활발해진 것처럼, 미국 사회에서도 MMT를 둘러싼 여러 논의들이 증가하고 있고 우리나라 다수의 언론들도 MMT와 그 논쟁들을 소개하고 있다. 하지만 우리 학계에서는 MMT와 관련된 본격적인 논의는 아직 없는 것으로 보인다. 그 가운데 MMT의 핵심 인물 중의 한 사람인 레이 교수의 책이 번역된 것은 매우 의미 있고 선구자적인 작업이라고 생각된다.

필자는 포스트케인지언 등 비주류 이론에 많은 관심을 가지고 있는 사람에 속한다. 글로벌 경제위기에 대한 연준(Fed)의 정책적 대응은 파격적인 것이었고, 따라서 주류이론에서 설명되기 어려운 연준의 통화정책을 비주류 이론에서는 어떻게 평가하는가가 궁금하여 이러한 논의들을 살펴보는 시간을 가져 보기도 했다. MMT의 주장이 기존 경제이론과는 매우 다른 것이어서 단순히 책의 내용을 정리하여 소개하는 것만으로는 왜 갑자기 MMT가 세간의 관심을 받게 되었는가를 궁금해 하는 독자들을 만족시킬 수 있는 서평이 되기 어렵고, 보다 적극적인 평가 작업이 필요할 것으로 판단된다. 그런데 이는 필자의 능력을 넘어서는 일이라는 생각이 들었다. 그래서 차선으로 MMT를 둘러싼 건설적인 논쟁들을 전달하는 것으로써 독자들이 MMT의 객관적 위치를 가늠해 보는데 도움을 드리는 것으로 스스로의 임무를 규정하고자 한다. 이 건설적인 논쟁(하지만 MMT에는 치명적이다)은 주로 비주류 내에서의 논쟁을 말하는 것이다. 최근 국내 언론들(그리고 역자 서문의 일부)은 주류 이론과의 대립 구도에 초점을 맞춰 MMT를 소개하고 있다. 주류와 비주류의 논쟁은 화해 불가능한 세계관이나 정치적 이념의 차이로 인하여 이론의 진정한 과학성에 관한 논의가 생산적으로 이루어지기 어려운 경우가 생긴다. MMT의 핵심 주장들은 비주류에서도 쉽게 받아들여지지 않는다. 비주류 내에서의 논쟁은 내 편이냐, 네 편이냐를 떠나 독자들이 MMT의 진정한 과학성의 위치를 이해하는데 도움을 줄 것이라고 기대한다.

돈을 찍어서 국가재정을 충당한다는 이야기는 주류 이론에서도 불가능한 이야기는 아니다. 그러나 이것이 지속되면 초인플레이션으로 인하여 경제가 망가지고, 적자재정이 지속되면 부채비율이 높아져 국가채무불이행의 위기가 우려되기에 이런 정책을 고려하지 않을 뿐이다. MMT의 주장은 단순히 '돈을 찍어낸다고 해서 꼭 초인플레이션이 발생하는 것은 아니다'라든가, 또는 '국가가 필요에 따라 균형예산이 아닌 적자예산을 편성할 수 있다'는 수준에 그치지 않는다. 국가의 지출은 새로운 화폐 창출에 의해 충당된다. 그래야 민간이 세금 납부 수단으로 국가가 인정한 화폐를 가질 수 있게 된다. 그러므로 민간이 세금 납부에 필요한 화폐를 가질 수 있도록 정부는 적자재정을 운영해야만 한다. 또한 조세 수입 혹은 국채 판매 금액은 지출될 수 없다. 왜냐하면 이는 화폐의 소멸을 의미하기 때문이다. 정부가 지출을 행하기 위해 조세가 필요한 것이 아니고 민간에서 세금을 납부하기 위해 정부가 지출을 먼저 행해야 하는 것이다. 조세는 실질적 가치를 지니지 못한 증표(token)가 화폐로 통용되게 만드는 원동력이지만 (세금 낼 때 필요하므로) 정부지출을 충당하기 위해 필요한 것은 아니다. 조세는 민간의 총수요를 억제하는 수단 등으로 활용될 뿐이다.

MMT가 상정하는 시스템에서 국가의 지출은 화폐의 증가, 세금 수입은 화폐의 감소가 된다. 이 화폐를 실질적 가치를 지니는 어떤 재화(귀금속)로 바꾸어 주어야 할 의무도 없다. 그리고 세금 수입이 정부지출의 원천이 되는 것도 아니다. 재정지출에 있어 사실상 아무런 제약이 없다는 의미가 되는 것이다. 분명 금이 아닌 물질을 금으로 만들 수 있다는 연금술을 연상시키는 주장이 아닐 수 없다. 이러한 상황이 어떻게 가능한 것인지 레이 교수의 (본서 3장에 나타난) 설명을 먼저 자세히 살펴볼 필요가 있다.

정부가 민간에 조세를 부과하고 민간으로부터 제트기를 한 대 구매하였다고 가정하고, 이를 다음의 대차대조표로 나타낸다. 정부와 중앙은행은 통합되어 있어 따로 표시되지 않는다.

표 1 정부 민간은행 비은행 민간인

정부				민간은행				비은행 민간인			
자산		부채		자산		부채		자산		부채	
제트기	(+)	지급준비금	(+)	지급준비금	(+)	요구불예금	(+)	요구불예금	(+)	부과된 조세	(+)
부과한 조세	(+)	자기자본	(+)					제트기	(-)	자기자본	(-)

정부는 제트기를 얻으며 이를 판매한 민간업자는 요구불예금을 얻게 된다. 조세를 부과하면 이 민간업자의 자기자본이 줄어들고 정부의 자기자본이 늘어난다. 이것이 조세의 목적으로 자원을 민간에서 정부로 이전시키게 된다. 정부가 화폐(지급준비금)를 발행하여 제트기를 구입한다. 민간업자가 이를 민간은행에 예치하면 민간은행이 정부에 두고 있는 지급준비금 계좌로 이것이 들어온다. 이제 민간인이 조세를 납부하면 조세납부자의 예금계좌 그리고 은행의 지급준비금에서 자금이 인출되어 조세로 납부된다.

표 2 정부 민간은행 비은행 민간인

정부				민간은행				비은행 민간인			
자산		부채		자산		부채		자산		부채	
부과한 조세	(-)	지급준비금	(-)	지급준비금	(-)	요구불예금	(-)	요구불예금	(-)	부과된 조세	(-)

정부가 조세와 지출에 있어 균형을 추구하면 제트기가 정부 부문으로 옮겨지고 민간의 자기자본이 감소하는 것으로 거래가 종료된다. 위의 대차대조표 (+)와 아래의 대차대조표 (-)가 상쇄되면 정부 자산에는 제트기만 남고 자기자본 증가, 비은행 민간인 대차대조표에서 제트기 자산이 감소하고 자기자본이 줄어든 것만 남게 되는 것이다. 정부의 제트기 구입 과정에서 창출되었던 화폐는 민간의 세금 납부로 소멸된다.

만약 정부가 적자재정(조세를 부과하기 않는다)을 통해 지출하면 제트기가 정부로 이전되지만 적자지출로 인하여 지급준비금이라는 순(net)금융자산이 민간 부문에 만들어진다.

표 3 정부 민간은행 비은행 민간인

정부				민간은행				비은행 민간인			
자산		부채		자산		부채		자산		부채	
제트기	(+)	지급준비금	(+)	지급준비금	(+)	요구불예금	(+)	제트기 요구불예금	(-) (+)		

이들 대차대조표는 레이 교수를 비롯 MMT가 주장하고 있는 핵심 명제들이 담고 있는 내용들을 묘사하고 있다. 정부의 지출은 화폐창출, 조세 수입은 화폐소멸이 된다. 정부는 조세 부과 없이도 필요한 재화와 서비스를 구매할 수 있다. 그리고 공공부문의 부채가 민간부문의 자산이 된다.

현실 거래에 대한 위와 같은 T계정을 통한 묘사는 일반적인 교과서에 등장하는 회계 방식과 여러 가지로 차이가 있다. 레이 교수는 이것이 큰 문제가 되지 않는다고 주장한다. 현실에서는 MMT가 상정한 시스템과 달리 정부와 중앙은행은 통합되어 있지 않다. 그런데 여기서는 정부와 중앙은행이 통합되어 있어 중앙은행의 화폐(지급준비금)발행이 부채로 중앙은행 대차대조표에 기록되듯이 정부의 화폐발행이 부채로 기록된다. 중앙은행이 지급준비금을 거두어들이면 통화량이 감소하듯 조세를 거두면 화폐량이 감소한다. 이 시스템에서 정부의 재정 활동(지출과 조세) 과 중앙은행의 활동(화폐량 조절)이 같은 것이 된다.

그런데 현실에서 정부는 스스로 화폐를 창출해서 재화와 서비스를 구입하는 것이 아니다. 중앙은행에 둔 계좌 잔고 일부가 민간인 계좌로 넘어갈 뿐이다. 미국 정부는 중앙은행(연준)에 직접 국채를 판매할 수 없으며, 정부는 중앙은행 계좌를 통해서만 지출할 수 있는데 이 계좌에서의 당좌차월 또한 불가능하다. 미국 정부가 지출을 늘리려면 정부가 가지고 있는 중앙은행 계좌의 잔고를 늘려야 하며 이는 민간인이 납부한 세금을 담고 있는 정부의 민간은행 계좌에서 중앙은행 계좌로 잔고를 이체해야만 가능한 일이다. 당연히 세금을 거두어야 지출을 할 수 있다. 현실에서 중앙은행이 새로 지급준비금을 공급하지 않아도 정부지출은 일어날 수 있다. 또 민간이 세금을 납부한다고 해서 지급준비금의 양이 반드시 줄어드는 것도 아니다.

정부와 중앙은행을 통합해서 다루느냐 분리해서 다루느냐는 그리 중요한 문제가 아니라고 레이 교수는 주장한다. 그런데 많은 문제가 여기서 발생한다는 비판이 제기된다. 중앙은행은 국가의 부채에 관한 업무를 다룰 뿐 아니라 민간 기관들의 부채와 관련된 여러 업무도 수행한다. 그러므로 중앙은행화폐(중앙은행 부채)를 국가화폐(국가 부채)와 동일시해서는 안된다. 앵글로-색슨 국가들에서 중앙은행이 정부 부채를 구입함으로써 화폐를 창출하는 전통을 가지고 있었다고 해서 중앙은행과 정부를 한 기관으로 통합해서 보는 것이 허용되는 것은 아니다. 국가의 지출과 조세가 중앙은행 화폐량에 영향을 줄 수 있다고 해서 국가화폐와 중앙은행화폐가 동일해 지는 것은 아니다. MMT의 주장처럼 민간은 세금을 내기 위해 국가화폐를 취득해야 한다는 걱정을 하지 않는다. 민간은 국가화폐가 아니더라도 세금을 납부할 수 있다.

레이 교수는 국가의 지출 여력에 제약이 없다고 해서 이를 반드시 쓰자는 이야기가 아니라고 서술하고 있기는 하지만 분명 MMT 시스템에서 국가의 지출 여력에 있어 제약이 없다. MMT는 이 지출을 고용을 늘리는데 쓰자고 주장하고 있다. 소위 정부의 최종고용자(Employer of Last Resort) 역할이다. 이는 케인즈(Keynes)와 민스키(Minsky) 등이 주장해 온 것이다. 또한 건전한 재정보다는 기능적 재정을 강조한 러너(Lerner)의 주장을 이어가는 것이기도 하다. 정부지출에서 발생할 수 있는 여러 가지 부패나 비효율성을 둘러싼 시장주의자들의 비판을 차치하더라도 정부지출과 재정적자는 인플레이션과 이자율 상승으로 이어진다는 구축효과(crowding out) 주장에 대한 방어가 필요하다. 이에 대한 MMT의 핵심 주장 중 하나는 정부의 재정적자 증가는 구축효과론자들의 주장대로 이자율을 높이는 것이 아니라 오히려 이자율(federal fund rate)을 낮춘다는 것이다. 어떻게 이것이 가능한가 하는 것을 확인하기 위해 위의 대차대조표로 다시 돌아갈 필요가 있다.

정부가 세금을 부과하지 않고 화폐를 발행하여 제트기를 구입하면 민간 부문에 지급준비금이라는 순 금융자산이 발생한다. 이로 인하여 은행간 지급준비금 거래 시장에서 민간은행이 원하는 지급준비금 수요량을 초과하게 되면 이자율은 하강 압력을 받게 된다. 정부의 재정적자 증가가 구축효과론자들의 주장대로 이자율을 높이는 것이 아니라 거꾸로 이자율을 낮추게 된다. 정부의 재정적자가 이자율을 상승시켜 민간의 총수요를 억제한다는 구축효과는 발생하지 않는다. 오히려 정부는 이자율 하락을 막으려면 채권을 판매하여 이 지급준비금을 거두어들여야 한다.

표 4 정부 민간은행

정부				민간은행			
자산		부채		자산		부채	
		지급준비금	(-)	지급준비금	(-)		
		채권	(+)	채권	(+)		

최종결과는 다음과 같게 된다.

표 5 정부 민간은행 비은행 민간인

정부				민간은행				비은행 민간인			
자산		부채		자산		부채		자산		부채	
제트기	(+)	채권	(+)	채권	(+)	요구불예금	(+)	제트기 요구불예금	(−) (+)		

앞의 대차대조표와 비교할 때, 달라진 것은 지급준비금이 채권으로 바뀐 것이다. MMT에서 중요한 것은, 국가의 채권 발행이 조세를 초과하는 지출로 인한 재정적자를 충당하기 위해 꼭 필요한 것이 아니라는 점이다. 채권 판매는 이자율 유지를 위한 통화정책의 수단일 뿐이다. 따라서 정부가 지출을 늘리기 위해 부채 한도(debt ceiling)를 늘릴 이유도 없다. 채권을 발행하지 않고도 화폐 창출을 통해 지출이 얼마든지 행해질 수 있기 때문이다. 정부가 지출 전에 조세를 필요로 하는 것이 아니듯이 적자 지출 이전에 채권을 판매해야 되는 것이 아니다. 정부에게 적자 지출 이전에 채권을 먼저 판매해야 한다는 현실의 제약이 있더라도 최종 결과에 영향을 미치지 않음을 보이기 위해 레이 교수는 다음의 과정을 묘사하고 있다. 정부가 적자 지출 이전에 우선 국채를 팔아야 하고 이 국채를 은행이 매입하면서 정부 계좌에 잔액이 증가한다.

표 6 정부 민간은행

정부				민간은행			
자산		부채		자산		부채	
요구불예금	(+)	채권	(+)	채권	(+)	(정부)요구불예금	(+)

정부가 자신의 계좌에서 수표를 발행하여 제트기 구매 대금을 지급하면 정부 계좌에서 돈이 인출되어 민간 판매업자의 계좌로 들어가게 된다.

표 7 정부 민간은행 비은행 민간인

정부			민간은행			비은행 민간인		
자산		부채	자산		부채	자산		부채
요구불예금	(−)				(정부)요구불예금 (−)	제트기	(−)	
제트기	(+)				(민간)요구불예금 (+)	요구불예금	(+)	

따라서 최종포지션은 앞의 대차대조표와 동일해진다.

표 8 정부 민간은행 비은행 민간인

정부			민간은행			비은행 민간인		
자산		부채	자산		부채	자산		부채
제트기	(+)	채권 (+)	채권	(+)	요구불예금 (+)	제트기	(−)	
						요구불예금	(+)	

앞에서의 논의와 마찬가지로 이것이 현실에서 벌어지고 있는 일인가와 관련하여 비슷한 비판이 제기되고 있음을 짐작하는 것은 어려운 일이 아닐 것이다. 적자 지출 이전에 채권을 판매하든 그렇지 않든 최종 결과에는 차이가 없다는 주장인데 이는 재무부가 자신의 중앙은행 계좌에 채권 판매 대금을 넣지 않고도 무한대로 지출할 수 있다는 믿음에서 나오는 주장이다. MMT의 주장대로라면 글로벌 금융위기 이후 이자율이 이미 0에 접근하여 더 이상 채권을 발행할 이유가 사라진 시기에, 미국 재무부는 의회가 정한 부채 한도에 근접하고 있음에도 불구하고 계속해서 막대한 채권을 발행하고 있었다. 재무부 관리가 조세 수입 없이도 지출할 수 있다는 MMT의 주장을 몰랐기 때문일까? 레이 교수는 부채 한도를 늘릴 이유가 없고, 화폐 발행 권력을 재무부에게 돌려주는 것이 부채 문제를 해결하는 방법이라고 서술하고 있다. 레이 교수의 표현대로 '엔터키'를 눌러 화폐를 만들어내면 되는 것이다. 그리고 이것이 현실이라고 말하고 있다. 연준이 엔터키를 눌러 화폐를 만들어냈다는 주장은 현실을 반영한 것일 수 있다. 그런데 재무부는 엔터키를 눌러 화폐를

만들어낼 수 없다.

　　인플레이션 위협과 관련된 MMT 방어 논리의 핵심은 인플레이션이 재정적자의 결과가 아니라 원인이라는 주장이다. 재정적자로 인한 통화량 증가가 인플레이션을 일으키는 것이 아니고 인플레이션으로 인하여 정부가 통화량을 늘리게 된다는 논리이다. 인플레이션이 왜 발생하는가에 대해서는 여러 가지 이유가 있을 수 있다. 레이 교수는 본서에서 실물부문의 생산성 문제, 물가지수 작성에서의 문제, 독과점 문제 등을 언급하고 있다. 그럼에도 불구하고 정부가 적자를 줄이면 인플레이션 압력이 감소한다는 점은 인정하고 있다. MMT는 높은 인플레이션을 잡는 방법으로 정부지출을 줄이거나 세금을 올리는 두 가지 방법이 있다는 생각에 동의해 왔음을 강조하고 있다. MMT가 거부하는 것은, 인플레이션의 원인이 통화량이 너무 많기 때문이라는 통화주의자들의 단순한 믿음이라고 서술하고 있다.

　　적자재정과 관련된 이슈들을 주로 다루다 보니 자세히 언급하지 못했으나, 화폐의 본질을 세금 징수권과 연결시키는 MMT의 화폐관이 민간의 경제/금융 영역이 더 커진 현대사회에 적합한 화폐관인가를 지적하는 목소리도 적지 않다. 또한 본서에서는 국가화폐의 역사가 많이 언급되고 있고 레이 교수는 이를 더 자세히 소개하지 못하는 것을 아쉬워하고 있지만, 화폐와 중앙은행의 역사에서 국가가 더 중요한 요인이었는지 아니면 민간이 더 중요한 요인이었는지에 대한 논의는 쉽게 결론 내기 어려운 지점으로 보인다. 세금의 영향력이 그리 크지 않던 시기에도 화폐는 이미 널리 사용되었던 역사를 통한 MMT 비판도 이루어지고 있다.

　　균형재정을 강조하고, 재정정책보다는 통화정책을 강조해 온 주류 경제이론에 맞서 내핍(fiscal austerity)정책에 대해 다시 생각해보아야 한다는 여러 의견들이 제시되고 있다. MMT도 이러한 흐름에 부합하는 논의라는 점에서는 이론의 여지가 없다. 그러나 MMT가 이러한 흐름을 주도하고 있는 것이지 아니면 너무 과도한 주장으로 인하여 이러한 흐름에 부담을 주고 있는 것인지에 대해서는 비주류 학자들 사이에서도 의견이 엇갈리고 있다. '정부지출이 조세에 선행한다', '조세나 채권 판매는 정부지출을 충당하기 위한 것이 아니다', '본원통화의 창출은 장기적으로 적자재정을 필요로 한다' 등의 반(反)직관적인 주장은 정부의 활동과 중앙은행의 활동을 하나로 통합시키는 것에서 도출되는 논리이다. 이는 현실과 다르며, '건전재정론'과의 싸움에서 거센 내부 비판에 직면하고 있다.

참고문헌

Fiebiger, B., (2012), "Modern Money Theory and the 'Real World' Accounting of 1-1 < 0: The US Treasury Does not Spend as per a Bank", *PERI Working Paper Series*, No. 279.

Fullwiler, S., Kelton, S., & Wray, R., (2012), "Modern Money Theory: A Response To Critics", *PERI Working Paper Series*, No. 279.

Gnos, C. & Rochon, L.P., (2002), "Money Creation and the State", *International Journal of Political Economy* 32(3), pp. 41-57.

Lavoie, M., (2013), "The Monetary and Fiscal Nexus of Neo-Chartalism: A Friendly Critique", *Journal of Economic Issues*, 47(1), pp. 1-31.

Mehrling, P., (2000), "Modern Money: Fiat or Credit?", *Journal of Post Keynesian Economics*, 22(3), pp. 397-406.

Rochon, L. P., & Vernengo, M., (2003), "State Money and the Real World: or Chartalism and its Discontents" *Journal of Post Keynesian Economics* 26(1), pp. 57-67.

Wray, R., (2015), *Modern Theory of Money: A Primer on Macroeconomics for Sovereign Monetary System*, Macmillan(홍기빈 옮김, 2017, 『균형재정론은 틀렸다』, 책담.).

II

MMT의 이론적 논점들

3장

현대화폐이론(MMT)의 의의와 내재적 비판

나원준(경북대학교 경제학과)

I 서론

최근 미국 민주당의 진보 블록에서는 '현대 화폐이론(Modern Money Theory, 이하 MMT)'에 입각한 논의가 활발하게 이루어지고 있다. 대표적인 MMT 경제학자 중 한 명인 스테파니 켈튼(Stephanie Kelton)이 상원의원 버니 샌더스(Bernie Sanders)의 자문 역할을 맡고 있고 하원의원 알렉산드리아 오카시오-코테즈(Alexandria Ocasio-Cortez) 등에 의해 MMT의 정책 프로그램이 선전되고 있다. 이렇게 2019년 세계는 MMT가 던진 새로운 진보적 의제를 마주하게 되었다.

MMT에 따르면, 주권 통화(sovereign money)를 발행하는 정부에게는 가계가 직면하는 것과 같은 예산 제약은 존재하지 않으며 자국 통화 표시 부채에 대해서는 부도 위험이 없어 국가 채무 비율이 높더라도 문제되지 않는다. 정부지출은 중앙은행에 예치된 은행 지급준비금 계좌에 전산상의 입금 처리를 함으로써 이루어지기 때문에 자동적으로 신용 창출을 수반한다. 조세 수입이나 정부 차입은 정부지출의 재원 조달과는 무관하다는 것이다.

이 글은 MMT를 어떻게 볼 것인가라는 질문에 대해 포스트케인지언 내생화폐이론의 관점에서 하나의 가능한 답변을 제안하고자 한다. 이를 위해 MMT의 재정정책 과정에 대한 해석에 초점을 맞추고 이에 대한 내재적 비판을 시도한다. 이 글은 기본적으로 MMT를 그간의 포스트케인지언 화폐이론에 누락된 공백에 대한 보완으로서 우호적으로 보는 입장이다. 하지만 MMT가 역설적인 진리인 것처럼 제시하는 비현실적이고 반직관적인 주장에는 케인스 경제학이나 화폐순환이론의 문법으로 충분히 해소되기 어려운 문제가 포함되어 있다는 것이 저자의 판단이다. 구체적으로 이 글에서는 정부와 중앙은행을 하나의 결합된 경제 단위로 가정하는 것은 부적절하며, 모든 정부지출이 발권에 따른 재정의 화폐화를 수반하지는 않는다는 사실, 그리고 조세와 국채 발행은 정부지출의 재원으로서 발권을 대체할 수 있다는 사실이 강조될 것이다.

이 글은 MMT의 이론적 기초인 포스트케인지언 화폐이론에 입각하여 이들 명제의 문제점을 중심으로 MMT의 화폐이론과 재정정책 과정 이론에 대해 내재적인 비판을 시도하였다. MMT에 담긴 긍정적이고 합리적인 요소들을 온전히 평가하기 위해서라도 이들 명제에 대한 비판이 필요하다는 것이 이 글의 결론적인 의견이다.

본론에서는 먼저 MMT의 내용을 세 영역으로 구분하여 간단히 살펴본 다음 재정정책 과정에 대한 이론으로서의 MMT의 핵심 논리를 검토한다. MMT의 논리에 접근하려는 방편으로 순환학파의 화폐 순환(monetary circuit) 이론이 제시하는 모형틀을 채택함으로써, 분석자가 기존에 가져온 관점에 맞추어 이론을 해석하고 이로부터 일방적인 결론을 도출하는 우를 범하지 않도록 노력하였다.[1] 이 글은 MMT에 대한 내재적 비판을 시도하는 점에서 Gnos and Rochon(2002), Lavoie(2013a), Fiebiger(2012, 2016)와 비슷한 접근법을 취하고 있다.

화폐이론과 재정정책 과정에 대한 논의에 이어 이 글의 결론에서는 오늘날 우리 경제를 포함해 세계 경제가 마주하고 있는 구조적 침체 상황에서 재정정책이 어떤 역할을 할 수 있는지와 관련해 MMT가 던지는 메시지에 대해 마지막으로 주의를 환기하고자 한다.

II MMT란?

1. MMT의 세 가지 영역

MMT의 내용은 크게 세 가지 영역으로 나누어 볼 수 있을 듯하다. 그 첫번째는 국정화폐의 이론(state theory of money)으로서 주로 화폐의 기원과 역사에 대한 논의가 이에 해당한다. 국가는 민간에 납세의 의무를 부과하면서 오직 자신이 정한 화폐로만 조세를 받아들인다는 조건을 법적으로 강제한다. 이는 민간으로 하여금 국정화폐를 수요하도록 유도하는 궁극적인 원천이 된다. 이른바 '조세가 화폐를 추동한다(taxes drive money)'는 명제는 국가가 조세를 부과하고 수취하는 권력을 행사함으로써 화폐의 창조와 유통을 맡는다는 의미이다.

이와 관련해서는 Gnos and Rochon(2002), Rochon and Vernen-

---

[1] 주류 경제학자들의 매스컴을 통한 비판은 대체로 이런 한계점을 벗어나지 못하는 듯하다. 포스트케인지언 경제학 내부의 비판적인 시각 가운데 대표적으로 Palley(2015a, 2015b, 2018, 2019), Epstein(2018), Taylor(2019) 등도 부분적으로 중요한 문제점을 짚어내지만, MMT의 논리에 대한 내재적 비판으로 보기는 어렵다.

go(2003), Palley(2015) 등의 비판이 있었다. 조세 제도의 확립 이전부터 화폐 유통이 있었다는 사실과 국제 금융 시장에서 특정 국가의 화폐가 기축 통화로서 유통되는 것의 원인을 조세 부담 의무에서 찾을 수 없다는 사실이 강조되었다.

MMT의 두번째 내용은 재정정책 과정의 이론이다. 정부의 지출과 조세 수입은 지급결제시스템을 기반으로 실행된다. 이에 따라 여기에서는 지급준비금의 과부족을 해소하고 지급결제시스템을 운영하는 중앙은행의 기능이 필수적으로 다루어진다. 재정정책이 실행되는 과정에서는 현실적으로 정부와 중앙은행의 밀접한 정책 협조가 필요한 것이다. 재정정책 과정에 대한 분석을 통해 MMT는 주권 통화인 국정화폐(state money)를 발행하는 정부로서는 지출 능력에 근본적으로는 한계가 없다는 그들의 핵심 주장을 제시한다.

재정정책은 주류 거시경제학 논의에서 다소 도외시된 측면이 있다. 이는 통화정책과는 달리 자원 배분에 비중립적인 효과를 가져오기 때문이다. 정부의 지출이나 과세는 소득을 창출하고 재분배함으로써 경제 주체들 사이에 비대칭적인 효과를 낳는다. 하지만 실제로는 통화정책 역시 금리생활자 계층과 생산 계층 사이에 비대칭적인 재분배 효과를 낳는다는 점을 잊어서는 안 될 것이다.

전통적인 관점에서 재정정책에 대한 우려는 1930년대의 영국 재무성 견해(Treasury view), 즉 구축 효과(crowding out effect)로 이론화되었다. MMT는 이를 재정정책 과정에 대한 오해에 기인하는 것이라고 본다. 정부지출의 증가는 지급준비금의 증가를 수반하므로 은행 간 지급준비금 시장에서 이자율이 떨어지는 요인이 되기 때문이다. MMT에서는 이와 같이 정부의 재정활동에는 이자율 상승과 같은 금융적 제약이 존재하지 않으며 현실적인 각종 제한은 인위적인 것(self-imposed)으로서 제거가

가능하다고 본다.[2]

그런데 이와 같이 주권 통화를 발행하는 정부의 지출 능력에는 한계가 없다는 주장은 Lerner(1943)가 제시한 기능적 재정(functional finance)의 관점으로 자연스럽게 연결된다. 기능적 재정이란 정부 기능의 실현이라는 정책 목표가 중요하며 이를 달성하기 위해서라면 재정 수지의 불균형은 단기적으로든 장기적으로든 얼마든지 감수할 수 있다는 접근법이다. 만약 재정정책 과정을 검토한 결과로 지출에 사전적인 제약이 없는 것으로 드러났다면, 재정 수지의 균형에 얽매이지 말고 경제 상황에 맞게 신축적으로 재정을 운영하는 것이 최적일 수 있다. 목표와 수단이 바뀌어 특정한 재정 수지 값을 재정정책의 목표로 간주해서는 곤란하다는 것이다. MMT는 바로 이와 같은 시각을 채택하고 있다.

MMT의 세 번째 내용은 국가의 최종 고용자(Employer of Last Resort)로서의 역할에 대한 논의이다. 이는 민간 부문에서 일자리를 찾지 못한 모든 희망하는 이에게 국가가 일자리를 보장해야 한다는 주장으로서 어떻게 하면 인플레이션을 유발하지 않으면서 완전고용을 달성할 수 있을까 하는 논쟁적인 질문과 관련된다. 이 주장에 대해서는 학계뿐만 아니라 미국의 정계와 시민 사회에서 다양한 찬반 견해가 표출되었다. 주류 경제학계에서는 주로 막대한 재정부담 문제를 지적하면서 반대하는 목소리가 지배적인 반면, 진보적인 싱크탱크를 중심으로 MMT와는 별도로 이 일자리보장정책에 대해서만큼은 지지하는 시각(Tanden et al., 2017; Paul et al., 2018)이 존재한다. 포스트케인지언 경제학자들은 찬반이 갈린

---

[2] 다만 이와 관련하여 재정적자가 경제 주체들의 국채 선호와 인플레이션 예상 등 다양한 경로를 통해 장기금리를 상승시킬 수 있으며 단기금리와는 달리 장기금리에 대해서는 중앙은행의 통제가 완전하지 않다는 반론이 존재한다.

다. MMT의 재정정책 과정에 대한 이론에 대해서는 동의하면서도 일자리보장정책에 대해서만큼은 회의적인 경우도 있다. 예를 들어 저임금 수준에서의 완전고용이 이면에 숨기고 있는 불완전고용의 문제, 그리고 기존 공공부문 조직노동의 협상력 약화를 우려(Seccareccia, 2004)하는 시각이 대표적이다.

이 글에서는 두번째 내용, 즉 MMT의 재정정책 과정의 이론에 대해 관심을 집중한다. 이를 위해 먼저 이 글에서는 MMT의 화폐이론을 검토한다. MMT와 그것을 낳은 토양인 포스트케인지언 내생화폐이론 사이의 관계를 살펴봄으로써 MMT가 출발한 장소로 들어가 보자.

2. MMT의 화폐이론

Moore(1988)에 따르면 신고전학파 거시경제학의 수직주의(verticalism)는, 중앙은행이 본원통화 공급을 직접적으로 통제함으로써 통화량을 조절한다는 생각이다. 중앙은행이 지급준비금을 은행들한테 제공하면 이 지급준비금이 대출되어 그 승수 배만큼의 예금 통화를 창출한다는 것이다. 반면에 포스트케인지언 경제학의 수평주의(horizontalism)는 중앙은행이 본원통화의 공급을 통제할 수 없다고 본다(Lavoie, 2003; Fullwiler, 2017). 왜냐하면 지급준비금의 공급은 어디까지나 그것에 대한 수요를 수용(accommodation)하면서 이루어지기 때문이다. 대신에 중앙은행은 이자율을 통제하며 중앙은행이 정한 이자율에 마크업이 가산된 대출금리로 은행들이 대출을 하면 그로 인해 예금이 만들어지고 그런 다음 지급준비금에 대한 수요가 발생한다는 것이다.[3]

화폐이론으로서의 MMT는 포스트케인지언 수평주의 이론과 친화

---

3 포스트케인지언 내부의 수평주의와 구조주의 간 논쟁에 대한 국내 연구로는 민병길(2012, 특히 제5절)을 참조할 수 있다.

적이며 화폐 공급의 내생성을 지지한다. 화폐 공급이 내생적이라면, 은행의 대출 과정에서 예금이 無로부터 만들어진다. 창출되는 예금의 크기는, 신용도가 양호한 차주의 대출수요에 의해 결정된다. 특히 프랑스와 이탈리아의 순환학파 경제학자들이 제안하는 화폐순환이론(monetary circuit theory)에서는 화폐 내생성의 생산과정과의 연계성이 강조된다. '화폐적 생산 경제(monetary economy of production)'에서 기업이 생산을 지속하려면 신용 공급이 필수적이라는 것이다.

대출을 위해서는 은행이 지급준비금을 미리 충분한 만큼 확보하고 있어야 하지 않을까? 아니다. 이는 사실과 다르다. 은행의 신용화폐 창조를 위해 지급준비금, 즉 본원통화가 먼저 주어져야 할 이유는 없다. 통화 승수 가설에서는 본원통화의 크기가 변하면 이로 인해 통화량이 승수 배만큼 달라진다고 하지만 사실은 정반대이다. 오히려 예금 창조로 통화량이 변동하면 이로 인해 지급준비금, 즉 본원통화의 크기가 변하는 것이다. 그 역은 성립하지 않는다.

MMT는 이와 같은 포스트케인지언 내생화폐이론을 기초로 여기에 정부 부문의 재정 활동에 대한 고유한 해석을 더한 것으로 알려져 있다. MMT에 따르면 국가는 조세로 받아들일 화폐 증표와 계산의 단위(unit of account)를 민간 부문에 강제한다. 국가가 지출을 수행해 민간으로부터 실물 재화를 구매할 수 있는 것은 민간이 국가가 정한 국정화폐, 즉 주권 통화를 납세의 목적으로 수용하기 때문이다. 이와 같이 화폐는 재정정책을 통해 경제 내로 주입된다. 본원통화의 공급이 일차적으로 재정정책을 통해 이루어진다는 주장이 MMT 견해의 특징 중 하나이다. 대표적인 MMT 주창자인 Wray는 민간은행이 수요에 맞춰 얼마든지 신용을 창출할 수 있다면 정부라고 왜 그렇게 못하겠는가 라는 문제의식이 자신을 MMT로 이끈 질문이었다는 취지로 진술한 바 있다.

그런데 MMT에서는 정부에 의한 통화 공급을 민간은행의 신용 창조와 구분하여 전자를 '수직적 요소', 그리고 후자를 '수평적 요소'라고 부른다. 다시 말하자면 수직적 요소는 정부에 의한 국정화폐, 즉 본원통화의 공급 과정을 의미하고 수평적 요소는 은행 부문이 예금통화의 형태로 신용화폐를 공급하는 과정을 의미한다. MMT에 따르면 여기서 수평적 요소는 수직적 요소, 즉 정부에 의해 외생적으로 공급된 화폐를 '레버리지'하는 것으로 표현된다(Wray, 1998).

이와 같은 용어 사용은 논란이 되었다(Lavoie, 2013a). Moore(1988)의 수평주의/수직주의 구분과 연결시켜보면, MMT의 수평/수직 개념 구분이 내생화폐이론에 자연스럽게 조응한다고는 보기 어렵기 때문이다. 민간은행들이 국정화폐를 레버리지한다는 표현 역시 문제였다(Febrero, 2009). 이는 민간이 보유하는 은행신용 화폐량을 정부가 공급하는 본원통화의 일정 승수 배라는 잘못된 인식을 낳게 된다(Rochon and Vernengo, 2003). 수평주의 화폐이론의 입장은 중앙은행의 지급준비금 공급은 은행의 수요에 의해 결정된다는 것이다. 은행신용화폐의 창조는 본원통화의 공급에 의해 제약되지 않는 것이다(Nesiba, 2013).

논란이 되는 수평, 수직이라는 개념 구분이나 레버리지라는 표현은 MMT의 이론적 입장을 기준점으로 보더라도, 해석에 있어 불필요한 혼란을 초래하는 것으로 보인다. MMT의 표준 교과서인 Mitchell, Wray and Watts(2019)에서도 통화승수가설은 지지되지 않는다. Juniper et al.(2015)은 수평/수직, 레버리지 등의 표현은 신용 피라미드(Bell, 2001; Wray, 2015)에 있어 국정화폐의 높은 지위(positional advantage)를 나타낸다고 하지만, 논란에 대한 방어로는 역부족으로 보인다. 대체로 MMT에 호의적인 순환학파조차 화폐들 사이의 위계(hierarchy)를 강조하는 이러한 주장에 대해서는 비판적이다(Parguez and Seccareccia, 2000).

MMT와 유사한 접근법으로 국가의 재정 활동을 화폐순환모형에 포함시키려는 시도는 Parguez and Seccareccia(2000), Parguez(2002)를 비롯한 문헌에서도 있었다(Lavoie, 2013b). 예를 들어 Pastoret(2006)는 국정화폐 공급의 내생성을 주장했다. 하지만 이들이 국정화폐의 공급원으로 보는 정부지출은 어디까지나 독립 지출을 포함하는 정책 변수이다. 민간의 본원통화에 대한 수요를 수용하려고 정부가 지출을 하는 것은 아니다. MMT에서 주장하는 수직적 요소와 순환학파가 주장하는 국정화폐 공급의 내생성 사이의 관계가 분명한 것도 아니다.

MMT는 지급준비금의 수직적 공급은 통화정책 작용이 아니라 재정 작용의 결과라고 주장한다(Tymoigne, 2016). 그러나 본원통화의 공급은 실제로는 주로 통화정책 작용에 의해 중앙은행이 민간의 수요를 수용하면서 이루어진다고 할 수 있다. 정부지출이 화폐를 공급하는 기능이 있다 해도, 본원통화 공급이 재정정책에 의해 주로 이루어진다고 보기는 힘들다.[4]

3. MMT의 재정정책 과정 해석

MMT는 재정정책의 구체적인 과정 및 이와 관련된 지급결제시스템의 운영 방식, 재정정책과 통화정책의 관계와 같은 문제에 대하여 케인지언 관점에서 이론화를 시도한 점에서 그 의의가 인정된다. 그런 이유로 MMT는 내생화폐이론 일반에 있어 이론적 발전을 대표한다고 볼 수 있다.

MMT는 재정정책 과정을 해석함에 있어 순환학파 화폐순환이론의 논리 구조를 활용하고 있다. 순환학파 연구 가운데 대표적으로 Par-

---

[4] 본원통화량은 재정 활동 및 국제 수지의 변동과 같은 요인에 의해서도 변동하지만 중앙은행의 통화정책 작용인 공개시장운영(자산기반경제의 경우)이나 은행에 대한 자금 공여(당좌대월경제의 경우)에 의해 그 변동 효과가 상쇄되기 마련이다

guez and Seccareccia(2000), Parguez(2002), Bougrine and Seccareccia(2002), Pastoret(2006) 등에서 MMT의 접근법은 적극적으로 옹호되었다. MMT 측의 Palley(2015a)의 비판에 대한 답변(Tymoigne and Wray, 2015)에서도 화폐 회로 모형의 형식을 빌려 정부의 재정 활동이 설명되었다. Fullwiler et al.(2012, pp.17-18)과 Tymoigne(2014)에서도 화폐순환이론과의 연관성이 강조되었다.

화폐순환이론에 따르면, 자본주의 화폐 경제에서 모든 생산 활동은 초기 금융(initial finance)으로부터 개시된다. 기업은 매번 생산 주기가 시작될 때마다 생산에 필요한 자금을 확보해야 한다. 이를 통해 임금 등을 지불하고 운전 자본을 확보한다. 초기 금융이 일어난 다음, 기업의 지출로 노동력의 구매 등이 이루어지면서 생산 활동이 시작된다.

화폐 순환의 다음 단계에서는 생산물의 매출로부터 기업이 수익을 확보한다. 이 수익은 초기 금융 단계에서 은행을 통해 선대받은 단기 차입금을 상환하는 데에 쓰인다. 상환에 필요한 자금이 부족하면 기업은 부족액에 대해 증권을 발행하거나 은행으로부터 차환(roll-over)을 승인받는다. 여기에서 이윤의 획득, 차입금의 차환, 증권 발행은 최종 금융(final finance)의 단계이다. 채무가 발생하고 상환되는 과정을 거치면서 기업은 은행 제도와 밀접히 연결된다.

화폐 순환의 이 두 단계는 각각 방출(efflux)과 환류(reflux)의 국면으로 파악된다. 초기 금융 단계에서는 은행에 의해 신용이 창출된다. 생산의 필요에 의해 신용화폐가 만들어지므로 화폐는 여기서 내생적이다. 초기 금융에서 화폐는 은행으로부터 기업 부문으로 방출된다. 최종 금융에서는 반대로 화폐가 은행으로 되돌아온다. 이를 환류라고 한다. 초기 금융이 일어나면서 시작된 하나의 화폐 회로는 최종 금융에 의해 초기 금융이 상환됨으로써 비로소 종결된다.

1) 초기 금융과 방출의 단계

MMT가 제시하는 재정 활동의 화폐 순환 도식 역시 전통적인 화폐 회로 이론에서처럼 방출과 환류의 두 단계로 나누어 파악된다. 우리는 여기서 이를 재정 순환(public finance circuit)이라고 부르도록 하자.

정부는 자신의 은행인 중앙은행을 통해 초기 금융에 필요한 자금을 확보하고 이를 지출한다. 정부의 지출과 함께 재정의 화폐 순환이 시작된다. 주의할 점은 이 재정 회로의 초기 방출 단계에서는 새롭게 창출된 본원통화가 민간에 공급되며 이를 위한 신용을 중앙은행이 창조한다는 사실이다. 정부는 지출을 수취하는 특정 민간의 은행 예금에 지출액만큼 입금한다. 그리고 늘어난 민간 예금과 같은 금액만큼 해당 예금이 예치된 은행의 지급준비금을 늘려준다. 늘어난 지급준비금 잔액만큼 본원통화가 방출된다.

이와 같이 MMT의 해석에 따르면 모든 정부지출은 신용 창출을 수반한다. 순환학파의 화폐 회로 모형에서 초기 금융은 은행의 신용 창출을 통해 이루어지는 데 MMT가 제시하는 재정의 화폐 순환에서도 동일한 논리 구조가 등장한다. 정부지출을 위한 초기 금융 단계에서 중앙은행에 의해 민간의 예금과 지급준비금이 無로부터 만들어지기 때문이다.

방출 단계에서 MMT의 핵심 주장은 정부의 지출이 화폐 순환에서 가장 선행한다는 것("government spends first")이다. 중앙은행과 정부가 한 몸이라면 정부가 지출을 수행하기 위해 별도의 재원이 미리 있을 필요는 없다. 그 이유는 분명하다. 중앙은행이 신용을 창출할 수 있기 때문이다.

다음의 **그림 1**에 나타난 MMT의 해석에서 중앙은행과 정부는 분리되어 있지 않다. 정부는 초기 금융으로 지출의 재원을 마련해야 하는데 이를 자신의 은행인 중앙은행을 통해 조달하는 것으로 나타난다. 이는 순환학파의 화폐 회로에서 민간 기업이 은행을 통해 초기 금융을 조달하는 것에 상응한다. 하지만 그 경우에는 기업과 은행이 독립적인 주체였다. 반면에 **그림 1**에서는 정부와 중앙은행이 결합된(consolidated) 하나의 실체로 간주되고 있어 차이가 있다.

그런데 지급준비금이 늘어나 지준 잉여가 발생하면 이는 지급준비금이 거래되는 은행 간 시장에서 익일물(overnight) 금리를 떨어뜨리는 요인이 된다. 중앙은행으로서는 실세 금리가 기준 금리 수준에서 유지되게 하려면 초과 지급준비금을 흡수해야 한다. 이는 공개시장매도를 통해 가능하다. 정부와 중앙은행이 결합된 실체라면 지준 잉여를 흡수하기 위한 공개시장매도는 정부가 새로 국채를 발행하는 방식으로 이루어질 수 있다.[5] **그림 1**의 최종 결과를 보면 방출 단계에서 본원통화의 증가가 없지만 이는 중앙은행이 지준 잉여를 해소했기 때문이다. 중요한 것은 민

그림 1 재정 회로의 방출 단계: MMT의 해석[6]

	정부 + 중앙은행				시중은행				민간 부문			
①	세출	$+G$	지준	$+G$	지준	$+G$	예금	$+G$	예금 재고자산 매출원가	$+G$ $-C$ $+C$	매출	$+G$
②			지준 국채	$-G$ $+G$	지준 국채	$-G$ $+G$						
③	세출	$+G$	국채	$+G$	국채	$+G$	예금	$+G$				

① 세출, ② 지급준비금 잉여의 해소, ③ 이상 ①과 ②의 합

주: 1) $G>C$이다.
2) 정부가 민간에게서 상품을 구매하며 구매한 상품은 즉시 소모된다고 가정한다.
3) 법정지준율은 0%를 가정한다.

---

[5] **그림 1**에서 공개시장매도를 분개한 방식은 Cesaratto(2016)의 Table 1에서의 방식과 같다. 이는 정부와 중앙은행이 분리된 현실 제도 하에서 실제로 공개시장매도가 이루어지는 방식과는 다르다.

[6] 정부 회계에서 정부지출은 재정 운영표의 '순원가'로 기록되며 이는 기업 손익계산서의 비용(소멸원가)에 해당하는 점을 감안해 **그림 1**에서는 이를 비용 계정으로 인식하고 차변에 '세출'이라는 과목명으로 계상하였다.

간의 통화량인 예금이 만들어진 사실이다.

2) 최종 금융과 환류의 단계

화폐순환이론에서는 방출 단계에 이어 최종 금융이 일어나는 환류 단계가 시작된다. 재정 순환에서는 최종 금융의 일차적인 형태가 조세이다. 다만 세입이 지출에 미치지 못하면 정부는 민간에 국채를 발행하여 그 간격을 메워야 하므로 국채 발행 역시 최종 금융의 수단이다.

민간은 자신의 거래 은행을 통해 신용화폐의 형태로 조세를 납부한다. 그 결과 민간의 은행 예금이 줄어든다. 세수는 중앙은행으로 집중된다. 이 과정에서는 중앙은행으로 이체되는 세수 금액만큼 개별 은행의 지급준비금이 줄어든다.

실제로는 세수가 걷히면 지급준비금이 감소하면서 중앙은행의 정부 예금으로 입금이 이루어진다. 지급준비금과 정부 예금은 모두 중앙은행의 부채 항목이다. 따라서 세입은 중앙은행 부채의 한 계정 과목에서 다른 계정 과목으로 금액이 이동하는 것에 해당한다. 문제는 정부와 중앙은행이 결합된 하나의 실체라면 현실에 존재하는 정부 예금을 별도로 상정할 수 없게 되는 데에 있다. 왜냐하면 정부 예금은 정부의 자산이면서 동시에 중앙은행의 부채이므로 이 둘의 대차대조표를 결합시키면 이 정부 예금이라는 항목 자체가 자동적으로 상계 처리되어 사라지기 때문이다. 이와 같이 정부와 중앙은행을 하나의 결합된 실체로 전제하면 정부 예금을 인식할 수 없게 되며 이는 중요한 착오로 이어질 수 있다. Wray(1998, p.37)는 "지급준비금 회계를 분석하면 조세 지급이 항상 지급준비금의 감소, 즉 중앙은행 부채의 감소를 초래"한다고 진술하지만 중앙은행 부채는 감소하지 않는 것이다.

정부와 중앙은행을 결합된 실체로 보고 정부 예금 계정을 상계하면 **그림 2**의 정부 대차대조표에서 조세 수입은 동일 금액만큼의 지급준비금 감소를 수반하는 것으로 나타난다. 세입이 일어나는 크기만큼 본원통화가 줄어든다. 우리는 **그림 1**의 방출 단계에서 정부의 지출에는 지급준비금의 증가가 수반되는 것을 보았다. MMT에서는 그렇게 창조된 본원통화가 **그림 2**의 환류 단계에서 '파괴'된다고 이야기한다. 세입이 발생하면 이에 뒤따르는 변화가 지급준비금의 감소이기 때문이다. 세입은 그 크기만큼 민간의 소득을 제거하는 효과가 있다. 그런데 정부와 중앙은행을 결합시킨 **그림 2**에서는 그렇게 줄어든 민간의 소득이 정부로 이전되는지 여부가 분명하지 않다. MMT는 이 조세 수입이 다시 지출될 수 없다고 주장한다.

MMT에 따르면 조세나 국채 발행은 지출의 재원이 될 수 없다. 이런 생각은 조세나 국채 발행은 재정 순환의 환류 단계에서 나타나는 현상이지 방출 단계에서 나타나는 현상이 아니라는 것으로서, 화폐 회로 모형의 기본 구조에 그와 같은 인식이 내장되어 있다. MMT는 이 틀에 기초해 재정 순환을 해석한다.

그림 2에서 정부가 조세 수입을 거두면서 은행의 지급준비금 부족 상황이 연출되고 있다. 이는 은행 간 시장에서 익일물 금리를 상승시키는 요인이므로 정부는 공개시장매입으로 지급준비금 부족을 해소한다. 은행은 **그림 1**에서 보유하게 된 국채를 중앙은행에 다시 매도하고 지급준비금을 공급받는다.

그림 2에서는 정부와 중앙은행이 하나의 경제 단위로 결합되어 있으므로 최종 금융 단계에서 상환해야 하는 초기 차입금(정부의 중앙은행에 대한 채무)이 없고 따라서 정부지출이 조세를 초과하더라도 국채를 발행해 그 간격을 메울 필요가 없다. 정부 자체의 발권으로 지출이 이미 이루어졌다면 그것을 위해 사후적으로 자금을 조달할 이유는 없는 것이다.

그림 2 재정 회로의 환류 단계: MMT의 해석[7]

	정부 + 중앙은행			시중은행			민간 부문		
④		지준 세입	$-T$ $+T$	지준	$-T$	예금	$-T$	세금과공과 예금	$+T$ $-T$
⑤		지준 국채	$+T$ $-T$	지준 국채	$+T$ $-T$				
⑥	세출	$+G$	세입 국채	$+T$ $+\Delta$	국채	$+\Delta$	예금	$+\Delta$	

④ 세입, ⑤ 지급준비금 부족의 해소, ⑥ 이상 ③~⑤의 합

주: 1) 법정지준율은 0%를 가정한다.
   2) $\Delta \equiv G-T>0$으로 가정한다.

MMT의 주창자들은 정부가 국채를 발행하는 목적은 지출에 필요한 자금을 조달하려는 것이 아니고 민간에게 안전한 금융 자산을 제공하려는 것이라고 주장한다. 아울러 조세 또한 국정화폐에 대한 수요를 유지하려는 목적이거나 시장 실패의 교정, 총수요 관리 등을 위한 것이 아니면 부과될 필요가 없다고 주장한다.

---

[7]   정부 회계에서 조세 수입은 재정 운영표에 수익으로 기록된다. **그림 2**에서도 이를 수익으로 인식하고 대변에 '세입'이라는 가상의 과목명으로 계상하였다. 한편 조세는 개인과 기업의 민간 부문에는 비용이다. 그림에서는 이를 비용의 차변 계정에 '세금과공과'로 계상하였다.
화폐 회로의 1순환을 마치고 다음 순환을 시작하면서 정부는 발행 국채에 대한 이자를 지급한다. 이는 차입을 통해 가능하다. 주의할 점은 $T = G$ 이더라도 정부는 지속적으로 국채 이자만큼의 부채를 조달해야 한다는 사실이다. 본문의 재정 순환에서는 논의의 초점을 분명히 할 목적으로 1순환만을 고려하므로 이자 관련 사항은 다루지 않는다. 단, 이자를 위한 차입이 필요한 점을 감안하면 정부가 흑자나 균형재정을 유지할 경우에도 민간 부문은 적자 상태가 될 것임을 알 수 있다.

III 짚어야 할 논점들

1. 정부지출 선행성의 의미

구축 효과를 강조하는 전통적인 시각에서는 정부지출 증가가 시장 이자율 상승을 낳고 투자를 줄인다고 주장한다. 하지만 지급결제시스템을 통해 재정지출이 이루어지는 과정에 대해 살펴본 결과는, 정부지출 자체는 은행 간 시장에서 익일물 금리를 오히려 떨어뜨린다는 것이다. 중앙은행이 금리 하락을 막기 위해 공개시장매도에 나서지 않는다면 이자율은 떨어질 것이었다. 그뿐만 아니라 **그림 1**에서 정부지출이 민간 부문에 $(G-C)$만큼의 이윤을 실현시킨 것처럼 정부는 민간의 생산물을 구매함으로써 민간 기업의 이윤을 증가시킨다. 이윤 증가가 투자 감소의 원인이 될 수는 없다. 마찬가지로 재정 흑자가 민간 투자를 촉진시키는 것도 아니다.

지금 예산을 아껴서 미래에 쓴다고 하지만, 그렇게 해서 실물 재화가 늘어나는 것은 아니다(Bell and Wray, 2000). 미래 세대가 쓸 수 있는 실물 재화는 미래의 생산력 수준에 의존한다. 오늘의 저축은 미래 세대가 쓸 수 있는 미래 실물 재화에 대한 현재 세대의 청구권을 늘리는 행위일 뿐이다. 오히려 지금 예산을 지출하여 생산적인 투자에 적극적으로 쓸 때 미래의 생산력 수준이 상승할 것이다. 이와 같은 MMT의 주장은 미래 복지 재원의 고갈을 우려하는 오늘날 우리에게 생소하지만 의미 있는 고민의 지점을 제시한다.

MMT는 정부 부채는 비정부 부문에게 안전한 금융 자산이며 이를 미래의 조세 부담으로 볼 문제가 아니라고 주장한다. 주류 경제학의 시각은 정부 부채가 늘어나면 그만큼 정부로서는 미래에 상환해야 하는 채무의 크기가 늘어나므로 이를 해소하려면 결국 조세를 증가시킬 수밖에 없고 이는 미래 세대의 조세 부담으로 이어진다는 것이다. 이는 정부 지출의 현재 가치 총합이 조세의 현재 가치 총합과 같다는, 정부 예산 제약의 가설에 근거한다. 이는 정부에게도 가계가 마주하는 것과 본질적으로 동일한 예산 제약이 존재하며 정부는 이 제약의 범위 안에서 효율적인 선택을 해야 한다는 것이다.

하지만 **그림 1**과 **그림 2**에서 정부는 가계의 예산 제약과 같은 것에 직면하지 않았다. MMT에 따르면, 국가는 실물 생산이 뒷받침되는 한에 있어서는 얼마든지 자신이 원하는 만큼 지출을 할 수 있으며 정부 예산 제약이라는 이름이 붙은 산식은 최종 금융까지 종결된 후의 사후적인 회계 항등식일 뿐이다. 주권 통화를 발행하는 국가라면 가능한 지출의 규모가 차입이나 조세로 사전에 미리 조달된 재원에 한정되지 않을 수 있기 때문이다.

정부지출의 선행성에 대한 MMT의 인식도 긍정적인 평가가 가능한 대목이다. 정부지출이 먼저 이루어지고 나중에 조세 수입이 이에 뒤따른다는 생각은 케인스 경제학의 전형적인 논리 구조에 부합한다. 케인스 경제학에서는 수요가 공급에 선행하고 투자가 저축에 선행한다. 핵심 논리는 수요나 투자가 소득 창출의 과정을 이끈다는 데에 있다. 마찬가지로 정부지출도 소득 창출 과정을 개시하는 역할을 한다. 반면에 조세 수입은 수요의 증가로 소득 증가가 실현되면 그에 따라 크기가 사후적으로 결정된다. 중앙은행의 신용 창출로 지출이 먼저 이루어지면 이로 인한 승수적 소득 창출 과정으로 국민 소득이 만들어지고 이 소득에 근거하여 조세가 부과되어 조세 수입이 국가로 환류되는 것이다.

다만 MMT의 재정 순환에서 정부지출의 논리적 선행성은 여기서 그치지 않고 지출을 위한 재원이 미리 있어야 할 필요가 없다는 주장으로 이어진다. 이는 지출의 주체인 정부가 중앙은행을 통해서든 아니면 직접 백금 주화를 찍어내는 방식으로든 지출에 필요한 신용을 얼마든지 창출할 수 있다는 생각에 근거한다.

2. 정부와 중앙은행의 결합 가설

하지만 정부와 중앙은행을 하나의 결합된 실체로 전제하면 화폐 순환을 구성하는 방출과 환류의 두 단계가 사실상 분리되어 재정 활동을 구성하는 지출, 조세, 차입 간의 연계성이 모호해진다. 정부지출과 조세는 독립된 정책 영역처럼 분리된다. 이로부터 조세나 차입으로는 지출의 재원을 조달할 수 없다는 비현실적인 주장과 법인세 폐지(Wray, 2015)와 같은 주장이 이어진다. 이는 결국 정부와 중앙은행을 결합된 실체로 보는 MMT의 비현실적 전제에 따른 귀결이다.

Gnos and Rochon(2002)는 Lavoie(2013a)보다 앞서 MMT의 정부와 중앙은행의 결합 가정에 대해 비판하였다. 이들 연구에서는 정부와 중앙은행의 역할을 분리하지 않고 이들의 재무제표를 결합하는 것이 MMT 접근법의 가장 중요한 문제임이 지적되었다. 현대 자본주의 경제에서 확립된 실제 제도적 특성들을 충분히 고려한다면, 정부와 중앙은행을 하나의 기능적 단위로 결합시키는 가정이 자의적이라는 것이다.

이에 대해 Fullwiler et al.(2012, p.24)와 Tymoigne(2016, p.1320)은 제도적 복잡성의 장막에 가려 본질이 제대로 이해하지 못하고 있다는 취지의 진술을 하며, 정부와 중앙은행을 하나의 결합된 실체로 보는 것의 근거를 이들 사이의 밀접한 상호 의존성에서 찾았다. 그러나 이들이 기능적으로 상호 의존적이라고 해서 이들을 하나의 경제 단위로 간주해도 되는 것은 아니다(Cesaratto, 2016).

이 점에 대해 살펴보기 위해 먼저 현대적 지급결제시스템의 특성에 대해 살펴보자. 은행 신용화폐가 지급 수단으로서 기능하려면 개별 은행 입장에서 다른 은행이 발행한 예금을 받아들이고 이를 자신이 발행한 예금으로 액면금액(par) 그대로 교환해줄 수 있는 제도가 확립되어 있어야 한다. 타행 발행 예금을 관련 의무 일체와 함께 받아들이는 대신에 해당 타행에게 채권자가 되는 은행과, 자신이 발행한 예금의 예금주에 대한 채무를 타행에 이전하고 타행에 대해 채무자가 되는 은행 쌍방 간에는 특별한 결제 관계가 형성되기 때문이다. 논리적으로는 이를 위해 채무자 은행이 채권자 은행에게 제3자에 대한 재산상의 청구권을 반대급부로 제공해야 한다. 현실 경제에서 이런 역할을 하는 제도가 지급결제제도이다.

여기서 채무자 은행이 채권자 은행에게 제공하는 제3자에 대한 재산상의 청구권이 곧 지급준비금이다. 현실적으로 이 지급준비금은 제3자인 중앙은행에 대해 은행들이 보유한 당좌예금의 형태를 취한다. 지급준비금은 지급결제시스템 내에서 은행들이 서로에 대해 가지는 순 부채 포지션을 청산하는, 은행 간 결제의 수단이다(Rochon and Rossi, 2004). 여기에서는 중앙은행의 제3자성이 중요하다.

그런데 이 지급결제시스템에는 정부도 참여한다. 왜냐하면 정부지출과 시민들의 납세가 은행 예금의 국고 계좌로의 이체로 이루어지기 때문이다. 개별 은행과 정부가 함께 지급결제시스템에 참여하는 한에서는 이들 사이의 거래는 제3자인 중앙은행을 매개로 하는 동등한 관계를 전제로 한다. 은행이 지급준비금을 보유하듯이 정부도 중앙은행에 정부예금, 즉 국고금 계좌를 두며 이 예금을 이용해 은행 및 중앙은행과 상호지불 관계를 형성한다. 이 때 정부와 은행에 대해 중앙 은행은 제3자가 되며 중앙은행에 예치된 이들 예금이 최종 지급 수단이 된다.

그렇다면 재정정책 과정에 있어 정부와 중앙은행을 지급결제시스템 안에서 하나의 결합된 실체로 파악하는 것은 자연스럽지 않다. 실제로는 이 시스템 안에서 정부와 중앙은행이 제3자적 관계를 형성한다는 제도의 본질적 특성과 모순되기 때문이다. MMT는 중앙은행의 독립성은 허구라고 주장한다. 아마도 그런 주장은 대체로 틀리지 않을 것이다. 하지만 중앙은행이 실질적으로 독립적이지 않다고 해도 단지 지급결제시스템을 운영하기 위한 최소한의 형식적 제3자성을 갖춘 기구라는 사실만으로도 우리는 재정정책 과정을 분석함에 있어 정부와 중앙은행을 여전히 기능적으로 분리시킬 필요가 있다. 무엇보다도 그래야만 정부지출을 위해 반드시 존재해야만 하는 정부 예금이라는 계정 과목 자체가 상쇄되어 사라져 버리는 일이 일어나지 않기 때문이다.

이와 관련하여 MMT에서는 순환학파의 화폐 회로 모형의 형식이 차용되고 있음을 상기할 필요가 있다. 주의할 점은 화폐순환이론을 적극적으로 받아들이면서도 Gnos and Rochon(2002), Rochon and Vernengo(2003), Lavoie(2013a)와 같이 MMT의 접근법에 대해 유보적인 시각도 존재한다는 사실이다. 화폐 회로 모형은 비록 화폐의 내생성과 관련해 의미있는 통찰을 주는 점은 있지만 초기 금융의 범위를 비롯해 모형의 구성 방식 자체가 논쟁의 대상이 되고 있으며 현실 경제의 복잡한 금융 현실을 재현하기에는 모형 구조가 너무 단순하다는 인식이 엄연히 존재한다(Rochon 1999a, 1999b; Cesaratto 2016, 2017).

그런데 MMT가 제시하는 화폐 순환의 틀은 그나마도 화폐 회로 모형의 기본 형식을 완전히 갖추고 있지 않다. 본래 화폐 순환이라는 아이디어는 초기 금융을 위한 단기 차입금을 환류 단계에서 최종 금융으로 상환함으로써 순환의 한 주기가 완성된다는 것이다. 그러나 MMT의 재정 순환에서는 정부가 직접 발권을 통해 지출을 하므로 초기 금융부터 정의되기 어렵다. 따라서 초기 금융이 최종 금융에 의해 상환되지도 않는다. 화폐 순환의 기본 구조가 명확하지 않다.

이와 같은 불명확함은 정부와 중앙은행을 단일한 실체로 가정한 것 때문이다. 초기 금융의 차입과 상환은 정부와 중앙은행 사이에서 일어나는 사건일 것이다. 그렇다면 이들을 단일의 결합된 주체로 가정해서는 안된다. 나중에 보겠지만 이와 같은 가정을 버리면 실제로는 조세 수입과 국채 발행이 최종 금융의 수단으로서 초기 금융의 상환을 위한 재원이 되는 점을 확인할 수 있다.

보다 근본적으로는 화폐 순환이 개시되는 시점에 반드시 신용 창출이 이루어진다는 전제가 회로 모형 틀에 깔려있는 것 자체도 문제일 수 있다. 순환학파의 화폐 순환에서는 새로운 생산 주기를 맞아 기업이 은행을 통해 운전 자금을 조달하면서 생산을 시작한다. 이 때 초기 금융은 은행의 신용 창출로 이루어진다. 이제 정부지출이 이와 같은 화폐 회로의 형식을 빌려 표현되면 지출에는 자동적으로 중앙은행에 의한 새로운 신용의 창출이 수반되는 것처럼 된다. 정부지출의 과정에서는 반드시 신용 창출이 일어난다는 MMT의 명제는 이렇게 기정의 사실인 것처럼 전제된다. 그렇지만 화폐 순환의 틀이 필수적인 이유는 불분명하다.

3. 화폐 내생성과 위계 체계의 모순

민간 경제 주체 간의 지급 결제는 은행 예금의 이체로 종결된다. 개별 시중은행의 예금이 결제수단으로 쓰일 수 있는 이유는 해당 금융 기관이 발행한 예금이 법령 등 국가의 행정 작용에 의해 중앙은행이 관리하고 감시하는 지급결제 시스템을 통해 받아들여지며 현금을 비롯한 기존의 결제 수단과 액면 금액으로 교환될 수 있기 때문이다. 은행 신용화폐를 사용하는 지급결제 과정에서는 이 지급결제시스템을 통해 지불인과 수취인의 거래 은행 사이에 지급준비금의 이동이 함께 일어난다.

정부와 은행은 중앙은행에 당좌예금 계정을 두고 상호 간의 자금

결제에 있어 이를 활용한다. 지급결제시스템 밖에서 시중에 공급되었던 중앙은행권이 은행으로 환류하거나 아니면 지급결제시스템 내에서 정부나 중앙은행과 자금 거래를 하는 가운데 은행에 입금이 일어날 때 지급준비금은 늘어난다. MMT에서는 현금과 함께 이 지급준비금을 국가가 발행하는 국정화폐로 파악한다. 그리고 거래의 궁극적인 종결을 위해서는 지급준비금의 이체가 필수적이라는 점으로부터 본원통화가 은행 신용화폐에 비해 위계의 상층에 자리한다고 주장한다. 서로 다른 화폐들 사이에 신용 피라미드로 표현되는 위계가 존재한다는 것이다.

하지만 중앙은행이나 예금보호기구가 금융안전망으로서 정상적으로 기능한다면 은행 신용화폐는 일정 범위 내에서 요구만 있으면 액면 금액 그대로 중앙은행권으로의 태환이 법적으로 보장되는 것이 사실이다. 그렇다면 은행 신용화폐와 중앙은행권 사이에 위계를 설정하는 것이 어떤 실익이 있을까?

중앙은행권 뿐만 아니라 지급준비금이 신용 피라미드의 상위에 있고 은행 신용 화폐는 그보다 하위에 있다는 주장 또한 이론적으로 그 의미가 불분명하거나 불필요해 보인다. 지급준비금이 한 은행 A에서 다른 은행 B로 이체되었다면 이는 은행 A의 예금이 은행 B의 예금으로 이체된 것의 결과물이다. 예금주에 의한 은행 간 예금 이체라는 독립적인 사건의 영향은 지급결제시스템 내에서 지급준비금의 이동으로 반영된다. 은행들 사이에 지급준비금이 이체되는 것은 독립적인 거래가 아니다. 지급준비금의 이체가 독립적인 거래가 되는 경우는 은행이 직접 정부나 중앙은행과 자금 거래를 하는 경우에 국한된다.

민간이 조세를 납부할 때에도 자신이 가지고 있는 은행 신용화폐를 사용할 수 있다. 은행 예금을 이체하는 방식으로 납세가 가능하다. 하지만 MMT에서는 납세의 의무가 최종적으로 완전하게 이행되려면 본원통화의 지급이 필수적이라고 한다(Wray, 2015). 그런데 민간이 세금을 납부하거나 국채를 매입할 수 있으려면 수중에 지불할 돈, 본원통화가 있어야 하므로 이를 위해서는 애초에 조세나 국채 매입보다 정부지출이 먼저 있었어야 한다는 주장이 당연하게 받아들여질 수도 있다. 실제로 이와 같은 주장은 MMT를 대중에게 설명하는 글에서 어렵지 않게 찾아볼 수 있다(Wray, 2015). 하지만 화폐 순환에 있어 정부지출이 조세보다 논리적으로 선행하는 이유를 그런 점에서 찾을 수는 없다.

내생화폐이론의 입장에서 보면, 은행은 예금주의 요청이 있으면(on demand) 예금을 본원통화와 액면금액 그대로 일대일로 교환해준다. 예금주로서는 납세의 의무 때문에 수중에 본원통화를 미리 확보해야 하는 이유가 없는 것이다. 은행 또한 예금주에게 지급하려는 목적으로 필요한 본원통화를 중앙은행으로부터 얼마든지 공급받을 수 있다. 중앙은행은 이와 같은 요청에 응해 본원통화를 부족함이 없도록 공급한다. 예금주가 자신의 예금으로 세금을 납부하려고 할 때에도 은행이 지급준비금을 미리 준비하지 않은 탓에 조세 납부를 못하는 문제는 발생하지 않는다. 설령 정부지출이 지금까지 전혀 없었고 그래서 민간의 수중에 본원통화가 없고 단지 은행 신용화폐만 유통되고 있다 해도, 본원통화는 언제든지 민간과 은행의 수요에 맞추어 중앙은행이 공급해 주는 것이다.

재정정책 과정에 대한 MMT의 설명에서는 정부지출이 본원통화 공급의 원천이고 조세가 본원통화를 줄이는 요인으로 설명된다. 이를 해석함에 있어서도 주의가 필요해 보인다. 왜냐하면 자칫 오해하면 본원통화를 충분히 공급하기 위해서는 반드시 정부지출을 늘리고 조세를 줄여서 재정적자를 지속적으로 유지해야만 한다고 잘못 이해할 수도 있기 때문이다(Wray, 1998).

MMT가 조세를 초과 지급준비금의 제거 수단으로 인식하는 점도 문제가 있다. 지급준비금의 과부족은 일상적으로 발생하는 현상인 반면에 조세를 부과하고 수입이 이루어지는 과정은 그렇지 않다. 예산안이 수립되고 확정되는 내부시차까지 고려해야 하는 때문이다. 조세는 국가가 부채를 발행할 수 있는 조건[8]을 조성하며 적극적인 재정정책의 원천이 된다. 누진과세로 소득 불평등을 시정하고 다양한 시장 실패 현상을 교정할 수 있는 수단도 된다. 그 무엇보다도 조세는 국가가 공적 영역을 운영하고 확대할 수 있는 기반을 제공한다. 법인세 등의 폐지와 같은 MMT의 주장은 곤란하다.

조세가 지급준비금을 줄이는 것은 맞다. 하지만 정부지출이 본원통화 공급의 유일한 원천은 아니다. 중앙은행은 공개시장운영을 통해, 혹은 은행에 대한 대부를 통해 얼마든지 지급준비금을 늘릴 수 있다. 이 점은 재정 수지가 균형이든 흑자든 상관이 없다. 지급준비금 과부족의 해소는 어디까지나 중앙은행의 기능에 속한다. MMT는 이와 관련해 중앙은행의 공개시장운영에는 매매할 국채가 부족할 수 있는 제약 조건이 따른다고 지적한다. 하지만 그렇기 때문에 중앙은행이 통화안정증권을 발행하는 것이다. 따라서 이는 제약 조건이 될 수 없다.

IV 재정 순환의 다양한 형식들

1. 중앙은행의 신용 창출

그림 1과 **그림 2**가 본래 MMT가 염두에 두었던 재정 순환의 설명 방식이다. 하지만 이는 현실 제도에 부합하지 않는다. 이에 따라 MMT

---

[8] 이 점은 주류 경제학에서 Christopher Sims 등이 주창한 물가 수준의 재정 이론(fiscal theory of price level)과 맥락이 같다.

경제학자들은 정부와 중앙은행이 기능적으로 분리된 재정 순환에 대해 설명을 시도하였다.

가장 먼저 고려된 재정 순환은 분리된 중앙은행이 정부지출에 필요한 초기 금융을 신용 창출을 통해 제공하는 경우였다. 이는 재정의 화폐화가 이루어졌던 실제 역사적 사례에 해당하는 것으로서, 오늘날에는 미국을 비롯한 세계 여러 나라에서 법적으로 금지되고 있다. 따라서 이 예시는 사실 관계를 묘사하려는 것보다는 재정의 화폐 순환이 갖는 논리적 특징을 파악하려는 것이 목적이 된다.

다음의 **그림 3**과 **그림 4**는 이와 같은 재정 순환의 방출 단계와 환류 단계를 나타낸다. 기능적으로 분리된 중앙은행을 도입하는 것만으로도 **그림 1**이나 **그림 2**에 숨겨져 있던 재정 순환의 구조적 특징이 드러나게 되는 점이 확인된다. **그림 1**이나 **그림 2**와는 달리, **그림 3**과 **그림 4**에서는 정부 예금의 변동이 중요해진다.

정부는 중앙은행에 예치된 국고 당좌 계정으로부터의 인출을 통해서만 지출을 수행할 수 있다. 이 국고 당좌 계정은 세입이 발생하거나 국채 발행 대금이 입금될 때 잔액이 확충된다. 그런데 회계 연도가 시작되고 지출이 개시되는 상황에서는 정부 예금에 지출을 위한 잔액이 부족

그림 3 재정 회로의 방출 단계: 중앙은행 차입

	정부				중앙은행				시중은행			
①	예금	$+G$	차입	$+G$	정부대출	$+G$	정부예금	$+G$				
②	세출 예금	$+G$ $-G$					정부예금 지준	$-G$ $+G$	지준	$+G$	예금	$+G$
③							지준 통안채	$-G$ $+G$	통안채 지준	$+G$ $-G$		
④	세출	$+G$	차입	$+G$	정부대출	$+G$	통안채	$+G$	통안채	$+G$	예금	$+G$

① 초기 금융: 중앙은행의 대부, ② 세출, ③ 중앙은행에 의한 지준 잉여 해소
④ 이상 ①~③의 합

할 수 있다. 정부 입장에서 소득 흐름(세입)과 지출 흐름(세출)의 발생 시점이 불일치하기 때문이다. 이런 경우 정부는 중앙은행으로부터 자금을 대출받아 먼저 이를 집행할 수 있을 것이다.

정부지출이 실행되기 위해서는 반드시 그에 앞서 지출 규모에 상응하는 정부 예금이 확보되어 있어야만 한다는 사실이 중요하다. MMT는 정부지출에 있어서는 이를 위한 재원이 미리 있어야 할 필요가 없다고 주장한다. 하지만 실제로는 정부 예금이 채워져 있지 않으면 정부지출은 일어날 수 없다.

그림 3의 ②에서 정부는 중앙은행이 창출한 신용에 기초하여 민간의 예금을 늘려주었다. 정부의 지출로 민간 경제 주체에게 소득이 이전되면서 통화량이 늘었다는 사실이 중요하다. 신용 창출이 수반되는 한, 정부지출은 통화량의 증가를 가져온다. 그런데 MMT는 이 ②번 단계에서 시중은행의 지급준비금이 늘어나는 점을 강조한다. 정부가 국정화폐를 발행해 은행의 지급준비금에 입금 처리를 하는 것이 곧 정부지출이라는 주장이다. 하지만 이런 설명 방식은 자연스럽지 않다. 지급준비금은 시중은행이 예수하는 예금의 상대 계정이다. 예금이 늘어나면 지급준비금은 자동적으로 늘어난다. 시중은행의 지급준비금 증가는 정부지출에 따른 민간의 예금 자산 증가를 수동적으로 반영할 뿐이다. 이를 마치 중앙은행이 민간 예금 증가와는 무관하게 시중은행에 지급준비금이라는 국정화폐를 별도로 늘려준 것처럼 해석해서는 곤란하다. 지급준비금은 중앙은행이 관리하는 지급결제시스템 내에 머물러 있으며 민간이 쓸 수 있는 화폐도 아니다. 물론 정부 예금 또한 지급준비금처럼 지급결제시스템 내에 머물러 있는 화폐이다. 이 둘은 민간이 보유한 통화량을 측정할 때 가산되지 않는다.[9]

---

[9] 정부 예금과는 달리 지급준비금은 본원통화에 포함된다. 그 점으로 인해 정부의 재

그림 3의 ②에서 실제로 일어난 독립적인 사건은 정부 예금이 민간의 누군가의 예금으로 이체된 것이다. 정부지출은 정부 예금이 민간의 예금으로 바뀌는 과정에 다름 아니다. 이 때 지급준비금도 늘어나지만, 이는 민간 예금 증가라는 독립적인 사건의 귀결일 뿐이다. 어떤 행위에 수반되어 나타난 수동적 반영물을 마치 능동적인 행위 목적인 것처럼 해석하는 것은 자연스럽지 않다.

그렇다면 **그림 4**의 환류 단계에서는 어떤 일이 일어나는가? 세입이 발생하면서 민간의 예금이 감소하고 그만큼 정부 예금이 증가한다. 이 과정에서 다시 은행의 지급준비금이 줄어든다. 이 역시 민간 예금의 감소에 따른 상대 계정의 변동이다. 그것 자체가 독립적인 의미를 갖는 경제적 사건인 것은 아니다.

이제 환류 단계에서는 조세 수입이라는 최종 금융을 통해 초기 금

그림 4 재정 회로의 환류 단계: 재정적자의 경우

	정부				중앙은행		시중은행			
⑤	정부예금	$+T$	세입	$+T$	지준 정부예금	$-T$ $+T$	지준	$-T$	예금	$-T$
⑥					지준 통안채	$+T$ $-T$	지준 통안채	$+T$ $-T$		
⑦	정부예금	$+\Delta$	국채	$+\Delta$	정부예금 지준	$+\Delta$ $-\Delta$	국채 지준	$+\Delta$ $-\Delta$		
⑧					지준 통안채	$+\Delta$ $-\Delta$	지준 통안채	$+\Delta$ $-\Delta$		
⑨	정부예금	$-G$	차입	$-G$	정부대출	$-G$	정부예금	$-G$		
⑩	세출	$+G$	세입 국채	$+T$ $+\Delta$			국채	$+\Delta$	예금	$+\Delta$

⑤ 세입, ⑥ 중앙은행에 의한 지준 부족 해소
⑦ 초기 금융(중앙은행 차입) 상환을 위한 국채 발행($\Delta = G-T > 0$)
⑧ 중앙은행에 의한 지준 부족 해소
⑨ 최종 금융(조세 수입과 국채 발행 대금)으로 중앙은행 차입금 상환
⑩ 이상 ④~⑨의 합

정 활동이 본원통화량을 변동시키는 것이다.

융의 상환이 이루어진다. 정부와 중앙은행이 기능적으로 구분됨으로써 비로소 초기 금융이 분명하게 식별되기에 이르렀다. 여기서는 초기 금융이 바로 중앙은행 차입금이다.

그런데 **그림 4**에서는 $T<G$로 재정적자가 가정되고 있다. 즉 조세 수입만으로는 정부지출을 충당할 수 없는 것이다. 이에 따라 ⑦에서는 정부지출에서 조세 수입을 뺀 Δ의 크기만큼 추가로 국채가 발행되고 있다. 조세 수입 T에 국채 발행 수입 Δ이 더해지면 정부 예금의 잔액은 지출액 G만큼이 된다. 이렇게 확보된 재원은 ⑨에서 최종 금융으로 초기 금융을 상환하는 데 쓰이고 이렇게 화폐 회로의 한 주기가 종결된다. 다시 한번 정부와 중앙은행이 기능적으로 구분되면서 최종 금융 또한 분명하게 식별되었다. 조세와 국채 발행이 최종 금융의 수단이 되는 것이다.

순환이 종결되면 정부에게는 부채가 남는다. 이는 ⑩에서 볼 수 있듯이 국채를 매입한 민간 부문(**그림 4**에서는 시중은행)에는 이자 수익을 낳는 안전 자산이 된다. 세출과 세입의 차이, 즉 재정적자만큼은 민간 부문의 저축이 되어 결국 은행 예금으로 남았다. 재정적자가 민간 부문의 흑자를 낳았다.

한국 경제에서는 세입과 세출의 시점 불일치 문제를 감안하여 정부가 재정지출의 재원을 중앙은행으로부터의 일시 차입 내지는 단기물 국고채인 재정증권(treasury bill)의 발행으로 충당할 수 있도록 허용하고 있다. 재정증권의 발행은 대개 시중 금융 기관 가운데 인수처를 지정하는 방식으로 이루어진다. 이 일시 차입이나 재정증권은 동일 회계 연도 내에 상환되어야 한다.

단, 이와 같은 차입 및 재정증권 발행액에는 한도가 있다. 2013년 이후 현재까지 적용되고 있는 기채 한도는 연간 30조원으로 이는 국회

표 1 재정증권 발행 및 한국은행 일시 차입실적 (단위: 조원)

구분	2013	2014	2015	2016	2017	2018
기채 한도	30	30	30	30	30	30
합계	28.5	20.5	22.0	15.9	8.9	2.0
재정증권 발행	9.0	12.0	12.0	6.9	6.9	2.0
한국은행 일시 차입	19.5	8.5	10.0	9.0	2.0	0.0

자료: 기획재정부

의 결정으로 변경될 수 있다. 이 기채 한도 30조원은 2019년 본예산 기준 총지출 470.5조원의 약 6% 수준이다. 실제 사용액은 줄어드는 추세이다.

2. 민간은행의 신용 창출

그림 3 및 **그림 4**의 재정 순환은 중앙은행이 정부에 직접 자금을 제공할 수 없다는 현행의 제도적 맥락을 감안하면 비현실적이다. 이에 따라 MMT 경제 학자들은 정부가 중앙은행이 아닌 시중 금융 기관의 신용 창출을 통해 초기 금융을 조달하는 재정 순환의 가능성에 대해 검토하게 되었다.

그 결과는 Wray가 2011년에 그의 블로그에 쓴 글을 통해 처음으로 공개되었다. Wray의 해결책은 Lavoie(2003)의 '정부 적자 지출에 대한 포스트 증표주의의 관점'에 제시된 논리에 근거한 것으로서 그 내용은 Lavoie(2013a)와 Wray(2015)를 통해 공식화되었다. 이는 정부 자체(**그림 1**)나 중앙은행(**그림 3**)이 아닌 민간은행이 신용 창출의 기능을 맡는다는 것이었다. 그 구체적인 과정은 다음의 **그림 5** 및 **그림 6**으로 표현될 수 있다. 이들 그림은 시중은행이 재 정증권을 인수한 경우에 대하여 재정의 화폐 순환 과정을 T계정의 변화로 예시한 것으로서 각각 방출 단계와 환류 단계에 해당한다.

그림 5   재정 회로의 방출 단계: 시중은행의 재정증권 인수

	정부			중앙은행			시중은행		
①	정부예금	+G	재정증권	+G			재정증권	+G	정부예금	+G
②					정부예금 지준	+G -G	지준	-G	정부예금	-G
③					재정증권	+G	지준	+G	지준 재정증권	+G -G		
④	세출 정부예금	+G -G			정부예금 지준	-G +G	지준	+G	예금	+G
⑤					지준 통안채	-G +G	지준 통안채	-G +G		
⑥	세출	+G	재정증권	+G	재정증권	+G	통안채	+G	통안채	+G	예금	+G

① 초기 금융: 시중은행의 재정증권 인수
② 재정증권 발행 대금이 중앙은행의 정부 당좌계정으로 이체됨
③ 중앙은행에 의한 지준 부족 해소, ④ 세출, ⑤ 중앙은행에 의한 지준 잉여 해소
⑥ 이상 ①~⑤의 합

그림 5의 ①은 초기 금융으로 이 과정에서 시중은행은 정부에 G를 無로부터 대출하면서 동액의 정부 예금을 만들어 주었다. 이 과정에서 신용이 창조되었다. 그런데 현행 제도에서 정부는 지출을 하려면 반드시 중앙은행의 당좌국고 계정으로부터 이체를 하거나 동 계정을 기초로 수표를 발행해야 한다. ②는 이를 위해 시중은행으로부터 중앙은행으로 정부 예금을 이체하는 과정을 보여준다.

세입 및 세출, 최종 금융 등 제반 사항은 **그림 3**과 **그림 4**에서 설명한 내용과 큰 차이가 없다. 다만, 여기에서는 시중은행을 대상으로 재정증권이 발행된 다음 국고 수입금이 ②에서 중앙은행으로 이체되면서 시중은행의 지급준비금이 줄어드는 현상이 발생하는데, 이런 경우 중앙은행이 개입하지 않으면 지준 부족으로 은행 간 자금 시장에서 익일물 금리가 상승 압력을 받을 수 있다. 이에 따라 중앙은행이 지준 부족을 해소하려는 목적으로 시중은행으로부터 유가 증권을 매입하는 과정에서는 ①에서 발행된 재정증권도 얼마든지 매입 대상이 될 수 있다. ③에서는

이 재정증권이 중앙은행의 공개시장매입으로 인해 중앙은행의 자산으로 변하는 예시를 보여준다. 초기 금융으로부터 시작해 최종 금융이 일어나기까지 재정 회로 일회 순환의 전체 내용을 보면, 시중은행의 신용 창조에 힘입어 민간의 통화량이 늘었고 민간은 이를 (최종 금융 수단으로 발행된) 국채를 보유하는 형태로 저축하였음을 알 수 있다.

그런데 이와 같이 시중은행에 의해 정부지출을 위한 신용이 창출된다면 국가의 주권 통화 발행 기관으로서의 역할은 분명하지 않아 보인다. MMT에 따르면 정부지출은 국정화폐가 창출되는 과정이다. 그런데 Wray가 제도적 맥락을 고려한 해결책으로 제시한 이 재정 순환 과정에서 정부지출은 정부나 중앙은행에 의한 신용 창조 없이 이루어진다. 국정화폐를 시중은행이 만들어내지는 못할 것이다. 시중은행의 신용창출 기능을 활용하는 이와 같은 방식은, 결국 정부 자체나 중앙은행에 의한 신용창출, 즉 우리가 재정의 화폐화라고 표현하는 것과는 그 성격이 매우 다른 것이다.

그런데 지금까지 본 **그림 4**나 **그림 6**에는 $G > T$인 재정적자의 경우만이 예시되어 있다. 반대로 재정 수지가 흑자라면 어떨까? 이 점에 대해서는 다음의 **그림 6-1**을 참고할 수 있다. **그림 6-1**은 **그림 6**을 대신해 **그림 5**로부터 이어지는 예시이다.

재정 흑자는 정부가 지출한 것보다 더 많은 소득을 민간 부문으로부터 조세로 가져온다는 의미이다. 그런데 재정 순환이 시작된 상황에서 민간 부문은 정부의 지출로 이전받은 소득 외에는 추가적인 다른 소득이 없다. 따라서 현재 화폐순환모형의 제약적인 구조 하에서는, 정부지출을 초과하는 조세 부분을 정부에 납부하기 위해 민간이 은행 부문의 신용 창출에 의존하는 것 외에는 별다른 방법이 없다. **그림 6-1**의 ★ 부분에서는 민간이 은행으로부터 $G - T \equiv \nabla$만큼을 차입하고 있다. 그런

그림 6 재정 회로의 환류 단계: 재정적자의 경우

	정부				중앙은행				시중은행			
⑦	정부예금	$+T$	세입	$+T$		지준 정부예금	$-T$ $+T$	지준	$-T$	예금	$-T$
⑧						지준 통안채	$+T$ $-T$	지준 통안채	$+T$ $-T$		
⑨	정부예금	$+\Delta$	국채	$+\Delta$		정부예금 지준	$+\Delta$ $-\Delta$	국채 지준	$+\Delta$ $-\Delta$		
⑩						지준 통안채	$+\Delta$ $-\Delta$	지준 통안채	$+\Delta$ $-\Delta$		
⑪	정부예금	$-G$	재정증권	$-G$		정부예금	$-G$				
⑫	세출	$+G$	세입 국채	$+T$ $+\Delta$						국채	$+\Delta$	예금	$+\Delta$

⑦ 세입, ⑧ 중앙은행에 의한 지준 부족 해소
⑨ 초기 금융(재정증권) 상환을 위한 국채 발행($\Delta = G - T$)
⑩ 중앙은행에 의한 지준 부족 해소
⑪ 최종 금융(조세 수입과 국채 발행 대금)으로 재정증권 상환, ⑫ 이상 ⑥~⑪의 합

다음 이 대출받은 소득과 정부지출로 이전받은 소득을 더 해 ⑦에서 T만큼의 조세를 납부하고 있다.

⑪에서 최종 금융이 일어난 이후 최종 결과 ⑫를 보면, 정부에게는 재정 흑자 ▽만큼의 예금이 남았고 시중은행은 동일한 재정 흑자만큼 비은행 민간 부문에 대해 대출한 것을 알 수 있다. ★ 단계에서 창출된 은행 신용이 비은행 민간의 예금으로 남지 않고 납세 후 정부 예금으로 빠져나간 것이다. 이는 비은행 민간이 재정 흑자만큼의 부채를 새로 지게 된 것이라고 할 수 있다.

그림 6-1과 **그림 6**에서 재정 순환의 최종 결과에 해당하는 행 ⑫를 비교해 보면 다음과 같은 결론을 얻을 수 있다. 먼저 재정 수지가 적자가 되면 그 적자액만큼 정부의 부채가 늘어나지만 대신에 민간은 그와 같은 크기만큼 예금 자산, 즉 저축이 늘어난다. 반면에 재정 수지가 흑자가 되면 그 흑자액만큼 정부의 예금 자산이 늘어나고 대신에 민간은 같은

그림 6-1 재정 회로의 환류 단계: 재정 흑자의 경우

	정부				중앙은행		시중은행			
★							대출	+▽	예금	+▽
⑦	정부예금	+T	세입	+T	지준 정부예금	-T +T	지준	-T	예금	-T
⑧					지준 통안채	+T -G	지준 통안채	+T -G	차입	+▽
⑪	정부예금	-G	재정증권	-G	정부예금	-G				
⑫	세출 정부예금	+G +▽	세입	+T	정부예금	+▽	대출	+▽	차입	+▽

★ 민간의 차입, ⑦ 세입
⑧ 중앙은행에 의한 지준 부족 해소(단, ▽ = − Δ = T − G 〉 0)
⑪ 최종 금융(조세 수입 T 〉 G)으로 재정증권 상환
⑫ 이상 **그림 5**의 ⑥과 **그림 6-1**의 ★, ⑦, ⑧, ⑪의 합

크기의 부채를 부담하게 된다.

이와 같이 재정 수지의 변화는 민간의 순저축에 연동된 변화를 유발한다. 정부가 재정 건전성을 강조해 재정 수지를 흑자로 전환하면 민간의 순저축이 줄고 차입이 늘어난다. 정부의 재정 건전성 강화는 민간 부문의 재무 건전성 악화를 수반하는 것이다. 단, 여기에서는 해외 부문에서 오는 영향은 별도로 고려하지 않고 있음을 유의할 필요가 있다.

이번에는 **그림 6-1**의 상황이 모두 종료된 후 새로운 재정 순환이 재개된다고 해 보자. 화폐의 순환은 일회의 주기로 끝나지 않고 기존 순환이 끝난 지점에서 새로운 순환이 다시 시작한다. 그런데 문제는 이 경우 정부는 양(+)의 정부 예금을 가지고 새로운 순환을 시작하게 된다는 사실이다.

그림 6-2는 양(+)의 정부 예금을 가지고 정부가 새로운 재정 순환을 시작하 면 어떤 상황이 전개될 수 있는지 예시한다. 이 경우에는 이 예금액만큼 곧바로 지출을 할 수 있으므로 별도의 초기 금융은 필요하지 않게 된다. 그리고 정부의 지출액만큼 다시 민간 소득의 증가가 이어

그림 6-2   그림 6-1에 이어지는 새로운 재정 순환

	정부				중앙은행			시중은행		
①	세출 정부예금	+▽ -▽			정부예금 지준	-▽ +▽	지준	+▽	예금	+▽
②							대출	-▽	예금	-▽
③				대출	-▽	지준	-▽	지준	-▽	차입	-▽
④	세출	+T	세입	+T						

① 세출, ② 민간 부문의 시중은행 차입금 상환, ③ 중앙은행에 의한 지준 잉여 해소
④ 이상 **그림 6-1**의 ⑫와 **그림 6-2**의 ①~③의 합

진다. 정부의 지출과 같은 크기로 민간의 예금이 늘어나 **그림 6-1**에서 증가한 부채를 상환하게 된다.

 Seccareccia(2003)는 화폐 회로의 시작점에서 기업이 은행으로부터 빌려야 하는 초기 금융의 규모는 예상되는 이윤과 이에 따른 내부 금융의 가능성을 고려하여 조정된다고 주장했다. 내부 금융으로 조달되는 자금이 많다면 초기 금융이 줄어들 수 있다는 생각이다. 이 점은 정부의 재정 활동에도 적용될 수 있다.

 정부의 재정 활동에 있어 내부 금융은 조세 수입이다. 그렇다면 Seccareccia(2003)의 지적은, 조세 수입이 발생하는 점을 예상할 수 있다면 초기 금융이 더 적은 규모라도 회계 연도 중에 얼마든지 동일한 크기의 정부지출을 수행할 수 있다는 의미로 해석하는 것이 자연스러워 보인다. 이와 같이 순환 기간 중에 발생하는 조세 수입이 일종의 내부 금융으로서 부족한 초기 금융을 대신할 수 있다면, 일회의 재정 순환 기간이 끝나면서 정부 예금으로 남은 조세 수입이라고 하여 다음 회의 순환에서 왜 다시 사용하지 못하겠는가?

 정부지출로 인해 국민 소득의 승수적 창출 과정이 시작되면 세입이 발생하기 시작한다. 이 과정에서 소득 발생은 일회적인 것이 아니고 일정 기간 동안 이어지므로 세입 역시 일정 기간 동안 계속해서 발생한다.

즉 최종 금융은 1회의 재정 순환에서 여러 번에 걸쳐서 이루어져 그때마다 정부 예금 잔액을 늘려줄 것이다. 이는 애초에 초기 금융이 1회 재정 순환 전체 기간에 대해 지출 전액만큼 일어날 필요가 없었음을 의미한다. 다만 이는 정부가 지출할 수 있는 금액이 세입에 의해 사전적으로 제약된다는 뜻은 아니다. 세입은 사후적으로 내부 금융의 역할을 하는 것뿐이다.

지출이 논리적으로 선행한다는 것은 케인스 경제학의 문법에 비추어 틀림이 없다. 그렇지만 지출을 위한 재원은 최근 화폐 순환에서 남아 이월된 세입에서도 조달할 수 있고 새로운 화폐 순환을 위해 차입하는 방식으로도 조달할 수 있다. 정부 예금 계좌의 잔액은 화폐 순환이 종결된 다음에도 양(+)의 크기로 남아 있을 수 있다. 실제로는 회계 연도 중에 세입이 중간에 들어와 정부 예금이 채워지면 그만큼은 다시 지출될 수 있다.

환류 국면의 조세 수입이 화폐를 파괴한다는 진술은 화폐 순환의 논리에 비추어 틀림이 없다. 정부가 이를테면 중앙은행 차입금을 조세 수입으로 상환하면 상환액만큼 정부 예금 잔액이 줄어들기 때문이다. 그런데 주의할 점은 여기서 파괴되는 것은 환류된 조세 수입은 아니라는 사실이다. MMT에서는 조세 수입이 다시 지출의 재원으로 활용될 수 없으며 그 이유는 조세 수입이 화폐를 만들어내지 않고 파괴하기 때문이라고 주장한다. 세입이 발생하면 그만큼 정부 예금이 늘어나는데 이는 초기 금융, 예를 들어 중앙은행 차입금을 상환하는 최종 금융에 쓰인다. 그 과정에서 파괴되는 화폐는 (순환이 개시되면서 초기 금융으로 만들어졌던) 정부 예금이다. 초기 금융을 상환하지 않는다면 화폐의 파괴도 없다. 즉 화폐의 파괴를 낳는 경제적 사건은 최종 금융으로 초기 차입금을 상환하는 것이지, 조세의 납입이 이루어지는 그 자체는 아니다.

회계 연도 말에 잔액이 양(+)인 정부 예금이 있다면, 순환이 종결되었다고 해서 그 잔액이 '영(0)'으로 지워지거나 블랙홀로 사라지는 일은 없다. 정부 예금 기말 잔액은 현실에서는 세계 잉여금으로 이월되어 다음 회계 연도에 지출 재원으로 편성된다.

3. 신용 창출이 수반되지 않는 경우

현대 자본주의 경제에서 화폐는 대차대조표 상의 결과물이다. 대차대조표에는 구매자와 판매자가 제3자 발행 부채를 결제수단으로 하여 경제적 거래를 수행한 내역이 기재된다. 어떤 거래는 화폐를 창출하는 대차대조표 변화의 과정이 된다. 예를 들어 기업이 노동자와 노동 계약을 체결하고 임금을 지불할 때 은행 대출로 확보한 예금을 이체한다면 이 과정에서는 화폐가 창출된 것이다.

하지만 이는 모든 경제적 거래에 화폐의 창출이 수반된다는 의미는 아니다. 민간 부문 내에서 뿐만 아니라 민간이 공공 부문과 거래하면서도 화폐의 창출이 일어나지 않는 경우는 얼마든지 있다. 정부지출의 경우에도 마찬가지이다. 지출은 신용 창조를 수반하면서 이루어질 수 있지만, 신용 창조가 수반되지 않는 다른 방식으로도 이루어질 수 있다. 이 점은 Fiebiger(2016)에서도 강조된 바 있다.

다음의 **그림 7**과 **그림 8**은 정부가 초기 금융을 위해 발행한 재정증권을 신용 창출 기능이 없는 비은행 금융회사에서 인수한 경우이다.

①에서 비은행 민간은 재정증권을 자신이 보유한 기존 예금으로 인수한다. 이에 따라 재정증권 매입 대금만큼 예금의 감소가 일어난다. 이는 Tymoigne(2016, p.1324)의 Fig. 5에 해당하는 것이다. 그런데 Tymoigne (2016)의 Fig.5는 논리적으로 문제가 있는데 이는 비은행 민간이 재정 순환을 개시하기 전부터 G 이상의 예금을 보유하고 있어야 한다는 것

그림 7 비은행 민간 부문의 재정증권 인수: 방출 단계

	정부				중앙은행			
①	정부예금	$+G$	재정증권	$+G$			지준	$-G$
							정부예금	$+G$
②					대출	$+G$	지준	$+G$
③	세출	$+G$					지준	$+G$
	정부예금	$+\nabla$					정부예금	$-G$
④					대출	$-G$	지준	$-G$
⑤	세출		재정증권	$+G$				

	시중은행				비은행 민간			
★	대출	$+G$	예금	$+G$	예금	$+G$	차입	$+G$
①	지준	$-G$	예금	$-G$	재정증권	$+G$		
					예금	$-G$		
②	지준	$+G$	차입	$+G$				
③	지준	$+G$	예금	$+G$	예금	$+G$		
					물품	$-G$		
●	대출	$-G$	예금	$-G$	예금	$-G$	차입	$-G$
④	지준	$-G$	차입	$-G$				
⑤					재정증권	$+G$		
					물품	$-G$		

★ 비은행 민간 부문의 재정증권 인수 대금 차입
① 초기 금융: 비은행 금융회사의 재정증권 인수, ② 중앙은행에 의한 지준 부족 해소
③ 세출(정부의 물품 구입 및 소비), ● 비은행 민간 부문의 은행 차입금 상환
④ 시중은행의 중앙은행 차입금 상환으로 지준 잉여 해소, ⑤ 이상 합

    이다. **그림 7**은 비은행 금융회사가 시중은행으로부터 대출을 받아 재정증권 인수대금을 확보하는 과정(★), 그리고 정부지출로 소득을 이전받은 다음 시중은행에 대한 차입금을 상환하는 과정(●)을 포함함으로써 이와 같은 논리적 문제를 교정한 결과이다.

    그림 7에서 정부지출은 민간 부문의 순 저축의 증가로 이어지지 않고 있다. ⑤에서 비은행 민간이 재정증권을 보유하고 있으나 이는 ①에서 줄어든 예금의 대가일 뿐으로 순 저축의 증가는 아니다. 이 점은 지금까지 **그림 1**, **그림 3**, **그림 5**의 모든 방출 단계의 결과와는 다른 것이다. 이렇게 된 이유는 **그림 7**에서는 순수한 신용 창조가 없기 때문이다. ①

그림 8 비은행 민간 부문의 재정증권 인수: 환류 단계

	정부				중앙은행			
⑥	정부예금	$+T$	세입	$+T$			지준	$-T$
							정부예금	$+T$
⑦					대출	$+T$	지준	$+T$
⑧	정부예금	$+\Delta$	국채	$+\Delta$			정부예금	$+\Delta$
							지준	$-\Delta$
⑨					대출	$+\Delta$	지준	$+\Delta$
⑩	정부예금	$-G$	재정증권	$-G$			정부예금	$-G$
							지준	$+G$
⑪					대출	$-G$	지준	$-G$
⑫	세출	$+G$	세입	$+T$				
			국채	$+\Delta$				

	시중은행				비은행 민간			
★	대출	$+T$	예금	$+T$	예금	$+T$	차입	$+T$
⑥	지준	$-T$	예금	$-T$	예금	$-T$		
					세금과공과	$+T$		
⑦	지준	$+T$	차입	$+T$				
●	대출	$+\Delta$	예금	$+\Delta$	예금	$+\Delta$	차입	$+\Delta$
⑧	지준	$-\Delta$	예금	$-\Delta$	국채	$+\Delta$		
					예금	$-\Delta$		
⑨	지준	$+\Delta$	차입	$+\Delta$				
⑩	지준	$+G$	예금	$+G$	재정증권	$-G$		
					예금	$+G$		
◆	대출	$-G$	예금	$-G$	예금	$-G$	차입	$-G$
⑪	지준	$-G$	차입	$-G$				
⑫					국채	$+\Delta$		
					물품	$-G$		
					세금과공과	$+T$		

★ 비은행 민간 부문의 조세 대금 차입, ⑥ 세입, ⑦ 중앙은행에 의한 지준 부족 해소
비은행 민간 부문의 국채 인수 대금 차입($\Delta = G - T$)
⑧ 초기 금융(재정증권) 상환을 위한 국채 발행, ⑨ 중앙은행에 의한 지준 부족 해소
⑩ 최종 금융(조세 수입과 국채 발행 대금)으로 재정증권 상환
비은행 민간 부문의 은행 차입금 상환,
⑪ 시중은행의 중앙은행 차입금 상환으로 지준 잉여 해소, ⑫ 이상 합

에서 정부 예금의 증가는 정확히 같은 크기만큼의 민간 예금의 감소와 함께 일어나고 있다. 재정증권 인수 대금을 대출받는 ★의 단계에서 신

용 창출이 일어난 것은 맞지만, 세출 후 ●의 단계에서 모두 상환되어 사라지므로 결국 방출 국면이 모두 종결된 뒤에는 어떤 신용 창출의 결과물도 남아 있지 않는다.

MMT는 정부지출이 실제 현실에서 이미 발권을 통해 이루어지고 있는 것처럼 주장한다. 하지만 실제로는 정부지출의 자금 조달이 발권을 통해 이루어지는 경우는 다음의 두 가지 뿐이다.

그 첫번째는 중앙은행이나 시중은행이 재정증권 내지는 국채를 인수하거나 대출의 형태로 초기 금융에 참여하는 것이다. 반대로 비은행 민간을 통하게 되면 초기 금융 과정에서 정부가 민간으로부터 이전받은 소득(예: 조세)만큼만 정부가 민간에 주입할 수 있으므로 결과적으로 민간의 통화량 증가는 없게 된다. 두번째의 경우는 정부가 자체적으로 백금 주화와 같은 별도의 통화성부채를 발행하는 것이다.

현행 제도를 감안한다면 위의 두 가능성은 더욱 제한적인 것이 된다. 첫 번째 경우에 대해서는, 미국을 비롯한 여러 나라에서 중앙은행은 차환용이 아닌 신규 발행 국채를 발행 시장에서 매입할 수 없고 정부에 대해 당좌대월과 같은 대출도 제공할 수 없다는 점이 고려될 필요가 있다. 두 번째의 경우에도 정부, 구체적으로 재무 부처에서 주화를 발행하는 경우는 있지만 그렇지 않은 경우도 있다. 우리 경제의 경우 중앙은행이 주화를 발행하며 따라서 주화의 발행이 정부지출의 재원이 되기는 어렵다고 할 것이다.[10]

---

10 정부가 시중은행을 통해 지출하는 경우도 논리적으로는 검토할 수 있다. 이에 대해서는 나원준(2019, pp.29~30)을 참고할 수 있다.

V 결론 : 기능적 재정의 복원과 MMT 일병 구하기[11]

Lerner(1943)의 기능적 재정의 요체는 정책 목표를 달성하기 위해 가능한 모든 재원 조달 방식을 고려할 수 있다는 데 있다. 이에 따르면 재정 당국은 시중 은행을 비롯해 민간으로부터 확보한 재정 수입의 범위 내로 지출을 한정할 필요가 없다. 현대 화폐 제도에서 주권 통화를 발행하는 국가라면, 재정의 화폐화를 포함해 다양한 방식으로 지출에 필요한 재원을 조달할 수 있다. 국가적으로 요구된다면 현행의 법 제도도 개정될 수 있다. 그런 점에서 정부에게는 가계가 직면하는 것과 같은 예산 제약은 없다는 진술은 참이다. 다만 MMT는 세입이 정부 예금으로 입금되어도 지출 재원으로 사용될 수 없으며 "주권 통화를 발행하는 국가라면, 저축할 필요가 전혀 없다"(Connors and Mitchell, 2017, p.11)고 한다. 이런 진술은 참이 아니며 기능적 재정 관점에 부합하는 것으로 보기도 어렵다.

우리는 다양한 형식의 재정 순환에서 세입이나 국채 발행은 최종 금융의 수단으로서 초기 금융의 상환에 쓰이는 점을 확인할 수 있었다. 그런데 1회 순환으로 재정 활동이 끝나는 것이 아니다. 순환이 종결된 그 지점에서 새로운 순환이 시작된다. 만약 정부 예금에 양(+)의 잔액이 남은 상태로 예산 기간이 종료되었다면 새로운 순환의 초기 금융 가운데 일부가 이 내부 금융에 의해 구성된다.

중요한 몇 가지 MMT의 근본 명제는 포스트케인지언 경제 이론이나 화폐순환이론의 문법으로 그 난점이 해소되지 않는다. 문제는 MMT

---

11 이 논문은 MMT에 대한 소규모 개방경제 관점에서의 평가를 나누지 않은 한계점이 있다. 이와 관련된 짧은 개관으로는 이 책 제4장을 참고할 수 있다.

의 주장이 응축된 다음의 명제들 (1), (2), (3)이다. (1) 재정정책과 통화정책을 논의함에 있어 정부와 중앙은행을 하나의 결합된 경제 단위로 가정하는 것이 적절하다. (2) 모든 정부지출은 발권에 따른 재정의 화폐화를 수반한다. (3) 조세와 국채 발행은 정부지출의 재원이 아니며 발권을 대체하는 수단이 될 수 없다.

이 글은 MMT의 이론적 기초인 포스트케인지언 화폐이론에 입각하여 이들 명제의 문제점을 중심으로 MMT의 화폐이론과 재정정책 과정 이론에 대해 내재적인 비판을 시도하였다. 세 명제 모두 참이 아니라는 것이 필자의 판단이다. 다만 필자로서는 이와 같은 비현실적이고 반직관적인 명제들이 진실의 일단을 여전히 포착하고 있으며 이에 따라 이들 주장으로부터 MMT가 제시하는 결론적인 방향성과 건강한 문제의식에 주목할 필요가 있다고 본다.

본문에서 지적한 바와 같이 적자 지출은 민간 저축을 늘려주는 반면에 재정 흑자는 민간 부채를 늘리는 역할을 한다. 정부가 저축을 늘리고 긴축에 나서면서 부채 감소, 적자 감소를 중기적 정책 목표로 상정한다면 그 결과로 우리가 도달할 수 있는 것은 축소 지향적인 나쁜 균형뿐이다.

재정 확장에 대한 사회적 논의에는 대개 인플레이션에 대한 우려가 수반된다. 포스트케인지언 경제학에서는 인플레이션의 원인으로 사회세력 간 분배 몫을 둘러싼 갈등에 주목하며, 여기에 병목 현상과 같은 공급 애로, 자원의 유휴 상태와 비교한 총수요의 상대적 수준을 추가로 고려할 수 있다. MMT에서도 어떤 지출이든 명목 총수요를 실질 생산 능력보다 더 빠르게 늘리면 그것은 인플레이션 유발적일 수 있음을 강조한다. 만약 유휴 상태의 실물 자원이 존재하는 상황이라면 정부지출을 늘린다고 해서 항상 인플레이션으로 이어지지는 않을 것이다. 수요 견인 인플레이션의 핵심 요인은 유효수요의 수준이다. 통화량의 크고 작음은 문제가 안된다. 발권, 즉 중앙은행의 신용 창출로 정부지출을 늘리는 것보다 신용 창출 없이 정부지출을 늘리는 것이 덜 인플레이션 유발적이라고 볼 근거는 없다. 유효수요의 수준과 유휴자원의 상대적인 크기가 문제인 것이다.

MMT에 따르면 정부지출에 대한 진정한 제약은 자금 조달의 문제가 아니라, 실물 자원을 얼마나 동원하고 활용할 수 있는가에 있다. 재원 조달 방식의 문제로 우리 자신을 스스로 얽맬 필요가 없다는 것이다. 그와 관련된 현행의 규칙들이 문제라면 그것들은 바꿔갈 수 있다는 것이다. 필자는 MMT의 긍정적인 기여 중 하나는 공공 지출과 관련하여 우리가 무엇부터 고민해야 하는지를 환기시켜준 점에 있다고 본다. MMT는 우리에게 재원 조달 방식을 묻기에 앞서 어떤 사업이 공공의 대의를 위해 국가가 기꺼이 지출할 만한 가치가 있는 사업인지부터 따져야 한다고 주장한다. 자산가들의 이익을 지켜내기 위해 보수적인 주류 경제학이 그동안 쌓아올린 금단과 긴축의 장벽에 스스로를 가두면서 우리는 진정으로 국가가 해야 하는 일을 포기해서는 안된다는 것이다.

참고문헌

나원준 (2019), "MMT, 어떻게 볼 것인가?", *SIES Working Paper* No. 383, 서울 사회경제연구소.

민병길 (2012), "포스트케인즈학파 내생화폐이론과 은행의 이중기능: 수평주의자 와 구조주의자에 대한 새로운 이해", 『사회경제평론』 38, 199-240.

Bell, S. (2001), "The Role of the State and the Hierarchy of Money", *Cambridge Journal of Economics*, 25(1), 149-163.

Bell, S. and L. R. Wray (2000), "Financial Aspects of the Social Security 'Problem'", *Journal of Economic Issues*, 34(2), 357-364.

Bougrine, H. and M. Seccareccia (2002), "Money, Taxes, Public Spending, and the State within a Circuitist Approach", *International Journal of Political Economy*, 32(3) 58-79.

Cesaratto, S. (2016), "The State Spends First : Logic, Facts, Fictions, Open Questions", *Journal of Post Keynesian Economics*, 39(1), 44-71.

Cesaratto, S. (2017), "Initial and Final Finance in the Monetary Circuit and the Theory of Effective Demand", *Metroeconomica*, 68(2), 228-258.

Connors, L. and W. Mitchell (2017), "Framing Modern Money Theory", *Journal of Post Keynesian Economics*, 40(2), 239-259.

Epstein, G. (2019), "The Institutional, Empirical and Policy Limits of 'Modern Money Theory'", Political Economy Research Institute Working paper, N. 481, University of Massachusetts, Amherst.

Febrero, E. (2009), "Three Difficulties with Neo-Chartalism", *Journal of Post Keynesian Economics*, 31(3), 524-541.

Fiebiger, B. (2012), "Modern Money Theory and the 'Real-World' Accounting of 1-1〈0", Political Economy Research Institute Working paper, N. 279-1, University of Massachusetts, Amherst.

Fiebiger, B. (2016), "Fiscal Policy, Monetary Policy and the Mechanics of Modern Clearing and Settlement Systems", *Review of Political Economy*, 24(4), 590-608.

Fullwiler, S. T. (2017), "Modern Central Bank Operations : General Principles", in L. Rochon and S. Rossi (eds.), *Advances in Endogenous Money Analysis*, Cheltenham, U.K., Edward Elgar.

Fullwiler, S. T., S. Kelton, and L. R. Wray et al. (2012), "Modern Money Theory: a Response to Critics", Political Economy Research Institute Working paper, N. 279-2, University of Massachusetts, Amherst.

Gnos, C. and L. Rochon (2002), "Money Creation and the State : a Critical Assessment of Chartalism", *International Journal of Political Economy*, 32(3), 41-57.

Juniper, J., T. P. Sharpe, and M. J. Watts (2015), "Modern Monetary Theory : Contributions and Critics", *Journal of Post Keynesian Economics*, 37(2), 281-307.

Lavoie, M. (2003), "A Primer in Endogenous Credit-Money", in L. Rochon and S. Rossi (eds.), *Modern Theories of Money*, Cheltenham, U.K., Edward Elgar.

Lavoie, M. (2013a), "The Monetary and Fiscal Nexus of Neo-Chartalism : a Friendly Critique", *Journal of Economic Issues*, 47(1), 1-32.

Lavoie, M. (2013b), "The State, the Central Bank and the Monetary Circuit", in L. Rochon and M. Seccareccia (eds.), *Monetary Economies of Production*, Cheltenham, U.K., Edward Elgar, 11-22.

Lerner, A. (1943), "Functional Finance and the Federal Debt", *Social Research*, 10(1), 38-52.

Mitchell, W., L. R. Wray and M. Watts (2019), *Macroeconomics*, London:

Red Globe Press.

Moore, B. (1988), *Horizontalists and Verticalists: The Macroeconomics of Credit Money*, Cambridge, U.K, Cambridge University Press.

Nesiba, R. F. (2013), "Do Institutionalists and Post-Keynesians Share a Common Approach to Modern Money Theory (MMT)?", *European Journal of Economics and Economic Policies: Intervention*, 10(1), 44-60.

Palley, T. (2015a), "Money, Fiscal Policy, and Interest Rates : a Critique of Modern Monetary Theory", *Review of Political Economy*, 27(1), 1-23.

Palley, T. (2015b), "The Critics of Modern Money Theory (MMT) are Right", *Review of Political Economy*, 27(1), 45-61.

Palley, T. (2018), "Government Spending and the Income-Expenditure Model : the Multiplier, Spending Composition, and Job Guarantee Programs", Forum for Macroeconomics and Macroeconomic Policies working paper, N. 30.

Palley, T. (2019), "What's Wrong with Modern Money Theory (MMT) : a Critical Primer", Forum for Macroeconomics and Macroeconomic Policies working paper, N. 44.

Parguez, A. (2002), "A Modern Theory of Public Finance", *International Journal of Political Economy*, 32(3) 80-97.

Parguez, A. and M. Seccareccia (2000), "The Credit Theory of Money: the Monetary Circuit Approach", in J. Smithin (ed.), *What is Money?*, London: Routledge, 101-123.

Pastoret, C. (2006), "Fiscal Policy, Government Intervention and Endogenous Money: Are Chartalist and Circuitist Theories Complementary?" in C. Gnos and L. Rochon (eds.), *Post-Keynesian Principles of Economic Policy*, Cheltenham, U.K., Edward Elgar, 151-

163.

Paul, M., W. Darity Jr., and D. Hamilton (2018), The Federal Job Guarantee : A Policy to Achieve Permanent Full Employment, Center on Budget and Policy Priorities.

Rochon, L. (1999a), *Credit, Money and Production : An Alternative Post-Keynesian Approach*, Cheltenham, U.K., Edward Elgar.

Rochon, L. (1999b), "The Creation and Circulation of Endogenous Money : a Circuit Dynamic Approach", *Journal of Economic Issues*, 33(1), 1-21.

Rochon, L. and S. Rossi (2004), "Central Banking in the Monetary Circuit", in M. Lavoie and M. Seccareccia (eds.), *Central Banking in the Modern World: Alternative Perspectives*, Cheltenham, U.K., Edward Elgar.

Rochon, L. and S. Rossi and M. Vernengo (2003), "State Money and the Real World: or Chartalism and Its Discontents", *Journal of Post Keynesian Economics*, 26(1), 57-67.

Seccareccia, M. (2003), "Pricing, Investment and the Financing of Production within the Framework of the Monetary Circuit: Some Preliminary Evidence", in L. Rochon and S. Rossi (eds.), *Modern Theories of Money*, Cheltenham, U.K., Edward Elgar, 173-197.

Seccareccia, M. (2004), "What Type of Full Employment? A Critical Evaluaion of 'Government as the Employer of Last Resort' Policy Proposal", *Investigación Económica*, 63(247), 15-43.

Tanden, N., C. Martin, M. Jarsulic, B. Duke, B. Olinsky, M. Boteach, J. Halpin, R. Teixeira, and R. Griffin (2017), Toward a Marshall Plan for America, Center for American Progress.

Taylor, L. (2019), "Macroeconomic Stimulus à la MMT", Institute for New Economic Thinking Commentary.

Tymoigne, E. (2014), "Modern Money Theory, and Interrelations between Treasury and the Central Bank: the Case of the United States", *Journal of Economic Issues*, 48(3), 641-662.

Tymoigne, E. (2016), "Government Monetary and Fiscal Operations : Generalising the Endogenous Money Approach", *Cambridge Journal of Economics*, 40(5), 1317-1332.

Tymoigne, E. and L. R. Wray (2015), "Modern Money Theory : a Reply to Palley", *Review of Political Economy*, 27(1), 24-44.

Wray, L. R. (1998), *Understanding Modern Money : The Key to Full Employment and Price Stability*, Cheltenham, U.K., Edward Elgar.

Wray, L. R. (2015), *Modern Money Theory : A Primer on Macroeconomics for Sovereign Monetary Systems*, second edition, New York : Palgrave Macmillan.

4장

개방경제와 MMT

나원준(경북대학교 경제학과)

거시경제정책에 대한 경제학자들의 논의를 살펴보면 민간 부문 자금 수지가 흑자이고 경상수지는 만성적인 적자인 나라에서도 균형재정이 재정정책 처방으로 제시된다. 이는 불가능에 도달하려는 것이다. 만약 경상수지 적자로 해외 부문이 저축을 늘리고 있다면 흑자 재정은 민간 부문의 재무 건전성 악화를 가져올 뿐이다. 이렇게는 장기 성장의 지속성이 보장되지 않는다. 경상 수지가 적자라면 정부가 재정적자를 늘려 민간 부문의 자금 수지 흑자를 지원하는 편이 나을 것이다. 이와 같은 인식의 교정에 있어 MMT의 대두가 하나의 긍정적인 계기가 되었음은 부인하기 어렵다(Juniper et al. 2015).

개방경제와 관련된 MMT의 기본 입장은 외환을 획득할 필요가 있는 나라라면 변동환율제를 채택하는 편이 바람직하다는 것이다(Wray 2015). 이는 변동 환율제에서는 환율의 신축적인 조정에 의해 국내 경제가 외부 충격으로부터 절연되는 효과가 있어 국내 정책여지가 극대화되기 때문이다. Wray(1998)에 따르면 변동환율제 하에서 자국통화 표시 채무만을 부담하는 주권 정부는 원하는 만큼 발권을 하거나 채권을 발행해 적자 지출을 늘릴 수 있는 완전한 자율성을 갖는다.

사실 이는 전통적인 케인지언 관점과 일치하는 것은 아니다. 케인스는 1931년 영국의 금본위제 이탈을 옹호하면서 금본위제를 '야만적인 유물'로 비난했다(Vernengo and Rochon 2000). 이와 같은 비난의 배경에는 인위적인 고금리 부담을 경계한 측면이 있었다. 하지만 이후 브레튼우즈 협상 과정에서는 관리될 수 있는 환율을 지지했다. 환율변동과 자본의 통제되지 않은 이동이 재량적 재정정책과 금리생활자 계층의 안락사를 위한 저금리 환경에 불리할 수 있다고 본 것이었다. 포스트케인지언 경제학자들 또한 대체로 환율 안정의 유지와 경상수지 불균형의 해소 필요성을 강조하면서 일정한 상하 변동 폭 내에서 환율 조정이 허용되는 관리 변동 환율제를 선호해 왔다(Herr 2011).

MMT 학부용 교과서(Mitchell et al. 2019)의 개방경제에 대한 장에는, 국내거주민에게 있어서는 수입이야말로 혜택이고 수출은 비용이며 수출의 목적은 외화자산의 취득에 있다는 관점이 표현되고 있다. 경상수지 적자는 수출로 실물을 제공하는 해외부문의 금융자산 축적 동기를 반영한다는 해석이다. 그러나 이와 같은 시각은 한편으로는 수입에 따른 실물 유입의 이면에 외화부채가 쌓이는 현실을, 그리고 다른 한편으로는 수출이 총수요의 한 부분으로서 일자리를 만들어내는 사실을 도외시하는 것으로 보인다.

후자와 관련하여 Bonizzi et al.(2019)은 MMT에서는 실업률 자체가 일자리보장 프로그램을 통해 통제할 수 있는 변수로 간주되기 때문에 저개발국 등에 있어 수출의 역할을 중요하지 않게 보는 경향이 있음을 지적한다. 주권통화를 가진 나라라면 정부가 화폐 발행을 통해 유휴 상태의 노동도 얼마든지 구매할 수 있을 것이라는 생각 때문이다. 실제로

William Mitchell은 2018년 자신의 블로그에서 실업과 일자리의 문제는 정치적 결정의 산물이라고 주장하기도 했다.

MMT의 변동환율제 옹호에 대해서는 라틴아메리카의 포스트케인지언 연구자들을 중심으로 이견이 제기되었다. 이들은 발권을 통해 적자재정을 충당할 것이라는 시장 기대 심리만으로도 통화가치의 하락이 자극될 수 있으며 이는 수입재 가격 상승에 따른 인플레이션 등의 문제를 야기한다고 주장했다(Vergnhanini and de Conti 2017). 그보다 일찍 Flassbeck(2002)이나 Rey(2013)에 의해서도 신흥국은 변동환율제 하에서 자국 경제가 외부 충격으로부터 보호되는 효과를 기대하기 어려우며 오히려 자율적인 경제 정책의 수행이 제한될 수 있다는 지적된 바 있다. 변동환율제에서의 급격한 자본 이동은 파괴적인 속성을 갖는다는 것이었다.

MMT는 변동환율제에서 정부의 정책 여지가 확대된다고 하지만, 꼭 그런 것만은 아니다. 저개발국은 외환시장이 얇아(thin) 환율변동성이 크다. 그런데 자국 통화의 가치가 하락하면 단기외채의 상환가능성이나 필수적인 자본 설비 및 중간재의 수입이 영향 받을 수 있다. 이는 국내경제에 긴축적인 영향을 미쳐 추가적인 정책 여지를 줄일 수 있다. 자국 통화의 가치 하락은 국내 인플레이션을 가져오고 이는 실질소득을 떨어뜨려 총수요에 부정적이다. 외화채무의 실질 가치를 상승시키는 것도 총수요에 부정적이다. 국내 담보자산의 외화환산가치가 하락하면서 채무불이행 위험이 커지면 궁극적으로 레버리지 축소나 외환 수요의 추가 확대로 이어져 환율 상승 압력이 재차 커질 수도 있다. MMT에서 개방경제와 관련된 중요한 고려 사항이 무시되고 있다는 지적은 Sergio Cesaratto가 2012년에 블로그에 올린 일련의 글에서도 찾아볼 수 있다('A reply to Wray-part I' 등). 그의 지적에 따르면 현실의 신흥국들은 MMT의 진단과는 달리 일종의 시장 규율에 노출되어 있어 긴축이 때로는 부득이한 선택이 되기도 한다는 것이다.

　　이러한 우려 섞인 시각과는 상반되게 MMT에서는 발행된 채권이 자국통화 표시인 정부의 적자지출에 대해 시장 규율이 작동할 수는 없다고 본다. 왜냐하면 주권통화 정부라면, 해당 채권을 언제든지 재매입할 수 있기 때문이다. 이른바 '채권 자경단'은 적어도 주권통화 정부에 대해서만큼은 금리상승을 부채질할 수 없다는 것이다. MMT의 관점에서는, 일정 범위를 벗어난 재정적자는 곤경을 야기할 수 있다는 식의 주장이나, 국가채무 비율이 높은 취약 국가에 대해서는 국채에 위험 프리미엄이 붙어 재정적자가 더욱 악화될 수 있다는 주장은 타당성이 없다.

　　다만 자국통화가 국내외에서 화폐로서의 기능을 얼마나 완전히 수행할 수 있는지는 나라마다 차이가 있을 법하다. 주변부 통화는 국제적으로 유동성이 제한적이며 단지 금융자산으로서만 수요된다. De Conti and Prates(2018)에 따르면 국제 거래의 약 43%는 미국 달러, 30%는 유로, 그리고 9%는 영국 파운드에 의해 결제되는데, 이 세 통화에 몇 개 주요국 통화를 더한 것만이 말 그대로 국제 화폐의 역할을 한다고 봐야 할 것이다.

　　MMT에 대한 비판 가운데 한 가지는, 그 결론이 기축통화를 보유한 미국에나 적용될 수 있다는 것이었다. 신흥국을 비롯한 대부분의 나라에 적용되기 어렵다는 것이다. MMT의 핵심 명제들이 주로 주권통화를 가진 나라에 집중된 것임은 MMT 진영에서도 인정하는 사실이다. 하지만 여전히 MMT의 기본 시각은 대외 제약 역시 국내정책의 선택에 따른 것으로 이를테면 외채를 불허하면 고정환율제는 제거될 수 있다는 것이다. 포스트케인지언의 전통적인 접근법의 하나인 국제수지제약 하의 성장론(BOP constrained growth)에 대해 Mitchell은 블로그에서 IMF의 신자유주의자들과 같은 부류라고 비난하기도 했다. Fazi and Mitchell(2019)

에 따르면, MMT에서는 통화의 국제적인 위계를 고려하지 않는다. 어떤 정부든 자신의 통화를 발행하면, 화폐를 활용하여 모든 국내 가용자원을 고용할 수 있으므로 통화주권이 완전하다는 주장이다.

주변부 국가들 내에서는 주변부 통화라는 그 지위 특성 때문에 궁극적으로 거시경제정책의 자율성이 제한될 수 있다는 시각이 존재하는 것으로 보인다. 변동환율제 하의 통화정책조차 실제로는 완전히 자국 의지대로 결정되지는 않는다고 주장되기도 한다. 예를 들어 해당 신흥국과는 무관한 외부적 사건 때문에라도 이른바 '국제 유동성 선호'가 급격히 변동해 자본 유출(flight to liquidity)이 일어날 수 있으므로, 주변부 통화의 기준 금리는 이를 반영해 할증된 수준에서 형성되며 변동성이 상대적으로 크다는 것이다(Guttmann 2016).

국제 자본이동도 환율 불안정을 키우는 요인으로 강조된다. 국제적인 캐리트레이드 거래는 대개 저리의 중심부 통화로 자금을 조달해 주변부 신흥경제 통화 표시의 자산을 취득하는 방식으로 이루어진다. 캐리트레이드가 이어지면 주변부 통화의 평가가 상대적으로 상승하지만, 국제 유동성 선호의 변동으로 상황이 바뀌어 캐리트레이드 포지션의 청산이 시작되면 자본유출과 함께 주변부 통화의 가치는 폭락할 수 있다.

현실을 보면 실제로 대부분의 나라에서 해외 수출입 거래를 하는 이상 상업신용을 포함해 외화 차입을 하지 않기는 어렵다. 문제는 이 캐리트레이드의 예에서도 볼 수 있듯이 신흥경제가 애초에 외화 채무에 대한 노출 규모가 크지 않았다 해도 금융 및 환율의 불안정 이슈가 여전히 중요하다는 점이다. 예를 들어 유가증권이나 부동산 시장을 중심으로 외국인 투자자들이 순매수를 형성하면서 외화자금의 유입이 일어나다가 상황이 바뀌어 순유출 국면이 되면 신흥경제 통화는 이 경우에도 외화 채무가 아닌 다른 이유 때문에 급격한 가치 하락을 경험할 수 있고 이는 국내경제에 부담 요인이 되는 것이다. 이처럼 신흥 경제가 자국통화 표시로만 국채를 발행했다고 해도 자본유출과 환율변동이 여전히 이 나라의 경제적 안정성을 저해하는 요인이 될 수도 있는 것이다.

이와 같은 논의를 거치면서 라틴아메리카의 포스트케인지언 경제학자들 사이에서는 하나의 새로운 관점이 발전해온 것으로 보인다. 이는 국제 유동성 선호와 연관된 것으로서 이른바 '국제적인 통화위계(international currency hierarchy)'라는 관점이다. 이는 국제금융시장의 규율 권력은 비대칭적이어서 위계의 아래쪽에 분포하는 나라들은 국내정책에 대해서도 상당한 외부 제약에 직면할 수 있다는 시각이다. 이는 거시경제주권(macroeconomic sovereignty)을 주변부 신흥국을 포함해 어느 나라에도 적용 가능한 규칙이라고 보는 MMT와는 근본적으로 다른 것이라고 하겠다. 이 문제와 관련해 Cesaratto는 완전한 통화주권(full sovereignty)을 MMT에서는 주로 국내적인 측면과 관련해서만 논의했다고 비판하면서, 통화주권은 미국과 같은 나라에 있어서는 통화의 국제적 통용성에 의해 보장되지만 일부 수출국의 경우 경상 수지 흑자의 지속성에 의해 보장될 것이라는 언급을 더하기도 했다. 이는 거시경제주권이 완전하거나 아니면 없거나 하는 양자택일의 문제라기보다는 각국별로 그 값에 차이가 있는 정도(degree)의 문제일 수 있음을 시사하는 것으로 보인다.

다만 MMT 진영 내에서도 이 문제에 대해 시각이 완전히 동일하지는 않은 점을 고려할 필요도 있어 보인다. 통화주권은 나라마다 정도의 차이가 있다는 인식이 발견되기도 하기 때문이다(Tcherneva 2016). 나라마다 국제적인 통화위계 내의 지위에 따라 정책 자율성의 수준이 다르고 화폐적 지배와 종속의 관계가 존재한다는 것이다. 이 점은 Vergnhanini and de Conti(2017) 등 라틴아메리카 포스트케인지언의 관점과 수렴될 수 있는 부분이다.

저개발국의 경제문제에 대해 MMT는 통화주권을 확대하는 방향의 구조전환 정책을 제안한다. 일자리보장 프로그램과 공공개발은행의 도입으로 국내생산을 촉진해 자급도 및 내수 비중을 늘리는 것이 대표적이다. 그런데 성공적인 경제성장의 경우 결과적으로 통화주권의 확대가 수반될 수는 있겠지만, 통화주권을 확대하려 한다고 해서 그 의도대로 될 수 있는 것인지 그리고 그와 같은 구조전환 방향 설정 자체가 국제통화위계 내에서 저개발국이 직면한 제약을 극복하면서 효과적인 발전 정책의 기초를 마련하는 충분조건이 될 수 있는지는 확실치 않아 보인다.

MMT에서 주장하는 통화주권의 조건은 외화채무를 갖지 않는 것인데 여기에는 곤란한 점이 있다. 국내생산 확대로 자급도를 높이려는 과정에서는 부득이하게 해외로부터 기술이나 자본재를 수입해야만 하고 그 과정에서는 반드시 외환이 요구되기 때문이다. 복잡하게 얽힌 세계경제환경에서 외화채무를 갖지 않는 것은 개발도상국뿐만 아니라 대부분의 나라에 있어 현실적으로 불가능에 가까운 일이다. 외화채무의 증가가 지속가능한 것이 되기 위해서는 수출이 외채에 대한 지급이자보다 **빠르게 증가해야 한다**(Vernengo and Caldentey 2019). 이는 신흥국의 경우 정책 여지의 결정에 있어 무역구조 역시 중요한 요인이 됨을 의미한다.

통화주권의 또 다른 조건인 변동환율제 역시 간단하지 않은 문제를 야기할 수 있음은 이미 앞에서 살펴본 바와 같다. 극단적으로는 저개발국은 자국통화에 대한 해외 수요 부족과 함께 자국민들의 외화자산 저축 증가에 직면할 수 있다. 이런 경우 저개발국 정부는 구조전환을 위한 노력과 함께 거꾸로 자본통제와 외환시장 규제를 도입해야 할 수도 있다. 이와 같이 저개발국으로서는 국제통화위계의 종속적인 위치에서 벗어나 MMT의 주장처럼 통화주권을 확대하는 것이 힘들 수 있다. 이와 관련하여 Bonizzi et al.(2019)는 MMT의 주장과는 달리 변동환율제가 통화주권의 요건인 것이 아니라 반대로 통화주권이 확립된 나라에서나 변동환율제를 실행해 옮길 수 있다는 역의 인과관계를 주장하기도 한다. 저자들은 구조적인 국제수지제약에 처해 있고 환율변동성과 함께 자본유출의 우려가 큰 개발도상국에서 적자지출을 발권으로 조달하려는 것은, 최악의 경우에는 무책임한 정책 처방이 될 수 있다고 경고한다.

다만 실제로 중요한 문제는 구체적인 개별 국가의 국제통화위계에 있어서의 지위일 것이다. 경제발전의 수준, 순외화자산 규모와 국제수지 제약의 정도 등에 있어 나라마다 차이가 크다. 한국경제를 신흥시장으로 분류할 수 있다는 이유만으로 MMT의 관점이 한국경제에는 적용될 수 없다고 무작정 주장할 문제는 아니다.

참고문헌

Bonizzi, B., A. Kaltenbrunner and J. Mitchell, Monetary sovereignty is a spectrum: modern monetary theory and developing countries, *Real-world Economics Review*, 89, 46-61.

De Conti, B. and D. Prates (2018), The international monetary system hierarchy: determinants and current configuration, *Texto Para Discussão*, n.335.

Fazi, T. and W.L. Mitchell (2019), *For MMT*, Tribune.

Flassbeck, H. (2002), The exchange rate: economic policy tool or market price?, *UNCTAD Discussion Papers*, 157.

Guttmann, R. (2016), *Finance-led Capitalism*, New York: Palgrave Macmillan.

Herr, H. (2011), International monetary and financial architecture, in E. Hein and E. Stockhammer (eds.), *A Modern Guide to Keynesian Macroeconomics and Economic Policies*, Cheltenham: Edward Elgar, 267-293.

Juniper, J., T.P. Sharpe, and M.J. Watts (2015), Modern monetary theory: contributions and critics, *Journal of Post Keynesian Economics*, 37(2), 281-307.

Mitchell, W.L., L.R. Wray and M. Watts (2019), *Macroeconomics*, New York and London: Red Globe Press.

Rey, H. (2013), *Dilemma not trilemma: the global financial cycle and monetary policy independence*, Federal Reserve Bank of Kansas City Economic Policy Symposium.

Tcherneva, P.R. (2016), Money, power, and monetary regimes, Levy Economics Institute, *Working Paper* 861.

Vergnhanini, R. and B. de Conti (2017), Modern money theory: a criticism from the periphery, *Brazilian Keynesian Review*, 3(2), 16-31.

Vernengo, M. and E.P. Caldentey (2019), Modern money theory (MMT) in the tropics: functional finance in developing countries, *Political Economy Research Institute Working Paper* 495.

Vernengo, M. and L.P. Rochon (2000), Exchange rate regimes and capital controls, *Challenge*, 43(6), 76-92.

Wray, L.R. (1998), *Understanding Modern Money*, Cheltenham: Edward Elgar.

Wray, L.R. (2015), *Modern Money Theory*, New York: Palgrave Macmillan.

. . .

5장

현대화폐이론에 대한 비판과 제언*

신희영(미국 오하이오 wright State University 경제학과)

I 서론

미국 경제학계에서 현내화폐이논(Modern Money Theory; MMT)에 대한 논쟁이 지속되고 있다. 1990년대 후반 랜달 레이(Landall Wray)의 책을 통해 주창된 현대화폐이론은 그동안 미주리 주 캔자스시티 대학 (University of Missouri – Kansas City) 경제학과와 리비경제학 연구소(Levy Economics Institute of Bard College) 그리고 이 이론에 공감하는 금융 투자자들과 저널리스트들의 개인 블로그(가령, Bill Mitchell, Warren Mosler, Stephanie Kelton 등)를 통해서 소개되고 전파되는 수준에 머물렀다. 그런데 언제부터인가 이 이론은 그 이론의 옹호자들과 지지자들에게서뿐만 아니라 주류 신고전파 경제학자들이 비판을 하기 위한 목적에서라도 소개하지 않으면 안 되는 중요한 논점의 하나로 부각되고 있다(예를 들어,

---

* 이 글은 "현대화폐이론에 대한 좌파 케인스주의-마르크수즈이적 비판과 제언"이라는 제목으로 [사회경제평론] 61호에 실린 논문을 수정 보완한 것이다.

Krugman, 2019; Rogoff, 2019; Mankiw, 2020). 특히 미국 민주당에 소속된 개혁 성향의 하원의원들이 미 연방정부의 막대한 재정적자를 수반하지 않을 수 없는 야심찬 사회 개혁 프로그램들을 잇달아 내놓으면서, 이 프로그램들의 실행 가능성과 사회경제적 비용을 둘러싼 논쟁이 벌어졌고, 이 과정에서 현대화폐이론에 대한 관심도 높아졌다.

이 장은 현대화폐이론의 핵심적인 문제의식이 무엇인지를 비교적 자세하게 살펴보고, 그 이론의 옹호자들이 제안하는 주요 정책들이 좌파 케인스주의나 마르크스주의적 시각에서 어떻게 평가될 수 있는지를 고찰하는 것을 목적으로 삼는다.[1] 현대화폐이론은 국민국가(nation state) 체제로 편입되어 있는 현대 경제 체제 하에서 발행 유통되는 화폐의 기원과 특성에 대한 국가 이론(state theory)적 설명이라고 불릴 수 있

---

1 이 글에서 '좌파 케인스주의'와 '마르크스주의'는 비교적 느슨하게 분류된 일련의 연구 정향을 지칭한다. 오늘날 포스트케인스주의 거시경제학은 폴란스 태생의 미하우 칼레츠키의 사회계급론에 기반을 둔 유효수요 결정론에 힘입은 바 크고, 칼레츠키 자신은 마르크스의 재생산 표식과 자본가-노동자간의 적대적인 이해관계에 대한 분석을 자신의 거시경제학적 연구의 출발점으로 삼았다. 이러한 역사적 연원을 고려하면서 필자는 경기 순환과 거시 경제의 안정성 그리고 장기 경제 성장 과정을 분석하는 데 있어서 사회계급간 소득 분배와 사회계급별 상이한 유효수요에 대한 고려가 중요하고, 생산 수단의 소유관계를 재편성하는 것이 사회 경제 체제를 개혁하는 데 있어서 매우 중요한 과제라는 점을 강조하는 일련의 연구 정향을 지칭하는 것으로 '좌파 케인스주의'와 '마르크스주의'라는 표현을 사용한다. 참고로, 칼레츠키의 생애와 주요 저작 그리고 그의 거시경제 모형에 대한 개괄적인 소개를 담고 있는 글로는 Lopez (2000)와 신희영(2013; 10장)을 참조할 수 있다. 이와 더불어 미하우 칼레츠키와 그의 주요 저작들을 영어로 옮기는 데 지대한 공헌을 해온 저르지 오시아친스키(Jerzy Osiatynski)의 업적을 기리는 온라인 컨퍼런스가 열렸는데(http://fundacjalipinskiego.pl/wydarzenia/poznan-conference-on-kalecki-and-kaleckian-economics/), 관심을 가진 독자들이라면 이 컨퍼런스와 관련된 동영상 자료들(https://www.youtube.com/user/lprochon2003/videos)을 열람해 볼 수 있을 것이다.

고, 현대 화폐의 광범위한 통용 및 수용 가능성에 대한 과세 결정 이론(tax-driven money)이라고 요약될 수 있다. 현대화폐이론가들은 현대 국민국가의 예산 제약과 허용 가능한 재정적자의 비율 및 정부 부채의 규모와 영향에 대해서 신고전파 경제학 및 금융 이론가들과는 정반대되는 결론을 유도하고 있다. 또한, 이들은 정부의 재정정책과 금융 및 통화정책의 관계에 대한 기존의 이분법을 해체하여, 재정정책 당국과 금융 정책 당국의 (겉으로 드러나는 제도적 분화와 편의적인 역할 분담에 불구하고) 사실상의 일체성(consolidation)을 이론화한다. 결국 현대화폐이론의 옹호자들은 현대 국민국가가 지닌 무제한적인 예산 편성 가능성이라는 입론을 바탕으로, 민간 기업이 제공하지 못하는 완전고용 수준의 일자리를 정부가 공공사업을 통해서 제공하고, 이것을 통해서 급격한 경기변동과 물가 변동에 따른 사회경제적 고통을 줄일 수 있다고 주장한다.

　필자는 현대화폐이론가들이 현대 자본주의 경제 체제 하에서 국가에 의해 인위적으로 창출되고 정부의 조세 징수권에 의해서 뒷받침되는 명목화폐의 특성에 대해서 매우 중요한 이론적 기여를 하고 있다고 생각한다. 이 책의 다른 장들에서 간간이 소개되고 있는 것처럼, 포스트 케인스주의 화폐 및 금융 이론과 현대화폐이론이 맺고 있는 관계는 매우 복잡하다. 필자는 현대화폐이론가들이 기존의 내생적 화폐이론과 그 함의를 새로운 차원에서 다시 한번 생각해 볼 수 있는 매우 중요한 기회를 제공하고 있다고 생각한다. 또한 현대화폐이론가들이 정책 처방으로 내놓은 정부의 일자리 보장이라는 처방은 큰 틀에서 유효수요의 부족을 경제 문제의 핵심으로 지목하는 여러 부류의 케인스주의적 이론들과 친화성을 가질 뿐만 아니라 미국 사회의 당면한 실업 문제와 빈곤 문제를 해결하는 데 어느 정도 기여할 수 있을지도 모른다. 특히 2008-09년 미국발 국제 금융 위기 이후 지속된 구조화된 장기 침체 경향 그리고 2019

년 말부터 시작된 신종 코로나 바이러스 대유행 사태 속에서 과연 무엇이 현명하면서도 효과적인 정부의 경제 정책 수단이 될 것인지를 생각해 보는 데 현대화폐이론가들의 정부주도 일자리보장정책안은 중요한 준거점 가운데 하나가 될 수 있다고 본다.

그러나 필자가 보기에 현대화폐이론가들의 분석과 정책 제안 사이에는 매우 큰 간극이 존재한다. 현대화폐이론가들은 자신들의 이론을 케인스주의의 후예로 위치시키고 유효수요의 중요성을 강조하면서도 정작 포스트케인스주의 경제학 이론의 근본이 되는 사회계급론적 사회 분석을 도외시하고 있다. 또한 현대화폐이론가들은 현대 자본주의 경제 체제의 장구한 역사적 변화 과정에서 화폐와 마찬가지로 복잡하게 진화되어 온 국내외의 은행 및 금융 시스템과 국제 무역 체제, 그리고 이 국제 경제 질서가 수많은 소규모 개방 경제들, 특히 발전도상에 있거나 저발전되어 있는 경제 체제에 부과하는 외부적 제약 요인들을 제대로 파악하지 못하고 있다. 더 나아가 현대화폐이론가들은 생산 수단에 대한 독점적 지배력을 바탕으로 주요 산업 분야를 장악하고 있는 거대 독점 기업들의 시장 지배력의 문제와 기업 내부의 위계관계 및 이를 바탕으로 한 최대 주주와 경영자들의 전횡 및 수탈이라는 문제를 어떻게 넘어설 것인가 하는 중요한 문제들을 시야에서 완전히 놓치고 있다.

현대화폐이론에 대한 이 같은 비판적 평가를 보다 명확하게 설명하기 위해서 아래의 소절들에서 필자는 (1) 현대화폐이론의 주요 내용을 몇 가지 세부 항목들, 가령, 현대 화폐의 발생과 특성에 대한 국가 이론적 설명, 재정정책과 금융 정책 당국의 관계와 고유한 역할에 대한 대안적 설명, 포스트케인스주의의 내생화폐이론과 현대화폐이론이 맺는 관계, 그리고 정부주도 일자리 보장이라는 정책 대안 등으로 나누어 고찰한 다음, (2) 이 이론이 현대의 복잡한 금융 시스템, 특히 국제 무역 및 금융 체제에 복속된 소규모 개방 국가 혹은 절대 다수의 발전도상국가들의 경제 현실을 과연 제대로 설명하고 그것을 개선하는 데 도움이 되는지, 그리고 (3) 이 이론의 대명제와 그 이론가들이 제안하는 정부 정책, 특히 정부의 일자리보장정책이 전통적인 좌파 케인스주의 이론과 마르크스주의적인 시각에서 어떻게 평가될 수 있는지를 논의하고자 한다.

II 현대화폐이론의 재구성

1. 현대화폐이론: 주권 국가의 화폐 발행의 내재적 무제약성과 재정-금융 정책 당국의 관계에 대한 새로운 이론

현대화폐이론은 주권(sovereignty)을 보유한 근현대 국민국가가 화폐를 발행하고 시민들에 대한 조세 징수권을 매개로 이 화폐의 광범위한 통용성을 보장한다는 것을 핵심 명제로 삼는다(Wray, 1998: 18-19). 이 점을 화폐의 기원과 특성, 화폐 가치의 안정성과 그 보장, 재정정책 당국과 금융 정책 당국의 본질적인 기능과 (제도화된) 역할 (분담) 등의 세부적인 사항들에 대한 입장을 주류 신고전파 경제학 이론들과 대별하면서 보다 구체적으로 살펴보자.

먼저, 화폐의 기원과 발생에 대해서 주류 경제학 이론은 잉여 재화에 대한 '욕망의 이중적 일치'라는 가설을 통해 교환을 도출하고, 그 이후 점증하게 된 교환의 규칙성과 범위를 보장하기 위해서 특정한 재화가 상품 화폐로 자연발생적으로 진화하기 시작했다고 분석한다. 이에 반해 현대화폐이론가들은 국가가 화폐를 창조하고(the state creates money), 이렇게 창출된 화폐의 광범위한 통용성은 정부가 시민들에게 부과하는 납세의 의무를 통해서 뒷받침된다고 주장한다. 현대화폐이론가들은 욕

망의 이중적 일치라는 자연발생적 교환 가설을 뒷받침할 그 어떠한 인류학적 증거도 발견할 수 없으며(Wray, 1998: 40), 이러한 상상의 논리가 각종 신용과 채무 관계(특히, 조세 납부를 위한 부채) 및 이를 규제하는 고대 왕국들과 전근대 국가들의 주도적 역할이 수천 년 동안 유럽 경제사에서 중요한 역할을 했다는 점을 고려할 때 전혀 타당성을 갖지 못한다고 반박한다(Wray, 1998: 41-47, 47-52).[2]

지급결제 시스템의 역사적 변화에 대해서도 현대화폐이론가들은 주류의 견해, 특히 신고전파 경제학자들과 의견을 달리한다. 이들은 상품 화폐가 금지금본위제(金地金本位制) 하의 태환 화폐(convertible money)를 거쳐 오늘날의 명목화폐(fiat money) 및 신용 화폐(credit money) 제도로 단선적으로 진화해 왔다고 주장한다. 그러나 현대화폐이론가들은 화폐가 이 같은 단선적인 진화의 결과물이 아니라 현대 국민국가가 주도성을 발휘하여 금지금본위제 하의 태환 조건과 그에 상응하는 화폐의 형태를 결정하는 방식으로 나타났다고 주장한다. 간혹 근대 국민국가의 형성기에 한때 영향력 있는 소수의 민간은행들이 국가가 발행하는 국정통화(State currency)나 국정화폐(metallic coins)와는 별도로 자체의 은행권(bank notes)을 발행하기도 했는데, 그 당시 이렇게 발행된 은행권이 상업상의 거래를 매개하는 화폐로서 기능하고 특정 관할권 안에서 광범위하게 통용되었던 이유는 이 은행권의 금 태환성이 아니라 당시 국가가 경제 주체들이 이 은행권으로 국가에 세금을 납부하는 것을 용인했기

---

[2] 현대화폐이론의 정초자들 가운데 한 사람인 랜달 레이는 이와 같은 국가의 화폐 창조 가설이 어느 시점에서부터 적용될 수 있는지에 대해서 명확하게 설명하지 않는다. 따라서 국가의 화폐 창조 가설이 근대 국민국가의 형성 과정에서 나타난 획기적인 정부 기능을 설명하는 것인지 아니면 고대 왕조 국가의 경우에도 적용될 수 있는 것인지 명확하지 않다. 만약 후자라면 '현대화폐이론'은 더 이상 현대의 화폐이론이 아닐 것이다.

때문이었다(Wray, 1998: 21-23, 27-29, 37).**3**

화폐 가치와 물가의 상관관계 그리고 물가의 안정성이라는 주제에 대해서도 현대화폐이론가들은 주류 경제학자들의 통념에 반하는 획기적인 주장을 펼친다. 주류 신고전파 경제학자들뿐만 아니라 비주류 마르크스주의자들 가운데에도, 일부이긴 하지만, 화폐 가치의 안정성과 물가가 시중에 통용되는 화폐량의 증감에 따라 자동적으로 결정되고, 이것은 다시 중앙은행이 취하는 통화정책(본원 통화량 결정이나 단기 이자율 조정 정책)에 의해서 결정된다고 믿는 사람들이 있다. 국가의 명목화폐 창조와 세금 부과를 통한 화폐의 통용성을 이론화하는 현대화폐이론가들의 입장에서 볼 때, 통화 체제와 물가의 안정성은 재정정책 당국(미국의 경우 연준이 아니라 재무부)의 정책에 의해서 결정된다. 왜냐하면 재무부야말로 통화의 유일한 공급자이고, 과연 얼마만큼의 세금을 누구로부터 어떻게 거두어들일 것인가를 결정함으로써 국민경제 전체의 산출량과 그 가격(물가)을 전반적으로 결정할 수 있는 위치에 있기 때문이다. 정부는 정부지출을 위해서 시민들이 납부하는 세금을 필요로 하지 않는다. 오히려 경제 주체들이 명목 소득을 얻고 세금을 납부하기 위해서 정부가 발행한 화폐를 필요로 한다. 이 때문에 화폐와 물가의 전반적인 안정성도, 중앙은행이 아니라 재정정책 당국에 의해서 결정된다(Wray, 1998: 1-2, 5-7, 75).

---

3 레이는 화폐의 역사와 특성에 관한 이 같은 설명을 애덤 스미스(Adam Smith)와 존 스튜어트 밀(John Stewart Mill) 등에서 부분적으로 발견할 수 있으며, 현대에 접어들어서는 게오르그 크나프(Georg Friedrich Knapp), 존 케인스(John Maynard Keynes), 아바 러너(Abba Learner), 케네스 보울딩(Kenneth E. Boulding), 그리고 하이만 민스키(Hyman P. Minsky) 등에 의해서 더욱 발전되었다고 주장한다. 이 저자들의 문헌을 인용한 자세한 논증은 레이의 책(Wray, 1998) 2장을 참조할 것.

물론 현실에서는 이보다 훨씬 복잡한 제도화된 연계와 관행이 존재한다. 가령 미국 조폐국(United States Mints)은 동전을 주조하는 일을 담당해왔고, 달러화는 미 재부부가 아니라 미 연준(Federal Reserve)에 의해서 인쇄 발행되고 있다. 또한 미 연준은 금융 시장의 안정을 도모한다는 차원에서 민간은행들의 지급준비금 규모와 민간 상업 이자율에 영향을 미치는 다양한 금융 정책 수단들을 강구하고 실제로 집행하고 있다. 그런데 현대화폐이론가들에 따르면, 오늘날 미국의 금융 정책을 특징짓는 이러한 관행 혹은 제도적 분화성은 역사적으로 누적된 관행에 불과할 뿐 현대 화폐의 본질을 해명하는 데 있어서는 불필요한 양상들에 불과하다. 따라서 미 연준이 통화량과 물가안정을 위해 주도적인 역할을 담당한다는, 겉으로 드러난 지배적인 양상은, 필요하다면 언제든지 대폭 축소되고 곧바로 재무부의 소관으로 이관될 수 있다.[4] 이와 같은 분석 방법을 현대화폐이론가들은 소위 일체성 가설(consolidation hypothesis)이라

---

[4] 실제로 2007-08 금융 위기 국면에서 미 연준은, 연방 기준 금리라는 초단기 이자율(overnight interest rate)을 일시적으로 조정하여 결과적으로 장기 금리에 영향을 미친다는 자신의 오래된 금융 정책 관행을 손쉽게 내던져 버렸다. 당시 미 연준이 취했던 각종 긴급 유동성 투입 정책과 양적완화(quantitative easing) 조치들에서 명백하게 드러난 것처럼, 이와 같은 단기 이자율 조정 정책은 꼭 필요한 금융 정책상의 규칙이 아니며, 재정정책 당국은 원한다면 언제든지 단기 이자율이건 장기 국채 금리이건 직접 결정할 권한을 가지고 있다. 포스트케인스주의 금융 이론의 시각에서 2007-08년 금융 위기 당시 취해졌던 이러한 조치들의 성과와 한계 및 이론적 의미를 추적한 글로는 라부아의 글들(Lavoie, 2010; Lavoie, 2015)을 참조할 수 있고, (결론적으로 같은 메시지를 전달하고 있긴 하지만) 현대화폐이론의 입장에서 미 연준의 비전통적 정책들의 의미를 살핀 글로는 풀와일러(Fullwiler, 2013)를 참조할 수 있다. 비록 이미 진부한 것이 되긴 했지만, 현대화폐이론의 입장에서 미 연준 통화정책의 역사와 운영 규칙을 설명한 것으로는 레이의 책(Wray, 1998) 5장을 참조할 수 있다. 마지막으로 당시에 미 행정부와 연준이 어떻게 금융 위기에 대처했는지를 추적 소개하는 글로는 신희영(2013: 2-4장)을 참조할 수 있다.

고 부르고 있다((Wray, 1998: 2, 75, 85-89, 97, 116-117; Tymoigne and Wray, 2013).[5]

2. 현대화폐이론과 포스트케인스주의 내생화폐론의 관계

랜달 레이는 현대화폐이론의 이 같은 분석이 포스트케인스주의 금융 이론가들이 정식화한 내생적 화폐이론(endogenous theory of money)의 연장선상에 놓여 있고, 화폐 창출(공급)과 수요 및 이자율 결정에 대한 '수직적 화폐 공급 곡선 논자들'(verticalists)과 '수평적 (신용) 화폐 공급 곡선 논자들'(horizontalists) 간의 기존의 논쟁을 건설적으로 종합하고 있다고 주장한다(Wray, 1998: 109-111).

큰 틀에서 볼 때, 화폐의 발생과 그에 대한 수요 공급에 대해서 신고전파 경제학자들은 중앙은행이 통화량을 결정하고 공급하면, 민간 경제 주체들이 다양한 화폐 보유 동기에 따라 이에 반응하고, 이 과정에서 시장 이자율이 결정된다고 주장해왔다. 화폐에 대한 이 같은 외생론적

---

[5] 포스트케인스주의 금융이론의 대가인 라부아(Marc Lavoie)는 현대화폐이론가들의 이러한 분석이 재정정책 당국과 중앙은행을 일체화된 기구로 국가에 통합시킬 수 있다는 전제 하에서만 가능한 논법이라고 지적하면서, 이것이 불필요한 논란을 불러일으키고 있다고 비판한 바 있다(Lavoie, 2013; Lavoie, 2019). 그러나 현대화폐이론가들은 이러한 일체성 가설이 현대 화폐의 본질을 파악하는 데 있어서 대단히 유용하며, 겉으로 드러나는 제도적 분할 또는 관행으로 굳어진 역할 분담에 대한 강조가 현대 화폐의 특성을 이해하는 데 방해가 되었다고 반박한다(Tymoigne and Wray, 2013). 이 문제에 대해서 필자는 기존의 논란이 불필요한 것이라고 생각한다. 현대 화폐의 특성을 이해하는 데 도움이 된다면 현대화폐이론가들의 일체성 가설도 유용한 방법상의 추상이 될 수 있다고 생각하기 때문이다. 그러나 문제는 현대화폐이론가들이 이러한 높은 추상성에 입각한 논의로부터 아무런 매개 없이 모든 국민국가의 무제한적인 화폐 창조 가능성을 입론하고 정부의 일자리보장정책의 필요성이라는 그들의 정책 제안을 도출한다는 데 있다. 이 점에 대해서는 아래의 소절들에서 다시 다룰 것이다.

주장(exogenous theory of money) 혹은 수직적 화폐량 공급 곡선론자들의 견해는 19세기 통화학파의 견해로까지 거슬러 올라가고, 현대에 와서는 다양한 변형태를 지닌 화폐 승수(money multiplier) 모델론자들과 통화주의론자들에 의해 지속적으로 표명되고 있다.

그러나 다른 한편에서는 민간은행의 신용 창조와 대부(loan making)가 화폐 발생의 근거이고, 이 때의 '화폐량'은 실제 얼마만큼의 대부와 대출이 이루어지는가에 따라 결정된다는 견해가 있다. 19세기 은행학파와 현대의 포스트케인스주의 내생화폐이론가 및 화폐순환학파(Monetary Circuit School) 등이 강조하는 이 견해에 따르면, 화폐량은 민간은행 중심의 금융 시장을 통한 대출의 규모와 성격에 의해서 내생적으로 결정되지(수평적 신용 화폐 공급론), 그 외부에 있는 중앙은행에 의해서 마치 헬리콥터에서 돈을 뿌리듯 자의적으로 할당되는 것이 아니다.

현대화폐이론가들은 이 같은 종래의 논쟁에 대해서 원칙적으로는 포스트케인스주의자들의 내생화폐론의 입장을 따르면서도, 오늘날 민간은행의 신용 대출에 사용되는 화폐와 중앙은행의 지급결제에 사용되는 화폐(unit of account) 모두가 국가가 지정한 명목화폐를 통해서 이루어진 다는 점을 강조한다. 그리고 재정정책 당국과 중앙은행의 일체성을 가정하고, 다시 이를 기반으로 하여 정부의 재정정책과 이에 대한 중앙은행의 미세 조정 정책들을 종합적으로 분석할 때 현대 국정화폐의 특성과 정부 정책의 의미를 제대로 이해할 수 있고, 또 진보적인 정책 방향도 도출할 수 있다고 주장한다(Wray, 1998: 111-113, 115-116, 118-119; Fullwiler, Kelton and Wray, 2012: 17-18; Tymoigne and Wray, 2013).[6]

---

6 현대화폐이론과 포스트케인스주의의 내생화폐론의 관계에 대하여 라부아는 후자가 현대 중앙은행과 민간은행의 관계에 초점을 맞추었던 반면, 현대화폐이론가들은 중앙은

3. 현대화폐이론과 정부 부채의 재무제표상의 효과 그리고 기능재정론

이처럼 현대 국가의 재정정책과 금융 정책의 관계를 새롭게 정식화할 경우, 우리는 정부의 재정적자와 허용 가능한 지출 및 부채 규모에 대해서 신고전파 경제학 이론과는 전혀 다른 결론에 도달하게 된다. 정부는 자체 지출 비용을 조달하기 위해서 돈을 빌리거나(국채를 발행하거나) 먼저 세수를 확보할 필요가 없다. 왜냐하면 정부는 지출을 통해서 명목화폐를 발행하기 때문이다. 또는 보다 정확하게 표현하자면, 정부의 지출이야말로 바로 명목화폐를 창출하고 경제 체제에 필요한 유동성을 공급하는 행위이다. 정부의 세수 확보는 정부지출의 전제가 아니라 정부가 발행하는 명목화폐가 국내의 다양한 경제 주체들에게 통용되고 보편적으로 받아들여지게 하는 유력한 기제일 뿐이다. 바로 이 때문에 끊임없이 성장하는 현대 경제 체제 하에서 정부의 재정적자는, 단순히 정책상의 실수나 남용 때문에 발생하는 것이 아니라 거의 모든 현대 국가에서 나타날 수밖에 없는 일반적인 규칙 또는 실제적인 표준(practical norm)이 될 수밖에 없다(Wray, 1998: 2, 75, 81-82).

잘 알려진 것처럼, 신고전파 경제학자들은 만약 정부가 국채를 과도하게 발행하면 정부의 재정적자가 누적되고 정부 부채도 늘어난다고 주장한다. 그리고 장기에 걸쳐 국내 금융 시장에서 이자율이 상승하

행과 정부(재정정책 당국)간의 제도적 연계를 지급결제 시스템의 맥락에서 재해석하는 데 기여하고 있다고 분석한다(Lavoie, 2019: 97-98). 그러나 라부아는 현대화폐이론가들이 방법상 전제하는 일체성 가설의 타당성에 대해서 회의적인 태도를 취하고 있고, 국가의 주권성의 정도, 기능재정론의 필요성과 효과, 정부보장 일자리 제도의 실행과 그것이 임금과 물가에 미치는 효과 등에 있어서 현대화폐이론가들과 의견을 달리하고 있다(Lavoie, 2019). 한국에서 현대화폐이론의 일체성 가설의 의미와 한계를 순환학파의 화폐 순환 모형을 원용해 예리하게 분석한 글로는 나원준(2019a)을 참조.

는 효과가 생겨나 민간 투자를 구축하고 결과적으로 경제를 위축시킨다고 주장해왔다('대부자금 loanable funds 가설'). 그러나 정부의 재정적자 및 부채 규모와 국내 이자율의 상관관계를 추정하려고 시도한 그 어떠한 통계학적 계량 분석도 이 양자 사이의 안정된 상관관계를 입증하지 못했다.

더불어 국채는, 국가가 파산 직전에 놓여 있다는 비관주의적 인식이 금융 시장 참가자들 사이에서 팽배해져 그 누구도 더 이상 자국 정부가 발행한 국채를 보유할 유인이 없게 되는 지극히 예외적인 경우를 제외하면, 화폐를 대신해 안정되게 이자 소득을 제공하는 중요한 금융 자산 가운데 하나다. 따라서 국채의 발행은 (이 국채가 국내의 민간 경제 주체들에게 어느 정도까지 균등하게 보유되는가라는 이차적인 문제를 잠시 도외시하면) 민간 경제 주체들에게는 중요한 소득원이 된다. 다시 말해 정부 부채가 증가하면 (일정 규모로 개방된 자본 시장을 통해 해외로 빠져나가는 이자 소득분을 제외하면) 국내의 민간 경제 주체들의 자산을 증가시킨다.

더욱이 정부가 지출을 늘리면 지급준비금이 늘어나 단기 이자율은 떨어지기 쉽다. 만약 다른 조건이 같다면, 이렇게 낮아진 단기 이자율은 민간의 장기 이자율을 떨어뜨릴 가능성이 있고, 그 경우 민간 투자와 소비를 구축하는 것이 아니라 오히려 이 양자를 촉진하고 결과적으로 경기를 활성화하는 기제가 될 수 있다.[7] 따라서 정부의 재정적자와 부채

---

7 물론 저리의 장기 이자율이 기업들의 생산적인 투자와 가계의 소비 진작으로 연결되리라는 보장은 없다. 1990년대에서 2000년대 초반까지 진행된 미국의 기술주 시장의 버블 사태, 2007-08년의 미국발 금융위기는 모두 장기간 지속된 저리의 장기 이자율 조건 하에서 발생했기 때문이다. 1990년 말 동아시아 금융위기와 러시아와 브라질 그리고 아르헨티나의 금융 경제 위기는 모두 선진국 금융 시장에서의 저리의 이자율이 국제적인 차원의 자본 시장 개방과 탈규제를 매개로 국제적으로 확산된 대표적인 사례였다. 이 모든 사례들이 잘 보여주는 것처럼, 장기간에 걸친 저리의 장기 이자율은 금융 시장 및 부동산 시장을 매개로 한 투기적 활동에 대한 강력한 억제와 기업들의 생산적 투자를 유도

누적이 장기 이자율을 상승시켜 민간 자본의 설비 투자를 구축하는 효과를 야기할 것이라고 주장하는 것은, 현대화폐이론가들의 시각에 볼 때 정부의 재정과 민간 신용 화폐의 창출 및 금융 시장의 동학을 오해한 데서 비롯된 것이다.[8]

현대화폐이론가들의 이러한 논리를 따를 경우 오늘날 민주적인 책임성(democratic accountability)을 사명으로 삼는 국민국가의 정책 당국자들은 근거없이 강요된 '재정 균형(balanced budget)'을 목표로 삼

하는 정부 차원의 조세 및 산업정책 등이 뒷받침되지 않는다면 오히려 거시 경제의 안정성을 해치는 요인으로 작용할 수 있다. 다시 말해 저리의 장기 이자율은 기업 투자 확대의 여러 가지 필요조건들 가운데 하나가 될 수는 있을지 몰라도 결코 충분조건은 되지 못한다.

8 참고로, 재정정책 당국의 일관된 확대 재정정책 편성(혹은 긴축 재정 편성)이 민간 경제 주체들의 자산과 부채에 대해서 갖는 이 같은 유용한 (혹은 부정적인) 효과에 대한 현대화폐이론의 진단은, 가들리(Wynne Godley)와 라부아 등에 의해서 집대성된 스톡-플로우 일관 모형이라는 틀(Stock-Flow Consistent Modeling framework)을 통해서 실증될 수 있다. 레이를 포함한 일부 현대화폐이론가들이 리비 경제학 연구소에서 오래 전부터 추구해온 스톡-플로우 일관 모형에 대해서 관대한 태도를 취하고, 가급적이면 현대화폐이론의 문제의식 안으로 이 모형과 분석 방법을 끌어들이려고 시도한 이유일 것이다. 스톡-플로우 일관 모형은 별도의 심도 깊은 논의를 필요로 하기 때문에, 이 글에서는 더 이상 논의하지 않는다. 다만, 랜스 테일러 등의 구조주의 거시경제학자들이 기존의 국민계정(National Accounting System)이 가진 여러 가지 맹점들을 극복하기 위해서 그들 나름의 경제 분석 기법인 사회 통계 매트리스(Social Accounting Matrix; SAM)를 고안했던 것처럼(Taylor, 2004), 스톡-플로우 일관 모형도 현대화폐이론과는 독립적으로 발전되어 왔다는 점을 강조하고 싶다. 이에 대해서는 Lavoie(2009)와 Godley and Lavoie(2012)를 참고할 수 있다. 그러나 현대화폐이론가들이, 포스트케인스주의 거시 경제 및 금융 경제학의 수많은 거장들처럼, 스톡-플로우 일관 모형을 다양한 방식으로 활용하고, 이를 통해서 정부의 확대 재정정책이 민간 경제 주체들의 자산 및 부채 현황에 미치는 긍정적인 효과를 강조할 수는 있어도, 스톡-플로우 일관 모형을 마치 현대화폐이론의 긴요한 내부 구성 부문이나 하위 범주로 취급하는 것은 부당한 처사다.

을 게 아니라 장기 실업과 물가 변동이 야기하는 여러 가지 사회경제적 고통을 줄이는 방향으로 정부 재정을 유연하게 편성한다는 '기능재정론'(functional finance)의 원칙에 충실해야 한다.

> "정부는 민간의 투자 및 소비 지출이 너무 낮으면 [재정 투입을 통해서] 그 기능을 확대해야 하고, 과도한 지출이 발생할 경우에는 세금을 높여서 이에 대응해야 한다. 정부는 또한 바람직한 투자 수준에 조응하는 이자율을 달성하고 유지하기 위해서 민간 경제 주체들의 화폐 및 국채 보유 한도를 유연하게 설정하고 조정해야 한다."(Lerner, 1943: 39; Wray, 1998: 75-76에서 재인용-)

이 과정에서 생겨나는 정부 부채는 민간 경제에 그 어떤 악영향도 끼치지 않는다. 물론 국내의 민간 경제 주체들 가운데 누가 얼마만큼의 정부 채권을 보유하는가의 문제는 소득과 재산의 막대한 불평등을 줄인다는 또 다른 목표를 달성하기 위해서 미세하게 조정될 필요는 있다. 그러나 정부 정책 당국자들이 여러 가지 이유로 정부지출의 규모를 스스로 줄이는 어리석은 행위를 취하지 않는다면, 경제 이론적으로 국내총생산 대비 허용 가능한 재정적자 규모나 도저히 넘어서서는 안 되는 국내 총생산 대비 총 정부 부채 비율이란 것은 결코 존재하지 않는다. 왜냐하면 현대 경제 체제 하에서 정부는 화폐를 창조하여 언제든지 재정적자와 부채를 갚아나갈 수 있기 때문이다. 아니 정부지출 그 자체가 화폐를 창조하고 유동성을 공급하는 행위이기 때문이다. 정부가 국민경제 내에서 광범위한 통용성을 보장받는 화폐를 공급하는 유일한 경제 주체로 남아 있는 한, 민간 경제 주체들이 감당하게 될 미래의 채무 부담이란 것은 애초부터 존재하지 않는다(Wray, 1998: 89-91).

4. 현대화폐이론과 정부주도의 일자리보장정책

이 같은 논의를 바탕으로 현대화폐이론자들은 재정정책 당국의 건전재정 혹은 균형재정정책이 아니라 그와 반대되는 정책, 다시 말해 완전고용을 달성하고 물가를 안정시키는 가운데 지속적으로 국민경제의 성장을 이루기 위해 취해지는 정부의 최종 고용자 정책(the employer of last resort; ELR)을 추진해야 한다고 주장한다. 현대화폐이론가들은 정부의 최종 고용자 정책이 케인스의 유효수요의 원리와 아바 러너의 기능재정론을 확대 결합시켜서 정부가 재정정책을 통해 민간 기업들이 제공하지 못하는 일자리를 국민들 모두에게 충분하게 제공하는 정책이라고 설명한다. 정부의 일자리보장정책(job guarantee)인 셈이다.[9]

이 정책의 강력한 옹호자 가운데 한 사람인 레이는 일자리를 구하고 싶어도 민간 영역에서 일자리를 구할 수 없는 비자발적 (장기) 실업자들에게 '공공 영역에서 창출되는 기본 일자리'(basic public sector employment)를 무제한 공급하여 완전고용을 달성해야 한다고 주장한다. 그에 따르면, 이 일자리가 지불하는 기본 임금(basic public sector wage)은 정부의 거시 경제 정책의 필요에 따라 조정될 수 있으나, 현행 법정 시간당 최저 임금보다는 높은 수준으로 유지되는 게 바람직하다(Wray, 1998: 126).

---

9 현대화폐이론가들은 정부의 최종 고용자 정책(Employer of Last Resort; ELR)이라는 표현뿐만 아니라 정부의 일자리보장정책(Job Guarantee; JG), 또는 공공 서비스 일자리(Public Service Employment; PSE), 완충재 일자리(Buffer Stock Employment; BSE) 등의 표현을 '정부가 주도해서 제공하는 일자리'와 같은 의미로 혼용해서 사용하고 있다. 이러한 용어법에 대한 간략한 설명으로는 미첼과 레이(Mitchell and Wray, 2005: 2) 참조. 이러한 용법과는 별개로, 이 정책의 옹호자들은, 정부보장 일자리 제도가 영구적이고(no time limit) 보편적(universal)이어야 한다는 점을 강조한다(Tcherneva, 2003: 3).

물론 정부가 보장하는 일자리에서 일하는 노동자들은 정부 정책의 효과에 힘입어 민간 경제가 활성화 되면 민간에서 일자리를 구하기 위해 언제든지 이직할 수 있다. 이 과정에서 정부는 이들에게 직업 훈련과 이직에 필요한 각종 정보를 제공할 수 있다. 레이는 이 같은 프로그램이 현재 미국에서 장기 실업자들에게 제공되는 각종 사회 복지 지원과 혜택에 소요되는 비용(예를 들어, 실업 급여)을 대폭 줄이는 효과도 지닌다고 설명한다. 미 연방정부가 제공하는 각종 사회 복지 혜택은 당분간 그대로 남아 있어야 하지만, 장기적으로는 정부의 일자리보장정책이 이 복지 혜택에 소요되는 낭비적 지출을 줄이는 효과도 있다는 것이다(Wray, 1998: 128-129).

레이는 정부의 일자리보장정책이 경제가 장기에 걸친 경기 침체와 디플레이션 상태로 빠져들 때에 매우 강력한 효과를 볼 수 있는 선순환 정책일 뿐만 아니라 급격한 경기 변동에 상관없이, 아니 이 경기 변동의 악영향을 줄이기 위해서라도 항상적으로 존재할 필요가 있는 정책일 수 있다고 주장한다(Wray, 1998: 3, 9-10, 84-85, 124-125; Mitchell and Wray, 2005도 참조).

III 현대화폐이론과 그 정책에 대한 비판적 검토

1. 현대 국민국가의 주권성과 정책 공간의 확보라는 문제

현대화폐이론에 대한 이 같은 소개를 바탕으로 이제부터는 그 이론의 맹점들을 차분하게 살펴보자. 첫 번째 의문은 현대화폐이론의 통찰이 과연 어느 정도까지 보편적인 이론으로 적용 가능한가라는 문제와 관련되어 있다. 현대화폐이론가들은 앞에서 소개한 분석 내용들이 일반적으로 주권성을 지닌 현 시대의 거의 모든 국민국가에 두루 적용된다고 주장한다. 국민경제가 여전히 제국주의 국가의 식민지 지배에 복속되어 있거나, 혹은 여러 가지 정치경제적인 이유 때문에 정부 당국자들이 자국 통화의 가치를 미국 달러화에 일대일로 연계시킨 것(dollarization)이 아니라면, 현대의 모든 국민국가는 자국의 통화를 발행하고 국가 지정 명목화폐를 창출하는 데 거의 아무런 제약을 받지 않는다는 것이다. 그리고 이 때문에 소규모 개방 경제 체제를 유지하면서 경제 성장을 도모하는 저발전 국가들도 현대화폐이론가들이 옹호하는 바의 정부주도 일자리보장정책을 추진할 수 있다(Wray, 2007; Wray, 2015: 124-129).

물론 현대화폐이론가들은 발전도상국가들이 일자리보장정책을 일관되게 추진하기 위해서 나름의 재정 및 금융적 정책 공간(policy space)을 확보할 필요가 있다는 점을 인정한다. 그런데 이 정책 공간의 확보라는 문제와 관련하여 현대화폐이론가들은 이것이 마치 순수한 정책 선택(policy choice)의 문제인 것인 양 생각하고 있다. 가령, 레이는 자국의 화폐 가치를 달러화에 일대일로 연계시킨 나라의 경우 정부 당국자들이 이 정책을 폐지하고 변동환율제를 채택하기만 하면, 나름의 정책 공간을 마련할 수 있고 자국민들의 복지 향상과 경제 성장을 위해서 다양한 정부주도 일자리보장정책을 추진할 수 있을 것이라고 주장한다(Mitchell and Wray, 2005: 18; Wray, 2007: 24).

그러나 소규모 개방 경제 체제를 유지한 오늘날의 저발전 국가 또는 발전 도상의 국가들이 직면한 현실은 이 국가들이 자국의 통화를 아무런 제약이 없이 발행할 수 있는지 여부에 의해서 결정되지 않는다. 오늘날의 발전도상국가들은 자국민들이 최소한의 인간다운 삶을 영위하기 위해서라도 꼭 필요한 소비재를 안정적으로 수급하는 데 어려움을 겪고 있을 뿐만 아니라 자국의 산업화를 위해 필요한 자본재와 중간재를 외국에서 거의 전부 수입해야 하는 과제에 직면해 있다. 자국의 화폐를 여러 가지 기능적 목적을 달성하기 위해서 아무리 많이 찍어낸다고 하더라도 해외에서 수입해야 할 각종 소비재와 자본재는 자국의 화폐로 결제할 수 없다. 따라서 이 나라들은 불가피하게 기존의 국제 무역과 금융 거래에 통용되는 (자국의 화폐가 아닌) 통화, 즉 국제 지급준비금을 벌어들이고, 이를 효과적으로 다변화하면서 현재와 미래의 경제 활동을 조정해 나가야 하는 어려움에 직면해 있다.

게다가 이 나라들 가운데는 대다수는 여러 가지 목적과 동기를 가지고 혹은 국제 금융 및 무역 체제의 강요 때문에 자국의 금융 시장을 기존의 국제 금융 시장에 통합시키거나 국제적 차원의 무역 규범에 자국의 경제를 동조화시켜 왔다. 그리고 바로 이 조건들 때문에 부과되는 여러 가지 국제적 제약에 노출되어 있는 것이다. 물론 이러한 현실은 결과적으로 이 나라들의 주권성을 제약하고 이 나라들이 취할 수 있는 정책 수단의 종류와 범위를 대폭 축소시켜왔다. 이러한 강요된 선택 앞에 놓인 압도적인 다수의 발전 도상의 국가들에게 현대화폐이론이 시사하는 바는 아쉽게도 지극히 제한적인 것처럼 보인다.

이 점에서 현대화폐이론가들이 소규모 개방 경제 체제를 유지하고 있는 나라들의 특성을 이해하지 못한다고 비판한 팰리와 엡스틴의 주장은 타당하다(Palley, 2013; Epstein, 2019).[10] 과거 라틴 아메리카, 특히 아르헨티나, 칠레, 페루, 콜롬비아, 볼리비아 등지에서 실험되었다가 실패로 돌아간 민중주의적(populist) 경제 정책은, 좌파 민중주의 정부를 붕괴

---

10 비록 팰리가 라틴 아메리카의 사례를 거론하면서 정부주도 일자리보장정책에 소요되는 비용과 재정적자 증가가 환율 변동을 매개로 어떻게 이 나라들에 악영향을 미쳤는가를 분석한 신고전파 경제학자들의 논의를 무비판적으로 끌어들인 것은, 현대화폐이론의 맹점에 대한 비판으로는 전혀 불필요한 것이었음에도 불구하고 말이다.

시키고 그 대신 꼭두각시 정권을 앉히려고 했던 미국 중앙정보부와 이들 나라의 군부 세력의 은밀한 정치 공작이라는 요인을 잠시 제외한다고 하더라도, 특정 원자재와 농업 생산물 이외의 다른 경쟁력 있는 수출 품목을 생산하지 못하고, 내구재뿐만 아니라 일반 소비재 및 생필품마저도 외국에서 전적으로 수입을 해야만 했던 취약한 국내 경제 구조 때문에 발생한 것이다. 대외 경제 환경 변화에 취약한 이러한 경제 구조를 갖춘 오늘날의 많은 발전도상국가들은, 그 나라의 정부가 원리상 제 아무리 자국 화폐 발행에 그 어떠한 내재적 제약을 받지 않는다고 하더라도, 불가피하게 대외 경제 그리고 국제적 지급 결제에 사용되는 미국 달러화에 의존할 수밖에 없다. 따라서 현대화폐이론가들은 정부 예산의 무제약성이라는 명제를 마치 신주단지처럼 모시면서 저발전 국가들에게 일방적으로 강요할 게 아니라 소규모 개방 경제 체제를 유지하고 있는 저발전 국가들이 처한 오늘날의 현실을 보다 주의 깊게 살피고 자신의 이론이 어떻게 이 나라들의 산업화와 경제 성장 전략에 진보적으로 활용될 수 있는지를 면밀하게 탐구해야 할 필요가 있다. 신고전파 경제학자들, 무분별하게 '자유 무역' 정책을 옹호하고 '금융 시장 개방'의 이점을 일방적으로 설파하다가 어느 순간 문제가 생기면 다시 긴축 정책을 처방하는 주류 신고전파 경제학 이론가들의 거울 이미지를 반복하지 않으려면 말이다.[11]

안타깝게도 현대화폐이론가들은 이러한 비판적 지적들에 대해서

---

[11] 물론 저개발국과 발전 도상의 국가들에서 정부의 일자리 보장 제도가 어느 정도까지 실현될 수 있는가의 문제와 관련하여 현대화폐이론의 옹호자들 사이에도 약간의 온도차가 존재한다. 이에 대한 간략한 문헌 정리와 포괄적인 비판으로는 보니찌 외(Bonizzi et al, 2019)를 참조할 수 있다. 이와 유사한 논지에서 소규모 개방경제의 현실에 대한 현대화폐이론의 맹점을 지적한 나원준(2019b)도 참조하길 바란다.

설득력 있는 답변을 내놓지 못하고 있다. 레이가 오늘날의 발전도상국가들이 고정환율제를 버리고 변동환율제를 채택하기만 하면 충분한 자율적 정책 공간을 확보할 수 있을 것이라고 주장했다는 점은 이미 언급한 바 있다. 레이의 지도하에 박사학위 논문을 쓴 체르네바(Tcherneva)는, 2000년대 초, 그 이전에 있었던 동아시아 외환위기의 여파로 불행하게도 또 다시 금융위기에 빠져들었던, 아르헨티나의 소도시 정부가 자연발생적으로 실시했던 공공 부조 및 공공 일자리 정책 실험(Plan Jefes)을 분석하면서, 이것이 자신들이 소개해 온 정부의 일자리보장정책의 중요한 사례가 될 수 있다고 주장한 바 있다(Tcherneva, 2012). 역시 레이의 지도하에 박사학위 논문을 썼으며, 최근에는 레이와 함께 현대화폐이론의 시각에서 중앙은행의 금융 정책을 재해석하려고 시도해온 티모인(Eric Tymoigne)은, 급격하게 국경을 넘나들면서 개별 국민경제의 환율과 금융 시장을 불안정성에 빠뜨리는 단기 금융 자본에 대한 적절한 자본 통제(capital control)를 실시해 저발전 국가들이 상대적으로 자율적인 정책 공간을 확보하는 게 필요하다고 말한다.

    그러나 변동환율제의 채택이 어떻게 발전도상국가의 정책 공간을 확보할 수 있는지 필자는 알지 못한다. 또한 아르헨티나의 소도시에서 자연발생적으로 실험한 소규모 저예산 일자리 정책, 그것도 지극히 주변화된 사회 및 개인 서비스 분야에 국한된 공적 임금 부조(wage subsidy) 정책이 어떻게 발전도상국가들이 국가적인 차원에서 실시할 수 있는 대안적인 산업화 및 성장 전략이 될 수 있다는 것인지 필자로서는 이해할 수 없다. 티모인이 말하는 일시적인 자본 통제를 통한 정책 공간 확보 및 활용론이 산업 정책과 (환율을 포함한) 각종 무역 정책을 기반으로 한 장기에 걸친 산업화와 경제 성장 전략에 대한 발전 경제학자들의 심도 깊은 논의를 대체하지 못한다는 것도 자명하다.

레이와 체르네바 등은 한때 정부주도 일자리보장정책이 저발전 국가들에서 비교적 작은 규모로라도 실시될 수 있다고 주장했다. 그런데 이러한 주장은 자신들의 이론적 근거와 모순된다. 한편으로, 이들은 저발전 국가들에서 실시되는 정부의 일자리보장정책이 국내총생산 대비 1%도 되지 않는 적은 예산으로도 실시될 수 있고, 이 경우 대외 경제 부문과 환율에 미치는 악영향도 지극히 미미할 것이라고 주장했다. 다른 한편, 이들은 변동환율제의 채택 등을 거론하면서 정책 도입에 필요한 정책 공간 확보의 필요성을 거론하기도 한다. 만약 정부보장 일자리 제도가 그렇게 저렴한 비용으로 실시될 수 있다면, 현대 국민국가의 예산 무제약성에 관한 그들의 논의는 처음부터 불필요했다. 다른 한편, 이들이 '정책 공간의 확보'를 말하는 것은 이들도 (비록 스스로 정식화하지는 못했을지라도) 암암리에 저발전 국가들이 직면하는 외부적 제약이라는 문제를 인정한다는 것을 뜻한다. 다시 말해, 정부의 무제한적인 예산 편성 가능성에 관한 입론이 적어도 저발전 국가들에게는 그대로 적용될 수 없다는 것을 뜻한다. 결국 현대화폐이론가들의 기대 혹은 섣부른 일반화 시도와는 달리, 적어도 발전도상국가들의 맥락에서는 현대화폐이론(정부 예산의 무제약성)이 아예 필요가 없거나 그 실제적 적용 가능성이 거의 없는 이론이 된다.

  결론적으로 필자는 현대화폐이론이 발전도상국들이 직면한 여러 가지 어려움들을 해명하는 데 전혀 도움이 되지 못하거나, 그 이론의 옹호자들이 의도한 것과는 다르게, 소규모 개방 경제 체제를 유지하고 있는 저발전 국가들의 경제 성장 및 산업화 정책에 대한 치열한 논쟁을 오히려 방해하고 있다고 진단한다. 그리고 바로 이 점에서 현대화폐이론이 미국산 경제 이론(American economics)일 뿐만 아니라 '미국 우선주의' 경제 이론('America First' Economics)에 불과하다는 엡스틴의 비판(Epstein,

2019)은 지극히 정당하다. 필자가 보기에 현대화폐이론가들은 그 이론의 적용 범위와 가능성에 대해서 보다 신중한 태도를 취할 필요가 있다. 그리고 소규모 개방 경제 체제를 유지하고 있는 수많은 발전 도상의 국가들이 직면한 제약 조건들을 심도 깊게 해명하고, 이 나라들이 장기적인 경제 성장 전략을 모색하는 데 자신들의 이론이 어떻게 기여할 수 있는지에 대해서 더 깊은 고민을 해야 할 것이다.

2. 현대화폐이론과 정부주도 일자리보장정책론의 내재적 상관관계 I: 최종 고용자 정책의 규모와 성격, 산업별 편제 그리고 행정의 문제

다음으로 현대화폐이론가들이 높은 추상화 수준에서 입론한 오늘날의 명목화폐의 특성에 대한 논의가 그들이 제안하는 정책과 어떻게 연관되어 있는가라는 문제를 살펴볼 필요가 있다. 앞서 살펴본 것처럼, 현대화폐이론가들은 정부의 일자리보장정책을 대안으로 내놓는다. 그런데 현대화폐이론가들은 정부가 보장하는 일자리 제도의 거시 경제적 이점에 대해서 빈번하게 강조하면서도, 이 일자리의 종류와 특성 및 산업 분야별 편제에 대해서 구체적으로 설명하지 않는다.

가령, 레이는 정부의 일자리보장정책의 이점을 설명하는 과정에서 '생산성 향상에 기여하는 공적 인프라 구축'에 대해서 언급하고, 공공 일자리에서 노동자들이 얻는 '교육과 기술 훈련' 등의 중요성에 대해서 언급한다(Cf. Wray, 1998:133, 141; Mitchell and Wray, 2005). 그러나 정부가 어떤 산업분야에서 어떤 일자리를 전반적으로 창출할 수 있는지, 그리고 그것이 어떻게 지속 가능한 양질의 (혹은 감내할 만한 수준의) 일자리가 될 수 있는지에 대해서 설명하지 않고 있다.

물론 레이는 대대적인 인프라 구축과 정비 사업의 필요성에 대해서 언급하고, 이것이 어떻게 민간 기업의 생산성 향상에도 기여할 수 있는지에 대해서도 말한다. 그는 또한 공립학교에서 일하는 안전 요원, 수업 지원 활동 요원, 마을 단위 공공시설의 유지 관리 및 보수 요원, 영유아 돌봄 노동, 도서관 사서 지원 활동, 저소득층 주거 개량 사업 지원, 환경 정화 및 감시 활동 등을 정부보장 일자리의 사례로 거론하기도 했다(Wray, 1998: 142-143; Wray, 2007: 13).

그런데 비록 이런 활동들을 지원하는 것이 사회적 차원에서 바람직한 것일 수 있으나, 이런 사례들이 어떻게 '국내 총생산에 획기적으로 기여'할 수 있다는 것인지 이해할 수 없다. 더 나아가 이러한 종류의 일자리들이 도대체 왜 굳이 현대화폐이론에 근거해야만 수행될 수 있는 것인지도 의심스럽다. 이런 종류의 공적 서비스 일자리들은 굳이 현대화폐이론가들이 강조하는 정부의 예산 편성의 무제약성에 관한 입론에 의거하지 않고도, 가령 진보적으로 조세 체제를 개편한다거나 미국의 대기업들이 만성적으로 획책하는 각종 조세 포탈 및 회피 관행을 제도적으로 차단하는 것만으로도 정부가 그 비용을 쉽게 조달할 수 있기 때문이다.

더 큰 문제는 현대화폐이론가들이 그토록 오랫동안 정부주도 일자리 보장제를 주창해 왔으면서도 정작 미국 사회에서 어떻게 이 일자리 보장정책을 감독하고 실행할 것인지를 해명하지 않는다는 데 있다. 1930년대 대공황 국면에서 루즈벨트 행정부가 공공 인프라를 구축하고 정비하기 위해서 한시적으로 운영했던 공공 일자리 사업부(Public Work Administration)를 떠올려도 되는가? 오바마 행정부는 '전미부흥 및 재투자 법안(American Recovery and Reinvestment Act; ARRA)'의 이름으로 2007-08 금융 위기 국면에서 세수 부족에 시달리던 각 주 정부들에게 연방 보조금을 증액해서 나누어 주었다. 각 주 정부들은 이렇게 분배된 보조금을 어떻게 사용할지에 대해서 고도의 자율성을 가지고 결정하였고, 이 과정에서 정부 예산의 투입과 민간 기업들의 사업 수행 간에 다양한 관계가 맺어졌다. 현대화폐이론가들이 제안하는 정부보장 일자리 정책에 대해서도 우리는 이와 유사한 예산 지원과 집행 방식을 떠올려도 되는가? 아쉽게도 우리는 현대화폐이론가들이 주창하는 정부의 일자리보장 정책안에서 이러한 질문들에 대한 그 어떠한 해답도 찾을 수 없다.

체르네바는 비교적 최근에 발표한 글에서 미국 노동부 산하에 '일자리 은행(Job Bank)'을 설치하고 일자리의 소재와 구인 구직 정보를 한눈에 알아볼 수 있는 시스템을 구축하자고 제안한 바 있다(Tcherneva, 2018). 연방정부의 적정한 예산을 바탕으로 운영되는 이 일자리 은행은 각 주 정부와 지방 정부 그리고 해당 지역들에서 활동하는 비정부기구(NGOs)들과의 유기적인 협력관계를 구축하여, 사회적으로 필요한 각종 서비스를 발굴할 뿐만 아니라 장기 실업자들에게 이 서비스 활동의 소재와 특성 및 필요한 교육 훈련 등을 실시한다는 구상이다. 그런데 이런 차원의 일자리를 제공하고 관리하는 업무를 누구에게 어떻게 귀속시킬 것인지에 대해서 여전히 침묵하고 있다. 더불어 이 같은 논의에는 연방정부의 재정 지원과 함께 개별 주 정부들 간의 긴밀한 협조관계를 수반할 수밖에 없는 공공 인프라 구축과 정비 같은 거대 규모의 공공 사업 일자리들에 대한 관리 감독 및 행정 업무에 대한 고민이 빠져 있다. 정부보장 일자리 제도의 유형과 규모 및 성격을 애초 자신의 제안과는 달리 대폭 축소시키고 있는 것이다.

3. 현대화폐이론과 정부주도 일자리보장정책론의 내재적 상관관계 II: 거시경제의 동학과 인플레이션 이론의 부재

현대화폐이론가들이 제안하는 정부주도 일자리 보장론에는 또 다른 차원의 문제가 있다. 그것은 완전고용과 물가안정의 관계에 관한 것이다. 현대화폐이론가들은 정부가 제공하는 일자리의 임금 수준을 구체적으로 어떻게 결정하는지의 문제에 대해서 언급하지 않는다. 시간당 최저 임금 수준보다는 높게 책정하여 공공 서비스 일자리에 종사하는 사람들이 최소한의 인간다운 삶을 영위할 수 있도록 해야 한다는 주장을 덧붙이는 것 이외에는 말이다.

흥미롭게도 현대화폐이론가들은 정부보장 일자리가 완전고용과 물가안정을 동시에 이룰 수 있는 강력한 수단이라는 주장을 되풀이한다. 그들은 정부보장 일자리 임금이 물가의 하방 압력을 줄여서 전반적인 디플레이션을 저지할 수 있다고 주장하는 한편, 이와 동시에 정부보장 공공 일자리에서 일하는 노동자들이 국내 총생산과 공급에 실질적으로 기여할 것이기 때문에 물가상승 압력이 높지 않을 것이고 오히려 과도하게 오른 물가를 떨어뜨리는 순기능도 동시에 하게 될 것이라고 주장한다(Wray, 1998: 10, 133, 139-140). 정부의 일자리 보장제는, 총수요를 관리한다는 미명 하에 실제로는 군산복합체와 중화학 공업에 대한 무제한적인 지원을 합리화했던 2차 세계대전 이후 미국의 군사 케인스주의(military Keynesianism) 정책과는 달리, 급박한 물가상승 압력을 야기하지 않을 것이라는 주장도 함께 덧붙인다(예를 들어, Wray, 1998: 179; Tcherneva, 2003: 8).[12]

---

[12] 현대화폐이론자들이 정부의 일자리 보장 제도를 군사 케인스주의의 총수요관리(aggregate demand management) 정책과 대비시키면서, 전자야말로 진정한 의미에서 유효수요를 창출하는 정책이라고 주장하는 것은 필자가 보기에 칼레츠키-민스키의 주장을 정태적으로 해석한 것이다. 칼레츠키에게서 핵심적인 것은 중화학 공업을 중심으로 한 자본재 생산 부문의 과도 팽창이 경제 전반의 소득 분배와 물가안정에 어떻게 악영향을 미치는지를 분석하는 것이었다. 따라서 칼레츠키-민스키가 가리키는 곳은 군산복합체를 어떻게 하면 해체할 수 있는가, 어떻게 하면 자본재 생산 부문의 과잉 팽창이라는 문제를 해결할 것인가 이지, 이 문제를 그냥 놔둔 채 그 외부에서 다만 보완적으로 정부가 나서서 공공 일자리를 제공하는 게 아니다. 따라서 민스키가, 비록 장기 실업과 빈곤

그러나 필자가 보기에 이러한 주장은 만성적인 경기 침체 때문에 경제가 전반적인 디플레이션 위협에 빠져드는 경우에는 어느 정도 타당할지 몰라도, 그 반대의 경우, 즉 경기가 활성화되어 전반적인 인플레이션 위협에 노출되는 국면에서는 쉽게 적용될 수 없는 주장이다. 정부보장 일자리를 통해 얻게 되는 공공 서비스 임금은, (중화학 공업 위주의 자본재 생산 부문의 과도한 팽창과 독과점적 경쟁 구조라는 기존의 경제 구조를 획기적으로 개혁하지 않는 한) 자연스럽게 민간 기업들에서 제공하는 일자리의 임금 수준을 전반적으로 상승시키는 압력으로 작용할 것이다. 그리고 만약 이러한 임금 상승 압력이 경기 활성화 국면의 민간 경제 영역 내에서 분배상의 갈등을 야기할 경우 그것은 거시 경제적 안정성을 해치는 비선형적 임금 상승-물가상승의 악순환(nonlinear wage-price spiral)에 빠질 수 있다.

이 점은 네오 칼레츠키주의 경제학자들은 물론 다양한 부류의 케인스주의 경제학자들에게 매우 자명한 고려 사항 가운데 하나다. 가령, 케인스는 (본질적으로 고전파 정치경제학자들의 가격 및 물가에 대한 생산비용 결정 이론을 따르면서) 국민경제가 경기 침체에서 벗어나 얼마나 완전고용 수준에 근접해 가는가에 따라 총생산과 물가 간에 비선형적인 동학이 만들어 질 수 있다고 분석했다(Keynes, 1997: 21장 참조). 또한 칼레츠키와 그 후계자들은 자본재 생산 부문과 소비재 생산 부문의 산업별 연계관계, 특히 생산재 생산 부문에 집약되어 있는 독과점 기업들의 가산 가격 정책(markup pricing)이 소비재 생산 부문에 미치는 소득분배상의 효과를 분석하는 데 주안점을 두었다. 그리고 이것이 소비재 생산 부문에서 운

문제를 해결하는 실용적인 방안들 가운데 하나로, 정부보장 일자리 제도를 옹호했다고 해도, 그 주안점과 문제의식은 다른 곳에 있었다고 봐야 한다.

영되는 기업들의 가격 정책과 임금 수준을 둘러싼 갈등 등을 매개로 어떻게 서로 악영향을 주고받으면서 소득 분배와 물가상승에 영향을 미칠 수 있는지를 분석했다(신희영 2013: 10장). 따라서 물가의 하방 압력에 대응하는 조치와 경기의 활성화 국면 또는 완전고용 수준에 준하거나 그 수준을 넘어선 과도 팽창 국면에서 나타나는 물가상승 압력에 대응하는 조치가 적어도 케인스-칼레츠키의 시각에서는 다를 수밖에 없다.

이러한 시각에서 볼 때 필자는 현대화폐이론가들이 자신들의 이론을 케인스-칼레츠키의 후예로 위치 짓고 있음에도 불구하고 정작 칼레츠키는 물론 케인스의 물가변동이론이 제공하는 함의를 제대로 추적하지 못하고 있다고 진단할 수밖에 없다. 현대화폐이론가들 대다수가 정부 보장 일자리의 규모와 적정 임금 수준을 신축적으로 조정해서 디플레이션 압력뿐만 아니라 전반적인 상승 압력에 대해서도 쉽게 대응할 수 있다고 믿으면서도, 이것이 어떻게 가능한지에 대해서 단 한 번도 체계적으로 설명하지 않고 있기 때문이다. 더 나아가 현대화폐이론가들이 시사하는 것처럼 설사 정부의 일자리보장정책의 규모를 신축적으로 운용해서 완전고용에 준한 경기 팽창기에 나타날 수 있는 물가상승 압력을 줄일 수 있다고 해도, 왜 이것이 중앙은행의 이자율 조정을 통한 통상적인 물가 관리 정책보다 더 효과적이고 혹은 더 바람직한지에 대해서 그들은 설명하지 않는다.

이 점에서 현대화폐이론가들의 논의에 거시경제학 모델과 인플레이션 동학에 관한 이론이 없다는 펠리의 비판(Palley, 2013)은 지극히 타당하다.[13] 또한 과거 라틴 아메리카의 여러 나라들에서 실험되었다가 실

---

13 비록 펠리가 총산출과 인플레이션의 관계에 대한 필립스 곡선 가설을 끌어들이거나 정부 재정 확대에 따른 통화량의 증가가 화폐 가치를 떨어뜨려 결과적으로 인플레이

패로 돌아간 케인스주의적 경기부양정책과 인플레이션 동학을 추적하여 현대적 의미의 '구조주의 거시경제학(Structuralist Macroeconomics)'이라는 독립적인 연구 의제를 발전시켰던 테일러(Lance Taylor)도 기능재정론에 입각한 현대화폐이론가들의 대대적인 확대 재정정책 옹호론이 완전고용에 근접해 가는 국면에서는 감내하지 못할 수준의 인플레이션 동학을 만들어 낼 수 있다고 경고한다(Taylor, 2019). 물론 지난 수십 년 동안 실질 임금이 정체되어온 미국 경제의 현실을 고려할 때 정부보장 일자리 제공 정책이 (그 규모와 산업별 편제 그리고 임금 수준에 따라 달라지겠지만) 당장 감내할 수 없을 만큼의 임금-인플레이션 동학을 만들어낼 가능성은 지극히 낮을 것이다. 그럼에도 불구하고, (구조주의 거시경제학자들을 포함한) 좌파 케인스주의 경제학자들이 수행하는 현대화폐이론가들의 '물가안정(희구)론'에 대한 비판은, '신고전파' 경제학자들의 다양한 물가이론(필립스 곡선 이론, 통화주의 이론, NAIRU 이론 등)에 입각한 비난과는 그 문제의식과 함의에 있어서 차원을 달리하는 것이고, 따라서 현대화폐이론가들은 정책 제안의 효과성을 설득시키기 위해서라도 좌파 케인스주의자들의 이론적 비판과 경고에 적절한 주의를 기울여야 할 것이다.

4. 현대화폐이론과 그 정책 제안이 지닌 이념 지평의 근본적인 한계

지금까지 우리는 현대화폐이론가들이 마치 현대 국가의 발권력과 정부 재정지출의 내재적 무제한성에 관한 자신들의 입론이 정부주도의 일자리 공급 정책이라는 그들의 정책 제안과 내재적으로 긴밀하게 연관

션을 야기한다는 현대판 통화주의자들의 논리를 그대로 차용하면서 비판을 했기 때문에 불필요한 논란을 불러일으켰고, 자신이 그동안 추구해 왔던 신구조주의자로서(new structuralist)의 이념적 기반을 스스로 허물어뜨리는 오류를 범했지만 말이다.

되어 있는 것처럼 주장하는 것을 여러 차례 살펴보았다. 그런데 다시 한 번 생각을 해보면 이 양자 사이에는 거의 아무런 논리적 관계도 존재하지 않는다.

현대화폐이론가들이 주장하는 대로 현대 국가가 무제한적인 통화 발행 능력을 갖추고 있다고 가정해 보자. 현대 국가는 그 능력을 바탕으로 주요 산업 분야에 포진하고 있는 (소수의 최대 주주 하의) 독점 대기업들의 소유권을 아무런 정부 예산 제약 없이 합법적으로 사들이고, 이렇게 장악된 기업의 소유 지배권을 전 국민에게 골고루 나누어주며, 이 과정에서 독점 대기업들의 경영 관행도 획기적으로 개선하려고 시도할 수 있을지도 모른다. 또는 각종 공적 연기금의 자본을 대대적으로 확충하고 이를 지렛대로 삼아 거대 독점 재벌 기업들의 소유 지배 구조를 민주화하고 경영 관행을 개선하는 조치를 취할 수 있을지도 모른다. 다시 말해 국가가 주변화된 산업 부분에서 공공사업을 벌여 다만 보완적인 일자리를 창출하는 데 그 발권력을 사용하는 것이 아니라 독과점화된 자본주의적 기업 조직을 해당 기업의 노동자들은 물론 각종 이해 당사자들의 직간접적인 통제 하에 놓이게끔 전환시키는 데 그 능력을 사용할 수 있다는 가능성을 현대화폐이론가들은 체계적으로 도외시하고 있는 것이다.

미국 경제의 현실을 고려할 때 이러한 개혁 과제는 다음과 같은 몇 가지 중요한 사항들을 수반할 것이다. 하나는 과도하게 성장한 군산복합체와 그 산업적 연계를 급진적으로 해체하는 것이고, 다른 한편에서는 제조업 분야의 탈산업화 혹은 산업 공동화라는 구조화된 문제를 해결하는 것이다. 월스트리트의 거대 금융 기업들과 각종 투기적 사모펀드들 및 헤지펀드들에 대한 엄격한 일괄 규제와 기업 분할, 그리고 대폭적인 사회화도 미국 제조 산업의 부활을 위해서 꼭 필요한 과제들 가운데 하나이다. 마지막으로 다양한 징후의 형태로 들이닥치고 있는 파국적인 기후 변화 혹은 기후 위기에 대처하기 위해서 미국 경제가 그동안 과도하게 의존하고 있던 석탄과 석유에 대한 의존도를 대폭 줄이고 친환경적이고 재생 가능한 에너지를 생산하고 유통시킬 수 있는 인프라를 구축하는 일이 필요하다. 당연히 이 모두를 위해서는 연방정부의 대대적인 확대 재정정책은 물론이고 적극적인 산업정책이 필요할 것이다.

아쉽게도 현대화폐이론가들은 이러한 문제들을 해결하기 위해서 자신들의 이론적 통찰이 어떻게 활용될 수 있는지에 대해서 둔감하다. 대기업 생산 시설의 해외 이전과 이에 따른 산업 공동화 그리고 지역 경제의 피폐화라는 구조적인 문제를 거론하지 않으며, 현대 정부의 무제한적인 발권력을 강조하면서도, 정작 민간은행들의 투기적 활동을 규제하고 금융 시장 전체의 안정성을 제도적으로 뒷받침하기 위해서 재정정책 당국이 취할 수 있는 대폭적인 사회화 조치들에 대해서는 침묵하고 있다. '투자의 포괄적인 사회화'와 '유한계급의 안락사'를 외쳤던 케인스의 후예들이 취할 수 있는 입장 치고는 지극히 보수주의적인 태도이다.

또한 현대화폐이론가들의 다소 폐쇄적인 논리 구조와는 달리, 필자는 현대 국민국가의 발권력이 정부의 보완적인 일자리 보장 제도가 아니라 정부의 보편적인 기본 소득 (universal basic income) 제공론, 또는 심지어 정부가 제공하는 보편적인 자본 자산 및 자본 소득 접근권(universal access to capital assets and capital income)에 관한 지속된 관심과도 연결될 수 있다는 점을 강조하고 싶다. 특히 보편적인 자본 소득 접근권은, 여전히 초보적인 제안 수준에 머물고 있으나(가령, Varoufakis 2016), 필자가 보기에 로머가 한때 제안했던 쿠폰 사회주의(Coupon socialism) 모델이나 1960-80년대 동유럽 개혁 사회주의권에서 논의되었던 시장 사회주의(market socialism) 이행 모델의 한계를 넘어서서 생산 수단에 대한 자본주의적 소유관계를 혁파하고 대안적인 방식으로 사회화를 달성할 수 있는 중요한 매개고리 가운데 하나다.

이와 관련하여 한때 체르네바는 보편적인 기본 소득론과 정부의 일자리보장정책이 상보적인 관계에 있다고 주장하면서도, 후자가 경기 변동을 안정화시키고, 실업을 줄이며, 물가안정 및 통화 가치 안정이라는 측면에서 더 큰 이점을 지닌다고 주장한 바 있다(Tcherneva, 2003). 정부의 보편적인 일자리 제공이 경기 변동, 특히 경기 침체 국면에서 나타나는 사회경제적 고통을 줄일 수 있다는 지적에 대해서는 공감하나, 통화 가치의 안정과 물가안정에도 기여할 수 있다고 주장하는 것은 그리 설득력이 없다. 더불어 경기 침체 국면에서 마땅히 취해져야 할 확대 재정정책 및 고용 정책은 거듭 강조하건대 현대화폐이론을 통해서만 비로소 사유될 수 있는 그들만의 전유물이 아니다.

결론적으로 현대화폐이론가들은 정부의 발권력과 정부주도 일자리 공급 정책이라는, 근본적으로 추상화 수준을 달리하는 이 두 가지 명제(혹은 하나의 명제와 하나의 정책 제안) 사이의 논리적 폐쇄회로에서 벗어나지 못하고 있다. 현대화폐이론가들과 그들의 논의를 부분적으로 수용하는 사람들은, 전자의 명제를 승인하는 것이 곧 후자의 제안을 수용하는 것과 마찬가지라는 이 단순한 사고방식에서 벗어나 현실의 경제 체제가 직면하고 있는 각종 구조적인 문제들을 어떻게 해결해 나갈 수 있는지를 보다 엄밀하게 분석하고 해법을 찾아나가야 할 것이다.

5. 계급 적대 혹은 계급투쟁이라는 문제의식의 부재

마지막으로, 현대화폐이론가들의 정책 제안이 지닌 이념 지평의 한계라는 문제와 관련하여 또 다른 차원의 문제를 거론할 필요가 있다. 잘 알려진 것처럼, 전통적으로 좌파 케인스주의자들과 마르크스주의자들은 주요 산업 분야에서 운영되는 거대 독점 자본의 자본 자산을 전부 국유화하고, 이 자산을 일정한 자격 요건을 갖춘 국민들에게 고루 나누어 주어서 소유권을 분산시키며(사회화), 이를 통해 국민 모두가 보편적으로 자본 자산과 그 파생 소득에 접근할 수 있게 하자는 주장에 친화성을 보여 왔다.

그런데 이러한 개혁안들은 굳이 현대 국가의 무제한적인 발권력을 강조하는 현대화폐이론에 의거하여 개진될 필요가 없다. 왜냐하면 이러한 입론이 없이도, 정부는 거시 경제적 필요에 따라 언제든지 (특히 금융 위기 국면에서 나타나는 것처럼) 거대 독점 기업들과 금융 기관들을 국유화하는 조치를 취할 수 있기 때문이다. 가령, 정부가 조세 제도를 진보적으로 개혁하고, 거대 다국적 기업들, 독점 기업들의 만성적인 조세 회피를 원천적으로 차단하며, 막대한 부동산 자산 보유에 부유세를 매기거나 각종 금융 자산 거래에 거래세를 매기고, 그렇게 늘어난 세수를 효과적으로 사용하는 것만으로도, 다시 말해 조세 기반을 확대하고, 조세 행정의 투명성을 제고하며, 진보적인 방향으로 조세 체계를 개편하는 것만으로도, 현대화폐이론가들이 제안하거나 그동안 무시해 왔던 여러 가지 진보적 경제 정책들을 구현할 수 있다. 왜 굳이 현대 국가의 발권력과 재정 편성의 무제한성이라는 논점에 주목해야 하는지, 그리고 또 왜 정부의 발권력을 동원해서만 이러한 개혁 조치들 가운데 일부만을 수행해야만 한다는 것인지에 대해 현대화폐이론가들의 논의에서는 설득력 있는 답변을 찾을 수 없다.

이 점에서 필자는 현대화폐이론가들의 논리가 자본주의 경제 체제의 구조적인 문제들에 대해 마르크스주의 경제이론가들과 네오 칼레츠키언들이 일관되게 강조해온 매우 중요한 논점들을 시야에서 놓치고 있다고 진단한다. 레이는 아바 러너와 하이만 민스키에 대한 자신의 해석이 포스트케인스주의의 전통을 계승하는 것이라고 줄곧 주장해 왔지만,

안타깝게도 레이와 그 후계자들의 저술들 안에는 잉여 가치 착취나 분배상의 갈등에 대한 그 어떠한 진지한 논의도 발견되지 않는다. 심지어 민스키가 그토록 강조했던 자본주의 금융 시스템의 내재적 불안정성에 관한 문제의식도 현대화폐이론가들의 핵심 논지에서 멀리 벗어나 있다. 포스트케인스주의의 내생적 화폐론의 연장선상에 자신들의 논의를 위치시키면서도, 민간 경제 주체들의 자산 부채의 동학과 금융 시스템의 내재적 불안정성 그리고 자산 가치의 앙등 및 폭락에 관한 논의를 현대화폐이론의 주요 논점들과 일관되게 연결시키지 못하고 있는 것이다.

결국 우리는 현대화폐이론가들이 현대 자본주의 국가에 역사적으로 구조화된 계급 편향적 속성, 자본주의 체제 하에서 다양한 방식으로 재생산되는 계급 지배 체제와 사회계급 내부의 위계적인 내부 구성 및 분화, 그리고 다양한 생산 분야에서 나타나는 생산수단의 소유나 실질적인 점유 및 지배권을 둘러싼 갈등은 물론이고 현대 금융 시스템의 내재적 불안정성에 대해서조차 제대로 된 주의를 기울이지 않고 있다고 말할 수 있을는지 모른다. 그리고 혹자는 현대화폐이론가들의 이 같은 무지 혹은 경시가 아바 러너의 기능적 재정론을 재발견하고 이것을 정부 주도 일자리 정책이라는 대안으로 제시한 민스키와 레이의 지적 여정과도 무관하지 않다고 추정할 수 있다.

미국 중부의 고립된 농업 도시에서 주로 활약했던 민스키만 해도 마르크스주의에 영향을 받은 당대의 비판적 사회과학의 지적 자장에서 멀리 벗어나 있었고, 칼레츠키가 제안했던 마르크스의 재생산 표식에 대해 지극히 정태적인 방식으로 해석하려는 경향을 보였다. (여러 가지 해석상의 논란이 있을 수 있겠지만) 필자가 보기에 칼레츠키가 마르크스적 재생산 표식을 통해 보여주려고 했던 것인 이중 혹은 삼중의 생산 부문 간의 상호 연관관계를 분석하면서 자본관계의 재생산에 필요한 최소한의 규제적 조건을 찾으려는 데 있었다. 반면 민스키는 칼레츠키의 이 모형을 정태적으로 해석하여 마치 칼레츠키가 적어도 실물 부문에서는 경기 변동을 야기하는 내재적인 요인을 찾을 수 없다고 주장한 것처럼 이해하면서 자신의 금융 불안정성 가설을 이론화하기 시작했다. 상이한 생산부문간의 관계와 총생산 및 사회계급들의 소득 분배를 둘러싼 갈등에 관한 칼레츠키의 이론을 금융 부분에서의 다양한 경제 주체들의 자산 부채의 변동이라는 논리로 논점을 옮긴 것이다.[14]

그런데 레이의 현대화폐이론은 자신의 스승이었던 민스키가 칼레츠키를 준거로 삼아 그나마 강조했던 소득의 불평등한 분배와 분배상의 갈등에 대한 주의마저도 뒷전으로 미루고 있다. 현대화폐이론가들은 높은 추상성 속에서 기술된 화폐의 발생과 창출에 대한 논의에서 출발해서 거의 아무런 매개 없이 정부의 일자리보장정책의 필요성과 이점 및 보편적인 적용 가능성에 대한 주장으로 논의를 끝맺는 것이다. 이 점에서 현대화폐이론에는 역사가 없고 사회가 없으며 현대 자본주의 금융 시스템을 구성하는 복잡한 제도들에 대한 제대로 된 연구가 없다. 이 때문에 현대화폐이론의 대명제와 정책적 제안 사이에는 거의 아무런 논리적 정합성도 존재하지 않는다. 그리고 바로 이 때문에 현대화폐이론은 몇 가지 혜안에도 불구하고 여전히 순진하고 유치한 이론에 머물러 있다. 현대 국가의 발권력과 내재적 예산 무제약성에 대한 통찰이 현대 자본주의 경제 체제의 계급 지배 체제적 속성, 현대 자본주의 국가의 계급 편향적 속성 등에 대한 이해와 결부되어야 할 이유이다. 그리고 이런 시

---

14 물론 하이만 민스키의 금융 불안정성 가설은 그 자체로 매우 중요한 기여이다. 이에 대해서 관심을 가진 독자들은 그의 사상을 개괄적으로 소개하고 있는 신희영(2013; 9장)과 국내에 번역 소개된 그의 초기 저작 [케인스 혁명 다시 읽기](2014)를 참조할 수 있다.

각에서 재해석된 현대화폐이론은, 더 이상 국민국가의 무제한적인 예산 편성 가능성에 관한 이론과 정부주도의 일자리 공급이라는 기술적(descriptive) 처방이 아니라, 정부의 예산 편성 방향과 거시경제 안정화 정책 및 대안적인 기업 소유 및 지배구조와 경제성장 정책에 관한 계급투쟁의 이론이 될 수 있을 것이다.

IV 결론

지금까지 우리는 미국 경제학계와 진보적 지식인들 사이에서 회자되고 있는 현대화폐이론의 핵심 내용과 정책 처방을 소개하고, 이 이론과 정책 제안 사이에 내재하는 논리적 이념적 공백과 한계들을 검토했다. 현대화폐이론은 현대 국민국가들이 발행하는 명목화폐의 특성을 살피고, 재정정책 당국과 중앙은행이 취하는 각종 정책들의 관계와 효과를 새로운 시각에서 기술하는 데 도움이 된다. 이와 더불어 비자발적 실업의 문제를 완화하고 완전고용을 달성하는 데 정부의 적극적인 재정정책이 어떠한 긍정적인 효과를 가질 수 있는지에 대해서 다시 한 번 생각해 보는 계기를 마련해 준다.

그러나 필자는 현대 국가의 무제한적인 발권력과 조세 부과를 통한 광범위한 통용성 확보이라는 현대화폐이론자들의 입론이, 강대국 또는 선진국 위주로 편제된 각종 국제 무역 및 금융 질서가 압도적인 다수의 발전도상국가들에게 부과하는 산업화 및 경제 성장에 대한 제약이라는 문제를 해명하거나 돌파하는 데 적어도 지금까지는 전혀 도움이 되지 못하며, 현대화폐이론의 옹호자들의 믿음과는 달리 정부의 일자리 보장이라는 그들의 정책적 지향 또는 처방과도 내재적으로 깊은 연관관계를 갖지 못한다고 진단했다. 이러한 시각에서 현대화폐이론가들은 이 이론을 발전도상국가들의 정책 공간 확보와 이를 통한 산업화 및 장기 경제성장 전략의 일환으로 재구성하려고 노력할 필요가 있고, 이념적인 차원에서도 그 제한된 인식 지평을 넓혀 주요 산업 부문 내에서 자본주의적으로 소유된 생산수단에 대한 사회화와 민주적 통제의 방안을 구상하는 데 자신들의 이론적 통찰이 어떻게 활용될 수 있는지를 진지하게 모색할 필요가 있다.

참고문헌

국문

나원준, 2019a, 이 책 제3장.

나원준, 2019b, 이 책 제4장.

신희영, 2013. [위기의 경제학 - 경제 위기의 시대에 다시 읽는 현대 경제 사상], 서울: 이매진.

영문

Bonizzi, Bruno., Kaltenbrunner, Annina., and Mitchell, Jo., 2019 "Monetary sovereignty is a spectrum: modern monetary theory and developing countries", *Real-World Economic Review*, No. 89, pp.46-61.

Epstein, Gerald., 2019, "Is MMT 'America First' Economics?" *Institute for New Economic Thinking Blog,* March 20, 2019.

Fullwiler, Scott., 2013, "An endogenous money perspective on the post-crisis monetary policy debate", *Review of Keynesian Economics*. Vol. 1. No. 2, pp.171-194.

Fullwiler, Scott., Kelton, Stephanie., and Wray, L. Randall, 2012, "Modern Money Theory: A Response to Critics", *Modern Money Theory: A Debate. Political Economy Research Institute (PERI) Working Paper Series*. No. 279.

Godley, Wynne., and Lavoie, Marc. 2012. *Monetary Economics - An Integrated Approach to Credit, Money, Income, Production and Wealth*. Palgrave Macmillan.

Keynes, John Maynard, 1997 [1936], *The General Theory of Employment, Interest and Money*. New York: Prometheus.

Krugman, Paul., 2019, "Running on MMT (Wonkish)", *New York Times*,

February 25, 2019.

Lavoie, Marc., 2009, *Introduction to Post-Keynesian Economics*. Palgrave Macmillan.

Lavoie, Marc., 2010, "Changes in Central Bank Procedures during the subprime crisis and Their Repercussions on Monetary Theory." *Levy Economic Institute Working Paper* No. 606.

Lavoie, Marc., 2011, "The Monetary and Fiscal Nexus of Neo-Chartalism: A Friendly Critical Look", *mimeo*, Department of Economics at University of Ottawa.

Lavoie, Marc., 2015, "What Post-Keynesian economics has brought to an understanding of the Global Financial Crisis", Keynote Lecture for the Progressive Economics Forum at the Annual Conference of the Canadian Economics Association.

Lavoie, Marc., 2019, "Modern monetary theory and post-Keynesian economics", *Real-World Economic Review*, No. 89, pp.97-108.

Lopez, Julio, 2020. *Michal Kalecki*, New York and London: Palgrave Macmillan (Great Thinkers in Economics Series).

Mankiw, Gregory, 2020, "A Skeptic's Guide to Modern Monetary Theory", A conference paper prepared for American Economic Association session "Is United States Deficit Policy Playing with Fire?" January 2020.

Minsky, P. Hyman. 2008 [1971], John Maynard Keynes, McGrow-Hill (신희영 옮김, 2014, [포스트케인스주의 경제학자 하이먼 민스키의 케인스 혁명 다시 읽기], 서울: 후마니타스)

Palley, Thomas I., 2013, "Money, Fiscal Policy, and Interest Rates: A Critique of Modern Monetary Theory", *Mimeo* (Published in *Review of Political Economy* Vol. 27. No. 1, pp.1-23).

Rogoff, Kenneth, 2019, "Modern Monetary Nonsense", *Project Syndicate*,

March 4, 2019.

Summers, Lawrence., 2019, "The left's embrace of modern monetary theory is a recipe for disaster", *Washington Post*, March 04, 2019.

Taylor, Lance., 2004, *Reconstructing Macroeconomics - Structuralist Proposals and Critiques of the Mainstream*, Cambridge, MA: Harvard University Press.

Taylor, Lance., 2019, "Synthetic MMT: Old Line Keynesianism with an Expansionary Twist", *Institute for New Economic Thinking(INET) Working Paper*, No. 103.

Tcherneva, Pavlina R., 2003, "Job or Income Guarantee?" *Centre for Full Employment and Price Stability Working Paper* No. 29, CfFEPS.

Tcherneva, Pavlina R., 2012, "Beyond Full Employment: The Employer of Last Resort as an Institution for Change", *Levy Economics Institute Working Paper* No. 732.

Tcherneva, Pavlina R., 2018, "The Job Guarantee: Design, Jobs, and Implementation", *Levy Economics Institute Working Paper* No. 902.

Tymoigne, Eric., and Wray, L. Randall., 2013, "Modern Money Theory 101: A Reply to Critics", *Levy Economics Institute Working Paper* No. 778.

Varoufakis, Yanis., 2016, "The Universal Right to Capital Income", *Project Syndicate*, Oct. 31, 2016.

Wray, L. Randall., 1998, *Understanding Modern Money: The Key to Full Employment and Price Stability*. Cheltenham, UK and Northampton, MA, USA: Edward Elgar.

Wray, L. Randall., 2007, "The Employer of Last Resort Programme: Could it work for developing countries?" *Economic and Labor Market Papers* 2007/5. Geneva: International Labor Office(ILO).

Wray, L. Randall., 2015, *Modern Money Theory - A Primer on Macroeco-*

nomics for Sovereign Monetary System. Palgrave Macmillan(Paperback, 2nd edition).

기타

Poznan Conference on Kalecki and Kaleckian Economics(Sept. 24-26, 2020) (http://fundacjalipinskiego.pl/wydarzenia/poznan-conference-on-kalecki-and-kaleckian-economics/)

Youtube videos on Poznan Conference sessions posted by Louis-Philippe Rochon(https://www.youtube.com/user/lprochon2003/videos)

6장

현대화폐이론 비판: 정부는 정말 화수분인가?

이정구(한신대학교 경제학과 강사)

개혁적인 정치인이 야심만만한 공약을 내놓을 때 닳고 닳은 노회한 동료 정치인들이 하는 말이 보통 이렇다. "공약은 좋지만, 예산을 어떻게 확보할 건데?" 필자가 2000년대 초반 민주노동당에서 활동할 당시 '무상교육, 무상의료'를 외치면 여러 시민들이 이구동성으로 한 말이 바로 재원, 즉 돈을 어떻게 마련할 것인가였다.

최근에 유행하고 있는 현대화폐이론(Modern Monetary Theory, 이하 MMT)에 따르면,[1] 이제 이런 골치 아픈 문제에 직면하지 않고서도 많은 사람들이 바라는 복지 정책을 마음껏 펼칠 수 있게 됐다. 정말 화수분(河水盆)[2]이라도 발견한 듯하다.

---

1 MMT를 가장 효과적으로 설명하고 있는 사람은 포스트케인스주의자인 랜덜 레이다. 그의 최근 책(레이, 2017)은 MMT의 교과서라 할 만하다. 반면 MMT에 대한 체계적 비판을 한 사람은 더그 헨우드(Henwood, 2019)와 마이클 로버츠(Roberts, 2019)를 들 수 있고, 핵심적인 내용을 간략하게 지적한 캘리니코스(캘리니코스, 2019)도 볼 만하다.

2 중국 진시황이 만리장성을 쌓을 때 군사 십만 명을 시켜 황하(黃河)의 물을 길어다

2016년 미국 대선후보 경선 때 버니 샌더스 상원의원은 현대화폐이론을 언급하며 '정부의 지출 확대'를 강조했다. 그의 경제 보좌관 역할을 했던 스테파니 켈튼 뉴욕주립대 교수가 MMT의 주창자 중 한 명이다. 또 최근 미국 정치계의 샛별처럼 등장한 알렉산드리아 오카시오 코르테즈 하원의원은 온실가스 배출을 제로로 만들기 위해 전력 수요를 전부 재생에너지로 대체하자는 '그린 뉴딜'을 내세우고 있다. 그는 MMT에 근거해 정부가 돈을 찍어내 재원을 마련할 수 있다고 주장한다. 영국 노동당수 제러미 코빈도 확장적 재정정책을 주장하며 MMT에 우호적인 태도를 보인다. 미국의 민주사회주의자(DSA) 단체나 영국 노동당이 MMT에 관심을 기울이는 것으로 봐서 한국의 정의당도 이 대열에 합류하지 않을까 예상해 본다.

한편 정부가 거둬들이는 세수(稅收) 이상을 지출하면 안된다며 균형재정론을 금과옥조처럼 여기는 신자유주의 진영에서는 MMT가 무슨 해괴한 논리냐며 적극 반박하고 나섰다. 이는 여느 케인스주의와는 다르게 자신들의 경제적 근본을 뒤흔드는 요소를 담고 있기 때문이다.

MMT에 따라 다양한 주장들이 펼쳐지고 있지만 핵심 내용은 세 가지이다.

첫째, 정부가 조세를 특정한 증표로 납부하도록 함으로써 그 증표가 화폐가 된다. 둘째, 정부가 재정지출을 통해 화폐를 창출하고 조세 징수를 통해 창출된 화폐를 거둬들인다. 셋째, 정부는 화폐 발행을 통해 정부 채무를 모두 상환할 수 있다.

큰 구리로 만든 동이[河水盆]를 채우게 했다. 그런데 그 물동이가 얼마나 컸던지 한번 채우면 아무리 써도 없어지지 않는다고 해서 생겨난 말이 화수분인데, 나중에는 그 안에 온갖 물건을 넣어두면 새끼를 쳐서 끝없이 나오는 보배의 그릇을 뜻하게 됐다.

모든 이론이 다 그러하듯이, MMT도 그 발생 과정을 살펴보면 이 이론의 내용과 특징을 쉽게 이해할 수 있다. 위의 세 가지 특징에서 알 수 있듯이, MMT는 두 가지 경제 이론에 기반을 두고 있는데, 하나는 케인스주의이고 다른 하나는 지금은 잊혀진 이단적 화폐경제 이론인 크나프(1842~1926년)의 '국정화폐론'이다. 그래서 사실 현대화폐이론이라고 하지만 결코 '현대'적이지 않다.

I 국정화폐론

크나프는 『국정화폐론, *The State Theory of Money*』의 첫머리에 이렇게 주장한다. "화폐는 법의 창조물이다. 그러므로 화폐이론은 법률의 역사와 함께 다뤄야 한다."[3] 크나프의 국정화폐론은 고전파를 계승한 주류 경제학이나 마르크스주의 경제학과는 확연히 다르다. 주류 경제학은 화폐가 교환으로부터 출현하는 매개 수단이라고 봤고, 마르크스주의는 화폐를 다른 상품의 가치를 나타내는 일반적 등가물로서 상품화폐라고 여겼다. 이에 반해 크나프는 국가가 화폐의 법적 유효성을 제공하는 것이 중요하다고 지적한다. 크나프는 국가만이 화폐를 발행할 수 있다고는 생각하지 않았다. 단지 국가가 무엇을 세금으로 납부하도록 하고 또 부채의 지불수단으로 사용하도록 하는지가 중요하다고 봤다. 예를 들어 어떤 증표는 가치 있는 무엇으로 만들어졌거나 시장에서 그만한 가치로 인정받기 때문이 아니라 법률로 강제하기 때문에 가치를 표현하는

---

[3] Knapp 1924, p1.

것으로 봤다.[4] 은행의 신용이나 채권도 국가에 의해 조세 납부나 채무의 지불 수단으로 인정받기 때문에 화폐가 된다는 논리다. 그래서 크나프는 증표(token)를 의미하는 라틴어 카르타(charta)를 사용하여 화폐를 '증표적인(chartal) 지불수단' 이라고 규정했다. MMT는 이런 배경을 지니고 있기 때문에 증표화폐론(chartalism)이라고 규정할 수 있다.

크나프가 국정화폐론을 주장하던 당시 독일에서는 역사학파가 우세를 보이던 시기였음을 유의할 필요가 있다. 당시 영국과 프랑스에 비해 후발 산업화를 추진하던 독일은 자국 산업을 보호하기 위해 보호무역 주의를 견지하고 국가의 경제 개입을 통해 경제발전을 추진했는데, 이런 독일의 처지를 이론화하고 또 정당화한 것이 역사학파였다.

역사학파는 영국의 고전파 경제학이 받아들이고 있었던 화폐수량설을 거부했다. 1922년 독일이 하이퍼인플레이션으로 고통을 겪고 있는 와중에도 독일 제국은행 총재 하베르슈타인은 오히려 충분히 빠른 속도로 화폐를 찍어 내지 못해서 죄송하다고 사과했다. 그는 이미 끔찍한 인플레이션이 나타나는 상황인데도 화폐를 더 찍어내면 인플레이션이 더 악화되지 않을까 하는 우려를 조금도 하지 않았다. 그는 "엄청난 은행권 발행으로 통화량이 불어나게 된 것은 마르크 가치 하락의 원인이 아니라 결과"라고 주장했다. 이는 고전파 경제학이 가르쳤던 것처럼 화폐량이 가격을 결정하는 것이 아니라 가격이 화폐량을 결정한다는 믿음이었다.[5]

---

[4] 크나프는 가치를 평가할 수 있는 능력(가치를 나타내는 기준이자 가치 척도의 기능이며, 케인스는 이를 계산화폐라 불렀다)과 가치를 구분했다. 그래서 아무런 가치도 없는 종잇장이 구매력을 가지는 것은 국가가 그 종잇장에게 가치 평가 능력 또는 법적 유효성을 제공했기 때문이라고 봤다.

[5] 잉햄 2011, p109.

이런 믿음은 분명 화폐수량설을 뒤집는 논리였다. 화폐수량설에 따르면, 화폐량과 그 유통속도가 주어지면 실물에서 생산되는 재화와 서비스의 수량과 가격이 결정된다. 그래서 완전고용이라는 조건에서 화폐량의 증가는 가격 상승, 즉 인플레이션으로 나타날 수밖에 없다. 경제가 이미 완전고용을 이루고 있는 상황에서 국가가 화폐를 경제 내부로 과다하게 투입하면 실물경제의 확장은 일어나지 않고 다만 인플레이션만 나타난다는 것이 화폐수량설의 주장이다. 이 때문에 국가가 명목화폐를 발행함으로써 가치를 창출한다는 크나프의 국정화폐론은 화폐 발행으로 물가가 상승하고 이것이 사회 불안정의 원인이 된다는 점 때문에 주류 경제학자 들로부터 맹비난을 받았고, 결국 이단적 이론으로 매도됐다.

밀턴 프리드먼 같은 통화주의자들이 화폐수량설을 굳게 견지하고 있었지만 그 이론적 맹점은 이미 마르크스가 지적한 바 있다. 마르크스가 비판한 핵심은 화폐량과 유통속도가 상품의 가격과 수량을 결정하는 것이 아니라 그 반대라는 점이었다. 지난 2008년의 경제 위기에서 벗어나기 위해 주요 국가들이 양적완화를 통해 많은 화폐를 경제에 공급했지만 인플레이션은 나타나지 않았다. 실물경제가 침체해 있었기 때문에 화폐 수요도 높지 않았다. 실물경제에 사용되지 않은 화폐는 축장(hoarding)됐기 때문이다.

II 케인스와 마르크스

크나프의 국정화폐설은 케인스에 의해 부분적으로 이어졌다. 하지만 케인스는 고전파 경제학 체계를 비판했지만 그 비판을 끝까지 밀어붙이지 못하고 중도에서 멈춰버렸다. 그의 화폐론도 크나프와 같은 명목화폐론과 고전파 경제학의 신용화폐론[6]을 절충하는 입장이었다. 케인스는 투자와 저축이 사전에는 불일치할 수는 있지만 사후적으로는 일치한다고 주장했고, 화폐 또한 장기적으로는 실물경제에 영향을 미치지 않고 중립적이라는 입장으로 후퇴했다. 그 덕분에 케인스주의 경제학은 고전파 경제학의 내용을 많이 수용하면서 '신고전파 종합'을 이룰 수 있었다. 그럼에도 케인스는 고전학파 경제학자들처럼 화폐가 실물경제를 단순히 반영만 한다는 화폐 중립성을 받아들이지는 않았다. 이 때문에 케인스는 저축된 자금이 투자로 이어지지 않을 때(유효수요가 부족할 때) 재정정책과 더불어 통화정책을 추구하면 인플레이션을 유발하지 않고서도 완전고용을 이룰 수 있다고 봤다.

그리고 금본위제나 금환본위제가 물러나고 불환지폐가 대세인 요즘 화폐는 하나의 증표나 상징이라는 증표화폐론의 주장이 오늘날의 현실을 잘 반영하는 듯이 보인다.[7] 하지만 이것은 세 가지 점에서 잘못됐다.

첫째 증표화폐론에 따르면 국가가 가치(또는 가격) 척도의 기능을 하는 계산화폐를 발행하는 유일한 주체이기 때문에 국가가 모든 상품의 가치를 결정하는 것처럼 보인다. 예를 들면 A라는 상품의 가격이 500원이지만 현재 유통 중인 화폐량만큼 새 화폐를 발행하면 그 가격이 1,000원이 된다. 그러나 (대외무역을 제외할 때) 국가가 가격을 결정하는 데서 중요한 역할을 하는 것은 사실이지만 상품의 가치를 결정하지는 않는다.

---

6   화폐가 본체이고 신용은 화폐에 기초해 생겨난다는 이론이다. 이에 반해 화폐신용론은 화폐가 하나의 신용에 지나지 않는다는 명목화폐론의 입장이다. 신용화폐론은 고전파 경제학이 수용했고, 화폐신용론은 크나프나 역사학파가 받아들였다.

7   불환지폐가 통용되는 사회에서도 노동가치론이 적용될 수 있다는 주장에 대해서는 프레드 모슬리(Moseley, 2011)의 '비상품화폐의 경우 "노동시간의 화폐적 표현" MELT의 결정'을 참고하라.

다만 국가는 상품과 불환지폐의 비율을 결정할 뿐이다. 앞에서 예로 든 A라는 상품이 4시간의 사회적 필요노동이 투입돼 만들어진 것이라고 할 때 국가가 불환지폐를 얼마나 많이 방출하는지와 상관없이 A라는 상품은 늘 4시간의 사회적 필요노동이 들어간 재화가 된다. 다만 4시간의 사회적 필요노동이 이전에는 500원의 가격으로 표현됐다면 이제는 1,000원으로 표현될 뿐이다.

이런 점은 둘째 문제로 연결된다. 설사 국가가 계산화폐를 발행하는 유일한 주체라 할지라도 국가는 조금의 가치도 창출하지 못한다. 정부가 많은 돈을 찍어내면[8] 그 화폐가 계산화폐로서 다른 가치 있는 상품을 살 수 있기 때문에 부(富)가 증대한 것처럼 보이지만 실제로는 사회 전체의 부는 동일하고 다만 사회 구성원 사이에서 부의 재분배가 있었을 뿐이다. 단순하게 말해서 사회 전체에 유통되는 화폐량만큼 신규로 발행한다면 민간에서 보유하고 있는 화폐의 구매력은 절반으로 줄어들 것이고 국가가 그 절반을 가져가게 된다.[9]

그렇다면 가치는 어디서 생겨나는 것일까 하는 것이 세 번째 문제다. MMT 이론가들은 국가가 화폐를 발행하는 것에서 논의를 시작하지만 그것은 부의 재분배일 뿐이다. 부의 재분배가 아니라 부가 만들어진 곳에서 시작하려면 생산의 지점으로 돌아가야 한다. 생산은 두 가지 점에서 중요하다. 노동자들이 모든 가치를 생산하지만 생산 과정에서 그 일부를 착취당하고, 자본가들은 이윤을 위해 생산 과정에 자본을 투자한다.

그런데 자본가들은 자금이 많다거나 금리가 낮다고 해서 투자하지

---

[8]   이 때 중앙은행과 정부 사이의 회계처리에 대해서는 논의하지 않기로 한다. 이 문제에 관심 있는 사람은 『균형재정론은 틀렸다』의 제3장 국내통화시스템을 참고하라.
[9]   이를 화폐주조 차익 또는 시뇨리지라고 한다.

는 않는다. 2008년 이래로 장기불황을 겪고 있는 세계경제에서 양적완화로 화폐가 늘어나고 제로금리 수준임에도 투자가 활발하지 못하다. 자본주의에서 투자가 활발하고 고용이 증대해 완전고용에 이르도록 하는 추동력은 근본에서 금리 수준이나 정부의 경기부양책(재정정책과 통화정책)이 아니라 바로 이윤율의 수준이다. MMT 이론가들은 자신들의 이론 속에 내포돼 있는 케인스주의 요소 때문에 이런 점을 보지 못한다. 경기 불황기에 케인스주의가 효과가 없었다는 사실은 비단 2008년 이후의 장기불황에만 그치지 않는다. 1933년 대통령이 된 루스벨트가 케인스주의적 뉴딜정책을 추진했지만 1937~1938년에 다시 심각한 공황에 접어들었다. 또한 장기호황이 끝나고 1970년대 중반부터 세계경제가 장기 불황기에 접어들면서 많은 국가들이 케인스주의적 경기부양책을 실시했지만 모두 효과가 없었다. 이들 사례는 케인스주의의 실패를 나타낸다.[10]

조금은 학술적이지만 이론적으로 중요한 점은 MMT 이론가 중 한 명인 랜덜 레이가 화폐는 생산과 교환의 필요 때문에 생겨난다는 내생적 화폐이론의 전통에서 벗어나 화폐를 외부에서 주입되는 것(외생적 화폐이론)으로 후퇴했다는 점이다.

화폐수량방정식을 사용해 내생적 화폐이론과 외생적 화폐이론을 설명하면 다음과 같다. 화폐수량방정식은 $MV=PY$인데, 이 때 M은 화폐량, V는 화폐의 유통속도, P는 가격(또는 물가), Y는 생산된 상품(의 거래량)이다. 이 때 주류경제학과 특히 통화학파의 화폐수량설은 P와 Y보다 M이 주된 요소라고 본다. 이들은 완전고용을 가정하기 때문에 Y가 증가하지 않는 상황에서 M이 증가하면 (V가 일정하다는 전제 하에) P만 상승한

---

10 하먼 2010, pp. 42-69.

다는 것이다. 이 때 국가가 외부에서 화폐를 경제 내부로 주입한다는 의미에서 외생적 화폐이론이라고 한다.

　이에 반해 마르크스주의는 M이 아니라 Y와 P가 먼저 결정되고 나서 M이 결정된다고 본다. 그래서 Y와 P의 규모에 따라 M이 결정되기 때문에 양적완화처럼 많은 화폐가 시중에 주입됐다 할지라도 실물경제가 불황이면 시중의 화폐는 축장되어 유통되지 않는다고 본다. 그래서 양적완화 때에도 인플레이션은 나타나지 않고 오히려 실물경제가 수축하는 디플레이션을 우려했다. 상품의 생산과 유통 과정에서 화폐가 생겨나기 때문에 경제 내부에서 화폐가 만들어진다고 보는 이론이 내생적 화폐이론이다.

　외생적 화폐이론은 경제 외부에서 화폐가 주입되는 것으로 보기 때문에 화폐를 제거하면 자본주의의 문제점들이 사라질 수 있다는 환상을 품을 수 있다. 소부르주아 유토피아를 주장했던 피에르조지프 프루동이 화폐의 폐지를 통해 자본주의를 철폐할 수 있다고 주장하자 마르크스는 가톨릭은 그대로 둔 채 교황만 없애는 것이라고 비판했다. 랜덜 레이는 화폐가 자본주의적 상품생산과 유통에서 비롯된 것이란 점을 무시하고 국가와 민간 사이의 사회적 관계에서 생겨난 것으로 보았기 때문에 결국은 외생적 화폐이론과 같은 지점으로 귀착했다. 그래서 그는 이론적으로는 하이만 민스키와 포스트케인스주의 입장에서 더 후퇴한 셈이었다.

III 결론

　오늘날 대부분의 국가들이 지고 있는 엄청난 부채 때문에 장기불황에서 벗어나지 못하고 어쩌면 또 다른 심각한 위기를 초래할 수도 있다는 진단이 널리 퍼져 있는 상황에서 MMT 이론가들은 파격적이게도 국가가 아무리 많은 재정적자를 지더라도 파산하지 않는다고 주장했다. 이런 주장은 최근 장기불황에 직면해 경기부양책을 써야 할 상황이지만 많은 국가부채 때문에 망설이고 있는 정책 입안자들에게는 구미가 당길 만하다. 또 국가가 대규모 경기부양책으로 헬리콥터에서 돈다발을 뿌리 듯이 시중에 돈을 주입하면 주가가 상승할 것으로 기대해 월가에서도 MMT에 관심을 기울이고 있다.[11]

MMT 이론이 맞다는 사례로 일본이 언급되자 일본의 정관계 인물들이 MMT를 공부한다고 난리법석이다. 2018년 기준으로 일본 정부의 부채는 GDP 대비 240퍼센트로 OECD 국가 중 1위인데, 지금보다 정부의 빚을 3~4배 더 늘려도 된다니 올 여름 참의원 선거를 앞두고 있는 아베로서도 솔깃하지 않을 수 없을 것이다.

하지만 일본은 MMT가 틀렸음을 나타내는 사례다. 아베 신조는 엔화를 무한정 풀어서 일본 상품의 수출 경쟁력을 높이고 물가를 2퍼센트대로 끌어올리려 했지만 모두 실패했다. 국가가 화폐를 무한정 방출했지만 실물경제는 살아나지 않았기 때문이다. 이것은 MMT 이론가들이나 케인스주의 모두 자본주의를 추동하는 동학이 화폐량과 금리가 아니라 이윤율이라는 점을 이해하지 못한 소치다.

다른 한편 국가가 재정적자를 지더라도 통화를 발행해 상환하면 된다는 논리가 모든 나라에 적용되지는 않는다. 대표적인 사례가 자국 통화가 아니라 유로화를 사용하는 그리스다. 그리스 같은 국가는 국가의

---

11   블랙록 최고경영자 래리 핑크나 마이크로소프트 창업자 빌 게이츠는 MMT를 "미친 소리"나 "쓰레기"라고 비난했지만 골드만삭스의 얀 해치우스 수석 이코노미스트는 "[MMT의] 몇몇 아이디어가 유용하다고 판단한다"고 말했으며, 투자서치 웹사이트 GMO의 제임스 몬티는 "MMT는 신고전주의를 수월하게 완파할 것을 장담한다"고 말했다.

대외 부채를 유로화나 달러화로 갚아야 하지만 자체적으로 유로화를 발행할 수 없기에 파산할 수 있다. 그리스처럼 화폐통합에 포함돼 있지 않은 한국 같은 국가들도 자국 화폐를 대외 채무 상환에 사용할 수 없다. 1997년 IMF 위기 때 한국이 채무불이행 상황에 처했던 것을 떠올려 보면 알 수 있다. 그래서 일부 비평가들이 MMT가 미국 제국주의의 이데올로기라고 지적했다. 미국은 세계화폐인 달러화를 무한정 찍어낼 수 있는 지위에 있기 때문이다.

불황기에 국가가 일자리를 보장하고 최종 고용자가 돼야 한다는 취지는 충분히 공감할 수 있다. 또한 재정적자를 감수하더라도 복지 예산을 늘리는 정책에 대해서는 지지를 보내야 한다. 그럼에도 MMT 이론가들이 주장하는 이런 정책은 자본주의 체제에 도전하는 것이 아니라 그 결과를 약간 개선하려는 개혁주의적 대안이라는 점에서 한계에 부딪힐 것이다. 이런 개혁주의 대안은 자본주의 체제에 대한 잘못된 이해에 기반하고 있다.

일자리를 늘리고, 복지 예산을 증대하며, 최저임금을 대폭 인상하고, 더 나아가 기후변화에 영향을 미치는 이산화탄소 배출을 줄이고, 미세 먼지를 억제하는 생산 방식을 도입하기를 바라는 사람들은 MMT와 같은 개혁주의 정책에 환상을 가질 수 있다. 사회주의자들은 이들의 바람을 충분히 공감하면서도 진정한 대안을 제시해야 한다. 진정으로 개혁을 이루려면 부자 증세 등을 통해 지배계급의 부를 빼앗아 와야 하고, 더 나아가 자본주의의 근본적 변혁을 추구해야 할 것이다.

참고문헌

레이, 랜덜 2017, 『균형재정론은 틀렸다: 화폐의 비밀과 현대화폐이론』, 책담.

잉햄, 제프리 2011, 『돈의 본성』, 삼천리.

캘리니코스, 알렉스 2019, '세상이 돈으로 움직이는가', 『노동자 연대』 278호. https:// wspaper.org/article/21780.

하먼, 크리스 2010, 『부르주아 경제학의 위기』, 책갈피.

Henwood, Doug 2019, Modern Monetary Theory Isn't Helping. Jacobin. https://www.jacobinmag.com/2019/02/modern-monetary-theory-isnt-helping.

Knapp, Georg Friedrich 1924, T*he State Theory of Money*, Macmillan & Company Limited.

Moseley, Fred 2011, The Determination of the "Monetary Expression of Labor Time" ("MELT") in the Case of Non-Commodity Money, *Review of Radical Political Economics*, 43(1).

Roberts, Michael 2019, 'Modern monetary theory-part 1: Chartalism and Marx', 'MMT 2-the tricks of circulation', 'MMT 3-a backstop to capitalism' https://thenextrecession.wordpress.com.

7장
현대화폐이론(MMT)과 재정·통화정책

조복현(한밭대학교 경제학과 교수)

I 머리말

최근 현대화폐이론(Modern Money Theory: MMT)이 기존 주류경제학의 주장과는 크게 다른 대안적인 화폐 및 재정·통화정책의 이론을 제시하면서 크게 주목받고 있다. 현대화폐이론은 포스트케인스학파의 한 부류로서 이 학파의 화폐내생이론에 바탕을 두면서도 크나프(Knapp)의 국정화폐론, 러너(Lerner)의 기능적 재정론 등을 수용하고, 재정지출 과정에서 화폐가 창출된다고 하는 국가화폐론, 완전고용을 목표로 하는 재정정책, 합리적 소득분배를 목표로 하는 통화정책의 운용 구조를 종합하여 체계화하였다.

현대화폐이론 주장자들은 이러한 자신들의 이론이 "화폐주권 국가가, 왜 금융적 제약 없이 유연한 정책 여지를 갖는지 그 이유를 설명"(Tymoigne and Wray, 2015: 24)하는데 기여했다고 주장한다. 즉, 대내적 태환조건이나 대외적 고정환율을 갖지 않는 화폐제도 하에서, 화폐를 스스로 발행할 수 있는 화폐주권 국가는 조세나 채권발행을 통한 수입 없이도 자신의 화폐 발행을 통해 재정 자금을 언제나 충분히 조달할 수 있다는 것이다. 그렇게 되면, 국가는 아무런 금융적 제약 없이 완전고용을 목표로 하는 재정정책을 수행할 수 있다. 또한 국가가 스스로 설정한 고정임금에서 최종고용자(Employer of Last Resort: ELR)로 역할하게 되면, 인플레이션 압력 없이도 완전고용을 달성할 수 있다고 한다. 더욱이, 경기과열에 따른 인플레이션이 발생한다고 하더라도, 이는 조세나 채권발행을 통해 충분히 억제하거나 해결할 수 있다는 것이다.

이와 같은 현대화폐이론의 주장은 기존 주류경제학계는 물론 현대화폐이론의 발생지인 비주류경제학계로부터도 거센 비판을 받았다. 현대화폐이론의 주장들은 기존 주류경제학의 균형재정론이나 화폐수량설과는 완전히 배치되는 것이라서, 주류경제학자들의 반발과 비판은 당연한 것이라고 할 수 있다. 그러나 포스트케인스주의자들도 현대화폐이론의 이론적 일관성, 정책의 현실적 실행가능성, 정책수행 결과에 따르는 부작용 문제, 이 이론의 적용국가 범위 문제 등 다양한 분야에 걸쳐 비판을 제기했다.[1]

이 논문에서는 현대화폐이론의 주장에 대한 비주류 경제학계의 비

---

[1] 국내에서의 현대화폐이론과 관련된 논의와 비판은 나원준(2019, 2020), 민병길·박원익(2019), 유승경(2019), 신희영(2020) 등이 있다. 나원준은 주로 현대화폐이론의 통합가설(재무부와 중앙은행을 하나의 정부실체로 통합하여 화폐공급 과정의 일반성을 분석하는 가설)을 비판적으로 검토하고 있으며, 신희영은 소규모 개방 경제에의 적용 가능성, 최종고용자 정책, 인플레이션 가능성, 계급인식 문제 등에 대한 비판을 가하고 있다. 한편, 민병길·박원익은 현대화폐이론의 국가화폐 개념의 발생 논리를 소개하고 있다. 유승경은 화폐발행을 통한 정부의 재정적자 지출은 민간으로부터 정부로의 부의 강제 이전을 낳기 때문에, 현대화폐이론의 주장과 같은 재정정책의 실행은 사회적 합의를 얻기가 쉽지 않을 것이라고 주장한다.

판과 그에 대한 현대화폐이론 주장자들의 반론을 분석하면서, 현대화폐이론이 더 큰 설득력과 일관성을 갖추기 위해 앞으로 보완하고 발전시켜야 할 과제들을 검토할 것이다. 여기서 특히 검토 대상으로 삼는 주제는 국가화폐의 특성과 공급과정, 국가화폐 발행의 제약 여부 문제, 완전고용을 목표로 하는 최종고용자 역할의 재정정책과 관련된 문제, 분배문제 개선을 목표로 하는 영(0) 기준금리 운용의 통화정책을 둘러싼 문제이다.

우리는 이 분석과 검토를 통해 국가화폐 발행의 제약 여부와 관련해서는 화폐발행과 소멸의 순환주기의 순차적 이해가 중요하며, 재정정책과 관련해서는 정책목표를 인플레이션 억제에 둘 것인가 아니면 완전고용에 둘 것인가의 관점과 최종고용자 정책과 총수요창출 정책의 구분이 중요하다는 것을 주장할 것이다. 그리고 통화정책과 관련해서는 통화정책이 자산 가격에 미치는 영향을 고려하는 것이 중요하다는 점을 지적할 것이다. 또한 화폐의 유동성 개념 고려, 국가화폐와 본원통화의 용어 정리 등도 논의의 발전을 위해 필요한 사항이라는 점을 강조할 것이다.

물론, 여기서 검토하고 있는 문제들 외에도 환율제도, 개발도상국에 대한 적용 등의 문제도 포스트케인스주의 학파 내부에서 논란의 대상이 되어 왔다. 그러나 여기서는 이들 문제에 대한 논의는 다루지 않는다. 즉, 여기서 다루는 대상은 불환화폐제도와 변동환율제를 갖는 선진국 경제를 전제로 하고, 이러한 경제에서 발생할 수 있는 논의들만을 다룬다.

이 글의 제II절에서는 현대화폐이론 주장의 기초가 되는 국가화폐의 특성과 발행 과정에 대한 논의들을 검토할 것이다. 현대화폐이론 주장자들은 국가화폐가 국가의 부채조달 과정에서 창출된 것이며, 이 화폐의 지불수단으로서의 수용력과 통용력은 국가의 조세부과에 의존한다고 주장한다. 제III절에서는 주권국가가 국가화폐를 발행하는 데 아무런 제약은 없다는 이들의 주장을 둘러싼 논의들을 검토한다. 이어서 제IV절에서는 이러한 국가화폐의 특성을 기초로, 재정정책이 완전고용을 목표로 수행되어야 하며 이 목표 수행에는 자금조달이나 인플레이션 위협의 문제 등은 발생할 여지가 없다는 이들의 주장과 이에 대한 비판의 논의들을 다룬다. 제V절에서는 통화정책의 목표를 인플레이션 억제나 경제활동의 미세조정이 아닌 합리적 소득분배에 두어야 하며 이를 위해서는 목표 기준금리를 영(0)으로 해야 한다는 이들의 주장에 대한 논의들을 검토할 것이다. 우리는 각 절의 논의들을 검토하는 과정에서 현대화폐이론이 더 체계적이고 논리적인 이론으로 발전하기 위해 어떤 점들이 개선되어야 하는지에 대해서 우리의 주장을 제시할 것이다. 마지막으로 제VI절에서는 앞의 논의들을 요약하고 정리한다.

II 국가화폐 : 국가화폐의 본성과 내생성

1. 신인가주의 및 내생적 공급

현대화폐이론 주장자들은 화폐의 기원이나 수용에 대해서는 국정화폐설 또는 인가주의(Chartalism)를, 화폐의 공급과정에 대해서는 화폐 내생성을 기반으로 하여 그들의 화폐이론을 구축한다(Wray, 1998; Mosler, 1997-98; Bell, 2000).

먼저, 국가화폐의 기원과 수용에 대한 이들의 견해를 보자. 이들이 기반으로 삼고 있는 국정화폐설은 화폐가 국가로부터 계산단위 및 지불 수단으로서 인가(charter)를 받고, 또 민간의 국가에 대한 채무 이행시 국가에 의해 이것이 지불 수단으로 수용(acceptance)됨으로써 국가화폐로서의 지위를 얻는다고 주장한다. Knapp에 의하면, 국가화폐가 되는 기준은 그것이 국가에 의해 발행된 법정 화폐이어야 할 뿐만 아니라, 국가기구에 대해 지불할 때 수용될 수 있는 것이어야 한다(Knapp, 1924). 케인스도 이러한 Knapp의 국정화폐론을 수용하고, 국가가 어떤 화폐가 채무 및 가격의 계약에 계산화폐로 통용되어야 하는가를 선언하는 권리를 주장할 때 "인가주의(chartalist) 또는 국가화폐의 시대에 도달한다"(Keynes, 1930: 5)고 주장했다.

현대화폐이론가들은 이러한 국정화폐론 또는 인가주의에 기초하여 그들의 화폐이론인 신인가주의(Neo-Chartalism)를 제시한다. 그들은 국가화폐가 국가에 의해 발행된다는 점보다 어떻게 그것이 민간 경제에서 계산화폐이면서 동시에 지불수단으로서의 화폐로 통용될 수 있게 되는가에 더 큰 초점을 맞추었다. Knapp이 국가의 화폐수용을 강조하기는 했다 할지라도, 그것을 단순히 "국가가 수령자인 국가 지불사무소에서의 수용"(Knapp, 1924: 95)으로 언급하고 있는데 반해, 이들은 그것을 조세 지불(벌금, 수수료 등도 포함) 의무로 구체화해서 주장하고 있다. 민간은 조세지불 의무를 수행하기 위해서 국가가 지정한 국가화폐를 획득해야 하고, 이를 위해 그들의 재화나 용역 또는 노동을 국가에 대해 팔지 않으면 안된다는 것이다. "민간은 정부의 화폐가 조세의 지불을 위한 화폐 형태이기 때문에 그것을 필요로 한다"(Wray, 1998: 37). "달러로 표시된 조세채무의 존재가 그들의 조세채무를 이행하기 위해 달러를 벌어야만 하는 재화와 서비스의 판매자를 낳는다"(Moseler, 1997-98: 169).[2] 즉, '조세가

---

2 물론, 이러한 조세 지불 의무를 국가 화폐 수용의 전제조건으로 제시한 것이 이들이 처음은 아니다. Wray(1998)나 Bell(2001)은 이러한 언급을 한 사람으로 Lerner(1943), Minsky(1986), Tobin and Golub, 1998)을 들고 있다.

화폐를 추동한다'. 따라서 현대화폐이론 주장자들에게 국가화폐는 국가에 의한 계산화폐 선언 또는 인가와 조세부과를 통한 수용의 필요성 강제에 의해 계산 단위 및 지불수단으로서의 화폐로 인정된 것이다.

다음으로, 이 국가화폐의 공급이 어떻게 이루어지는지에 대한 이들의 주장을 보자. 현대화폐이론가들은 이미 포스트케인스주의 학파의 일원으로 화폐 공급의 내생성을 주장하거나 동조해왔으며, 이를 국가화폐의 창출과정에 적용하여 연결시키고 있다. Wray(1998)는 그 자신이 구조주의적 입장을 취하고 있었음에도 불구하고,[3] 수평주의자들의 주장처럼 수평적 화폐공급곡선을 고려하는 것이 화폐공급이 정부의 통제 하에 있는 것이 아니라 대출수요에 의존한다는 것을 강조하는데 유용하다고 강조한다. 수평주의들의 주장에 따르면, 상업은행은 민간의 대출수요를 수용해 예금화폐를 창출하고, 중앙은행은 상업은행의 준비금 수요를 수용해 중앙은행권인 준비금을 창출한다는 것이다.

그리고 이러한 국가화폐로서의 중앙은행권[4]은 포스트케인스학파의 한 부류인 순환이론가들이 주장하듯이 경제활동의 순환 과정에서 창출되고 소멸된다. 순환이론 주장자들은 화폐를 은행에 의한 기업의 생산활동 조달로부터 발생하는 것으로 설명한다. 최초로 경제활동을 수행하는 기업은 축적된 자금이 없는 상태에서 노동고용을 위한 자금을 은행

---

[3] Wray는 상업은행은 자신의 이익을 위해 대출수요를 수동적으로 모두 수용하는 것은 아니고, 신용할당 등과 같은 적극적인 대응을 하기 때문에 상업은행의 대출공급이 수평적이라고 할 수는 없다는 주장을 전개해 왔다(Wray, 1990, 1998).

[4] 이 중앙은행권은 사실 현재 국가화폐로 사용되고 있다. 중앙은행권은 민간의 현금보유로 그리고 상업은행의 준비금으로 존재한다. 이 중앙은행권인 국가화폐는 그 가치가 다른 금속이나 다른 나라의 화폐로 전환되어야 할 필요가 없다. 그런 점에서 국가 법정명목화폐(fiat money)라고 부를 수 있다. 여기서는 이들 국가화폐, 본원통화(준비금과 현금), 중앙은행권, 명목화폐를 특별히 구분하지 않고 같은 것으로 고려하여 사용한다.

으로부터 빌린다. 은행은 기업에 자신의 부채인 은행권으로 자금을 빌려주게 되는데 이것이 곧 은행화폐의 경제내로의 최초 주입(flux)이며 화폐의 창출이 된다. 이 은행화폐는 화폐로서 기업가에 의해 노동자에게 임금으로 지급되며, 노동자는 이 임금소득을 기업이 생산한 생산물의 구입에 모두 지출하게 되는데, 이렇게 되면 기업은 노동고용을 위해 지출한 은행화폐를 모두 회수할 수 있게 되고, 이를 은행에 상환함으로써 채무를 소멸시킬 수 있다. 상환은 곧 경제에 주입되었던 은행화폐의 은행으로의 환류(reflux)로 나타나고, 창출된 화폐의 소멸로 나타난다. 물론, 노동자가 그들의 임금소득을 모두 지출하지 않을 수도 있고, 기업이 그들의 채무를 모두 상환하지 않을 수도 있다. 이것은 기업의 부채를 지속시키게 되는데 이것을 은행이 수용하게 되면, 이 창출된 화폐와 소멸된 화폐의 차이가 곧, 경제에 화폐스톡으로 남게 되고 화폐량의 크기를 결정하게 된다. 이것이 순환이론의 화폐 정의이고, 화폐순환 과정이다(Graziani, 1990).

현대화폐이론 주장자들은 국가화폐의 공급과정을 이러한 순환이론의 관점에서 설명한다. 국가는 재정지출을 위해 국가화폐를 발행하며, 이 국가화폐는 재정지출의 수령자인 민간에게 그들의 재화와 용역의 판매대금 또는 이전지출로 지급되어 그들의 소득을 형성한다. 이렇게 국가화폐가 창출되어 주입되는 것이다. 그러나 민간은 조세와 벌금 등 국가에 대한 의무를 이 국가화폐로 지불하여야 한다. 이 국가화폐가 국가에 납입되게 되면 국가화폐는 환류되어 소멸된다. 이때 만약 민간에게 부과된 조세가 재정지출보다 작다면, 민간은 그만큼 국가화폐를 저축할 수 있게 되는데, 이것이 바로 국가화폐의 재고(stock)량이 되는 것이다. 국가는 재정의 흑자 또는 적자조달을 통해 이 화폐재고량을 조절할 수 있게 된다(Wray, 1998: 4장; Mosler, 1997-98, Bell, 2000).[5]

---

5 순환이론가들도 이러한 현대화폐이론 주장자들의 국가화폐로의 순환 확장에 동의한

2. 비판적 견해 : 화폐 수용성과 내생성 문제

이와 같은 현대화폐이론의 신인가주의 화폐 특성과 내생적 공급의 견해에 대해 포스트케인주의자들 내에서 다양한 비판들이 제기되었다. 그리고 이러한 비판에 대해 다시 현대화폐이론가들의 반론이 이루어지면서 논의가 진행되었다. 이러한 비판과 반론을 보자.

첫째, 국가화폐가 한 국민국가 내에서 수용력과 통용력을 갖는 것이 국가의 조세부과 때문인가? 이에 대해 Rochon and Vernengo(2003), Palley(2015a) 등은 강한 비판을 제시했다.[6] Rochon and Vernengo에 의하면, 현재와 같은 국가화폐제도가 완전히 형성되기 이전에 국내시장에서는 상업은행의 신용화폐가 지불수단으로 지배적으로 사용되었으며, 국가화폐는 국제간의 지불에 사용되었다고 한다. 이러한 국제시장에서의 국가화폐 수용은 그것으로 조세를 지불하기 위해 받아들여졌던 것이 아니라, 각 국가의 상업은행들이 신용을 제공하고 또 국가화폐로 대출과 지불을 수행하고 있었기 때문이라는 것이다. 따라서 그들은 "조세를 부과하고 국가화폐를 징수할 수 있는 국가의 능력을 주권이라고 이해하는 것은 화폐 존재의 주요 설명이 될 수 없다"(Rochon and Vernengo, 2003: 65)고 주장한다. Palley역시, "현대화폐이론가들이 조세지불 의무를 화폐 발전의 배타적인 이유라고 주장함으로써 불필요한 논쟁을 촉발시켰다"(Palley,

---

다. Parguez and Seccareccia(2000), Parguez(2002)는 현대화폐이론과 거의 동일한 순환이론 자체의 국가화폐이론을 제시하면서 현대화폐이론은 조세부과에서 화폐의 기원을 찾는다는 점만 제외하면 자신들의 순환이론과 같다고 주장한다.

[6] Parguez and Seccareccia(2000)도 현대화폐이론에서의 조세 역할은 화폐순환론의 국가화폐론에서의 견해와는 다르다고 주장했다. 순환이론가들은 국내 경제에서 화폐는 은행부채가 주로 사용되었으며, 국가화폐는 무시할 수 있을 정도로 적은 비중밖에 차지하지 않았다고 한다. 그리고 은행부채가 국내 거래에 받아들여졌던 것은 조세납부 의무가 아니라, 국가의 은행부채의 보증 때문이었다고 주장한다.

2015a: 2)고 주장하면서 Rochon and Vernego를 지지하고 있다.

이에 대해 현대화폐이론가들은 조세 등 민간의 대정부 지불의무가 국가화폐 존재의 필요조건이라는 것을 의미하지는 않는다고, 즉 '배타적' 원인이라고는 주장하지 않는다고 대답한다. 다만, 조세 등의 국가화폐로의 지불 의무가 이 국가화폐를 민간이 받아들이도록 추동하기에 충분하다는 것이다(Tymoigne and Wray, 2015). 현대화폐이론은 국가화폐의 수용력에 대한 설명으로 귀금속, 국가법률, 다른 누군가의 수용 기대 등과 같은 설명들을 받아들이지 않는다.

금본위제의 폐지, 적지 않은 법화의 실질적 유통 중단 사례는 앞의 두 가지 설명을 설득력이 없는 것으로 만들며, 세 번째 설명은 나보다 더 어리석은 바보가 있어서 화폐를 받아들일 것이라는 '더 큰 바보이론'(the greater fool theory of money)에 불과하다고 주장한다. 그렇다면 무엇이 화폐가 되는가? 국가화폐로의 조세납부 의무 부과만으로 그것이 화폐로 받아들여지기에 충분하다는 것이다(Wray, 2015: 129-131).

눌째, 국가화폐가 재정지출을 집행하는 과정에서 창출된다면, 이 화폐의 공급을 내생적으로 공급된 것이라고 할 수 있는가? 물론, 현대화폐이론을 비판하는 사람들의 질문이 이렇게 제기된 것은 아니었다. 현대화폐이론 주장자들은 화폐내생성을 인정하면서도 국가화폐의 공급에 대해서는 사실 애매한 입장을 취하고 있다. Wray(1998)는 화폐공급과정에서 수평주의와 수직주의가 서로 다른 단계에서 적용될 수 있다는 주장을 제시했다. "어떤 의미에서 수직주의자와 수평주의자는 화폐공급 과정의 일부 요소들을 각각 취할 수 있다. 한편에서, 국가 명목화폐의 정부 공급을 구성하는 화폐공급 과정에서는 수직적 요소를 생각할 수 있다. 즉 화폐는 정부가 재화와 서비스를 구매할 때, 그리고 중앙은행이 자산을 구입할 때, 정부로부터 민간부문에 수직적으로 떨어진다. … 다른 한편에서, 은행화폐 공급과정은 수평적이다. 즉, 은행화폐는 축장된 수직적 명목화폐를 레버리지하는 것이라고 생각할 수 있다"(Wray, 1998: 111). Mosler and Forstater(1999)도 국가를 포함하는 현대화폐이론의 순환모델은 화폐순환의 수직적 요소와 수평적 요소를 포함한다고 말하고 있다. 국가화폐의 발행자로서 국가는 국가화폐의 발행을 통제하는데 이것이 수직적 요소이며, 신용의 보다 넓은 범주는 내생적인 수평적 요소를 구성한다는 것이다. 그리고 수평적 구성요소는 수직적 구성요소의 레버리지라고 주장한다(Mosler and Forstater, 1999).

이와 같은 현대화폐이론가들의 화폐공급 성격에 대한 주장은 포스트케인스 학파의 화폐내생성 주장과 다르며, 오히려 표준적인 화폐승수 이론과 크게 다르지 않다는 비판을 불러 일으켰다. Rochon and Vernengo (2003)는 Wray가 말하는 것처럼 은행이 외생적 국가화폐를 레버리지 한다고 하면, "수평주의적 구성요소는 이차적이 될 수밖에 없으며, … 수평주의와 수직주의의 통합은 수직주의의 표준적 화폐승수 모델과 유사하거나 크게 다르지 않다"(Rochon and Vernengo, 2003: 61)고 주장한다. 이들에 따르면, 포스트케인스주의 학자들이 수평주의적인 신용화폐를 일차적 화폐창출로 다루고 국가명목화폐를 이차적인 역할로 다루는데 반해, 현대화폐이론에서는 수직적 국가화폐가 일차적이고 은행화폐는 이차적 역할에 머무른다는 것이다. 이러한 비판은 Gnos and Rochon, Lavoie에서도 이어졌다. Gnos and Rochon(2002)은 현대화폐이론이 그러한 입장을 취하게 된 데는 국가화폐가 국가 지출을 통해 경제에 먼저 주입되고, 다음에 이것이 은행으로 가서 은행의 자산과 부채를 증가시킨다고 생각했기 때문이라는 것이다. 이들은 은행들 간의 부채를 청산하기 위해 중앙은행 화폐가 필요하며 중앙은행 화폐로 발행되는 이 고성능화폐는 Wray 등이 말하는 국가화폐와는 다르다는 점을 강조한다. 지급준비금으로 공급되는 중앙은행 화폐는 국가 채무인 국가화폐와는 달리 은행들의 요구에 의해 이차적으로, 그리고 내생적으로 공급되는 화폐라는 것이다. 현대화폐이론에 대해 호의적 비판을 하고 있는 Lavoie(2013)는 현대화폐이론 주장자들이 외생적 고성능화폐와 화폐승수이론을 받아들이고 있을 가능성은 없으나, 수직적 요소를 플로우로서의 국가화폐가 아니라 국가화폐 스톡으로서의 민간 순금융자산이라고 한다면, 이것이 왜 민간자산을 레버리지하는지 불분명하며, 이러한 수직적·수평적 요소의 언급이 무슨 실익을 가져다주는지 의문을 제기했다.

이러한 비판에 대해 Tymoigne and Wray(2015)는 국가화폐 공급에 대해 내생성과 외생성을 애매하게 언급한다. 그들은 국가의 재정지출을 통한 국가화폐 창출은 상업은행이나 민간의 본원통화 수요 변화와는 무관하게 상업은행과 민간의 국가화폐 보유를 늘리게 된다는 점을 다시 강조한다. 따라서 정부의 부채창출을 통한 국가화폐 공급은 "국내 비정부부문에 대해서는 외생적 공급(즉, 본원통화의 수직적 주입)으로 이루어진다. 그러나 이러한 국가화폐 공급은 경제상태에 대해서 보면 내생적이 될 수 있다"(Tymoigne and Wray, 2015: 34) 고 주장한다. 물론, 은행화폐는 다른 포스트케인스주의자들과 마찬가지로 수평적으로 공급된다는 점을 강조한다. 그들이 이렇게 수직적 요소와 수평적 요소를 언급하는 이유는 이를 통해 국가 내의 재무부와 중앙은행 공조를 설명하는 유리점을 얻을 수 있기 때문이라고 한다. 즉, 재무부의 외생적 재정지출에 의해 창출된 본원통화가 상업은행의 초과 지불준비금을 낳게 되면, 중앙은행은 초과 지불준비금을 공개시장 조작을 통하여 흡수해야만 한다. 그렇게 하여 상업은행이 필요로 하는 크기만큼의 본원통화만이 창출되는 것이다. 또한 Wray(2015)는 은행화폐가 지불준비금을 레버리지한다고 하는 것이 사전적 예금승수를 의미하는 것이 아니라, 단순히 예금에 대한 지불준비금의 사후적 비율을 뜻한다고 해명한다. 즉, 레버리지 비율이 미리 결정된 것이 아니기 때문에 예금은 내생적으로 팽창하는 것이라고 주장한다(Wray, 2015: 235). 이러한 주장은 은행화폐가 국가 명목화폐를 레버리지 한다는 자신의 주장이 표준적 화폐 승수 개념과는 다르다는 것을 말하는 것이다.

3. 논의 : 화폐의 유동성과 화폐의 발행 목적

먼저, 국가의 조세부과가 국가화폐의 수용력을 보장하는 것인가와 관련된 논쟁은 결국 역사적 또는 논리적 문제일 것이다. Tymoigne and Wray(2015)가 지적하고 있듯이, 일부 현대화폐이론가는 조세부과 의무가 화폐의 기원이라는 것을 역사적 기록을 통해 보여주고 있기도 하다. 그러나 또 다른 역사적 기록이 있을 수도 있을 것이다. 문제는 이러한 역사적 기록을 어떻게 논리적으로 설명하는가 하는 것일 것이다. 국가화폐의 기원이 조세 부과로부터 나타났는 지에 대한 역사적 사실이 분명하지 않다 하더라도, 조세의 부과가 국가화폐로 이루어지고 있는 것이 분명한 현실인 한, 이것이 국가화폐의 유통을 가능하게 하고 또 보유의 이유를 충족시킨다고 하는 것은 논리적으로 문제가 없다고 할 수 있을 것이다. 즉, 국가화폐의 수용력은 조세로부터 추동된다는 주장은 논리적으로 문제는 없다.

그러나 현대화폐이론가들도 스스로 인정하고 있듯이, 이것이 국가화폐 수용력의 필요조건을 설명하는 것은 되지 못한다. 조세부과가 국가화폐를 수용하게 만들기에 충분하다 할지라도 그것이 화폐로서 통용되는 것은 아마도 국가 화폐가 다른 자산에 비해 가장 큰 '유동성'을 갖고 있기 때문일 것이다. 현대화폐이론 주장자들이 이러한 점을 명시적으로 언급하지는 않았지만, 그들이 화폐의 위계를 언급하고 있는 것과 같이(Wray, 1998; Bell, 2001), 국가화폐는 신뢰성과 안전성에 있어서 위계상의 가장 높은 상위에 위치하고 있어서 은행화폐나 금융기관의 채무증서보다 더 큰 유동성을 갖는 자산이다. 국가화폐가 이처럼 가장 큰 유동성을 갖는 자산으로서의 특성을 갖게 되면, 사람들은 그들의 불확실한 미래에 대한 대응수단으로서 국가화폐를 보유할 필요성을 갖게 될 것이다. 따라서 현대화폐이론의 국가화폐 수용과 통용에 대한 설명은 국가에 대한 조세납부 의무만이 아니라, 이와 함께 유동성 보유의 필요성을 추가해서 설명을 확장하는 것이 바람직할 것이다.[7]

다음으로, 화폐공급 내생성 논의와 관련하여, Wray and Tymoigne(2015)의 반박은 국가화폐의 내생성을 설명하기에는 불충분해 보인다. 이들은 국가화폐가 '비정부부문에 대해서는 외생적, 경제 상태에 대해서는 내생적'이라고 설명하는데, 이렇게 말한다면 중앙은행의 본원통화 공급은 물론 기준금리 결정도 모두 비정부부문에 대해서는 외생적, 경제 상태에 대해서는 내성적이라고 해야 할 것이다. 우리는 오히려 화폐내생성의 구분을 경제주체의 기준이 아니라, 화폐공급의 목적을 기준으로 하는 것이 더 적절하다고 생각한다. 즉, 화폐가 경제활동의 필요를 충족시키기 위해 공급되는 것인지, 아니면 시장 외부에서 정책 목적을 달성하기 위해 공급되는 것인지를 내생성 여부의 기준으로 해야 한다는 것이다.

이러한 기준으로 본다면, 정부의 재정지출을 위한 화폐발행은 순환이론의 내생적 화폐공급과 일치한다. 정부는 기업과 마찬가지로 경제활

---

[7] 이와 관련해 조복현(2001)은 포스트케인스주의 학파의 화폐내생성 주장에서 화폐의 위계와 국가화폐의 특성을 고려하지 못한 점을 비판하고, 국가화폐의 최고 유동성으로서의 특성과 그로 인한 민간의 유동성 선호 대상으로서의 국가화폐 특성을 강조한 바 있다.

동 즉, 자본과 노동을 구입하기 위해(MMT의 경우 특히 그렇다) 지출을 필요로 하며, 이 자금을 화폐발행을 통해 조달한다. 이러한 목적의 화폐공급은 1990년대 이전의 인플레이션 억제를 위한 통화량 증가율 관리 목적의 화폐공급과는 다르다. 물론, 미국의 경우는 자율 제약 때문에 재무부가 중앙은행으로부터 직접 자금을 차입할 수는 없다. 그러나 다음 절에서 보는 바와 같이, 그렇더라도 결국은 상업은행을 통해 우회적으로 중앙은행으로부터 자금을 차입한다. 사실 재무부가 상업은행으로부터 지출을 조달하기 위해 차입한다면, 이는 기업의 차입과 동일한 메커니즘으로 화폐창출을 낳는다고 할 수 있다. 이렇게 본다면 국가화폐 (중앙은행권 즉, 본원통화)는 내생적으로 공급된다고 할 수 있다. 더욱이 재무부의 차입을 조달하기 위한 화폐공급은 간접적으로든 직접적으로든 이자율에 영향을 미치지 않아 수평적 내생성을 띠게 될 것이다. 그 이유는 재무부는 다른 경제주체들에 비해 신뢰성 제약이 거의 없기 때문이다.

이와 관련하여, 순환학파인 Parguez(2002)도 공공재정 이론을 제시하면서 동일한 논리로 정부지출을 통한 화폐의 내생적 공급을 설명하고 있다. 그는 기존 순환이론에 정부를 도입하여, 정부와 기업의 지출이 화폐순환의 첫 번째 국면을 이룬다고 주장한다. 즉, 정부와 기업은 그들의 지출을 화폐창출을 통해 조달한다. 다만, 정부는 화폐창출 권한을 갖고 있기 때문에 그의 지출부서인 재무부를 통해 중앙은행에 대출을 요구하고 중앙은행은 자신의 부채발행을 통해 재무부에 대출한다는 것이다.

III 국가화폐 발행 메커니즘 : 화폐발행의 제약 여부

1. 정부지출을 통한 국가화폐 발행, 국가화폐 발행의 무제약

현대화폐이론은 앞의 국가화폐 공급 과정에서 본 바와 같이, 국가가 재정운용을 수행하는 과정에서 화폐가 창출, 소멸된다고 설명한다. 즉, 국가화폐는 국가가 재정정책을 수행하기 위해 지출하는 과정에서 발행되며, 민간의 조세나 국채 매입 과정에서 환류되어 소멸된다. 이러한 주장은 정부가 재정지출 조달에 금융적 제약을 갖지 않으며, 또 재정적자에 따르는 인플레이션의 우려도 없다는 또 다른 주장으로 나아가게 한다. 이와 같은 주장들은 재정지출은 수입에 의해 제약을 받으며, 적자재정은 인플레이션을 유발한다는 기존 경제학의 교리와는 정면으로 배치되는 주장이다. 따라서 이에 대해서는 많은 비판과 논란이 지속되어 왔다. 적자재정이 인플레이션을 초래하지 않는다는 주장에 대한 논의는 다음 절에서 살펴보고, 여기서는 정부의 재정지출 조달에 제약이 없다는 주장을 둘러싼 논의들을 검토해보자.

Wray(1998)에 의하면, 정부가 지출할 때, 즉 비은행 민간이 생산한 재화와 용역을 구입할 때, 재무부는 자신의 수표(cheque)로 지급하는데, 이것이 국가화폐의 창출이다. 또한 이것은 이 화폐 수령자인 비은행 민간의 자산을 증가시키고, 비은행 민간이 이를 상업은행에 예금하게 되면, 상업은행의 예금은 그만큼 늘어난다. 그리고 이 예금은 본원적 예금이기 때문에 그에 해당하는 만큼의 상업은행의 중앙은행 준비금 계정 잔고도 증가시킨다. 이 준비금은 언제나 비은행 민간의 요구에 따라 상업은행을 거쳐 현금화될 수 있다. 이것이 바로 화폐의 발행 메커니즘이다. 물론, 현실적으로는 정부 내의 지출부서인 재무부는 은행부서인 중앙은행에 수표를 발행할 수 있는 계정을 가지고 있어야 하고, 국가화폐는 중앙은행의 부채인 준비금 형태로 발행된다. 그러나 Wray는 국가화폐 발행 메커니즘을 올바로 파악하기 위해서는 "재무부 계정과 연준(Fed) 계정 사이의 구분은 중요하지 않다"(Wray, 1998: 77)고 주장한다. 오히려, "중요한 것은 재무부가 먼저, 그리고 사전적인 조세 수입이나 채권 판매 없이도 지출을 집행한다는 것을 알아차리는 것이다"(전게서: 78)고 주장한다.

여기서 중요한 것은 조세나 국채는 정부지출을 위한 수입으로 역할하지 않는다는 것이다. Wray에 따르면, 조세는 논리적으로 정부지출 이전에 징수될 수 없다. 특히, 연준과 재무부 계정을 통합해서 보면, 이러한 점은 보다 분명해진다. 민간은 국가화폐를 정부의 재정지출에 의해서만 획득할 수 있다. 정부지출이 선행되지 않는다면, 민간은 조세를 납부할 국가 명목화폐를 얻을 수가 없는 것이다. "정부가 명목화폐의 유일한 공급자이기 때문에, 정부가 민간시장에 공급하지도 않은 명목화폐를 조세로 거두어들일 수는 없는 것이다"(전게서: 78). 국채발행의 수입도 역시 정부지출의 수입으로 역할하지 않는다. 정부의 지출이 먼저 이루어져야 하며, 국채 발행은 준비금 시장의 안정을 위해 발행된다. 정부지출 증가로 상업은행의 준비금이 지나치게 증가해 지준금 시장의 콜금리가 하락하거나 동요하는 것을 막기 위해서, 또는 연준이 목표로 하는 콜금리를 유지하기 위해서 국채의 발행을 통해 상업은행의 준비금을 흡수한다. 국채는 이처럼 준비금 시장의 안정 또는 중앙은행 목표 금리의 유지를 위해서 발행되는 것이지, 재정지출의 수입을 위해서 발행되는 것이 아니다. 따라서 국채발행은 "재정정책 운용이 아니라, 통화정책 운용으로 고려되어야 정당하다"는 것이다(전게서: 86).

이러한 국가화폐의 발행 메커니즘은 정부 내의 재무부와 중앙은행을 분리한다고 해도, 그리고 '자율 제약'(self-imposed constraints)이 존재한다 하더라도 그 본질이 변화하지는 않는다. Bell(2000)은 이러한 상황에서 정부 내의 재무부와 중앙은행이 재정지출 운용과 준비금시장 안정을 위해 어떻게 공조를 취하고 있는지를 자세히 설명한다. 미국의 경우, 재무부는 연준으로부터 차입하거나 연준에 대해 재정증권을 발행할 수 없다. 또 재정지출에 따른 준비금 변동의 불안정 문제를 줄이기 위해 재무부는 조세나 국채발행 수입을 상업은행의 조세 및 대출(T&L) 계정으로 수취하고, 지출할 때는 연준의 재무부 계정에서 인출해야 한다. 이것이 '자율 제약'의 내용이다. 이러한 정부 부서의 분리와 자율 제약 속에서, 재무부의 재정지출 과정은 앞에서 Wray가 말한 통합의 경우보다는 다소 복잡해진다. 재무부는 재정지출을 위해 연준 계정 앞으로 수표를 발행하거나 상업은행에 대해 정부 부채인 재정증권을 매각하여 자금을 조달할 수 있다. 연준 계정에 잔고가 없는 경우, 재무부는 상업은행에 재정증권을 판매하여 판매수입을 얻고 이를 즉시 연준의 계정으로 이동시켜 수표를 발행한다. 이렇게 되면, 상업은행은 증권구매 대금만큼 준비금이 부족하게 되는데, 여기서 연준의 공조가 나타난다. 연준은 상업은행에 그만큼의 준비금을 공개시장 조작을 통해서든, 대출을 통해서든 공급해준다. 이것이 바로 앞의 통합가설에서 설명했던 것과 동일한 재정지출을 통한 국가 명목화폐의 발행이면서 또한 주입이다. 만약 정부가 지출보다 조세를 적게 징수해 재정적자가 발생하면, 상업은행 시스템 전체의 준비금이 초과상태에 있게 되는데, 이때 중앙은행과 정부는 공개시장 거래나 새로운 국채 발행을 이용하여 초과 지불준비금을 흡수해 지불준비금 시장을 안정시키고, 목표 기준금리를 유지할 수 있다.

현대화폐이론에서 국가화폐는 이처럼 정부재정지출 과정에서 창출되고, 또 이 국가화폐 공급 메커니즘은 정부로 하여금 금융적 제약없이 재정지출을 조달할 수 있게 해준다. 즉, 조세수입이나 국채발행을 통한 수입은 재정지출을 조달하기 위한 것이 아니라, 국가화폐의 수용과 준비금의 조절(그를 통한 목표 기준금리의 유지)을 위한 것이다. 이렇게 되면, 고용안정이나 경기부양을 위해 필요한 재정지출의 수요가 있을 경우, 정부는 조세나 국채의 사전적 발행을 통한 자금준비 없이도 국가화폐 발행을 통해 필요한 자금을 조달할 수 있게 된다.

2. 비판적 견해 : 본원통화의 정부지출 무관련성과 화폐 발행의 제약

현대화폐이론의 이와 같은 주장은 비주류경제학계 내부에서도 큰 비판을 낳았다. Mehrling(2000), Gnos and Rochon(2002), Fiebiger(2012, 2016), Lavoie(2013), 나원준(2019, 2020) 등은 현대화폐이론가들이 재무부와 중앙은행을 하나의 정부 실체로 통합함으로써 재무부의 부채와 중앙은행의 부채를 동일한 것으로 이해하는 잘못을 낳았다고 비판한다. 또 그럼으로써 본원통화가 재정지출의 결과로 경제에 주입된다는 잘못된 견해를 낳았으며, 더 중요하게 재정지출의 조달이 조세나 국채발행에 의존하지 않고 정부의 화폐발행에 의해 조달된다는 잘못된 주장을 낳았다고 비판한다. Mehrling(2000)이나 Gnos and Rochon(2002)은 오늘날 국가화폐인 본원통화는 중앙은행에 의해 발행된 부채로서 내부 신용화폐이며, 재무부가 재정지출을 위해 발행하는 외부 명목화폐가 아니라고 비판한다. 특히, Gnos and Rochon은 중앙은행 화폐는 재정지출을 위해서 발행되는 국가화폐가 아니라, 상업은행 사이의 부채를 청산하는 역할을 하는 중앙은행의 부채이기 때문에, 현대화폐이론가들의 주장처럼 조세 부과 의무 없이도 상업은행 부채보다 우위에서 통용력을 갖는다고 주장한다. 한편, Fiebiger(2012, 2016)와 Lavoie(2013), 나원준(2019)은 재무부와 중앙은행을 통합된 정부로 보게 되면, 재무부와 중앙은행의 금융거래시 나타나는 재정지출 조달의 제약들을 볼 수 없게 되어 현대화폐이론가들과 같은 비현실적인 주장을 낳게 한다고 비판한다. 이들은 현재 미국의 경우, 재무부는 중앙은행에 재무부 계정을 두고 그 계정으로부터 인출하여 지출하도록 되어 있으며,[8] 재무부는 중앙은행으로부터 직접 차입하거나 국채를 매각하여 자금을 조달할 수 없도록 정해진 '자율 제약'을 강조한다. 이 자율제약 때문에 재무부는 지출에 필요한 중앙은행의 재무부 계정 잔고 없이는 지출을 수행할 수 없다는 것이다. 따라서 재무부가 지출을 조달하기 위해서는 조세수입이나 상업은행(또는 비은행 민간 딜러)에 대한 국채 판매 수입이 있어야 한다. Fiebiger(2012)는 이러한 이유로 재무부의 재정지출은 중앙은행의 부채를 중앙은행의 재무부 계정에서 상업은행의 준비금 계정으로 이동시키는 것에 불과하여 현대화폐이론가들의 주장과는 달리 경제의 본원통화를 새롭게 창출하거나 주입하는 것이 아니라고 비판한다. 또 재정지출에 따른 중앙은행의 재무성 계정 잔고 부족을 보충하기 위해서는 국채발행을 통한 사전적 조달이 필수적이라서, 재정지출에 금융적 제약이 없다고 주장하는 것도 잘못이라고 비판한다. Lavoie(2013) 역시, 현대화폐이론가들이 재정운용 설명에서 "근본적인 단계, 즉 재무부가 지출하기 전에 중앙은행에 있는 자신의 예금계정을 보충해야만 하는 단계를 빠트렸다"고 비판한다. 사실 이 단계야말로 "'정부가 먼저 지출한다'고 하는 (현대화폐이론의) 핵심 주장을 이해할 수 없는 것으로 만드는" 단계라는 것이다 (Lavoie, 2013: 9). 이 '빠트린 단계'를 고려하게 되면, 재정지출의 조달을 위해서 조세나 채권발행이 필요하다는 것을 보여주며, 특히 재정적자 지출을 조달하기 위해서는 국채발행을 통한 조달은 필수적이라는 것을 보여준다는 것이다. 이

---

[8] 미국에서는 재무부가 연준에 매일 50억 달러 이상의 예금 잔고를 유지해야 한다고 한다.

와 같은 비판들에 대해 현대화폐이론가들은 재무부와 중앙은행의 통합이 현재의 실무와 제도적으로 다르다는 것을 인정하기는 하나, 단순화와 일반화를 위해 통합이 필요하며, '두 부서의 분리'나 '자율 제약'을 고려한다고 하더라도 통합가설을 통해 얻은 결론에는 영향을 미치지 않는다고 반박한다. 현대화폐이론 주장자들은 통합가설이 현재의 제도를 기술하기 위한 것이 아니라, 현행 화폐제도의 인과관계 본질을 파악하기 위한 이론적 단순화라고 설명한다. 통합가설은 현행 제도 하에서는 재무부가 지출하기 이전에 중앙은행 계정에 자금을 보충해야 한다는 것을 인정한다. 그러나 첫째, 대차대조표 결과는 제도적 구성과 무관하게 동일하며, 둘째 재무부 지출, 과세, 국채발행이 이자율과 총소득에 미치는 영향은 동일하고, 셋째 궁극적으로 재무부와 중앙은행은 재무부가 그의 의무를 다할 수 있고 중앙은행이 그의 목표이자율을 지킬 수 있도록 서로 책임지기 때문에 현실의 제도적 편제나 자율 제약을 무시할 수 있다고 주장한다(Tymoigne and Wray, 2015: 30). 이렇게 함으로써, 오히려 현실적 제도에 대한 기술과 분석 속에서는 감추어지기 쉬운 현대 화폐시스템의 인과관계의 본질, 즉 재정지출이 먼저 본원통화를 창출하고, 조세부과나 국채발행은 수입의 원천이 아니라 창출된 본원통화를 흡수하는 것이라는 본질을 얻을 수 있게 된다는 것이다(Fullwier, Kelton and Wray, 2012; Tymoigne and Wray, 2015).

현대화폐이론 주장자들은 재무부와 중앙은행이 분리되고 자율 제약이 부과될 때조차도, 화폐시스템 작동의 본질이 변화하지 않는다는 점을 보이기 위해, 재정지출의 실무적 운용을 분석한다. Fullwiler(2010), Fullwiler, Kelton and Wray(2012)는 사회회계 매트릭스를 이용하여, Tymoigne and Wray(2015)는 재정순환 흐름표를 이용하여 이를 설명한다. 이들은 현재의 재무부가 지출자금을 조달하기 위해 중앙은행으로부터 직접 차입하거나 중앙은행에 대해 채권을 매각할 수 없다고 할지라도, 현실적으로 재무부의 상업은행에 대한 재무부 증권 매각과 중앙은행의 상업은행 보유 재무부증권 매입을 통한 준비금 공급이 거의 동시에 이루어지고 있기 때문에, 결국은 재무부가 중앙은행에 재정증권을 매각한 것과 같은 결과를 낳는다는 점을 강조한다. 더욱이 재무부는 증권 매각대금이 예금된 상업은행의 조세 및 대출 계좌를 중앙은행의 재무부 계좌로 바로 이체함으로써 지출 자금을 확보하게 된다. 이렇게 확보된 자금을 재정 운용으로 민간에 지출하게 되고 민간은 다시 이 수입을 상업은행에 예금함으로써 은행예금과 준비금을 그만큼 증가시키게 된다. 이것이 바로 재정지출에 따라 본원통화가 공급되는 첫 번째 단계인 것이다.

이들은 이러한 분리나 자율 제약이 통합가설에서 본 본원통화의 창출과정을 변경시키지 않고 오히려 오해와 잘못된 정책만 초래한다고 주장한다. "최종 결과는 중앙은행이 재무부로부터 직접 구매한 것과 정확히 동일하다. … 통합 대신에 재무부와 중앙은행을 분리할 수 있다. 그러나 이것은 재정운용의 본성을 변화시키지 않고 단순히 가정들과 중간단계를 더하는 것뿐이다. 현대화폐이론은 두 정부부서를 분리함으로써 추가된 복잡성이 잘못된 이해와 빈약한 모형, 잘못된 정책을 초래하기 때문에 반생산적이라고 주장한다"(Tymoigne and Wray, 2015: 36).

재정순환 흐름표는 다시 이렇게 창출된 본원통화가 어떻게 흡수되는지를 설명한다. 창출된 본원통화는 민간의 조세납부를 통해 상업은행의 조세·대출 계정을 거쳐 중앙은행의 재무부 계정으로 입금된다. 그렇게 되면, 재무부는 중앙 은행에 대한 부채를 소멸시킬 수 있다. 만약 재정의 적자지출이 이루어지게 되면, 즉 지출보다 조세납부가 적게 되면 그만큼 재무부의 부채는 늘어나고 민간의 금융자산은 늘어나게 될 것이다. 여기서 또 재무부나 중앙은행의 국채 발행이나 공개시장 운용의 필요성이 나타나는데 이는 재정정책이라기 보다는 중앙은행 업무인 통화정책의 구성 성분이 된다. 민간의 금융자산 보유가 모두 상업은행 예금으로 이루어지게 되면 상업은행 전체의 준비금은 초과상태로 되고, 결국 콜금리를 하락시키게 된다. 중앙은행이 콜금리를 영(0) 이상의 어떤 수준으로 유지하고자 한다면, 재무부와 협력하여 신규 국채를 발행하거나 공개시장 조작을 통해 준비금을 흡수하지 않으면 안된다. 따라서 조세부과나 국채 발행은 정부지출의 재원을 조달하기 위한 것이 아니라, 오히려 상업은행과 민간이 보유하고 있는 본원통화를 흡수해 재무부의 부채를 소멸시키고, 민간 부문의 금융자산 포트폴리오를 그들의 이익에 맞게 구성할 수 있도록 하는 역할을 한다는 것이다.

사실, 현대화폐이론과 관련해서 가장 많은 논란을 불러일으키고 있는 주제는 바로 이 통합가설과 관련된 것이다. 최근까지도 이러한 논란은 지속되고 있다. Lavoie(2019)는 현대화폐이론가들의 통합가설은 과도한 단순화이고, 반 사실적(counterfactual) 기술로 보일 수 있으며, 일반화를 위한 통합의 경우와 특정 실체를 나타내는 특수한 경우는 구분되어야 한다고 비판한다. 그리고 이 통합을 정책 논의에서 현실의 실제 특성으로 고려하기보다는, 제도적 변화를 통해서 달성되어야 할 목표로 고려하는 것이 좋을 것이라고 제언한다. 이에 대해 Wray는 Lavoie가 이미 끝난 논의를 계속 문제 삼는다고 반박하면서, 기존의 입장을 고수한다. 즉, 현실의 특정 실체가 정부지출 이전에 수입이 있어야 한다는 믿음을 갖게 하지만, 재무부와 중앙은행의 내적 회계절차는 재무부가 결코 지출에 금융적 제약을 받지 않는다는 것을 보여준다는 것이다(Wray, 2019; 2020).

3. 논의 : 재정적자의 본원통화 증가 효과와 국가화폐 주기별 순환

국가화폐 발행의 제약, 통합가설의 현실성 여부 등과 관련된 논란이 지속되고 있는 것은 용어 정의의 비일관성, 제도의 복잡성과 화폐순환 주기에 대한 혼동 등에서 비롯된다. 국가화폐를 중앙은행의 부채인 본원통화로 규정하고, 화폐순환의 최초 주기와 이후의 주기를 구분하면서 제도적 발전을 설명한다면, 재정지출과 본원통화 관계, 화폐발행의 제약에 대한 비판은 상당한 정도 반박될 수 있다. 이를 좀 더 자세히 살펴보자.

첫째, 현대화폐이론 주장자들은 국가화폐와 명목화폐, 본원통화, 지불준비금 등의 화폐개념을 사용할 때, 일관되게 같은 용어를 사용하지 않고, 또 각 용어의 유사점과 차이점을 분명하게 밝히지 않는다. Wray가 "현재 재무부의 모든 지출은 연준의 준비금 지불 형태를 취한다"고 하거나, "현재 우리의 통화는 연준에 의해서 지폐(현금)이나 준비금으로 발행된다"(Wray, 2019: 17)고 할 때, 국가화폐는 정부의 부채가 아니라 중앙은행의 부채로 이해될 수 있다. 그러나 이전의 논의에서 Wray가 "국가화폐(state money)는 오늘날 국가의 부채와 일부 민간의 부채로 구성된다"(Wray, 1998: 11)고 하거나, "일국의 통화는 자주 주권통화로 불리는데 이는 주권정부에 의해 발행된 통화이다"(Wray, 2015: 123)고 할 때는 화폐는 국가의 또는 정부의 부채를 의미한다. 이러한 용어 사용에 있어서의 비일관성은 앞의 Mehrling(2000)이나 Gnos and Rochon(2002)의 비판과 같은 논란을 야기시킬 수 있다. Wray는 재무부와 중앙은행을 통합한 실체를 국가로 또는 정부로 생각했을 것이다. 그러나 Mehrling이나 Gnos and Rochon은 재무부를 정부로 중앙은행은 비정부로 이해하고 국가화폐와 중앙은행화폐의 차이를 구분하여 그 성격을 다르게 파악하는 것이다.

현대화폐이론이 처음부터 국가화폐를 본원통화 또는 중앙은행의 부채로 정의하고, 중앙은행과 재무부를 통합한 상태에서의 정부의 화폐 창출 과정과 양자를 분리한 상태에서의 재무부의 지출 수요와 그에 따른 중앙은행의 부채창출 과정을 설명했더라면 이러한 논의는 불필요했을 것이다. 또한 국가화폐를 본원통화로 정의한다고 하더라도, Mehrling이나 Gnos and Rochon의 주장 —본원통화는 상업은행의 준비금 수요에 따라 공급되는 중앙은행의 부채이지 재정지출을 위해서 발행되는 것이 아니라는— 이 항상 타당한 것은 아니다. 중앙은행은 상업은행의 준비금 수요에 따라 본원통화를 공급하기도 하지만, 정부의 적지지출에 따라 본원통화를 공급하기도 한다. 중앙은행은 정부의 은행으로서 정부에 대해 대출을 할 수 있다. 앞에서 본 것처럼 자율 제약이 있는 경우, 재무부는 중앙은행으로부터 직접 차입하는 것이 불가능하기는 하지만, 상업은행을 통해 우회적으로 필요한 차입을 충분히 할 수 있다. 이 경우는 본원통화는 정부의 재정지출의 결과로서 발행되고 공급되는 것이다.

둘째, 제도의 복잡성과 화폐순환 주기의 혼동도 논란을 지속시킨다. 제도적 복잡성은 중앙은행으로부터의 차입과 중앙은행에 대한 채권매각의 금지와 중앙은행의 재무부 계정 잔고 유지가 국가화폐 발행 메커니즘을 복잡하게 만든데서 온다. 이러한 복잡성으로부터 초래되는 혼란과 오해는 현대화폐이론 주장자들에 의해 적절히 해명되고 있는 것 같다. 그럼에도 불구하고 오해와 비판이 지속되고 있는 것은 화폐순환 주기에 대한 충분한 설명이 이루어지지 못한데서 온다. 화폐순환이론은 사실 하나의 순환만을 설명하고 있을 뿐, 순환의 연속과 그에 따른 순환주기마다의 시작과 끝을 분명하게 제시하지 않고 있다. 그러나 이 순환의 연속성과 주기를 분명하게 이해한다면, 왜 조세나 국채발행이 재정지출의 수입원천이 되지 않는지를 보다 명확하게 보여줄 수 있을 것이다. 먼저, 자율 제약이 없는 경우의 최초 제1순환을 보자. 이탈리아-프랑스 화폐순환이론가들이나 현대화폐이론가들이 말하는 바와 같이, 논리적으로 볼 때 순환의 초기에는 지출에 의한 화폐의 주입이 먼저 일어나야 조세납부나 국채 매각 대금지불과 같은 화폐 환류가 뒤이어 발생할 수 있다. 즉, 화폐의 창출 없이는 화폐의 사용도 불가능한 것이다. 제1순환 초에 재무부는 재정지출을 위해 중앙은행으로부터 차입하여 국가화폐로서의 본원통화를 창출한다. 그렇게 되면, 중앙은행의 재무부 계정은 0에서 (-)잔고로 변화하게 된다. 현실적으로 자율규제 제약에 따라 미국에서는 재무부가 중앙은행으로부터 차입하는 것이 금지되어 있기 때문에 제1순환의 초기에 재무부 계정의 (-)잔고는 불가능하다. 그러나 이러한 자율제약이 없는 경우라면, 제1기에는 아직 경제 내에 화폐 그 자체가 존재하지 않기 때문에 화폐 창출을 위해서는 재무부의 수요에 의한 중앙은행의 대출과 그를 통한 화폐발행이 필수적이다.[9] 이 (-)잔고는 제1순환 말에 조세수입과 국채매각 대금으로 충당된다.[10] 이렇게 되면 제1순환은 끝난다. 이러한 1순환의 경우, 미국의 현재와 같이 중앙은행 대출을 금지하는 자율 제약은 사실상 불가능하다. 이제 다음의 제2순환은 어떻게 이루어질까? 제2순환은 제1순환의 조세나 국채발행이 지출의 원천이 되지는 않는다. 왜냐하면, 조세와 국채발행 대금의 환류는 제1순환의 종결을 이룰 뿐이기 때문이다. 다음의 제2순환은 다시 중앙은행의 재무부계정의 (-)로부터 시작되고 조세와 국채 발행으로 채워지게 될 것이다. 이 과정에서 화폐의 창출이 조세나 국채발행보다 크면, 경제 내에 화

---

[9] 이는 민간부문 경제를 고려하는 화폐순환이론의 논리와 동일하다. 화폐순환이론에서 최초의 1기에는 경제 내에 화폐 그 자체가 존재하지 않기 때문에 기업의 수요에 따라 은행이 대출을 제공함으로써 비로소 화폐가 창출되고 기업이 지출을 할 수 있게 된다.

[10] 물론, 이 (-)잔고가 100% 채워지지 않을 수도 있는데 그렇게 되면 이는 상업은행과 비은행 민간의 민간부문 자산으로 축적되게 될 것이다.

폐스톡이 축적되게 된다.

이제, 자율제약이 있는 경우를 보자. 앞의 자율제약이 없는 순환의 지속적 반복은 경제 내에 상당한 정도의 화폐스톡을 축적시킬 것이다. 이러한 상황에서 재무부는 중앙은행 대신 상업은행이나 비은행 민간으로부터도 차입할 수 있다. 이미 화폐스톡이 민간부문에 축적되어 있기 때문이다. 이러한 경우에는 자율 제약이 가능하다. 즉, 제1순환의 재무부 재정지출이 재무부의 중앙은행 (+) 계정으로부터의 인출을 통해 시작되도록 제약을 가해도 현실적인 작동에는 문제가 없다. 문제는 이러한 자율제약이 재무부의 재정지출을 위해 사전적인 조세수입과 증권발행 조달이라는 실질적인 제약을 가하는가 하는 것이다. 재무부가 지출을 위해 중앙은행 대신 상업은행이나 민간에게 재무부 증권 발행을 통해 차입하게 되면, 이 차입금은 곧바로 중앙은행 재무부 계좌로 이전되어야 하기 때문에 그만큼 상업은행의 준비금은 감소하게 된다. 이러한 준비금 감소는 상업은행제도 전체의 준비금 감소를 의미하기 때문에, 중앙은행에 의해 그 만큼 준비금이 공급되지 않으면 안된다. 다시 말해, 중앙은행은 재무부가 발행한 증권을 상업은행으로부터 매입하여 준비금을 공급하지 않으면 안된다. 이러한 자율제약은 과정을 더욱 복잡하게 만들기는 하지만, 결국은 재무부가 중앙은행으로부터 직접 차입하는 것과 동일한 결과를 낳는다. 이 자율제약은 정부의 무분별한 지출 증가를 억제하기 위한 우회 장치라고 할 수는 있으나, 재정지출에 근본적이고 실질적인 제약을 가하는 것은 아니다.

재무부의 재정지출이 그의 중앙은행 계정을 (+)에서부터 시작하도록 자율제약을 가할 수 있다. 그러나 앞에서 본 바와 같이, 논리적으로 화폐의 축적이 없는 순환의 초기에는 조세와 국채매각 대금의 수입으로부터 이루어지는 것이 아니라, 정부의 중앙은행에 대한 차입을 통한 중앙은행의 재무부 예금, 즉 중앙 은행의 부채 발행인 화폐 발행으로부터 시작되어야 한다. 또한 자율제약을 가하더라도 중앙은행이 상업은행의 준비금 수요를 수동적으로 수용하는 한, 재무부의 지출 자금은 조세나 국채매각 수입의 제약을 받지 않고 조달할 수 있게 된다. 이와 같이 화폐순환의 순환주기별 진행에 대한 이해는 현대화폐이론의 '재정지출은 수입의 제약을 받지 않는다'는 주장에 충분한 설득력을 부여한다.

셋째, 논란을 지속시키는 또 다른 이유는 재무부가 발행하는 채권의 성격에 대한 현실적 혼란에서도 온다. 현실적으로 재무부는 중앙은행에 있는 자신의 계좌에 예금을 얻기 위해 상업은행이나 채권딜러를 상대로 채권을 발행하는데 이때 발행되는 채권의 성격은 초기조달(initial finance)의 차입증서와 같은 성격을 갖는다고 할 수 있다. 이 증권은 물론 상업은행의 준비금 유지를 위해 중앙은행에 매각되어 중앙은행이 보유하게 될 것이다. 현대화폐이론가들이 설명하는 것처럼 중간단계를 거치지는 했지만 결국 중앙은행을 상대로 해서 차입증서를 발행한 것과 다름없는 결과이다. 즉, 화폐순환의 초기조달 형태인 것이다. 따라서 이 차입증서는 준비금의 조절을 위해서 발행되는 채권과는 그 성격이 다르다. 준비금 조절을 위해 발행되는 채권은 차입증서라기보다 금융자산의 한 형태로서의 증권인 셈이다. 이 채권이 준비금 조절뿐만 아니라, 초기 차입의 상환을 위한 자금조달의 기능을 한다고 해도 마찬가지이다. 이 채권은 정부의 입장에서 보면 최종조달(finanl finance) 수단이고, 민간의 입장에서 보면 금융 자산 포트폴리오의 한 성분을 형성한다. 현실에서 이를 구분하기 위해 차입증서를 단기의 재무부어음(treasury bills)으로 발행하고, 준비금 조절을 위한 채권을 장기의 국채(treasury bond)로 발행한다면 이에 대한 이해는 훨씬 쉬워질 것이다.[11] 그러나 현실적으로 이들이

---

11   우리나라의 경우 이러한 미국 재무부어음과 유사한 것으로 재정증권이 발행되고

엄밀하게 구분되어 발행되지 않기 때문에, 재무부의 순환초기 차입증서 발행과 준비금 조절을 위한 증권발행의 구분이 어렵고 결국 증권발행을 통한 재원 조달 없이는 재정을 지출할 수 없다는 오해를 낳게 하는 것이다.

이와 같이 현대화폐이론은 국가화폐에 대한 정의나 사용, 통합가설과 자율 제약하의 현실적 분리 사이의 차이에 대한 설명을 분명하게 하고 있지 않기 때문에 지속적인 오해와 논란을 불러일으키고 있다. 이러한 논란을 줄이고 현대화폐이론이 보다 큰 설득력을 얻기 위해서는, 국가화폐의 명확한 정의와 보다 일관성 있는 용어의 사용이 필요하다. 또한 화폐창출과 소멸의 순환주기에 대한 보다 분명한 설명을 통해, 정부부서의 통합과 자율제약을 갖는 현실적 분리에 따르는 현상적인 혼란을 완화시킬 필요가 있을 것이다.

IV 재정정책 : 완전고용과 물가안정

1. 정부의 최종고용자로서의 완전고용 정책

현대화폐이론 주장자들은 현대화폐이론의 구조 속에서 안전고용과 물가안정이 동시에 달성될 수 있으며, 또 이러한 완전고용과 물가안정은 재정정책이 달성해야 할 가장 주요한 목표라고 주장한다. 이러한 주장은 Wray(1997, 1998), Mosler(1997-98), Mitchell(1998)이 거의 동시에 주창하고 나섰다. 이들에 의하면, 정부는 자신이 일정한 수준으로 정

있다. 재정증권의 발행 목적이 지출과 조세수입의 일시적 차이를 메꾸기 위한 것이라고 명시되어 있기는 있지만, 이 증권발행을 통해 지출자금을 세입에 앞서 조달하는 것으로 초기금융의 성격을 분명하게 가지고 있다.

한 임금 수준(최저임금과 같거나 비슷한 수준으로 설정)에서 노동하고자 하는 유휴노동력을 모두 고용함으로써 완전고용을 달성하도록 재정정책을 운용해야 한다고 주장한다. 완전고용 목표의 재정정책 프로그램을 Wray(1997)와 Mosler(1997-98)는 '최종고용자'(ELR) 정책이라고 불렀고, Mitchell(1998)은 '완충재고고용'(Buffer Stock Employment: BSE) 모형이라고 불렀다. 이들 프로그램은 현대화폐이론의 화폐공급구조에서 설명한 것처럼 금융적 제약 없이, 즉 사전적인 조세 수입이나 채권판매 수입 없이도, 정부가 화폐발행을 통해 지출을 수행함으로써 그 목표를 쉽게 달성할 수 있다는 것이다.

또한 이들은 이러한 ELR이나 BSE의 완전고용 정책이 경제를 교란시킬 인플레이션 압력을 유발하지도 않는다고 주장한다. 이들 프로그램에서 정부가 유휴노동력의 고용을 위해 제공하는 임금수준은 최저임금 근처의 낮은 수준일 뿐만 아니라, 이것이 노동시장 임금 전체의 앵커 또는 수준점의 역할을 함으로써 민간부문에서의 임금상승-물가상승 연쇄작용으로 인해 발생하는 인플레이션 압력을 억제할 수 있다는 것이다. 또 이 프로그램의 임금수준을 다소 높게 설정한다고 하더라도 이는 1회성 임금상승과 물가상승을 초래할 뿐, 지속적인 물가상승 즉, 인플레이션을 초래하는 것은 아니라고 주장한다. 또한 만약, 경기가 팽창해 임금상승과 인플레이션 압력이 나타나게 되더라도, 조세의 인상이나 국채발행의 증가를 통해, 또는 다른 정부지출의 축소를 통해 정부수요와 민간수요를 억제하여 인플레이션 압력을 차단할 수도 있다는 것이다.

현대화폐이론의 완전고용 프로그램과 같은 주장은 이미 Lerner(1943)의 기능적 재정(functional finance)이론이나 Minsky(1986)의 고용전략 개혁의 주장 속에서도 제시되었다. Lerner의 기능적 재정이론은 현대화폐이론가들에 의해 재정지출에 제약이 없다는 주장의 이론적 근거로 더 많이 인용되기는 하지만(Wray의 1998 및 2015 등), Lerner는 그의 기능적 재정이론에서 정부의 재정정책이 균형예산을 목표로 해서는 안 되며, 완전고용을 목표로 해야 한다고 강력하게 주장했다. "정부의 일차적 재정 책임은 (그 밖의 어느 누구도 그 책임을 질 수 없기 때문에) 그 나라의 재화와 서비스에 대한 지출이 생산가능한 모든 재화를 현재의 가격에서 살 수 있는 비율보다 너무 크거나 적지 않도록 유지하는 것이다. 총지출이 이보다 크게 되면 인플레이션이 나타날 것이고, 이보다 작게 되면 실업이 나타나게 될 것이다"(Lerner, 1943: 30). Lerner는 이러한 재정정책의 조달이 화폐발행에 의한 적자지출을 통해 가능하며, 조세나 국채발행은 이 적자의 크기를 완전고용과 물가안정을 보장하는 적절한 수준으로 조절하기 위한 수단으로 사용될 수 있다고 주장한다.[12]

한편, Minsky의 완전고용 목표의 고용전략 주장은 Wray(1998: 126)에 의해 보다 적극적으로 수용되었다. Minsky는 정부가 완전고용을 제공할 수 있고, 또 제공해야만 한다고 다음과 같이 주장한다. "정책문제는 불안정, 인플레이션, 실업을 초래하지 않는 완전고용을 위한 전략을 개발하는 것이다. 그러한 정책의 주요 수단은 바닥 또는 최저임금 수준에서 무한탄력적인 수요를 창출하는 것이다. 이는 장단기 이윤 기대에 의존하는 기업의 수요는 아니다. 정부만이 수익성을 목표로 하는 고용으로부터 자유로울 수 있기 때문에, 무한탄력적인 노동 수요는 정부에 의해

---

[12] 앞의 현대화폐이론 논의에서 조세의 기능은 국가화폐의 통용을 가능하게 하는 것이었다. 그러나 Lerner는 그의 기능적 재정이론에서 조세의 인플레이션 억제 기능을 강조하고 있다. 현대화폐이론가들도 나중에는 조세가 화폐의 통용력 강제 기능 뿐만 아니라, 총수요 억제를 위한 수단으로 기능한다고 주장한다. 총수요의 증가로 인플레이션 위협이 발생할 때, 정부는 조세 인상을 통해 총수요를 줄일 수 있다는 것이다(Wray, 2015: 302-303).

서 창출되어야만 한다"(Minsky, 1986: 308).

현대화폐이론가들은 정부의 완전고용을 위한 ELR이나 BSE 프로그램이 정책 효과의 측면에서도 효율적이라는 점을 강조한다. 이들 프로그램은 완전고용을 제공함으로써 실업자에 제공되던 여러 기존 복지지출의 많은 부분을 축소할 수 있게 한다. 또한, 정책임금이 노동자들로 하여금 이 정책임금보다 낮은 일자리에서 일하지 않아도 되게 함으로써, 실질적인 최저 임금으로 역할하기 때문에, 실효성이 완전하지 못한 별도의 최저임금 법제화를 불필요하게 만든다. 또한 실업자가 많이 발생하는 불경기에는 고용프로그램 지출이 늘어나지만, 실업이 줄어드는 호경기에는 지출이 감소하기 때문에 자동안정화 장치로서의 역할을 할 수 있다. 더욱이 실업급여와는 달리 노동자의 기술유지 또는 기술훈련을 통한 인적자본 향상을 가능하게 하고, 생산의 증가를 가능하게 하기도 한다 (Wray, 1998, Mosler, 1997-98).

2. 비판적 견해 : 인플레이션 압력과 정치적 실행가능성 문제

현대화폐이론가들의 완전고용을 위한 재정정책으로서의 ELR 프로그램에 대해서도 역시 많은 비판들이 제기되었다. 비판의 주요 내용은 ELR 정책이 인플레이션 압력을 유발하지 않을 수 있는가 하는 것, 그리고 이 정책의 실행상의 문제와 정치경제적 효과와 관련된 것이었다.

먼저, 인플레이션 압력 문제에 대해서 보자. Sawyer(2003), Seccareccia(2004), Palley(2015a, 2019), Levrero(2019), 신희영(2020) 등은 ELR 프로그램이 결국 완전고용과 함께 총수요를 증가시키거나 비용인상을 초래해, 결국은 인플레이션 압력을 야기하게 될 것이라고 주장한다. Sawyer(2003)는 ELR 프로그램을 위한 화폐발행 적자 조달이 민간의 본원통화 보유의 누증을 낳아, 그리고 이것이 물가안정실업률(NAIRU)보다 더 낮은 실업수준을 낳아 인플레이션을 유발한다고 비판한다. Seccareccia(2004)는 ELR 임금수준이 낮게(예를 들어 최저임금 수준보다 낮게) 설정되면 인플레이션 압력은 없게 되겠지만, 이보다 높은 수준에서 설정되게 되면, Wray(1998)가 말하는 것처럼 1회성의 물가상승에 그치지 않는다고 비판한다. 즉, 높은 임금 설정은 임금구조에 불안정을 낳고 또 임금상승이 임금상승을 초래하는 서행성 인플레이션(creeping inflation)을 피할 수 없게 만든다고 주장한다. Palley(2015a)는 현대화폐이론가들이 ELR 정책을 시행하더라도 완전고용 이전에는 인플레이션 압력을 낳지 않는다고 주장하지만, 경제는 각 부문별로 완전고용에 도달하는 시점이 달라 경제전체적으로 보면 총완전고용 이전에 총공급 곡선이 우상향하는 것으로 나타나 인플레이션이 발생할 수 있다고 비판한다. 또 기대가 첨가된 필립스곡선식을 이용해, 정부의 화폐발행을 통한 적자지출이 기대 인플레이션을 상승시켜 인플레이션 압력을 가한다고 주장한다. Palley(2019)는 앞의 비판에 더해, ELR임금이 실질 임금의 최저수준 역할을 하면서 인플레이션 연동에 따르는 명목임금의 지속적 상승이 인플레이션의 누적적 상승 압력을 낳을 수도 있다고 주장한다. 또한 ELR 정책이 준완전고용(quasi-full employment)을 낳게 되는데, 이것이 소득분배 대립을 악화시키고, 결국 분배대립 인플레이션을 야기할 수밖에 없다고 비판한다.

　이러한 비판들은 완전고용과 물가안정을 동시에 달성할 수 있다는 현대화폐이론의 주장이 정당하지 않다는 것이다. 즉, 완전고용 정책은 인플레이션을 피할 수 없다는 것이다. 이에 대해 현대화폐이론 주장자들은 이러한 비판은 ELR 정책을 케인지언 총수요정책과 동일시하고, 또 화폐발행을 통한 적자 조달을 통화주의자의 외생적 화폐공급 증가와 동일시한데서 온 오해라고 반박한다. Sawyer의 비판에 대해서, Mitchell and Wray(2005)는 ELR 정책이 화폐발행을 통해 조달하더라도, 중앙은행의 할인창구 축소, 공개시장조작 등의 개입이나 정부의 국채 발행을 통해 초과지준금을 충분히 흡수할 수 있기 때문에 총통화 공급의 증가를 억제할 수 있고, 인플레이션 위험을 제거할 수 있다고 반박한다. 또한 ELR 정책은 케인지언 총수요 증가 정책과는 달리 총수요 증가와 관계없이, 버퍼스톡을 이용해 '느슨한 완전고용'을 유지할 수 있어서, 이것이 인플레이션 압력을 직접 낳는 것은 아니라고 주장한다. 또 Palley의 필립스곡선을 이용한 인플레이션 주장에 대해서, Tymoigne and Wray(2015)는 ELR 정책은 총수요창출 정책과는 달리 총수요를 완전고용산출량 수준 이상으로 증대시키지 않으면서 완전고용을 제공할 수 있다고 반박한다. 따라서 필립스곡선의 실업-인플레이션 상충관계 속에서 나타나는 인플레이션 압력은 나타나지 않는다는 것이다. Mitchell(2016)도 완충재고 고용은 NAIRU의 실업유지 정책과는 달리 '고용을 보장하는 인플레이션 대책'이라고 적극적으로 반박한다. 즉, NAIRU는 인플레이션 억제를 위해 실업을 앵커로 삼는데 반해, 완충재고 고용은 고정임금에서 고용을 보장하는 형태의 인플레이션 앵커를 제공한다는 것이다. 완충재고 고용은 민간부문 수요증가로 고용시장이 팽팽해질 때, 긴축적 재정·통화정책을 통해 민간부문에 고용되어 있는 노동자를 고정임금의 완충재고 일자리로 옮길 수 있게 해 인플레이션을 억제하는 역할을 할 수 있다는 것이다.

다음으로 ELR이나 BSE 정책이 초래하는 실행상의 문제나 노동자의 정치경제적 위상에 대한 효과에 대해서도 여러 비판이 제기되었다. 먼저 실행상의 문제와 관련하여, ELR 정책을 시행하기 위해서는 임금비용 외에 자본장비 구입 등의 물적 비용과 감독 등의 간접비용이 수반되고, 또 큰 자본장비를 필요로 하는 업무에는 장비 조달의 문제 때문에

ELR을 즉각 시행하기 어렵다는 비판(Sawyer, 2003)도 있고, 또 ELR 시행이 다른 필요한 프로그램을 구축한다는 비판(Palley, 2019)도 있다. 또한 ELR 시행이 적자지출에 따른 정부부채의 누적을 초래하는데, 만약 중앙은행이 이에 대해 저이자율로 대응하지 않는다면 정부부채의 누증으로 인한 금융시장의 문제를 야기하게 될 것이라고 비판하기도 한다(Epstein, 2019). 한편, 노동자의 정치경제적 위상에 대한 효과와 관련해서는, ELR이 기존 공공부문의 고용을 대체함으로써 공공부문 노조의 교섭력을 약화시키고, 임금인하 압력을 낳는다고 비판한다(Sawyer, 2003; Palley, 2019). 또한 ELR 프로그램의 임금수준이 민간부문 노동자를 유인하지 않기 위해서는 최저임금보다 낮은 수준에서 정해져야 하는데, 그렇게 되면 이것이 최저임금을 낮추라는 압력으로 작용한다고 비판한다(Palley, 2015a).

이러한 비판과 관련된 문제들에 대해 Wray는 이미 대응방안을 설명해 왔다. 그는 ELR 프로그램이 관리비용과 재료비용 등의 사업비를 지원할 수 있으며, 중앙관리보다는 지방정부 차원에서의 직접적 운영 등 효율성을 제고하기 위한 방식을 개발할 수 있다고 말한다(Wray, 2015) 또 ELR이 기존 노동조합에 미치는 영향은 양면적이며, 다른 프로그램과 경합 없이 시행이 가능하며, 일할 수 없는 사람에 대한 사회보장은 ELR과 함께 병행될 수 있다는 점을 강조하기도 했다(Wray, 1998).

3. 논의 : 재정정책 목표, ELR과 총수요창출 정책 구분

완전고용을 목표로 하는 재정정책이 인플레이션을 지속해서 유발하는가, 그리고 이러한 정책이 정치적 실행 가능성이 있는가와 관련된 논란들은 재정정책의 우선순위 및 총수요관리정책과 고용정책의 차이의 혼란, 그리고 현실적인 세력관계의 복잡성에 대한 견해 차이에서 비롯된다.

재정정책의 우선순위를 인플레이션 억제보다 완전고용에 두게 되면, ELR정책에 대한 평가는 달라질 것이다. 그리고 수요측 인플레이션의 원인이 ELR 정책에서 오는 것이 아니라 총수요창출 정책에서 온다는 점을 이해한다면, ELR이 항상 인플레이션 압력을 낳는다는 주장은 타당하지 않게 된다. 더욱이 ELR과 함께 소득정책, 공정거래 정책 등 인플레이션 안정 정책이 공조된다면 인플레이션 없이 완전고용을 달성할 수도 있다. 세력관계의 복잡성 또한 현실을 이해하는 데 중요하기는 하지만, 세력관계 그 자체를 고정된 것이 아니라고 본다면, 정책의 가능성 또는 불가능성도 또한 고정된 것은 아니다.

첫째, 정부의 고용 정책과 관련하여 완전고용과 물가안정고용 중 어떠한 정책이 더 사회적으로 적절한 정책인가? 이에 대한 대답이 다양할 수도 있겠지만, 완전고용을 고용 정책의 목표로 삼는 것은 소득불평등 해소는 물론, 노동자의 질과 생산성 유지, 사회적 존재 의식의 제고 등을 위해서도 매우 의미 있는 전략이라고 할 수 있을 것이다. 이러한 기준에서 본다면, 인플레이션을 억제하기 위해 일정정도의 실업을 유지하여야 한다는 NAIRU 정책보다는 인플레이션을 지속적으로 상승시키지 않으면서도 완전고용을 달성할 수 있다는 ELR 정책이 훨씬 더 정당하다고 할 수 있다. Kalecki는 사업가들이 완전고용을 달성하려는 재정지출 정책을 정부개입에 대한 혐오, 공공투자 증가에 대한 혐오, 완전고용에 따른 노동자 규율의 약화 때문에 지극히 꺼려한다고 한다(Kalecki, 1971[2010]: 206-207). 이러한 사업가 친화적인 기준으로 본다면, NAIRU 정책이 정당하다고 할 수 있을 것이다. 그렇지만, 국민 모두가 일자리를 갖고 그로부터 소득을 얻어 생활을 유지해야 한다는 기준에서 본다면 ELR 정책이 더 큰 정당성을 확보하게 될 것이다.

문제는 그러한 ELR 정책을 달성하기 위한 재원의 조달과 이 전략의 수행결과 나타날 수 있는 인플레이션 압력이 얼마나 큰지, 그리고 이것이 크다면 이를 어떻게 해결할 수 있는지에 대해 논리적이고 체계적인 설명이 필요하다는 것이다. 현대화폐이론가들이 이에 대해 계속해서 반론과 설명을 추가하고 있지만, 그럼에도 불구하고 비판자들 또한 끊임없이 이에 대해 반박하고 있다.

먼저, 재원조달의 문제는 앞에서 논의한 현대화폐이론의 핵심명제 중 하나인 '제약 없는 정부지출 조달 가능성'으로부터 이미 설명되었다.[13] 다음으로 인플레이션 압력에 대해서는 이미 현대화폐이론가들이 ELR 정책은 총수요창출정책과 다르며, ELR 고정임금이 임금비용의 앵커 역할을 한다고 설명했다, 또 총수요가 과도해 인플레이션 압력이 있을 때는 조세인상이나 정부지출 축소를 통해 총수요를 줄일 수 있다고 반박해 왔다. 그럼에도 불구하고, Sawyer(2019), Palley(2019), 신희영(2020) 등은 다시 재정지출 증가와 고용증가에 따르는 수요압력, 소득분배 대립이 인플레이션을 낳을 수밖에 없다고 비판한다.

이러한 비판과 반박, 재비판은 ELR 정책과 총수요 증가 정책의 차별성에 대한 이해, 계급대립과 인플레이션의 수용에 대한 인식의 차이

---

[13] 이러한 의미에서 ELR 정책은 현대화폐이론의 국가화폐이론 속에서 전개될 수 있는 정책이다. 신희영(2020)은 '현대화폐이론과 정부주도의 일자리 공급정책이 아무런 논리적 상관 관계를 가지지 않는다'고 말하면서, 조세체제 개편이나 조세회피 차단으로도 이러한 정책이 가능하다고 주장한다. 충분한 조세수입과 일자리 우선정책이 완전고용을 가져다 줄 수도 있으나, 조세수입을 재원으로 한다는 것은 기능적 재정과는 달리 균형재정을 전제로 한다. 이러할 경우 고용정책은 재원조달에 의해 제한을 받지 않을 수 없다. 그러나 현대화폐이론의 ELR 정책은 재원조달의 제약을 받지 않고 화폐발행을 통해 가능하다. 따라서 ELR 정책 은 기능재정과 국가화폐이론이 결합됨으로써 그 효과를 기대할 수 있게 된다. 그렇기 때문에 현대화폐이론의 국가화폐이론과 기능적 재정론, ELR 정책은 서로 밀접히 연결되어 있다고 할 수 있다.

에 기반하는 것 같다. 따라서 이들에 대한 이해와 인식의 차이를 해소하지 않는 한 논란은 지속될 것이다. 사실 ELR 정책은 총수요 증가를 통한 고용증가와는 다르다. 총수요가 낮은 상태에서도 ELR 고용은 유지될 수 있다. 총수요가 매우 낮은 불경기 시에도 ELR 프로그램을 통해 완전고용을 유지할 수 있는 것이 그 예일 것이다. ELR 고용은 임금의 최저 한계와 총수요의 최저 한계를 규정하기는 하지만, 그 자체가 지속적인 임금상승이나 총수요의 증가를 낳지는 않는다. ELR 고용으로 인한 임금소득 증가분만큼 총수요가 증가할 수는 있지만, 그것 자체가 총수요를 완전고용산출량 수준 이상으로 증가시키는 것은 아니다. 더욱이 ELR 고용이 임금소득 만큼의 총산출량 증가를 가져온다면 인플레이션 압력은 나타나지 않을 것이다. 다만, 호경기에 실물투자 증가 등의 총수요 증가로 완전고용 이상의 노동 수요증가가 나타나고 이로 인해 임금인상 압박이 증가하게 되면, 이것은 분명히 인플레이션 압력으로 나타나게 될 것이다. 그러나 이것은 ELR 정책의 결과는 아니다. 즉, ELR 정책이 항상적인 호경기를 낳는 것은 아니며, 호경기시의 인플레이션 압력이 항상 ELR 정책의 결과로서 나타나는 것은 아니라는 것이다. 더욱이 호경기에 나타나는 인플레이션을 억제하기 위해 ELR 정책과 함께, 다른 목표의 재정지출을 줄이든가 조세율을 인상하면 인플레이션 압력을 완화할 수도 있다.

한편, ELR 정책을 통한 완전고용이 노동자계급의 교섭력을 강화시켜 임금 인상을 초래하고, 이것이 다시 마크업을 통해 가격상승을 낳을 수밖에 없다는 주장과 관련해서는 현대화폐이론가들이 적극적인 반응을 보이고 있지는 않다.[14] 그러나 이와 관련해서는 두 가지의 논의가 전

---

14 이와 관련해 Michell and Wray(2005)는 ELR 고용의 존재가 오히려 기업에게 낮은 임금으로 ELR 노동자를 고용할 수 있는 기회를 제공하기 때문에, 노조의 임금인상 요구

개될 수 있을 것이다. 하나는 한 경제가 인플레이션율의 수준을 어느 정도까지 수용해야 하는가와 관련된 것이다. 완전고용 정책이 하이퍼인플레이션을 낳지 않고 수용가능한 수준의 인플레이션을 낳는다면 인플레이션 억제를 위해 일부러 실업을 유지할 필요는 없을 것이다.[15] 임금상승-물가상승의 연계가 나선형적 인플레이션을 낳을 수도 있지만, 가속적인 물가상승이 아니라면 적정한 수준의 증가는 수용할 수도 있을 것이다. 더욱이 지나친 임금상승으로 인한 나선형의 물가상승 가능성은 소득정책을 통해 대응할 수도 있다.

다른 하나는 기업의 마크업에 관한 것으로 이 마크업 수준을 주어진 것으로 받아들여야 하는가 하는 것이다. 마크업의 크기는 시장구조에 따라, 그리고 노조의 교섭력 정도에 의존해서 결정된다. 기업이 독과점적 시장구조를 가지고 있고 노조의 세력이 약하다면 임금상승은 모두 다 생산물 가격에 전가되겠지만, 그렇지 않다면 임금상승이 곧바로 그만큼의 인플레이션을 초래한다고 말할 수는 없을 것이다. 우리가 마크업의 크기를 주어진 것으로 받아들이지 않는다면, 인플레이션 억제를 위해 실업과 노조의 교섭력 약화를 당연한 것으로 받아들일 이유는 없다. 완전고용과 적절한 수준의 임금상승을 허용하면서도, 독과점적 시장지배력 억제를 위한 공정거래 등의 경쟁정책을 동시에 수행한다면 가속적 인플레이션 압력은 충분히 완화시킬 수 있다. 물론, 경쟁정책이 임금 상승의 인플레이션 압력을 모두 상쇄할 수 있는 것은 아니다. 그러나 인플레이션 억제를 위해서 기업의 마크업은 그대로 유지시키면서 완전고용이나

를 약화시킬 수 있다고 반박했다.

[15] 현재 대부분의 나라에서 적정 인플레이션율로 2%를 목표로 삼고 있지만, 이를 4%로 높이자는 최근의 논의도 있다. 더욱이 현실적으로 1990년대 이후 필립스곡선의 기울기가 크게 낮아져 총수요 증가의 인플레이션 압력도 상당히 낮아졌다.

임금상승은 피해야 한다는 것이 과연 적절한 것인가 하는 것이다.

또한, ELR 정책의 효과성과 관련된 문제로, 인플레이션 우려가 있을 때 조세 증가나 다른 지출을 줄이는 대응책이 이해관계의 대립으로 쉽게 취해지기 어려울 수도 있고(Palley, 2019), 정부부채가 누증되지 않기 위해서는 이자율이 경제성장률보다 낮게 유지되어야 하지만 중앙은행의 의사결정 구조가 이를 불가능하게 할 수도 있다(Epstein, 2019). 그러나 이러한 현실적인 제약이 어떤 타당한 논리적 근거를 갖는 것이 아니라, 정치적인 이해관계나 세력관계의 결과라면, 이와 같은 제약을 그대로 인정하고 완전고용 목표를 포기하는 것은 적절하지 않을 것이다. 오히려 이러한 현실적 제약이 변화가능한 정치적 이해 관계나 세력관계의 산물이라는 것을 이해하고, 이를 개선시키려는 논의를 전개해 나가는 것이 더 중요할 것이다.

V 통화정책 : 합리적 소득분배

1. 명목기준금리의 0 이자율 준칙 정책

현대화폐이론가들은 통화정책의 목적이 경제안정이나 물가안정이 아니고, 소득의 합리적인 분배에 있다고 주장한다.[16] 완전고용 유지를 통한 경제안정이나 민간지출 조정을 통한 물가안정은 재정정책이 목적으로 삼아야 할 과제이며, 통화정책의 과제는 이자율 조정을 통해 금

---

16 통화정책이 경기안정보다는 소득분배에 대해 더 큰 효과를 갖는다는 것은 포스트 케인스주의자들에 의해 이미 오래 전부터 인식되어 왔다(Rogers, 1989; Lavoie, 1992). 뒤에 보게 되는 이자율 결정에 대한 여러 주장들도 통화정책의 효과와 목표를 소득분배에 초점을 두어, 어떤 수준의 이자율이 적절한 정책 이자율인지를 논의하고 있다.

리생활자의 소득분배 몫을 결정하는 것이어야 한다는 것이다. 그렇다면, 정책기준금리는 무엇을 기준으로 하고, 또 얼마의 크기로 정해져야 하며 또 어떻게 관리되어야 할까? Wray(2007)는 이에 대해 정책기준금리는 명목이자율을 기준으로 해야 하며, 그 크기는 영(0)의 이자율로 정해져야 한다고 주장한다. 또 이 기준금리는 고정된 준칙(rule)으로 관리되어야 한다고 주장한다.

Wray가 기준금리를 명목이자율을 기준으로 삼아야 한다고 주장하는 근거는 경제주체들이 의사결정을 할 때, 특히 투자를 결정할 때 기준으로 삼는 것은 인플레이션을 감안한 실질이자율이 아니라 명목이자율이라고 보기 때문이다. 이러한 입장은 케인스의 '자기이자율'(it's own rate)개념에 근거한다. 케인스는 화폐를 포함한 모든 상품이나 자산은 기대수익(q), 운반비용(c), 유동성(l), 기대가격상승률(a)의 합으로 나타나는 자기이자율, $q-c+l+a$을 갖는다고 말한다(Keynes, 1936: 225-227). 이 자기이자율은 곧 그 상품이나 자산 보유에 따르는 수익률을 의미한다. 화폐경제에서 기준이 되는 화폐의 자기이자율은 화폐 기준, 즉 명목 기준으로 측정되며, 다른 자산의 자기이자율도 결국 이 화폐의 자기이자율과 비교하여 측정된다. 따라서 자본자산의 투자 수익률도 명목률 기준으로 화폐이자율과 비교하게 되고, 이를 통해 투자여부를 결정하게 된다. Wray는 케인스의 이러한 주장처럼 경제주체의 의사결정에 영향을 미치는 것이 명목률이라는 점을 강조한다(Wray, 2007: 125). 또한 경제주체들이 인플레이션을 고려한다고 하더라도, 이는 전반적인 인플레이션이 아니라 자기가 생산하는 상품의 가격이나 원료비용의 변화에만 주의를 기울이기 때문에 전반적 인플레이션은 경제주체의 의사결정에 큰 영향을 미치지 않는다고 주장한다. "많은 경우, 어쩌면 대부분의 경우에는 전반적인 인플레이션을 (의사결정의) 조정을 위해 사용한다는 것은 옳지 않을 것이다"(전게서: 129). 따라서 Wray는 통화정책 수단으로서의 기준금리는 명목률 기준으로 정해야 한다고 주장한다. "명목비용, 명목수입, 명목이자율에 무게를 두는 것이 더 좋을 것이다. 우리는 일반적으로 실질이자율의 사용이 명목이자율의 사용보다 개선이 아니라, 많은 경우에는 더 나쁜 것이라고 결론내릴 수 있다"(전게서: 129).

한편, 통화정책 지표로서의 정책기준금리를 영(0)의 이자율로 정해야 한다는 근거는, 한편으로는 국가 명목화폐 경제에서 기준금리가 되는 콜금리의 자연이자율이 0이라는 점, 그리고 다른 한편으로는 영의 이자율이 케인스가 말하는 '금리생활자의 안락사'(euthanasia of the rentier) 목표를 달성 가능하도록 한다는 점이다. 국가 명목화폐 경제에서 자연이자율이 0이라는 주장은 Forstater and Mosler(2005)에 의해 제시되었다. 이들은 국가 명목화폐시스템에서 정부의 적자지출이나 대출은 은행제도의 준비금을 증가시키는데, 이때 중앙은행이 준비금에 대해 이자를 지불하거나 초과지불준비금을 흡수하기 위해 채권을 판매하지 않는다면, 지불순비금 시장의 콜금리는 0으로 떨어질 것이라고 주장한다. 이렇게 정해지는 콜금리 0이 바로 정상이자율 또는 자연이자율이 된다는 것이다. 또한 케인스는 소득분배와 관련해, '기능없는 투자자'(the functionless investor)인 금리생활자가 보상을 받는 것은 적절하지 않을 뿐만 아니라, 자본이 풍부해지면 자연스럽게 이자율은 0에 가까워져 금리생활자가 안락사하게 될 것이라고 주장한 바 있다. 또 이자는 '어떤 진정한 희생에 대한 보상'이 아니라 자본의 희소성 때문에 발생하는 것이므로, 자본을 증가시켜 더 이상 금리생활자가 보너스를 받지 않도록 해야 한다고 주장했다(Keynes, 1936: 375). Wray는 케인스가 예상한 것과는 달리 금리생활자가 안락사하기는커녕, 오히려 현대에 들어와 세력을 더욱 증대시켜 왔으며, 여러 조세 혜택이나 인플레이션 조정 소득의 보장과 같은 정책을 통해 그 보상이 늘어났고, 이것이 불평등을 심화시키고 있다고 주장한다(Wray, 2007: 136). 따라서 금리생활자의 소득을 합리적으로 만들기 위해서는 정책 기준금리를 0으로 설정하는 것이 필요하다는 것이다. 명목 기준금리를 자유재량이 아니라 준칙으로 고정시켜야 한다는 주장의 근거는 자유재량의 미세조정 이자율 정책이 경제활동에 긍정적인 영향을 미치지 못하고 오히려 불안정만 심화시킬 가능성을 가지고 있다는 것이다. Wray는 이자율과 인플레이션 사이에 단일한 관계는 없으며, 이자율의 자유재량적 변경이 금융시장의 혼란을 낳는다고 주장한다. 먼저, 이자율과 인플레이션의 관계를 보면, 이자율 인상이 낮은 지출과 낮은 성장을 가져와 인플레이션을 낮춘다고 말하지만, 민간 부채보다 국가 부채의 규모가 큰 상황에서는 이자율 인상이 민간의 이자소득을 증가시켜 지출을 증가시키고 인플레이션을 자극할 수도 있다. 또한 이자율 인상이 비용상승을 유발해 인플레이션을 자극할 수도 있다. 다음으로 민간이 예상치 못한 중앙은행의 이자율 변경은 금융자산 가격의 큰 변동을 초래해 금융시장의 혼란을 야기하기 쉽다. 최근 연준이 정책 집행에 있어서 점진주의와 투명성을 강조하는 것도 바로 이 때문이다. 결국, "(재량적) 통화정책은 생산, 총수요, 소비재 가격에 불확실하고 한정적이며 지연된 효과만을 낳는데 반해, 금융시장의 자산가격에는 직접적이고도 큰 −그리고 자주 예상치 못한− 효과를 낳을 수 있다"(Wray, 2007: 135)는 것이다. 따라서 이자율 정책은 재량보다는 준칙에 따라 운용되는 것이 더 바람직하다.

2. 비판적 견해 : 0의 명목금리의 분배적 정당성 문제

현대화폐이론의 위와 같은 통화정책 이론에 대해서도 다양한 비판이 제기되었다. Rochon and Setterfield(2007), Smithin(2007, 2016), Palley(2015a, 2015b) 등은 이자율 준칙과 명목이자율 타깃의 문제점에 대해 비판을 제기했다. 한편, 0의 명목 이자율 목표와 관련해 Lavoie and Seccareccia(1999), Seccareccia and Lavoie(2016), Smithin(2007)은 분배적 관점에서 0의 명목이자율 목표보다 0의 실질이자율이나 공정이자율 목표를 주장해 오기도 했다.

먼저, 준칙적 이자율 정책의 문제점은 Palley(2015a)에 의해 강하게 제기되었는데, 그는 이자율을 고정시키면 신축적인 통화정책의 사용이 불가능해져 실업, 복지, 금융 교란의 실물 충격에 대한 대응이 약화된다고 비판한다. 민간의 총수요가 강할 때 정부는 이자율 조정 대신 공공부문 지출이나 복지지출을 축소할 수밖에 없으며, 금융교란에 대해서도 이자율 조정을 통해 대응할 수 없게 되어 그 효과가 그대로 실물경제에 미치게 된다는 것이다.

다음으로, 인플레이션 불안정이 심화될 가능성에 대해서는 Rochon and Setterfield(2007), Smithin(2007, 2016), Palley(2015a, 2015b)가 모두 비판하고 있다. 이들은 경제가 완전고용에 가깝고 물가가 상승하는 상황에서도 명목이 자율을 0으로 유지하면 지속적인 인플레이션이 초래된다고 비판한다. 특히, Smithin은 기준금리를 실질이자율로 정하면 실질이자율을 인하하더라도 1회의 인플레이션 상승에 그치지만, 기준금리가 명목이자율로 낮게 정해지면 한 번의 인플레이션이 지속적인 인플레이션 상승으로 이어져 인플레이션 불안정을 낳는다고 비판한다(Smithin, 2007).

마지막으로 명목 기준금리를 0으로 설정하는 것의 분배 관점에서의 문제는, 현대화폐이론에 대한 비판이라기보다는 서로 다른 관점이 이전부터 제시되어 왔다. Wray가 주장하는 0의 명목이자율 설정은 인플레이션이 있을 경우 금리생활자의 실질이자율이 (-)가 되게 하여 이들의 금융자산 가치 하락을 낳는다. 한편, Smithin(2007)은 실질이자율을 0으로 설정하자고 주장하고 있는데, 그렇게 하면 기존 금융자본의 가치 손실까지로 나아가지는 않는다. Lavoie and Seccareccia는 퇴직자 등 금리생활자의 현실적 존재를 인정하면서, 이자율 정책을 분배의 중립성을 유지하도록 운용하자고 주장한다. 그러기 위해서는 정책 기준금리를 인플레이션율과 노동생산성 성장률의 합계와 같도록, 즉 $i=\lambda+\pi$가 되도록 (i는 명목이자율, λ는 평균노동생산성 성장률, π는 인플레이션율) 정해야 한다. 이들은 이를 '공정'이자율(Lavoie and Seccareccia, 1999)이라고 불렀는데, 이 공정이자율에서는 실질이자율이 노동생산성 증가율과 같게 된다. 그렇게 되면, 실질이자율이 노동생산성 증가에 따라 실질임금 상승률, 이윤율 증가율과 같은 비율로 상승하게 되어 분배의 변화가 발생하지 않는다는 것이다 (Seccareccia and Lavoie, 2016).

현대화폐이론가들은 앞의 두 가지 비판에 대해서는 반론을 제시했다. 그러나 이자율 설정의 문제에 대해서는 별다른 논의가 전개되지 않았다. 먼저, 자유재량 대신 준칙적 이자율 정책 운용과 관련해서, Tymoigne and Wray(2015)는 경제의 미세조정을 위해 이자율을 재량으로 운용하는 것이 효과가 없을 뿐만 아니라 금융시장의 불안정만 심화시킬 뿐이라고 이전의 주장(Wray, 2007)을 확인한다. 이들은 미세조정을 위해 이자율을 재량적으로 운용하는 것은 다음과 같은 문제가 있다고 주장한다. 첫째, 이자율에 대한 경제활동의 민감도가 전반적으로 매우 낮고 (호황기에는 감소), 둘째 이자율 조정을 통해서 미세조정과 금융안정을 동시에 얻을 수 없으며, 셋째 이자율의 인상은 차입비용 증가를 통해 생산비용이나 가격을 상승시켜 오히려 인플레이션을 야기한다. 다음으로, 이자율 고정으로 인한 금융불안정의 심화 비판에 대해서는 이자율 조정을 통해서 금융안정을 달성하려는 시도는 그 효과가 제한되어 있고 실제로 금융안정을 해칠 수 있다고 반박한다. Tymoigne and Wray(2015)는 금융안정을 위해서는 정책기준금리의 조정이 아니라, 정부가 민간의 안정적인 부채조달을 관리하고, 장기관계를 촉진하는 은행구조를 형성하며, 금융혁신에 대해 규제를 시행하는 것이 필요하다고 주장한다. 즉 금융안정은 통화정책이 아니라 금융정책을 통해 접근해야 한다는 것이다.

3. 논의 : 통화정책의 자본이득과 금융안정에 대한 영향

기준금리 조정의 통화정책이 실물경제 활동에 대한 영향보다는 분배에 더 큰 영향을 미친다는 점은 포스트케인스주의 경제학자들에게는 널리 수용되고 있는 주장이다. 그리고 금융안정은 단순한 기준금리 조정만이 아니라 부채관리 등 금융정책을 통해서 이루어져야 한다는 주장도 타당하다. 그러나 통화정책이 금리생활자의 소득분배에 영향을 미친다고 할 때, 현대화폐이론가나 이를 비판하는 포스트케인스주의자들은 모두 이 소득분배를 단순히 이자소득만으로 고려하고 있다. 현대 경제에서 금리생활자의 소득분배 몫이 단순히 이자나 배당소득만이 아니라 자본이득에 의해 중요하게 결정된다는 점을 고려한다면, 통화정책의 소득분배 효과에 대한 이들의 논의는 상당히 제한적이라고 할 수 있다.

낮은 명목기준 금리 고정은 금리생활자들의 이자소득을 낮은 수준으로 유지시킬 수 있으나 이들의 금융증권이나 부동산과 같은 자산에 대한 투자를 증가시키게 만든다. 이러한 투자 증가가 자산가격의 상승을 수반하게 되면, 이들의 자본이득이 증가하게 된다. 더욱이 자산가격이 지속적으로 상승하게 되면, 금리생활자들은 이자소득을 위한 저축보다는 자본이득을 위한 차입-투자를 증가시킬 것이다. 낮은 이자율 정책이 오히려 금리생활자의 자본이득을 증가시켜 이들의 소득분배 몫을 증가시키는 결과를 초래한다. 따라서 정책 기준금리를 0에 고정시키는 것보다는 자산시장의 가격변동을 안정시킬 수 있도록 낮은 수준의 일정 범위에서 탄력적으로 운용하는 것이 더 바람직하다고 할 수 있을 것이다.

또한 0의 명목금리 유지는 자산가격의 상승에 따른 금리생활자의 소득분배몫의 증가에서 멈추지 않고, 금융시장 전체의 불안정을 초래할 수 있다. 자산가격의 비정상적인 상승으로 인한 투기의 과열과 거품의 형성은 이 거품의 붕괴와 자산가격의 폭락을 가져온다. 이렇게 되면, 관련 자산시장은 물론 금융시장 전체의 교란을 가져와 금융안정을 크게 저하시킨다. 사실, 최근에 발생한 대부분의 금융위기는 이러한 자산가격의 거품 형성과 붕괴와 관련이 있었다.

따라서 통화정책 수단으로서의 기준금리 운용은 그 목표를 금리생활자의 이자소득 분배의 합리화뿐만 아니라, 자산가격 변동에 따른 자본이득의 비합리적 수취를 억제하는 데 두어야 한다. 그리고 이를 통해 금융시장과 부동산 시장의 자산가격 안정과 금융안정을 달성할 수 있도록 해야 한다. 물론, 자산가격 안정은 일차적으로는 금융정책이나 부동산정책으로 대응해야 하지만, 통화정책도 이에 협력하는 것이 필요하다. 이를 위해서는 정책 기준금리를 0에 고정시키기 보다는 이러한 목표를 달성할 수 있도록 낮은 수준에서 탄력적으로 운용하는 것이 적절하다고 할 수 있을 것이다.

VI 맺음말

현대화폐이론 주장자들은 현대 화폐제도에 대한 새로운 해석을 통해, 기존의 경제학에서 양립하기 어렵다고 주장해 온 완전고용과 물가안정이라는 두 가지의 목표를 동시에 달성할 수 있는 논리와 정책수단을 제시했다. 이들은 정부가 최종고용자로서 완전고용을 제공하도록 재정정책의 목표를 세워 운용할 수 있으며, 정부고용 임금의 적절한 수준 설정을 통해 인플레이션 압력을 제거할 수 있다고 주장한다. 최종고용자 프로그램에 지출되는 비용은 정부의 국가화폐 발행을 통해 충분히 조달 가능하며, 국가화폐 발행의 과다에 따른 기준금리 하락이나 소비증가 압력의 문제는 조세와 국채발행을 통해 조절할 수 있다는 것이다. 또한 정부고용 임금은 전체 노동시장의 임금 앵커로 작용하여 임금상승에 따르는 지속적 인플레이션을 억제할 수도 있다고 주장한다. 더 나아가 이들은 명목 기준금리를 영(0)으로 고정시키는 통화정책을 주장한다. 이는 이자율이 경제안정화에 영향을 미치는 거시변수가 아니라 분배에 영향을 미치는 분배변수이기 때문에, 기준금리를 영으로 고정시킴으로써 금리생활자에 대한 소득분배를 합리적으로 만들수 있다는 것이다.

이러한 현대화폐이론의 주장에 대해 비주류경제학계, 특히 포스트 케인스주의 학파 내에서의 다양한 비판이 제기되었다. 이 글에서는 이러한 비판들 중 국가화폐의 기원과 유통의 원동력, 화폐내생성과의 이론적 조응문제, 재정지출을 위한 국가화폐의 공급이 제약 없이 이루어질 수 있는가의 문제, 완전고용과 물가안정의 동시 달성이 가능한가의 문제, 정부의 최종고용자 프로그램의 실행가능성, 통화정책 수단으로서의 기준금리 고정의 문제점 등에 대한 비판과 이에 대한 현대화폐이론 주장들의 반박으로 이어진 논의들을 다루었다. 그리고 이들 논의의 개선을 위해, 특히 현대화폐이론의 발전을 위해 어떤 문제들이 더 보완되고 고려되어야 하는지에 대한 의견을 제시했다. 우리가 각 논의의 분석과 검토를 통해 제시한 보완 및 고려 사항은 다음과 같다.

첫째, 국가화폐의 본성과 공급과 관련해서는, 국가화폐의 수용이 조세부과에 의해서만이 아니라, 화폐 그 자체가 갖는 유동성 때문이라는 점을 강조해야 한다. 그리고 화폐 공급의 내생성을 경제주체 기준이 아니라 화폐공급 목적 기준으로 파악해야 한다. 그렇게 하면, 중앙은행이 발행하는 본원통화로 정의되는 국가화폐는 정부의 재정지출 수요에 의해 공급되는 내생적 특성을 갖는다고 주장할 수 있다. 즉, 정부는 기업과 마찬가지로 자본과 노동의 고용을 위한 재정지출을 조달하기 위해 중앙은행으로부터 차입한다. 물론, 자율제약이 있더라도 상업은행을 통해 간접적으로 차입이 가능하다. 이때 중앙은행이 이 차입수요를 수용하면 공급은 내생적이 되는 것이다.

둘째, 우리가 본원통화의 순환주기를 최초의 순수한 형태에서부터 시작해 화폐스톡이 축적되는 과정을 분석하면, 정부가 재무부와 중앙은행으로 분리되고 자율 제약이 부과되더라도, 재무부는 재정지출에 필요한 자금을 사전 세입 없이도 화폐발행을 통해 조달할 수 있다는 점을 보일 수 있다. 국가화폐인 본원통화의 순환을 최초의 주기로부터 시작해서 보면, 민간부문에 화폐축적이 전혀 없는 최초 순환주기에 정부의 화폐공급 없이는 민간은 조세지불이나 채권매각 대금 지불을 위한 화폐수입을 얻을 수 없다. 이 최초 순환이 화폐창출의 순수한 형태이다. 이 순환에서 조세수입이나 채권매각 대금은 사후적 세입이며, 정부의 재정지출을 제약하지 않는다. 최초 순환에서 재무부의 중앙은행 차입을 금지하는 자율제약은 사실 불가능하다. 그러나 여러 순환이 지속된 후 민간에 화폐스톡의 축적이 충분히 이루어지는 경우에는 자율제약이 가능하다. 그렇더라도, 재무부는 상업은행을 거쳐 간접적으로 적자 지출을 차입을 통해 조달할 수 있다.

셋째, 재정정책의 목표를 건전재정이나 물가안정 보조가 아니라 완전고용에 두어야 하며, ELR 정책은 일반적인 총수요창출 정책과는 다르다는 점이 강조되어야 한다. 그렇게 되면, 다소의 인플레이션을 용인하더라도 완전고용을 유지하는 것에 목표를 두는 것이 바람직하며, 또 ELR 정책은 총수요창출 정책처럼 지속적인 인플레이션 압력으로 작용하지 않는다는 것을 주장할 수 있다. 더욱이 인플레이션 안정 대책은 ELR 정책의 포기가 아니라, 소득정책, 조세정책, 공정거래 정책 등 다른 정책들을 통해서 다루어져야 한다는 점을 이해하는 것도 중요하다.

넷째, 금리생활자의 소득분배 몫 합리화를 위해서는 통화정책을 0의 기준금리 고정으로 하는 것만으로 불충분하다는 점을 고려해야 한다. 현재 금리생활자의 주요 소득은 이자소득만이 아니라 자본이득이라는 점을 고려한다면, 낮은 이자율이 자산가격 변동에 미치는 영향을 충분히 분석해야 한다. 또한 고정적인 0의 기준금리가 부동산이나 금융자산의 투기적 수요와 가격상승을 초래한다면, 자산시장에서 투기와 거품을 낳아 금융안정을 해칠 수 있다는 점도 고려되어야 한다.

참고문헌

나원준, 2019, 이 책 제3장.
나원준, 2020, 이 책 제8장.
민병길·박원익, 2019, 이 책 제11장.
신희영, 2020, 이 책 제5장.
유승경, 2019, "현대화폐이론의 실제적 함의", 『시대』, 제72호 (2019년 10월호), 정치경제연구소 대안.
조복현, 2001, "포스트케인지언 화폐이론의 몇 가지 문제점", 『사회경제평론』, 제17호, pp. 245-282.

Bell, Stephanie, 2000, "Do Taxes and Bonds Finance Government Spending?", *Journal of Economic Issues*, Vol. 34, No. 3, pp. 603-620.
Bell, Stephanie, 2001, "The Role of the State and the Hierarchy of Money", *Cambridge Journal of Economy*, Vol. 25, pp. 149-163.
Epstein, Gerald, 2019, "The Institutional, Empirical and Policy Limits of 'Modern Money Theory'", PERI Working Paper Series, No. 481, PERI, University of Massachusetts at Amherst.
Fiebiger, Brett, 2012, "Modern Money Theory and 'Real-World' Accounting of 1-1〈0", PERI Working Paper Series, No. 279, PERI, University of Massachusetts at Amherst.
Fiebiger, Brett, 2016, "Fiscal Policy, Monetary Policy and Mechanics of Modern Clearing and Settlement Systems", Review of Political Economy, Vol.28, No. 4, pp. 590-608.
Forstater, Mathew and Mosler, Warren, 2005, "The Natural Rate of Interest is Zero", Journal of Economic Issues, Vol. 39, No. 2, pp. 535-542.
Fullwiler, Scott, 2010, "Modern Monetary Theory—A Primer on the Op-

erational Realities of the Monetary System", Available at SSRN: https://ssrn.com/abstract=1723198 or http://dx.doi.org/10.2139/ssrn.1723198.

Fullwiler, Scott; Kelton, Stephanie and Wray, L. Randall, "Modern Money Theory: A Response to Critics", PERI Working Paper Series, No. 279, PERI, University of Massachusetts at Amherst.

Gnos, Claude and Rochon, Louis-Phillippe, 2004, "Money Creation and the State: A Critical Assesment of Chartalism", *International Journal of Political Economy*, Vol. 32, No. 3 pp. 41-57.

Graziani, Augusto, 1990, "The Theory of Monetary Circuit", *Economies et Societes*, Vol 24, No. 6, pp. 7-36.

Kalecki, Michal, 1971[2010], *Selected Essays on the Dynamics of the Capitalist Economy 1933-1970*, (조복현 옮김, 2010, 『자본주의경제 동학 에세 이 1933-1970』, 서울; 지식을 만드는 지식 클래식).

Keynes, John Maynard, 1930[2011], *A Treatise on Money*, New York: Harcourt Brace and Company.

Keynes, John Maynard, 1936, *General Theory of Employment, Interest and Money*, London: Macmillan.

Knapp, Georg Friedrich, 1924, *The State Theory of Money*, London: Macmillan & Company Limited.

Lavoie, Marc, 1992, *Foundation of Post Keynesian Economic Analysis*, Cheltenham, UK: Edward Elgar.

Lavoie, Marc, 2013, "The Monetary and Fiscal Nexus of Neo-Chartalism: A Friendly Critique", *Journal of Economic Issues*, Vol. 47, No. 1, pp. 1-31.

Lavoie, Marc, 2019, "Modern Money Theory and Post-Keynesian Economics", *Real-World Economic Review*, Issue No. 89, pp. 97-108.

Lavoie, Marc and Seccareccia, Mario, 1999, "Fair Interest Rates." In O'Hara,

P.A. (ed.), *Encyclopedia of Political Economy*, Vol. 1, pp. 543 – 45. London: Routledge.

Lerner, Abba P., 1943, "Functional Finance and the Federal Debt", *Social Research,* Vol. 10, No. 1, pp. 38-51.

Levrero, Enrico Sergio, 2019, "On the Criticisms of and Obstacles to the Employer of Last Resort Policy Proposal", *International Journal of Political Economy*, Vol. 48, Issue 1, pp. 41-59.

Mehrling, Perry, 2000, "Modern Money: Fiat or Credit?", *Journal of Post Keynesian Economics* Vol. 22, No. 3, pp. 397-406.

Minsky, Hyman P., 1986, *Stabilizing Unstable Economy*, New Haven: Yale University Press.

Mitchell, William F., 1998, "The Buffer Stock Employment Model and the NAIRU: The Path to Full Employment", *Journal of Economic Issues*, Vol. 32, No. 2, pp. 547-555.

Mitchell, William F., 2016, "Modern Money Theory – What is New about It?- Part 2", Bill Mitchell-Modern Monetary Theory Blog (http://bilbo.economicoutlook.net/blog/?p=34204) (2020. 02. 05 접속).

Mitchell, William and Wray, L. Randall, 2005, "In Defense of Employer of Last Resort: A Response to Malcolm Sawyer", *Journal of Economic Issues*, Vol. 39, No. 1, pp. 235-245.

Mosler, Warren, 1997-98, "Full Employment and Price Stability", *Journal of Post Keynesian Economics* Vol. 20, No. 2, PP. 167-182.

Mosler, Warren and Forstater, Mathew, 1999, "A General Analytical Framework for the Analysis of Currencies and Other Commodities", In Davidson, Paul and Kregel, Jan (eds.), *Full Employment and Price Stability in a Global Economy*. pp. 166-177, Cheltenham, UK: Edward Elgar.

Palley, Thomas, 2015a, "Money, Fiscal Policy, and Interest Rates: A Critique of Modern Money Theory", *Review of Political Economy*, Vol. 27, No. 1, pp. 1-27.

Palley, Thomas, 2015b, "The Critics of Modern Money Theory(MMT) are Right", *Review of Political Economy*, Vol. 27, No. 1, pp. 45-61.

Palley, Thomas, 2019, "What's Wrong with Modern Money Theory(MMT): A Critical Primer", FMM Working Paper, No. 44, Forum for Macroeconomics and Macroeconomic Policies, IMK.

Parguez, Alain, 2002, "A Monetary Theory of Public Finance", *International Journal of Political Economy*, Vol. 32, No. 3 pp. 80-97.

Parguez, Alain and Seccareccia, Mario, 2000, "The Credit Theory of Money: The Money Circuit Approach", In John Smithin (ed.), *What is Money?*, pp. 101-123, London: Routledge.

Rochon, Louis-Phillippe and Setterfield, Mark, 2007, "Interest Rates, Income Distribution, and Monetary Policy Dominance: Post Keynesians and the 'Fare Rate' of Interest", *Journal of Post Keynesian Economics* Vol. 30, No. 1, pp. 13-40.

Rochon, Louis-Phillippe and Vernengo, Matias, 2003, "State Money and the Real World: or Chartalism and Its Discontents", *Journal of Post Keynesian Economics* Vol. 26, No. 1, pp. 57-67.

Rogers, Colin, 1989, *Money, Interest and Capital: A Study in the Foundation of Monetary Theory*, Cambridge: Cambridge University Press.

Sawyer, Malcolm, 2003, "Employer of Last Resort: Could it Deliver Full Employment and Price Stability?", *Journal of Economic Issues*, Vol. 37, No. 4, pp. 881-907.

Sawyer, Malcolm, 2019, "Modern Monetary Theory: Is There Any Added Value?", *Real-World Economic Review*, Issue No. 89, pp. 167-179.

Seccareccia, Mario, 2004, "What Type of Full Employment? A Critical Evaluation of 'Government as the Employer of Last Resort' Policy Proposal", *Investgation Economica*, Vol. 63, No. 247, pp. 15-43.

Seccareccia, Mario and Lavoie, Marc, 2016, "Income Distribution, Rentiers, and Their Role in a Capitalist Economy: A Keynes-Pasinetti Perspective", *International Journal of Political Economy*, Vol. 45, Issue 3, pp. 200-253.

Smithin, John, 2007, "A Real Interest Rate Rule for Monetary Policy?", *Journal of Post Keynesian Economics* Vol. 30, No. 1, pp. 101-118.

Smithin, John, 2016, "Endogenous Money, Fiscal Policy, Interest Rates and the Exchange Rate Regime: A comment on Palley, Tymoigne and Wray", *Review of Political Economy*, Vol. 28, No. 1, pp. 64-78.

Tobin, James and Golub, Stephen S., 1998, *Money, Credit, and Capital*, Boston: Irwin McGrow-Hill.

Tymoigne, Eric and Wray, L. Randall, 2015, "Modern Money Theory: A Reply to Palley", *Review of Political Economy*, Vol. 27, No. 1. pp. 24-44.

Wray, L. Randall, 1997, "Government as Employer of Last Resort: Full Employment without Inflation", Working Paper No. 213, Levy Economics Institute.

Wray, L. Randall, 1998, *Understanding Modern Money: The Key to Full Employment and Price Stability*, Northampton, MA: Edward Elgar.

Wray, L. Randall, 2007, "A Post Keynesian View of Central Bank Independence, Police Targets, and the Rule versus Discretion Debate", *Journal of Post Keynesian Economics* Vol. 30, No. 1, pp. 119-141.

Wray, L. Randall, 2015[2017], *Modern Money Theory: A Primer on Macroeconomics for Sovereign Monetary System,* Second Edition, New York: Palgrave Macmillan (홍기빈 옮김, 2017, 『균형재정론은 틀렸다』, 서울: 책담).

Wray, L. Randall, 2019, "Alternative Paths to Modern Money Theory", *Real-World Economic Review*, Issue No. 89, pp. 5-22.

Wray, L. Randall, 2020, "MMT: Report from the Front(Part 2)", New Economics Perspective Blog, http://neweconomicperspectives.org/2019/10/ mmt-report-from-the-front-part2.html (2020. 01. 30 접속)

Ⅲ

MMT와 비전통적 통화정책, 기본소득, 암호화폐

8장

비전통적 통화정책과 현대화폐이론(MMT)

나원준(경북대학교 경제학과)

I 서론

오늘 세계 주요 중앙은행은 저성장과 저물가를 배경으로 정책금리를 낮은 수준으로 운영하고 있다. 세계 주요 국채들의 수익률은 마이너스를 기록하고 있다. 이런 가운데 향후 세계경제가 다시 위기를 겪게 된다면 각국 중앙은행과 정부는 이에 어떻게 대처할 수 있을까? 금리경로에 의존하는 전통적인 통화정책은 이 물음에 대한 적절한 대답이 더 이상은 아닐 수 있다. 이 점은 한국경제도 예외가 아닌 것으로 보인다. 추가적인 금리인하의 여지가 크지 않은 가운데 마이너스 산출 갭이 지속되고 있기 때문이다. 그렇다고 해서 재정정책이 손쉬운 만병통치약인 것은 아니다. 확장 재정정책 또한 구축효과, 국가채무 부담, 인플레이션 가능성 등을 둘러싼 시민사회 내의 우려와 맞서야 하는 정치적 과정의 어려움이 있고 내부시차로 인해 적시 대응이 곤란한 약점을 안고 있기 때문이다.

세계 주요국의 잠재성장률이 추세적으로 하락하는 가운데 기준금리가 결국 제로하한에 근접하게 될 것이라는 우려가 짙다. 장기적으로는 새로운 통화정책운영체계를 모색해야 한다는 예측이 힘을 얻고 있다. 기준금리가 일종의 실효하한에 더욱 가까워지면 금리를 대신해 저성장과 저물가의 고착화에 대응할 통화정책수단이 있어야 한다. 그런 점에서 비전통적 통화정책에 대한 고민은 지금 우리에게 성급한 것만은 아니다.

세계경제가 다시 위기를 맞게 된다면, 결국 우리는 재정정책과 비전통적 통화정책, 그리고 그것들의 조율된 결합에 대해 고민할 수밖에 없을 것으로 보인다. 새로운 경제위기까지 나아가지 않더라도, 오늘 세계경제가 해결해야 하는 당면 과제로서 에너지 전환 등을 위한 대담한 공공투자의 필요성은 크며 이를 위한 정책 비전은 다시금 재정정책이나 비전통적 통화정책과 관련될 수 있다. 이런 점들이 비전통적 통화정책에 대해, 그리고 현대적 화폐제도라는 맥락 하에서 재정정책의 가능성과 한계를 파악하려는 새로운 시각인 현대화폐이론(Modern Monetary Theory, 이하 MMT)에 대해 오늘 우리가 관심을 갖게 되는 이유이다.

이 글은 포스트케인지언 내생화폐론의 시각에서 재정정책과 통화정책의 새로운 조합의 가능성에 주목하고자 한다. 이를 위해 먼저 글로벌 금융위기 이후 양적완화(QE, Quantitative Easing)가 도입된 역사적 과정을 개관하고 양적완화의 전달경로에 내포된 문제점을 비판적으로 조명한다.[1] 그리고 실물경제에 대한 직접적인 지원(going direct)을 특징으로 하는 대안적 정책 구상으로서, 전략적 양적완화(Strategic QE)와 헬리

---

[1] 논문에서 위기의 전개 및 연방준비제도의 대응이라는 역사적 과정은 Bernanke(2014) 등에 따르며, 필자의 시각은 Lavoie(2010, 2014, 2016a, 2016b, 2019a), Fullwiler(2013), Lavoie and Fiebiger(2018) 등에 기초한 것이다.

콥터머니(Helicopter drop)에 대해 살펴본다. 이상 비전통적 정책 각각에 대해 그것의 대차대조표 효과가 분석될 것이다. 그런 다음 이 글에서는 MMT의 이론에 대해 논의한다. 글의 앞부분에 제시된 비전통적 통화정책은 대체로 재정정책과의 긴밀하게 조율된 결합을 특징으로 하는데 MMT는 바로 그런 관점에서 검토가 필요한 이론이기 때문이다. 결론에서는 MMT의 정책시사점을 요약한다.

II 글로벌 금융위기 당시의 양적완화

글로벌 금융위기를 거치면서 미국 연방준비제도를 비롯한 세계 주요 중앙은행의 통화정책 운영체계에는 중요한 변화가 초래되었다. 이 제도적 변화는 통화정책에 대한 전통적인 이해방식에 대해서도 변화를 요구했다. 위기의 개시 시점은 2007년 8월로 거슬러 올라간다. 당시 유럽 단기자금시장의 신용 경색이 미국으로 확산되면서 연방준비은행이 유동성 지원에 나섰다. 그 결과 연방 자금금리(FFR, federal funds rate)가 기준금리 목표치를 30bp 이상 하회하는 가운데 위기는 빠르게 진정되었다. 경제 펀더멘털은 여전히 건강하다는 믿음이 있었다. 하지만 2007년 9월로 접어들면서 연방공개시장위원회는 기준금리 인하를 개시해야 했고, 연말에는 기존의 산발적인 유동성 지원보다 영속적인 효과를 가진 신용완화(credit easing)가 시작되었다.

2007년 12월 신용완화의 내용은 TAF(Term Auction Facility, 기간물 입찰 대출) 제도를 도입한 것이었다. 이를 통해 은행을 대상으로 최장 3개월 만기의 담보대출이 제공되었다. 입찰을 거쳐 유동성이 가장 급한 은행들이 지원을 받았다. 이 조치로 지급준비금이 잉여 상태가 되면서 연방자금금리가 목표치를 이탈해 큰 폭으로 하락했다. 이에 연방준비제도는 이번에는 연방자금금리를 목표치 수준에서 지지하기 위해 레포(Repo, 환매조건부 국채매매) 매도(즉 Reverse Repo)의 공개시장운영을 병행했다.

2007년 9월 이후 2008년 9월의 리먼브러더스 사태 전까지 연방준비은행은 은행들을 대상으로 한편으로는 대부를 제공하거나 장기 국채 및 MBS(주택저당증권), ABCP(자산유동화 기업어음) 등 위험 자산을 매입하는 동시에 다른 한편으로는 지급준비금 잉여를 해소하기 위해 재정증권(treasury bill)을 레포 매도했다. 유동성이 다른 자산을 맞바꾸는 일종의 자산 스왑(asset swap)이 이루어졌다. 이 기간 신용완화는 지급준비금의 수급 불균형을 해소해 연방자금금리 목표를 지키려는 불태화(sterilization)를 수반했던 것이다. 이에 따라 연방준비제도의 대차대조표 규모에는 큰 변동이 없었다. 신용완화가 연방준비제도와 시중은행의 대차대조표에 미친 효과는 **그림 1**의 (가)와 (나)처럼 나타낼 수 있다.

2008년 9월 초에는 패니메이(Fanny Mae)와 프레디맥(Freddie Mac)이 제한적 파산 상태로 판정되어 정부가 관리하는 컨서버터쉽(conservatorship) 상태에 놓이게 되었다. 그럼에도 불구하고 실세 연방자금금리는 기준금리 2% 수준을 이탈하지 않고 있었다. 하지만 같은 달 15일, 리먼브러더스가 파산하면서 상황은 걷잡을 수 없이 변했다. 거래상대방 위험(counterparty risk)이 고조되면서 기업어음시장이 얼어붙고 레포 거래가 사실상 끊겼다. 단기자금시장의 신용 경색이 확산되면서 자금시장펀드(MMF)의 대량 환매가 이어졌다. 부채담보부증권(CDO)의 신용위험을 거래하는 신용부도스왑(credit default swap)에서 보장 매도를 통해 수익을 올렸던 대형 보험사 AIG는 구제금융을 받아야 했다. 연방 자금금리는 급등했고 반대로 안전자산으로 간주된 재정증권의 수익률은 급락했다.

이어지는 몇 주 동안 연방준비은행은 위험 자산 매입을 본격화하면

그림 1   신용완화 1단계 : 2008년 9월 리먼브러더스 사태 이전

(가)   기간물 입찰 대출(TAF)의 경우

1) 대출 실행(A1)

중앙은행				시중은행			
대부	+X	지준	+X	지준	+X	차입	+X

2) 불태화(B0)

중앙은행				시중은행		
재정증권	-X	지준	-X	재정증권 지준	+X -X		

3) 종합(A1+B0)

중앙은행				시중은행			
대부 재정증권	+X -X			재정증권	+X	차입	+X

(나)   자산 매입의 경우

1) 자산 매입(A2)

중앙은행				시중은행		
MBS	+X	지준	+X	MBS 지준	-X +X		

2) 종합(A2+B0)

중앙은행				시중은행		
MBS 재정증권	+X -X			MBS 재정증권	-X +X		

서 유동성 지원을 확대했다. 이로 인해 지급준비금이 잉여 상태로 반전되면서 연방자금금리는 다시 급락했다. 그런데 이 과정에서 연방준비은행의 재정증권 보유 물량이 소진되면서 연방준비은행으로서는 자체적으로 기준금리를 지키는 데 있어 한계에 봉착하게 되었다. 이에 재무부가 재정보완계획(SFP, Supplementary financing program)을 통해 재정증권을 발행하고 이를 은행들이 인수하는 불태화 방식이 활용되었다.

그림 2   신용완화 2단계 : 재무부 재정보완계획

1) 자산 매입과 이에 따른 지급준비금 잉여(A)

중앙은행			시중은행	
MBS	+X	지준	+X	지준	+X
				MBS	-X

2) 재무부 재정보완계획 실행에 따른 불태화(B)

정부			시중은행	
정부예금	+X	재정증권	+X	재정증권	+X
				지준	-X

중앙은행	
지준	-X
정부예금	+X

3) 종합(A+B)

중앙은행			시중은행	
MBS	+X	정부예금	+X	MBS	-X
				재정증권	+X

　　재무부 재정보완계획에 따른 신용완화의 대차대조표 효과는 **그림 2**의 1) 과 2)의 두 단계로 나누어 이해할 수 있다. 먼저 1)에서 연방준비은행이 위험 자산을 매입한 결과 지급준비금이 잉여 상태가 되면, 2)에서 정부가 재정증권을 발행함으로써 지급준비금 잉여를 해소한다. 이어지는 3)은 1)과 2)의 두 과정을 종합한 결과이다. 결과적으로는 지급준비금 과부족이 사라지면서 기준금리를 지켜낼 수 있었다. 하지만 이 과정에서는 리먼브러더스 사태 이전의 신용 완화에서 볼 수 없었던 현상이 나타났다. 연방준비제도가 자산을 매입한 규모만큼 연방준비제도의 대차대조표가 확대되기 시작한 것이었다.

　　하지만 법정 채무 한도 문제에 발이 묶여 이 재정보완계획을 통한 재정증권 추가 발행도 여의치 않게 되면서 연방준비제도는 결국 자산 매입에 따른 지급 준비금 잉여 상태를 해소하려는 불태화 시도를 중단

그림 3 연방자금시장에서 지급준비금 수급상황의 변동

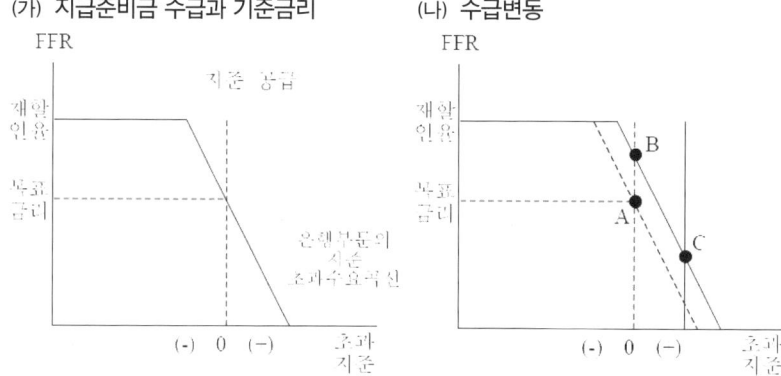

하게 되었다. 연방자금금리에 대한 통제력이 상실되는 순간이었다. 이후 연방준비제도의 자산 매입은 더 이상 정부예금의 증가가 아닌 지급준비금 증가를 수반하면서 대차대조표의 본격적인 확대로 이어졌다. 바로 이 단계의 신용완화를 앞의 두 단계와 대비시켜 양적완화라고 부른다.

익일물 단기자금이 거래되는 연방자금시장에서 지급준비금 수급상황의 변동은 **그림 3**과 같이 설명될 수 있다. 리먼브러더스 사태 전까지 연방준비제도는 지급준비금 수요의 변동에도 불구하고 자산 매입과 불태화를 통해 이를 대체로 성공적으로 수용해 왔다. 이에 따라 시장은 점 A의 균형 상태를 유지했다. 그러나 사태 직후 지급준비금 수요의 급격한 변동을 연방준비은행이 수용하지 못하면서 연방자금금리가 점 B의 수준으로 급등했다. 이후 연방준비제도가 다시 자산 매입에 나서고 양적완화 단계로 접어들면서 지급준비금은 잉여 상태로 전환되었고 이에 따라 연방자금금리는 목표금리를 하회하는 점 C의 수준까지 하락했다.

기준금리를 지키려는 연방준비제도의 노력은 2008년 10월 9일 지준부리(IOR, interest on reserve)의 도입으로 이어졌다. 대기성 여신 금리와 수신 금리가 각각 익일물 실세금리의 상한과 하한으로 작동하는 코리도 시스템(corridor system)이 그것이었다. 그러나 지준부리에도 불구하고 목표금리와 실세금리 간 괴리는 지속되었다. 2008년 10월 기준금리는 1.5%, 지준부리 금리는 초과지급 준비금에 대해서는 0.75%, 법정지급준비금에 대해서는 1.4%였는데 실세금리는 주로 0.75% 근방에서 형성되었다. 이는 지급준비금 잉여가 지속되고 있음을 반영하는 것이었다.

실세금리가 목표금리를 하회하는 가운데 연방준비제도는 2008년 11월 6일, 플로어 시스템(floor system)을 도입했다. 플로어 시스템은 기준금리 목표를 실세금리의 이론적 하한인 대기성 수신 금리, 즉 지준부리 금리에 일치시키는 것으로서 지급준비금 잉여를 해소하지 않으면서도 목표금리를 달성할 수 있는 특징이 있다. 하지만 이 시기 실세금리는 목표금리 1%보다 낮은 0.1%~0.6% 범위에서 형성되었다. 결국 연방준비제도는 2008년 12월 17일, 지준부리 금리를 0.25%로 낮추고 목표금리는 이를 초과하지 않는 범위의 제로금리로 조정했다. 그리고 이를 통해 비로소 연방자금금리에 대한 명목상의 통제를 회복할 수 있었다. 그림 4의 (가)와 (나)는 각각 코리도 시스템과 플로어 시스템을 나타낸다.

코리도 시스템은 1990년대 들어 뉴질랜드와 노르웨이 등에서 도입

그림 4 코리도 시스템과 플로어 시스템

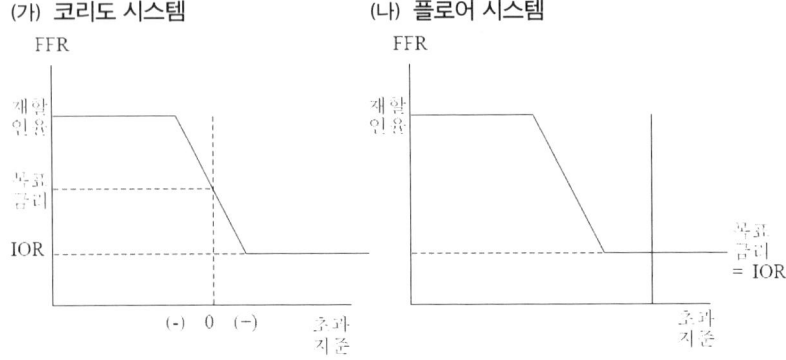

된 통화정책체계로서, 이 시스템에서는 기준금리 정책과 지급준비금 공급의 조절이 분리(decouple)될 수 있다. 실세금리의 상한인 재할인율과 하한인 지준부리 금리를 접근시킨다면 지급준비금 공급을 조절하지 않아도 실세금리를 목표금리에 접근시킬 수 있기 때문이다. 이와 같은 가능성은 Woodford(2000), Goodfriend(2002) 등에서도 인식되었고, Borio and Disyatat(2010)에서 강조되었다. 이론적으로는 지급준비금의 대규모 잉여에도 불구하고 기준금리 인상이 불가능하지 않은 것이다. 연방준비제도의 플로어 시스템은 변형된 코리도 시스템으로서 이러한 분리를 완전하게 활용할 수 있는 통화정책체계였다. 플로어 시스템 역시 금융위기 전에 뉴질랜드와 노르웨이 양국에서 도입되었으며 포스트케인지언 연구 가운데에서는 Fullwiler(2005)에 의해 제안되었다.

연방준비제도가 플로어 시스템을 정당화한 논리는 지급준비금의 대규모 잉여 상황이 은행의 신용공급을 늘릴 수 있다는 것이었다. 이는 전통적인 금리경로를 대신해 뉴케인지언 은행대출경로를 통화정책의 파급메커니즘으로 강조하는 시각으로서, 여기에는 지급준비금의 증가가 대출의 증가로 이어진다는 통화주의적 사고의 잔재가 깔려 있다고 하겠다. 그런데 지급준비금이 대출로 이어진다면, 지준부리야말로 은행의 초과지급준비금 보유 동기를 강화하는 잘못된 정책일 것이다. 실제로 이 시기에는 대출되지 않았다는 의미에서 미활용 상태인 초과 지급준비금(idle reserve)에 대해 과세해야 한다는 주장이 대두되기도 했다.

지준부리에 대한 과세는 지급준비금 수요를 위축시키므로 틀림없이 익일물 연방자금금리를 떨어뜨렸을 것이다. 하지만 그렇다고 은행들이 대출에 나서는 일은 없었을 것이다. 시재금을 논외로 하면, 지급준비금은 대출될 수 없다. 따라서 지급준비금 보유분이나 지준부리에 대해 과세를 해도 대출이 늘거나 줄지 않는다. 지준부리 논란에 대한 연방준비제도 내부의 입장은 일치되지 않았던 것으로 보인다. 예를 들어 Keister and McAndrews (2009)에서는 초과지급준비금이 대출로 이어지거나 인플레이션을 유발한다는 통념이 부인되기도 했다. 이상 살펴본 것처럼 연방준비제도가 통화정책체계를 변화시키면서 금융위기에 대응해온 과정을 고려한다면, 양적완화는 연방준비제도가 애초부터 의식적으로 설계한 의도적인 정책은 아니었던 것으로 보인다. 그것은 금융시장 안정과 연방자금금리에 대한 통제를 회복하려는 부단한 노력의 산물이었다. 지급준비금 수요의 변동에 대한 수용의 실패라는 점에서 이 정책은 통화정책의 위기를 드러내는 것이기도 했다.

신용완화를 거쳐 양적완화 단계로 오면서 연방준비제도의 목표는 위험 증권 매입으로 신용위험을 흡수하는 동시에 은행 부문의 유동성을 보강하는 것이 되었다. 양적완화에서는 플로어 시스템에 기초해 제로금리를 유지하는 가운데 직접적으로는 지급준비금의 양을 타겟팅했다. 이는 익일물 금리를 통제함에 있어 국채의 레포 매매를 미세 조정수단으로 활용해온 전통적인 통화정책과는 달랐다. 기존에는 기조적인 유동성 팽창을 경계하는 차원에서 레포 매매가 주된 공개시장운영 방식이었던 반면에 양적완화에서는 직매입(outright purchase)이 중심이 되었다.

양적완화를 한마디로 정의한다면, 플로어 시스템의 제로금리 하에서 이루어진 자산 스왑이라고 할 것이다. 신용완화를 위한 자산 매입은 지속하되 불태화를 중단하고 지급준비금을 초과 공급한 것이었다. 이 과정에서 연방준비제도의 대차대조표는 확대되었다. **그림 5**는 양적완화가 연방준비제도와 시중은행의 대차대조표에 가져온 변화이다.[2]

---

2 세계 최초로 양적완화를 시작한 나라는 일본이다. 일본은 플라자 합의 이후 기준금리가 제로하한에 도달했다. 2001년에 양적완화를 개시했다. 미국과 일본의 양적완화는

그림 5　양적완화

중앙은행				시중은행		
MBS	+X	지준	+X	지준	+X	
				MBS	−X	

　양적완화 정책의 전달경로에 대한 논의는 일찍이 케인스의 『화폐론』으로까지 거슬러 올라간다. Kregel(2014)에 따르면 중앙은행의 자산 직매입은 장기 금리를 낮추는 효과가 있는 점에서 경제회복에 도움이 된다는 인식이 『화폐론』에서 발견된다. Lavoie(2016a)에 따른다면 『화폐론』에서 드러나는 케인스의 관점은, 지속적인 공개시장운영이 중앙은행의 대차대조표 크기를 키우면서 익일물 금리를 제로 수준까지 떨어뜨리는데 이 과정에서 장기금리의 하락과 주식가격의 상승이 수반되면서 경제가 침체로부터 회복될 수 있다는 것이 었다.

　양적완화의 전달경로로는 장기금리 하락을 통한 세 가지 채널이 강조되었다. 그 첫 번째는 투자자들의 위험회피 성향에 영향을 주는 포트폴리오 리밸런싱(portfolio rebalancing) 효과이다. 두 번째는 금융자산의 가격 상승을 가져오는 자산 효과(wealth effect)이다. 마지막 세 번째는 자국 통화의 평가 하락으로 해외 수요 확대를 가져오는 환율 효과이다.

정책 내용이 같지 않았다. 일본에서는 일본은행이 양적질적완화(QQE, Quantitative and Qualitative Easing)를 도입하기 전까지는 매입대상 증권을 장기국채로 제한했던 반면 미국에서는 연방 준비제도가 초기 신용완화 단계에서부터 위험자산을 매입했기 때문이다. 일본은행은 비전통적 통화정책을 도입하는 과정에서 단계적 접근법을 취했다. 먼저 제로금리에 이어 양적완화 단계가 있었고 양적질적완화 단계를 거친 후 마이너스 정책금리를 도입했다. 그런 다음 연방준비제도의 오퍼레이션 트위스트(OT, operation twist)를 모방해 수익률곡선제어(YCC, yield curve control)에 나섰다. 마지막 단계에서는 다시 연방준비제도를 따라 사전적 정책방향 제시(FG, forward guidance)를 시행했다.

그러나 이 세 가지 전달경로의 효과는 의문시되었다(Ryan-Collins et al., 2013). 1990년대 부동산 버블 붕괴 이후 침체된 일본 경제에서도 2001년부터 연방준비제도의 양적완화와 유사한 정책이 시행된 바 있었으나, 실물경제에 대한 효과에 의문이 일면서 2006년에 중단된 경험이 있었다. 글로벌 금융위기 당시 양적완화를 거치면서 장기금리는 떨어졌지만 대출이나 투자는 늘어나지 않았고 자산 가격 상승이 불평등의 심화를 가져왔다는 사실이 지적되었다. 예를 들어 영국에서는 금융자산 가격 상승 혜택의 40%가 상위 5%에 가구에 집중되었다는 영란은행의 보고가 있었다(Bell et al., 2012). 부작용에 대한 우려도 대두되었다. 금융부문의 보호에 치우쳐 민간 부채 부담의 확대라는 위험 요소가 재등장하는 배경이 되었다는 인식이 그것이다(Turner, 2015).

장기금리 하락의 두 번째 효과로 제시된 자산 효과에 대해서는 좀 더 유의할 필요가 있어 보인다. 연방준비은행은 장기국채뿐만 아니라 MBS나 ABCP처럼 신용위험이 내포된 민간 자산 또한 매입했는데 이는 한편으로는 신용위험을 흡수함으로써 시장 유동성을 보강하고 다른 한편으로는 이들 민간 자산의 가격을 지지함으로써 더 이상의 자본손실을 피하려는 것이었다. 하지만 이는 기껏해야 이들 자산을 보유한 금융기관이나 자산가들의 순자산을 지켜냈을 뿐이었다. 같은 크기의 소득 이전이 노동자 가구에 대해 이루어졌더라면 유효수요 확대 효과가 훨씬 크고 직접적이었을지 모른다(Fullwiler, 2013: 189).

통화주의 시각에서는 양적완화에 따른 지급준비금 증가가 통화량 증가로 이어져 총수요를 진작시킬 것이라는 낙관적인 전망과, 지급준비금 증가가 민간의 인플레이션 기대를 자극하므로 경제가 얼마든지 초인플레이션으로 치달을 수도 있다는 우려 섞인 전망이 공존했다. 뉴케인지언 경제학의 은행대출경로는 신용제약 상황에서 지급준비금 증가가 은행의 대부가능자금을 늘리는 효과가 있다는 것이었는데, 이는 시장 마찰 요인을 강조하는 외에는 통화주의 시각 과 다르지 않은 것이었다.

문제는 정책 결과였다. 지급준비금은 크게 늘었지만 통화량 증가율은 약세에 그쳤던 것이다. 통화승수가 이를테면 1보다도 작은 셈이었다. 사실은 내생 화폐의 시각으로만 이런 현상을 이해할 수 있었다. 실제로는 은행이 대출을 할 때 지급준비금이나 예금이 미리 있어야 하는 것이 아니다. 은행대출은 신용도가 인정되는 차주의 대출자금 수요를 수용하면서 일어날 뿐으로 지급준비금이 늘어난다고 해서 대출이 늘어나지는 않는다. 통화주의나 은행대출경로로는 이를 설명하기 어렵다.

내생화폐론에 기초한 포스트케인지언의 관점은, 지급준비금은 대출의 재원이 아니며 오히려 대출 때문에 지급준비금이 만들어진다는 것이다. 지급준비금은 지급결제시스템 내에서 은행들 간에 대부될 수 있지만 지급결제시스템 외부로 대부될 수는 없다(Fullwiler, 2013). 그런 의미에서는 은행 부문의 지급 준비금 보유 규모가 크다고 해서 양적완화의 효과가 큰 것도 아니고 반대로 은행들의 대출 태도가 보수적인 것도 아니다. 양적완화만으로는 실물경제 회복을 기대하기 어려운 것이다.

은행들이 대출을 늘리지 않으므로 양적완화를 위한 자산 매입 대상을 은행이 아닌 비은행 민간으로 바꿔야 한다는 견해도 등장했다. 그러나 비은행 금융 회사를 대상으로 위험 자산을 매입할 경우에도 곤란한 점은 사라지지 않았다. 다음의 **그림 6**은 비은행 금융회사를 대상으로 이루어지는 양적완화의 대차 대조표 효과를 예시한다. 단, 여기에서는 편의상 법정지급준비율이 0%라고 가정하였다. 따로 밝히지 않는다면, 이 글 전체적으로 이와 같은 가정을 유지하고자 한다.

그림 6의 종합된 결과를 보면, 지급준비금은 늘어도 예금이 늘지 않아 통화량에 변화가 없을 수 있음이 드러난다. 이 과정에서는 대출이 오

그림 6 　비은행 금융회사 대상 양적완화

1) 중앙은행의 자산 매입(A)

중앙은행				비은행 금융회사		
MBS	+X	지준	+X	MBS	−X	
				예금	−X	

시중은행			
지준	+X	예금	+X

2) 비은행 금융회사의 부채 상환(B)

시중은행				비은행 금융회사			
대출	−X	예금	−X	예금	−X	차입금	−X

3) 종합(A+B)

중앙은행				시중은행			
MBS	+X	지준	+X	MBS	−X	차입금	−X

시중은행		
지준	+X	
대출	−X	

히려 줄었다. 이는 Koo(2010)의 대차대조표 불황에 대한 설명과 일맥상통한다. 민간이 부채 최소화를 위한 디레버리징(deleveraging)에 나선 것이다. 포스트케인지언 경제학의 문법으로는, 이는 Kaldor의 환류(reflux) 법칙이 실현되는 것에 다름 아니다.

III 전략적 양적완화와 헬리콥터머니

내생화폐론의 시각에서 보면, 양적완화는 금융회사의 유동성 보강에 그치면서 그 영향이 실물 부문으로 확산되지 못한 측면이 있었다. 금융자산 가격의 하락을 막아냄으로써 자산가들의 이해관계에는 충실했지만 그와 함께 소득분배는 악화시킨 측면 또한 없지 않았다. 양적완화는 금융 부문이 붕괴하지 않도록 지지하는 역할에는 성공적이었지만, 실물경제의 회복을 이끈 직접적 요인으로 보기는 어려웠다.

그렇다면 중앙은행이 금융회사의 자산을 매입하지 않는 다른 방식의 양적완화가 가능하지는 않을까? 양적완화의 대상을 금융회사가 아닌 전략적 지출이 필요한 생산적인 실물경제 분야로 전환하면 어떨까? 이를테면 사명지향적(mission-oriented)인 공공투자에 대해 양적완화 방식으로 자금을 제공할 수는 없을까? 이와 같은 문제의식에 기초해 Ryan-Collins et al.(2013) 등은 전략적 양적완화를 제안했다.

전략적 양적완화는, 신용공급을 공공의 목적에 부합하는 실물 부문에 제공할 필요성이 있다는 인식에서 출발했다. 그럴 때에만 비로소 양적완화의 효과가 실물경제로 직접적으로 확산되어 유효수요의 확대가 가능하다는 것이었다. 지금까지 등장한 대표적인 전략적 양적완화 구상은 유럽의회 녹색당과 Murphy and Hines(2010) 등이 제안한 녹색 양적완화(Green QE)였다. 이는 중앙은행의 발권을 활용해 녹색 경제로의 전환을 지원하려는 계획이었다. 이 프로그램에서는 먼저 정부가 국채나 시설물을 현물 출자해 녹색투자은행을 설립하고 다음으로 이 녹색투자은행이 채권을 발행하고 이를 중앙은행이 인수하도록 했다. 그렇게 자금을 조달한 녹색투자은행은 녹색인프라 투자를 직접 수행할 수도 있고 녹색 사업을 영위하는 민간회사에 영업자금을 대부할 수도 있다. 녹색 양적완화의 대차대조표 효과는 다음의 **그림 7**과 같이 예시할 수 있다.

전략적 양적완화는 사명지향적인 공공투자의 한 가지 조직 방식으로서 특수 목적으로 설립된 공공투자은행의 재원을 중앙은행이 제공하는 형태이다. 영국 노동당의 "민중을 위한 양적완화(QE for the people)"도 맥락이 다르지 않다. 이는 기존의 양적완화가 금융자산가의 이익을 보호

그림 7   전략적 양적완화 : 녹색 양적완화

1) 녹색투자은행 설립

녹색투자은행				정부			
국채	+Y	자기자본	+Y	출자증권	+Y	국채	+Y

2) 중앙은행의 녹색투자은행 채권 인수

녹색투자은행				중앙은행			
예금	+X	녹색채권	+X	녹색채권	+X	지준	+X

시중은행			
지준	+X	예금	+X

3) 녹색사업

녹색투자은행				녹색기업			
녹색대부	+X			예금	+X	차입	+X
예금	−X						

한 것이었다는 평가로부터 출발해 주택, 의료, 교육 등 분야의 공공인프라 투자에 대한 전략적 양적완화 방식의 접근을 지지하는 것이었다.

연방준비제도가 시행한 양적완화의 정책 전달경로 상의 문제점과 부작용에 대한 검토에 기반하여 제안된, 또 다른 비전통적 정책 구상 가운데에는 이른바 헬리콥터머니라는 아이디어가 있었다. 헬리콥터머니는 Friedman(1948)의 사고 실험에서 기원했다. 경제침체 국면에서 헬리콥터머니와 같은 조치가 요구될 수 있는 이유는 Friedman(1948) 자신의 주장대로, "침체기에는 과세보다 채권 발행이 덜 디플레이션 유발적이지만, 채권 발행도 발권보다는 여전히 더 디플레이션 유발적"이기 때문이라고 할 수 있을 법하다.

헬리콥터머니는 중앙은행의 발권을 통해 민간의 부채 증가를 수반하지 않으면서 가처분소득을 직접적으로 늘리는 것이 목적이었다. 그 아이디어는 Friedman(1948) 이후 Bernanke(2000, 2003) 등의 감세를 위한

그림 8A   직접적 헬리콥터머니 : 직접적 재정 파이낸스

1) 중앙은행을 통한 재원 확보(A)

중앙은행				정부			
국채	+X	정부예금	+X	정부예금	+X	국채	+X

2) 정부의 민간 지원(B)

중앙은행				정부			
		정부예금	-X	정부예금	-X	순자산	-X
		지준	+X				

민간				시중은행			
예금	+X	순자산	+X	지준	+X	예금	+X

3) 종합(A+B, 중앙은행과 정부)

중앙은행				정부			
국채	+X	지준	+X			국채	+X
						순자산	-X

재원 조달 방안의 구상으로 구체화되었다. 이는 정부의 감세액만큼 중앙은행이 정부예금을 보충해주는 방식이었다. 그 대차대조표 효과는 다음의 **그림 8A**로 나타낼 수 있다. 이 **그림 8A**는 이노우에(2019)가 분류한 직접적 헬리콥터머니를 위한 '직접적 재정 파이낸스'와 일치한다.

그림 8A에 따르면 결과적으로 정부는 국채 발행 수입금을 민간에 순수하게 이전해준 셈이다. 이 때 정부의 순자산이 줄어든 만큼 민간의 순자산이 늘어난 점에 유의할 필요가 있다. 재정정책은 정부 재원의 지출을 통해 민간 부문의 특정 그룹에 대해 소득을 직접 늘려주는 점에서 통화정책과 그 효과 측면에서 차별점이 있다. 반면에 통화정책은 소득의 직접적 이전을 수반하지 않으며 재분배 효과는 금리변동을 매개로 간접적으로만 실현된다. 이런 점에서 헬리콥터머니는 실제로는 통화정책이 아니며, 재정정책의 이전지출에 해당한다.

그림 8A는 헬리콥터머니의 재원을 중앙은행 신용에 의존하고 있다.

다른 방식의 직접적 헬리콥터머니도 가능하다. 정부가 직접 주화를 발행하는 것이다. 역사적으로 미국 남북전쟁기에 발행된 '그린백(Greenbacks)'이 예이다. 중앙 은행이 아닌 정부가 직접 정부화폐로서 그린백을 발행하는 것의 대차대조표 효과는 다음의 **그림 8B**와 같이 나타낼 수 있다.

한편 이노우에 (2019)가 분류한 간접적 헬리콥터머니는 정부가 일차적으로 중앙은행이 아닌 시중은행 신용을 활용하는 방식이다. 간접적 헬리콥터머니의 대차대조표 효과는 다음의 **그림 9**로 나타낼 수 있다. 여기에서 중앙은행은 시중은행이 인수한 국채를 유통시장에서 매입함으로써 간접적으로 헬리콥터머니를 위한 재원을 제공하는 역할을 한다.

그림 8A, **그림 8B**, **그림 9**는 헬리콥터머니의 자금조달방식을 나타낸다. 그렇게 마련한 재원으로 정부가 어떤 지출을 할 것인가, 즉 정부의 민간 지원 내용에 대해서는 Bernanke가 제안한 감세 외에도 다양한 제안이 이어졌다. 그 중 대표적인 것은 일정 연령에 도달한 성인 대상의 현

그림 8B 직접적 헬리콥터머니 : 정부화폐

1) 그린백 발행(A)

중앙은행				정부			
그린백	+X	정부예금	+X	정부예금	+X	그린백	+X

2) 정부의 민간 지원(B)

중앙은행				정부			
		정부예금 지준	-X +X	정부예금	-X	순자산	-X

민간				시중은행			
예금	+X	순자산	+X	지준	+X	예금	+X

3) 종합(A+B, 중앙은행과 정부)

중앙은행				정부			
그린백	+X	지준	+X			그린백 순자산	+X -X

그림 9   간접적 헬리콥터머니 : 간접적 재정 파이낸스

1) 시중은행을 통한 재원 확보(A)

시중은행			정부			
국채	+X		정부예금	+X	국채	+X
지준	-X					

중앙은행		
	정부예금	+X
	지준	-X

2) 중앙은행의 국채매입(B)

시중은행			중앙은행			
국채	-X		국채	+X	지준	+X
지준	+X					

3) 정부의 민간 지원(C)

중앙은행			정부			
	정부예금	-X	정부예금	-X	순자산	-X
	지준	+X				

민간			시중은행			
예금	+X	순자산	+X	지준	+X	예금	+X

4) 종합(A+B+C, 중앙은행과 정부)

중앙은행				정부		
국채	+X	지준	+X		국채	+X
					순자산	-X

금 이전, 즉 시민 배당으로서의 기본소득이었다(안현효, 2019).

전략적 양적완화와 직간접 헬리콥터머니는 모두 기존 양적완화의 한계점을 극복하려는 대안으로 제시된 것들로서 중앙은행의 발권을 통한 신용창출에 기반하고 있다. 그러나 이들 사이에는 차이점도 있다. **그림 7**과 **그림 8A**, **그림 8B**, **그림 9**를 비교해보면, 모든 경우에 본원통화와 통화량이 증가했음을 알 수 있다. 하지만 **그림 7**에서는 민간 부문의 녹색기업이 부채가 증가한 반면, **그림 8A**, **그림 8B**와 **그림 9**에서는 민간 부채의 증가가 없었다.

그림 7에서는 민간 부문의 녹색기업이 순자산이 늘어나지 않은 반면, **그림 8A**, **그림 8B**와 **그림 9**에서는 민간 부문의 순자산이 늘었다. 즉 전략적 양적완화는 민간 부문의 레버리지 확대를 가져오는 반면 헬리콥터머니에서는 민간 부문의 레버리지가 오히려 축소된다.

최근에는 헬리콥터머니의 또 다른 형태로 재정화폐(fiscal money)의 구상이 제안되기도 했다(Bossone et al., 2014). 이는 유로화에 대한 유럽 중앙은행의 발권독점 하에서 통화주권이 없는 유로존 국가의 정부가, 납세 등 지급수단으로 쓸 수 있는 준화폐(near money)인 특별한 채권을 발행해 민간에 무상 이전하는 방식이다. 여기서 채권은 조세신용증서(TCC, tax credit certificate)로 부르며 이표이자가 지급되지 않는 2년 만기 할인채이다. TCC는 양도 가능해 채권시장에서 유로화로 현금 교환이 되지만, 만기 도래 시 액면금액이 유로화로 상환되지 않는 특징이 있다. 대신에 만기가 되면 TCC 보유자한테는 남은 금액만큼 조세나 연금기여금, 공과금, 벌금 등 정부에 대한 의무 지불액이 삭감되는 혜택이 있다.

이 TCC는 직불카드에 그 금액이 입력되어 민간에 이전되며(Bossone et al., 2015), 가계나 기업은 이 직불카드로 재화나 서비스를 구매하고 임금을 지급할 수 있다. 이 과정에서 TCC 잔액이 변동한다. 단, TCC 만기 전에 지출이 일어나지 않으면 카드에 입력되었던 금액이 지워지며 민간의 조세와 관련된 혜택도 함께 취소된다. 이는 TCC의 발행 목적이 민간의 저축이 아니라 지출을 유도하려는 것이기 때문이다. 이에 따라 직불카드를 발급받은 가계나 기업으로서는 지출에 TCC 잔액을 조금이라도 쓰는 편이 유리하며, 정부로서는 지출 증가로 소득 창출이 이어져 조세 수입도 함께 늘어나는 이점이 있다. 정부는 TCC를 소득분배 시정 목적으로도 활용할 수 있다. 소득이 적은 가계에는 TCC 금액을 크게 배정하고 소득이 많은 가계에는 TCC 금액을 적게 배정하면 된다.

일종의 조세할인권인 TCC는 유로화와의 교환 비율이 시장에서 결정되므로 위험이 수반되며 따라서 태환화폐는 아니다. 단 TCC는 원금이나 이자를 유로화로 상환하지 않으므로 TCC를 발행한 개별 정부의 부도 가능성에 따른 신용 위험은 존재하지 않는다. TCC는 화폐가 아니며 TCC를 보유하게 되는 과정에서 민간의 부채가 늘어나지도 않는다. 하지만 민간의 구매력은 TCC가 이전되는 만큼 확충되는 효과가 있다.

왜 정부는 화폐 대신에 TCC라는 특별한 채권을 고안하는 편이 좋을까? 그 첫 번째 이유는, 만약 민간에게 현금을 이전하려면 국채를 발행해서 자금을 유치해야 하는데 그 과정에서는 국가채무비율이 상승하는 문제가 뒤따르기 때문이다. 유로존 국가의 정부로서는 발권 기능을 가진 자신의 중앙은행이 없는 것도 헬리콥터머니를 실행하기 위한 현금 확보가 여의치 않은 이유라고 하겠다. 다른 이유도 있다. 정부가 TCC를 통해 민간에 이전한 것은 미래 조세 부담을 줄일 수 있는 권리라는 점에서 이전지출로 인식하지 않아도 되며 따라서 재정적자를 계산할 때 산입되지 않기 때문이다. 그리고 화폐가 아니라 채권이므로 승수효과가 완전히 나타나 세입 증가를 기대할 수 있을 만큼의 기간을 만기로 정할 수 있는 점도 고려될 수 있을 것이다. 만약 승수효과가 충분히 크다면 조세 삭감에 따른 재정적자의 상당 부분을 늘어난 재정수입으로 충당할 수 있게 되므로 TCC 프로그램은 자체적인 재원조달이 이루어지는 지속가능한 방안이 될 수 있다.

TCC 프로그램이 정부와 가계, 기업의 재무제표에 미치는 효과는 다음에 제시하는 그림들로 예시할 수 있다. 다만 여기 제시하는 그림들은 다음의 〈가정〉에 기초하며 예시의 목적상 단순화된 것이다. 이어지는 **그림 10**은 그 대차 대조표 효과이다.

민간으로서는 TCC를 만기 시점에 전액 납세 용도로 정부에 지급하지 않고 남겨둘 이유가 없다. 즉 TCC로 납부하는 조세 T_1과 T_2에 대하

〈 가정 〉

① 정부는 TCC를 액면금액 기준으로 X_1만큼 가계에 배정하며 X_2만큼 기업에 배정한다. 단, $X_1+X_1=X$이다.
② TCC의 만기수익률은 0%이다.
③ 기업은 노동자에게 임금 W를 지급하며 다른 생산비용은 없다.
④ 기업의 생산물은 가격 Y에 팔린다.
⑤ 가계는 정부에 조세 T_1을, 기업은 정부에 조세 T_2를 납부한다. 단 $T_1+T_2=T$이다.

그림 10   헬리콥터머니 : 재정화폐

1) TCC의 이전

가계			기업		
TCC	$+X_1$	순자산 $+X_1$	TCC	$+X_2$	순자산 $+X_2$

정부		
	TCC	$+X$
	순자산	$-X$

2) 기업의 임금 지급

가계			기업		
TCC	$+W$	순자산 $+W$	TCC 재고자산	$-W$ $+W$	

3) 가계의 지출

가계			기업		
TCC 물품	$-Y$ $+Y$		TCC 재고자산	$+Y$ $-W$	순자산 $+Y-W$

4) 납세

가계			기업		
TCC	$-T_1$	순자산 $-T_1$	TCC	$-T_2$	순자산 $-T_2$

정부		
	TCC	$-T$
	순자산	$+T$

5) 종합

가계				기업	
물품	+Y	순자산	+Y	-	-

정부	
-	-

여 $T_1=X_1+W-Y$이고 $T_2=X_2-W+Y$이다. 이는 곧 $X=T$임을 의미한다. **그림 10**은 재정화폐 정책으로 민간부문에서 부채 증가 없이 구매력이 늘면서 순자산이 증가할 수 있음을 보여준다.

헬리콥터머니의 또다른 역사적 사례도 있다. 메포 어음(Mefo-Wechsel)이 그것이다(Bossone and Labini, 2016). 메포어음은 독일 나치 정권의 군사적 팽창을 위한 자금조달수단으로 1934년부터 1938년 3월말까지 발행된 환어음이었다. 이는 정부에 물품을 제공하고 채권자가 되는 군수업체가 정부 외의 별도의 지급인 앞으로 발행하는 일종의 지급위탁어음으로서, 채무자가 발행하는 약속어음과는 성격을 달리한다. 여기에서 형식적인 지급인의 역할은 군수업체늘의 공동 출사로 실립된 서류싱의 민간회사인 '제철연구소(Metallurgische Forschungsgesellschaft)'가 맡았다. 정부는 군수품 조달과 관련해 제철연구소를 신용거래의 창구로 삼았고 정부의 이와 같은 신용거래에 대해 제국은행 (Reichsbank)이 보증을 제공했다.

구체적으로 군수물자의 획득을 위해 정부는 발주를 하면서 군수업체에 메포 어음을 발행하게 했다. 군수업체들은 이 어음을 '산업생산상사 (Handelsgesellschaft fur Industrieerzeugnisse)'라는 금융회사에서 할인할 수 있었다. 산업생산상사는 매입어음을 제국은행에서 재할인하는 방식으로 자금을 융통했다. 메포 어음은 제국은행이 원리금의 지급을 보증했으므로 지급결제의 수단으로도 쓰였다. 쿠폰이자율 4%라는 유리한 조건으로 발행되었고 만기가 5년까지 연장되었으므로 산업생산상사를 거치는 대신 민간 사이에서 저축수단으로 유통되는 비중이 오히려 컸다. 나치 정부는 1938년 4월부터 메포 어음의 발행을 중단하고 상환에 나섰다. 상환 재원은 국채 발행으로 충당되었다.

그림 11은 이와 같은 재정사업의 영향을 정부와 제철연구소, 군수업체, 제국은행, 산업생산상사 및 시중은행의 대차대조표에 나타나는 효

그림 11 메포 어음

1) 물품 공급 약정

군수업체				제철연구소			
받을어음	+X	선수금	+X	선입금	+X	지급어음	+X

2) 산업생산상사의 어음매입(가정: 할인율 0%)

시중은행				산업생산상사			
대출	+X	예금	+X	예금	+X	차입	+X

군수업체		산업생산상사	
받을어음	-X	받을어음	+X
예금	+X	예금	-X

3) 생산(가정: X 〉 Y)

군수업체		기타 민간(군수업체 노동자 등)			
예금	-Y	예금	+Y	순자산	+Y
재고자산	+Y				

4) 제국은행의 어음재매입(가정: 재할인율 0%)

제국은행				산업생산상사	
받을어음	+X	지준	+X	받을어음	-X
				예금	+X

시중은행			
지준	+X	예금	+X

시중은행				산업생산상사			
대출	-X	예금	-X	예금	-X	차입	-X

5) 물품 인도

군수업체			제철연구소			
재고자산	-Y	선수금	-X	선급금	-X	
		순자산	+(X-Y)	미수금	+X	

		정부		
		물품	+X	미지급금	+X

6) 어음 상환

제국은행				정부			
국채	+X	정부예금	+X	정부예금	+X	국채	+X

제국은행				제철연구소			
받을어음	-X	정부예금	-X	미수금	-X	지급어음	-X

		정부		
		정부예금	-X	미지급금	-X

7) 종합

세국은행				산업생산상사			
국채	+X	지준	+X	-		-	

민간(군수업체 포함)				제철연구소			
예금	+X	순자산	+X	-		-	

시중은행				정부			
지준	+X	예금	+X	물품	+X	국채	+X

과를 중심으로 예시한다. 메포 어음을 의도적으로 정부가 상환하기 전까지는, 즉 **그림 11**의 (5)에 이르기까지는 정부가 별도의 자금 소요 없이 재정사업을 수행할 수 있었다. 제철연구소를 지급인으로 하는 어음은 결국 제국은행이 인수하는 점에서 최종적인 채권자와 채무자 모두 정부였던 셈이다. 군비지출의 재원을 궁극적으로 제국은행의 발권으로 조달했던 것이다. 그러나 그로 인해 인플레이션이 유발되지는 않았다. 형식적

으로는 금본위제조차 유지할 수 있었다.

IV 현대화폐이론(MMT)

1. 화폐이론으로서의 MMT

MMT는 '주권통화(sovereign money)'를 발행하는 정부에 대해 적용할 수 있는 재정정책과 통화정책의 분석틀이다(Wray, 2019a: 5). Fazi and Mitchell (2019)에서도 확인되는 주권통화의 요건은 다음과 같다.

① 정부가 화폐단위(money of account)를 정하고 이 화폐단위로 표시된 통화를 발행한다.
② 정부는 조세 등 의무를 이 화폐단위로 표시하여 시민에게 부과한다.
③ 정부는 조세 등 의무를 시민이 이행하는 수단으로 정부 자신이 발행한 통화를 받아들인다.
④ 정부는 스스로에게 의무를 부과함에 있어서도 이를 ①의 화폐단위로 표시한다.
⑤ 정부는 ④의 의무를 자신이 발행한 통화로 이행한다.

이 중 ④와 ⑤로 인해 금본위나 고정환율제를 채택한 정부는 주권통화를 갖지 못한다. 같은 이유로 외화표시 국채를 발행한 정부도 완전한 통화주권(monetary sovereignty)을 갖지 못한다. MMT에 따르면 완전한 통화주권은 제약이 없는 정책공간(policy space)를 보장한다. 완전한 통화주권을 가진(monetarily sovereign) 정부는, 가계나 기업 혹은 주권통화를 가지지 못한 정부와는 달리 예산제약에 직면하지 않으며 화폐가 부족해 부도에 처하는 일이 없다. 원한다면 정부 자신의 부채에 대해 이자율을 스스로 정할 수도 있다. 이와 같은 MMT의 핵심 주장들은, ①~⑤의 요건이 충족되는 이상적인 주권통화 정부에서 성립된다고 주장된다.

문제는 현실 정부들이 이상의 요건을 얼마나 충족시키는가이다. Wray(2019a, p.7)는 이 요건이 충족되지 못하는 나라들은 세계 GDP의 20%에 못 미친다고 주장했다. 다만 World Bank 데이터에 따르면, 유로화를 쓰는 나라만도 2018년 세계 GDP의 22%를 넘고 있다. 그렇다면 주권통화를 가진 정부의 비중은 Wray가 주장한 것보다는 작을 수 있다.

MMT의 핵심 명제들이 주로 ①~⑤의 요건이 충족되는 주권통화 정부에 대한 것이라는 점은 MMT 진영에서도 인정한다. 신흥국은 발전된 주권통화국과 경제적 사정이 다르다는 점에 대해서도 MMT 진영에서는 동의(Tymoigne and Wray(2013, pp.42-43), Wray(2019a, p.8))하는 경우가 있다. MMT 연구자들 사이에서도 시각이 엇갈리지만, 통화주권은 나라마다 정도의 차이가 있다는 인식도 없지 않다(Tcherneva, 2016).[3]

하지만 MMT의 관점이 일부 소수 국가를 제외하면 무의미하다고 치부할 문제는 아니다. 비록 통화주권이 엄격한 의미에서 완전하지는 않더라도, 적어도 자국 통화를 발행하는 정부라면 국내 정책의 운용 여력이 전통적인 믿음이나 지금껏 신성하게 여겨온 관행에서 허락하는 것보다 넓을 수 있다는 사실을 MMT가 가리키고 있기 때문이다. 적어도 재정정책의 여력을 지금보다 더 잘 활용해야 한다는 시사점만큼은 명확하다고 볼 것이다.[4]

---

3 Fazi and Mitchell(2019)에 따르면 MMT는 통화의 국제적인 위계를 고려하지 않는다.

4 필자는 MMT의 주장이 비현실적이고 극단적이라는 평가는, MMT가 완전한 주권통화국을 우선적으로 고려하는 점에 기인할 수 있다고 본다. MMT에서 완전한 주권통화국을 분석하는 것은 신고전학파 경제학에서 기준이 되는 시장 형태로서 완전경쟁시장을 분

2. 정부지출에 대한 MMT의 설명 검토

그런데 어떤 측면에서는 MMT가 포스트케인지언 분석 논리에 의한 보완이 필요해 보이기도 한다.[5] MMT는, 정부지출은 은행에 지급준비금을 입금하는 방식으로 수행된다고 설명한다. 그리고 이를 위해 시중은행의 '키 스트로크'가 만들어낸 예금이 화폐가 되는 공간과, 중앙은행의 키 스트로크가 만들어낸 지급준비금이 화폐가 되는 공간이 분리된 것으로 간주하기도 한다. 정부가 지출을 수행할 때 먼저 수취인의 은행에 지급준비금이 입금되고 그런 다음 수취인의 은행이 수취인의 예금을 늘려주는 것으로 설명된다.

하지만 사실은 그렇지 않다. 정부가 수취인 앞으로 수표를 발행하

석하는 것과 비슷한 측면이 있다. 다만 완전한 주권통화국은 현실에 존재하지만 완전한 경쟁시장은 현실에 존재하지 않는다. MMT는 주권통화국에 대하여 정부지출이 논리적으로 선행하고 조세수입이 나중에 발생한다고 본다. 세입은 지출의 재원이 아니라는 것이다. 하지만 최근에 Wray (2019a, p.10)는 주권통화가 없는 나라에서는 반대로 조세수입이 논리적으로 선행하고 이 재원에 기초해 정부지출이 수행되며, 이런 점에서 주권통화가 있는 나라와 없는 나라 사이에 차이가 있다고 진술하기도 했다.

한편 주권통화의 다섯 가지 요건 가운데 ②와 ③은 화폐의 역사적 기원에 대한 설명과 관련된다. 포스트케인지언 경제학에서는 인류학이나 민속학의 선행 연구에 기초할 때 화폐가 물물교환으로부터 출현했다는 주류 경제학의 설명은 사실과 다르며 시장 교환이 있기 전부터 법이나 관습에 의해 강제된 화폐단위로 채권 채무가 표시되었다고 본다. 화폐는 주로 국가의 작용으로 출현했으며 이는 조세와 같은 채무를 결제하기 위한 지급수단으로서 시장 교환 전부터 기능해왔다는 것이다(Peacock (2013), Lavoie and Seccareccia (2016)). 이런 인식은 MMT에서 발전된다. Wray (2015, 2019a)는 화폐단위의 존재와 그 화폐단위로 표시된 상품가격의 존재야말로 시장이 등장할 수 있었던 배경이라고 주장했다. 교환이 화폐를 낳은 것이 아니라 거꾸로 화폐가 교환을 낳았다는 설명이다.

5   정부 중앙은행 결합 가설을 비롯해 MMT의 핵심 명제에 대한 포스트케인지언 관점에서의 비판, 그리고 정부예금의 형성을 비롯한 재정지출의 전체 과정과 재정순환의 다양한 형식에 대해서는 나원준 (2019)을 참조할 수 있다.

고 이 수표가 수취인의 거래 은행에 입금되면 지급결제시스템을 통해 정부 계좌로부터 수취인 은행 명의의 지급준비금 계좌로 예금이 이체되는 것이다. 수취인의 예금이 먼저 늘어나고 이를 반영해 수취인 은행의 지급준비금이 늘어난다. 예금보다 먼저 지급준비금이 늘어나는 것이 아니다.

오늘날 국고관리제도는 나라마다 차이가 있다. 국고 업무를 중앙은행에 집중시킨 한국과 달리, 미국에서는 시중은행이 정부예금을 취급하기도 한다. 시중은행의 정부예금 계좌를 TT&L(Treasury Tax and Loan) 계좌라고 한다. 정부 계좌를 운영하는 은행 가운데 약 80%는 세입이 들어오면 지정된 수일 내로 연방준비은행에 이체한다. 나머지 약 20%를 차지하는 채권옵션은행(Note option bank)은 예금주 정부의 요구에 따라 입금된 세입을 전부 혹은 일부 연방 준비은행의 정부 계좌로 이체한다.

연방준비은행은 채권옵션은행의 정부예금을 활용해 공개시장운영을 대체하기도 한다. 정부지출로 지급준비금이 늘어나면 대개 연방준비은행이 국채를 레포 매도함으로써 지급준비금을 흡수해 실세 연방자금금리를 목표금리 수준으로 되돌려 놓는다. 하지만 다른 방식도 가능하다. 정부의 재무부처에서 채권 옵션은행에 예치된 정부예금을 필요한 만큼 연방준비은행의 정부예금 계좌로 이체할 수도 있다. 이 경우에도 채권옵션은행이 보유한 지급준비금이 줄어들 기 때문이다.

미국에서는 1981년까지는 제한된 조건 하에서 연방준비은행이 신규 발행 국채를 직접 인수할 수 있었다. 이후 차환 목적이 아니면 연방준비은행이 발행시장에서 국채를 인수할 수 없게 되었다. 연방준비은행이 정부에 직접 자금을 대부할 수 있는 방법은 없다. 이에 따라 미국에서는 정부가 지출의 재원을 조달할 때 채권옵션은행을 통하는 방식이 주로 활용되고 있다. 이들 은행은 TT&L 계좌의 유치를 위해 국채 담보를 의

무적으로 제공해야 하므로, 국채 인수에 적극적이다. 이들이 신규 국채 물량을 인수하는 과정에서는 자연스럽게 신용 창출이 수반된다.

그런데 MMT에서는 이렇게 채권옵션은행이 신용을 창출하면서 국채를 인수하는 것이 정부지출의 재원은 아니라고 주장한다(Bell, 2000, Bell and Wray, 2002-2003). MMT의 논리는 중앙은행과 결합된 하나의 실체로서 정부가 지급 준비금의 형태로 주권통화를 직접 발행한다는 것이다. 정부는 無로부터 직접 신용을 창출함으로써, 단지 엔터키를 쳐서 수취인 거래 은행 계좌에 지급준비금을 입금한다. 국채 발행을 통한 수입은 정부지출에 쓰이지 않는다. 그렇다면 채권옵션은행이 국채를 인수함으로써 발생한 정부 수입은 어떻게 활용되는가? MMT에서는 이 국채 발행수입이, 정부지출에 따른 지급준비금 잉여를 해소하는 불태화의 수단으로 쓰인다고 본다. 정부는 지출에 앞서 먼저 국채를 발행하고 그 수입금을 채권옵션은행에 예치해 둔다. 이제 정부가 지출을 수행하면 지급준비금이 늘어난다. 이는 연방자금시장에서 익일물 금리에 하락 압력을 낳는다. 국채 발행수입은 바로 이 때 쓰인다. 정부는 채권옵션은행의 정부예금을 연방준비은행의 자기 계좌로 이체한다. 그러면 지급준비금이 줄어들고 금리 하락 압력이 사라진다. MMT에 따르면 국채는 이와 같이 중앙은행과의 조율된 협력을 위한 수단이며, 지출 재원은 아니다. Tymoigne(2019)은 클린턴 집권기에 세입이 세출을 초과했지만 국채가 늘어난 사실을 지적했다. 국채 발행수입이 채권옵션은행에서 연방준비은행으로 이체되는 것과, 정부가 수표를 민간에 지급하는 것은 실제로는 거의 같은 시점에 이루어진다. MMT의 해석이 성립하려면 수표 지급이 논리적으로나 시간적으로 선행해야 한다.

MMT의 주장대로 채권옵션은행과 같은 특수한 제도가 있다면 정부예금을 적시에 이체함으로써 정부가 지급준비금 변동을 흡수할 수 있을 것이다. 하지만 국고수입이 중앙은행으로 집중되는 나라라면 정부가 국채를 불태화 목적으로 활용하기는 어려울 것이다. 나라마다 국고관리 제도가 상이함에도 불구하고 여러 나라에서 국채가 두루 발행되고 있는 것은, 국채 발행의 목적이 MMT의 주장과는 달리 실제로 자금조달에 있기 때문일 수 있다.

MMT의 설명이 맞다면, 정부지출로 지급준비금이 늘어도 익일물 금리에 하락 압력이 없는 경우 국채 발행이 필요없게 된다. 그런 경우가 글로벌 금융위기 기간에 실제로 있었다. 플로어 시스템에서 실세 금리가 제로였던 경우가 그랬다. 그 경우 정부지출을 늘려도 금리가 더 떨어질 수 없다. 연방준비제도는 2008년 12월에 기준금리를 제로금리로 인하했고 2015년 12월에야 제로금리를 벗어났다. 제로금리 기간이었던 2009년 1월부터 2015년 11월 기간 동안 국채는 7조 2,462억 달러만큼 누적 순발행되었다. MMT의 설명대로라면 불필요한 일이었다. 이와 같은 사실 관계는 MMT의 설명에 부합하지 않는다.

이제 **그림 12**에서 정부지출의 대차대조표 효과를 살펴본다. 정부지출은 민간 예금, 즉 통화량을 증가시키고 민간의 순자산을 늘린다. 불태화가 없다면 지급준비금도 늘린다. 이는 익일물 금리를 떨어뜨리는 요인이므로 구축효과가 나타날 이유가 없다. 물품을 정부에 판매한 민간 기업으로서는 이윤이 실현되었다. 그런 이유로도 정부지출은 오히려 투자를 자극하는 요인이 될 수 있다. 구축효과에 대한 MMT의 비판처럼 재정지출은 민간부문의 순자산을 키워 준다. 그렇게 민간부문의 순자산이 늘어나면서 적자국채가 소화될 수 있는 여력이 생긴다. 한정된 저축 재원을 두고 정부와 민간이 서로의 몫을 뺏는 관계가 아닌 것이다. 미국이나 일본처럼 통화주권이 완전한 나라에서 국가채무비율은 높지만 국채 금리는 낮은 현상은 적어도 구축효과로는 설명될 수 없다.

그림 12 정부지출

1) 정부지출(A)

정부			중앙은행		
정부예금	-X			지준	+X
물품	+X			정부예금	-X

시중은행			민간		
지준	+X	예금	+X	예금	+X	순자산	+Δ
				재고자산	-Y		

2-0) 중앙은행의 불태화(B0)

시중은행			중앙은행		
지준	-X		국채	-X	지준	-X
국채	+X					

2-1) 정부에 의한 불태화(B1)

시중은행			중앙은행		
지준	-X	정부예금	-X		지준	-X
					정부예금	+X

3-0) 종합(A+B0, 시중은행과 중앙은행)

시중은행			중앙은행		
국채	+X	예금	+X	국채	-X	정부예금	-X

3-1) 종합(A+B1, 시중은행과 중앙은행)

시중은행			중앙은행	
		예금	+X	-	-
		정부예금	-X		

주 : 지급준비율은 0%로 가정한다.

3. 조세에 대한 MMT의 설명 검토

이번에는 조세에 대한 MMT의 주장을 검토한다. 조세에 대해서도 **그림 13**으로 대차대조표 효과를 분석한다. 조세는 민간 예금과 지급준비금을 줄이고 정부예금을 늘린다. 통화량을 줄인다. 중앙은행이 레포 매입에 나서지 않으면 익일물 금리는 오른다. 과세는 민간의 순자산도 줄인다. 오히려 세입이 세출을 초과하는 재정수지 흑자일 때 구축효과가 나타난다고 보는 편이 타당해 보이는 이유이다.

MMT는 조세 수입은 지출의 재원이 될 수 없다고 주장한다. 조세가 수입되는 만큼 지급준비금이 줄기 때문이다. 본원통화인 지급준비금이 줄어드는 것을 화폐가 그만큼 파괴되는 것으로 해석한다. MMT에서 세입이 화폐의 파괴를 수반한다고 보는 기본 논리는 중앙은행과 정부는 사실상 분리될 수 없다는 것이다. 예를 들어 공개시장매도로 시중은행이 국채를 중앙은행으로부터 매입했다고 하자. 이 경우 중앙은행은 매도액만큼 시중은행의 지급준비금 계좌 잔액을 줄인다. 시중은행이 지불한 지급준비금은 어디로 가는가? 사라진다. 발권 기관인 중앙은행이, 자신이 제공한 예금 부채를 회수한 것이므로 말 그대로 본원통화가 파괴된 것이다. 하지만 지급준비금이 중앙은행이 아닌 정부에 대한 지급에 쓰이면 이는 정부예금으로 변화될 뿐이다. 중앙은행의 정부 계좌에 기록이 남는다. 그 기록은 이후 지출의 근거가 된다. 정부는 이 기록된 잔액에 근거

그림 13 조세

1) 조세 수입(A)

정부				중앙은행		
정부예금	+X	순자산	+X		정부예금	+X
					지준	-X

시중은행				민간		
지준	-X	예금	-X	예금	-X	순자산	-X

2) 중앙은행의 불태화(B)

시중은행			중앙은행		
지준	+X		국채	+X	지준	+X
국채	-X					

3) 종합(A+B, 시중은행과 중앙은행)

시중은행				시중은행		
국채	-X	예금	-X	국채	+X	정부예금	+X

주 : 지급준비율은 0%로 가정한다.

하여 중앙은행으로 하여금 자신한테 물품을 판매한 기업에게 대금을 이체하도록 지시할 수 있다.[6]

4. 장기금리의 통제 가능성

다음으로 중앙은행의 장기금리 통제 가능성에 대한 MMT의 주장을 살펴본다. MMT는, 주권통화국의 중앙은행이라면 국채를 얼마든지 매입할 수 있으므로 중앙은행이 원하면 장기금리를 직접 통제할 수 있다고 본다. 이는 중앙은행이 단기금리를 조절해 간접적으로 장기금리에 영향

---

[6] MMT에서 세입이 화폐의 파괴를 수반한다고 보는 또 다른 이유는 보다 이론적인 것이다. 케인스 경제학의 문법에 따르면 투자가 선행하고 그 결과로 만들어진 소득의 일부가 저축된다. 동일한 논리를 정부 활동에 적용하면, 정부지출이 선행하고 그로 인해 소득이 창출되면서 조세가 수입되는 것으로 파악할 수 있다. 그런데 지출은 MMT에 따르면 정부에 의해 신용이 창출되는 과정이다. 생산과 금융의 긴밀한 관계에 주목하는 순환학파의 화폐회로 (monetary circuit) 모형에서는 생산이 개시되면서 은행신용으로 화폐가 창조되었다가 생산물 판매수입으로 그 은행신용, 즉 차입금이 상환되면 화폐가 파괴된다. 이 논리를 다시 정부 활동에 적용하면, 정부지출이 화폐의 창조를 수반하는 과정이므로 조세의 수입은 반대로 화폐를 파괴하는 과정이어야 하는 것이다.
화폐회로에서는 초기 금융(initial finance)과 최종 금융(final finance)의 구별이 중요하다. 정부지출의 초기 금융은 채권옵션은행과 같은 시중은행이 재정증권을 인수하는 방식으로 이루어질 것이다. 화폐회로는 초기 금융에 의해 화폐가 창조되면서 순환이 개시되고 최종 금융 단계에서 초기 금융이 상환되어 화폐 파괴가 일어나면서 순환이 종결된다. 최종 금융은 국민경제적으로 저축이 취하는 형태이기도 하다. 따라서 기업의 최종 금융은 자본시장 증권 발행, 은행 차입, 이익잉여금으로 표현되는 내부금융의 세 가지 형태를 띤다. 이를 재정활동에 적용하면 조세 수입인 내부금융과 국채 발행수입이 최종 금융이 된다. 정부가 재정증권의 상환에 이들 재원을 활용하기 때문이다. 주목할 점은 이렇게 재정증권을 상환할 때 파괴되는 화폐는 어떤 것인가이다. 초기 금융으로 만들어진 화폐는 정부예금뿐이다. 정부가 조세 수입으로 재정증권을 상환할 때 그 상환액만큼 정부예금이 줄면서 화폐가 파괴되는 것이다. 여기에서 최종 금융인 세입은 지출이 개시될 수 있게 하는 역할을 하지는 않지만, 사후적인 최종 금융이라는 의미에서는 여전히 지출의 재원이다.

을 미칠 수 있다는 통상적인 의미를 넘어서는 것이다.

전통적인 통화정책에서 중앙은행은 국채의 레포 거래를 통해 은행들 사이에서 지급준비금이 융통되는 콜 시장 오버나이트론 금리를 통제한다. 중앙은행이 국채 매매로 국채 수익률에 직접 영향을 미치려는 것은 아니다. 이를테면 중앙은행이 3년 만기 국채를 매도하는 것은 대개 지급준비금 잉여를 해소해 콜 금리의 하락을 막으려는 의도이지 3년 이자율을 상승시키려는 의도는 아닌 것이다.

그러나 양적완화를 시행하면서 연방준비제도는 국채 매매로 특정 만기의 국채 수익률에 직접 영향을 미치고자 했다. 장기 국채의 대량 매입으로 장기금리를 떨어뜨리려고 한 오퍼레이션 트위스트가 그런 시도였다. 당시 연방준비제도는 장기 국채 매입자금을 단기 국채 매도로 조달했지만, 공개시장매입에서처럼 발권도 얼마든지 가능했다. 일본은행 역시 수익률곡선제어를 통해 장기 금리를 직접 조절했다. 이들 비전통적 통화정책의 사례는 중앙은행이 장기금리를 통제할 수 있다는 MMT의 주장을 뒷받침한다. 다만 현세 각국 중앙은행들이 실세로 장기금리를 통제하고 있다고 MMT가 주장하는 것은 아님을 주의할 필요가 있다.

5. 재정정책과 통화정책의 연관성에 대한 인식

정부지출과 조세에 대한 MMT의 설명에서는 정부의 재정 활동과 중앙은행의 통화정책 사이에 상호 불가분적인 연관이 드러난다. 지급준비금 변동을 흡수해 목표금리를 지키는 것은 중앙은행의 역할이다. 하지만 재정 활동이 통화정책에 직접 영향을 미친다. 정부의 재무부처가 지급준비금 변동을 흡수하는 불태화에 관여할 수도 있다. 채권옵션은행을 활용한 정부예금의 이체가 공개 시장운영을 대신하기도 한다. 그리고 MMT 진영에서는 지적한 적이 없지만 글로벌 금융위기 기간에 재무부의 재정보완계획으로 불태화가 실제로 이루어진 점도 이를 뒷받침한다.

정부의 재정 활동과 중앙은행의 통화정책 사이에는 불태화보다 더 깊은 연관이 존재한다. 중앙은행은 정부의 재정 대리인으로서 국고를 관리하며 재정 자금조달에 관계한다. 현행 법제도의 틀 내에서 중앙은행은 발행시장에서 직접 신규 발행 국채를 인수할 수 없다. 하지만 브릿지론처럼 시중은행이 일시적으로 인수한 신규 발행 국채를 유통시장에서 중앙은행에 매도하는 데에는 제한이 없다. 민간이 발행시장에서 국채를 인수하고 중앙은행이 민간으로부터 그 국채를 매입하는 것은, 중앙은행이 발행시장에서 국채를 직접 인수하는 것과 실질적으로 차이가 없다. 이렇게 제도적 제한은 어렵지 않게 우회될 수 있다.

MMT는 재정정책이 본원통화 공급량에 변동을 초래하는 점을 강조한다. 정부지출과 공개시장매입은 결과적으로 모두 지급준비금을 늘린다. 이는 재정정책과 통화정책의 작동 기제에 근연성(近緣性)이 있음을 시사한다. 어떻게 재정정책과 통화정책이 작동 기제를 공유하게 되었는가? 그것은 두 정책이 공통적으로 지급결제시스템을 제도적 기반으로 하여 운용되고 있기 때문이다. 이에 따라 두 정책은 금리에 대해서도 동등한 효력을 갖게 된다. 이론적으로는 재정정책으로도 정책금리를 조절할 수 있는 것이다. 다만 재정정책과 통화정책은 지급준비금 증가에 수반되는 경제적 효과 측면에서는 구별되는 부분이 있다. 공개시장매입은 중앙은행의 발권으로 진정으로 無로부터 지급준비금을 늘리는 것인 반면, 정부지출은 정부예금 잔액을 줄이면서 그만큼 지급준비금이 늘어나는 차이가 있다. 공개시장매입은 지급준비금을 늘리는 것 자체가 정책목적인 반면, 정부지출은 민간 예금을 늘리면서 이에 지급준비금 증가가 간접적으로 수반되는 차이가 있다.

MMT는 재정과 금융의 제도적 연관성을 분석함으로써 재정정책과 통화정책이 어떤 측면에서 연계될 수 있는지 체계적으로 보여준 사실상 최초의 접근법이다. Lavoie(2019a, p.96; 2019b, p.97)는 MMT의 가장 큰 기여가 지급결제 시스템의 제도 맥락에서 정부와 중앙은행의 관계, 재정 작용과 통화 작용의 관계를 분석한 데에 있다고 평가했다. 이는 전통적인 포스트케인지언 분석을 MMT가 보완하고 있다는 해석이다. 만약 재정정책과 통화정책의 상호 조율된 결합이 미래 정책 과제로서 우리에게 요구된다면, MMT의 분석 내용을 한편으로는 순화하면서 다른 한편으로는 확장 발전시키는 과제에서 출발점을 찾아갈 수 있을지 모른다. MMT의 현재적 의의는 그런 점에서 찾을 수 있다.

다만 Lavoie(2019b, p.105)의 지적대로 MMT의 핵심 명제가 실제 현실경제에서 정부와 중앙은행이 하나의 실체로 결합되어 있는 것처럼 주장하는 것은 곤란하다. 그보다는 그의 제안대로 오히려 정부와 중앙은행의 결합 이슈를, 제도 변화를 통해 앞으로 변화시키거나 달성해야 할 목표로 설정하고 정책 논쟁의 장을 여는 편이 바람직할 수 있을 것이다.

V 결론

오늘날 시민사회와 주류 경제학계는 여전히 화폐수량설의 잔재에 의해 지배되고 있다. 발권에 기초한 정부의 적자지출은 금기가 되고 있다. 하지만 내생화폐론의 시각에서는 발권으로 인해 통화량이 과잉이 되었다면 민간은 이를 채무 상환에 사용할 것이므로, 애초에 통화량은 과잉이 될 수 없다. 발권을 통해 지출 재원을 마련했더라도 그것이 인플레이션[7]의 원인일 수는 없다. 현대 사회에서 발권은 중앙은행이 활동을 멈

---

7 유효수요와 설비능력의 상대적인 차이를 강조하는 MMT의 인플레이션 설명에 대해

추지 않는 이상 어디까지나 일상적인 현실이다. 화폐적 생산경제에서 화폐는 유휴 상태의 자원에 생명을 불어넣는 역할을 한다. 그런 점에서는 지출과 이에 수반되는 승수적 소득 창출 과정이 실물 자원을 얼마나 가동시키는지가 더 중요하다고 볼 것이다.

채권 발행이 지출의 재원 확보를 위한 것이 아니라거나 조세 수입은 지출에 쓰일 수 없다거나 모든 지출은 발권으로 이루어지고 있다는 등의 MMT의 핵심 주장들은 문제가 있다. 정부지출이든 민간지출이든 수요가 소득을 만들어낸다. 그리고 그렇게 만들어진 소득은 조세 수입을 발생시킨다. 따라서 정부가 지출을 아직 하지 않았다 해도 민간부문에서 신용이 창출되어 소득이 만들어지면 조세 수입은 얼마든지 발생할 수 있다. MMT에서는 정부지출이 먼저 없었다면 세입이 일어날 수 없다고 하지만 이는 국민경제 전체의 화폐순환에서 정부 재 정활동만 분리시켜 파악하려는 것이다. 실제로는 그렇게 떼어낼 수 없다.

2019년 11월 20일 의회 예산위원회 청문회에 출석한 Wray(2019b, p.21 각주 14)는 "재무부가 연방준비은행에 예치할 자금을 확보하기 위해 신규로 채권을 발행해야 할 수 있음은 사실"이라고 증언하였다. 만약 실제로 모든 지출이 발권으로 이루어지고 있다면, 정부예금을 마련할 목적으로 채권을 발행할 필요가 없을 것이다. 다만 이와 관련해 Wray(2019a, p.18)는 중앙은행의 정부예금 잔액이 설령 부족하다고 해서 중앙은행이 정부 발행 수표를 부도처리하는 일이 일어날 수 있겠는지, 그래서 정부지출이 중단되는 일이 벌어질 수 있겠는지 되묻는다. 그런 일은 결코 일

완전고용 수준까지 수요가 확대되지 않으면 인플레이션이 없다고 보는 'on-off' 식의 설명이라는 비판이 많았다. 그러나 사실은 완전고용에 도달하기 전에도 공급 애로와 같은 요인으로 인해 인플레이션이 발생할 수 있다는 지적에 대해 MMT 진영에서도 수긍하지 않는 것은 아니다(Wray, 2019a: 7).

어나지 않는다는 것이 그의 주장이다. Wray의 이와 같은 최근 진술들을 감안한다면, MMT의 과도해 보이는 주장들을 혹시 다른 방식으로 해석할 수는 없을까? 혹시 일종의 '막대 구부리기(stick-bending)'로, 즉 적극적인 정책 전환을 위한 기능적 재정(functional finance) 관점에서의 개입으로 볼 여지는 전혀 없을까?

화폐는 결국 Bell and Wray(2000)의 우화 속 '토큰'이다. 퇴직자에게 연금으로 매월 50개의 무료 전철 토큰을 지급하는 뉴욕전철공사는 토큰이 고갈될지 모른다는 걱정에 사로잡혀 토큰을 축적해둘 필요가 없다. 미래 지급을 해야 한다면 지급하면 되기 때문이다. 정작 중요한 문제는 미래에도 뉴욕전철이 실제로 교통서비스를 그만큼 제공할 수 있는가이다. 우리가 해결해야 하는 문제는 미래의 실물 제약이다. 미래 실물 제약을 극복하기 위한 생산적 투자가 중요하다. 지급할 토큰의 부족이라는 금융 제약은 우리 경제의 제도를 바꾸면 얼마든지 우회해갈 수 있다. 지난 20세기 초반의 전시재정 등의 경험은 이를 뒷받침한다.

상반된 이해관계가 경합하는 현실의 제약을 강조하나 보면 당면한 문제의 실질적인 해결책을 찾지 못하고 만다. 이도저도 아닌 절충적 접근으로는 진전을 만들어내기 어렵다. 현실의 제도는 바꿀 수 있으므로 제약이 아니다. 그래서 예상을 뛰어넘는 과감한 접근이 필요하다. MMT는 오늘 우리가 당면한 문제가 정말로 해결되어야 하는 문제인지를 먼저 묻는다. 그리고 만약에 그것이 우리 자신과 미래 세대를 위해 정말로 해결되어야 하는 문제라면, 적어도 주권 통화를 가진 나라에서는 주저할 필요가 없다는 메시지를 던진다. 금융적 해결책은 바로 지금 우리한테 충분하다는 것이다. 예를 들어 이 글에서 살펴본, 전략적 양적완화를 위해 중앙은행의 발권으로 설립되는 공공은행이 그 하나의 후보가 될 수 있다. 헬리콥터머니도 또 다른 후보가 될 수 있다. 이런 점은 MMT가 미

래 재정 및 통화정책에 던지는 중요한 시사점이 될 수 있다.[8]

포스트케인지언 진영 내에서 MMT에 대해 이론적으로 줄곧 비판해 온 Louis-Phillip Rochon은 MMT가 각광을 받는 현실은 대안적 정책에 대한 갈망을 보여주는 것이라고 긍정적으로 평가하면서, MMT의 실패를 바라서는 안 된다고 강조했다(Rochon, 2019). 오히려 MMT의 성공을 위해서라도 공론의 장에서 협조적이고 동지적인 대화와 토론이 필요하다는 것이 포스트케인지언의 입장이다.

글의 서두에서 언급한 것처럼 장기적으로 통화정책은 제로금리 내지는 실효 하한 금리의 수준에서 양적완화 혹은 재정정책과의 조합을 통한 새로운 정책 운영체계로 진화해갈 가능성이 있다. 다만 통화정책운영체계가 전통적 관점에서 벗어나더라도 해외의 양적완화 사례에서 확인된 문제점들을 반복할 이유는 없을 것이다. 통화당국은 금융 부문에 대한 유동성 공급으로 자산가격의 하락을 막는 데에 집중하기보다는 정부와 함께 미래 핵심 과제인 인적자원개발, 기반시설 확충, 에너지 전환, 사회서비스 확대 등을 도모하는 공공투자를 지원하는 전략적 양적완화를 적극적으로 고려할 수 있을 법하다. 다가올 미래의 그 과정에서 재정

---

[8] MMT는 현실에서 정부지출이 이미 신용창출을 수반하면서 이루어지고 있다는 현실 해석의 한 관점으로서, (최종고용자 정책 외에는) 특정 유형의 비전통적 정책을 제안하지 않는다. 즉 MMT 정책이 따로 있는 것은 아니다. 다만 좁게는 MMT, 넓게는 포스트케인지언의 기능적 재정 관점에서는 정책 목적상 필요하고 실물 제약이 문제되지 않는다면 재정정책과 통화정책이 결합된 비전통적 접근법이 배제될 이유가 없다. 대규모 재정조달을 요구하는 전환적 공공투자를 위해 헬리콥터머니나 전략적 양적완화와 같은 아이디어를 검토할 수 있는 것도 기능적 재정의 관점에서 비로소 가능하다. MMT는 본문에서 논의된 한계점과 이론적 발전 과제에도 불구하고, 지급결제시스템에 대한 분석을 통해 기능적 재정의 관점을 강화하는 데에 기여한 측면에서 다양한 비전통적 접근법을 뒷받침할 수 있는 정책시사점을 갖는다고 볼 수 있다.

정책과 통화정책이 경제에 긴축적인 영향을 미치는 것은 바람직하지 않다. 내일을 여는 투자에서 화폐를 희소하게 만들 이유는 없다.

참고문헌

나원준, 2019, 이 책 제3장.

안현효, 2019, 이 책 제10장.

井上智洋, 2019, 강남훈 송주명 안현효 역, 『거품경제라도 괜찮아』, 다돌책방.

Bell, S., 2000, "Do taxes and bonds finance government spending?", *Journal of Economic Issues*, Vol. 34, No. 3, pp. 603-620.

Bell, S. and L. R. Wray, 2000, "Financial aspects of the social security 'problem'", *Journal of Economic Issues*, Vol. 34, No. 2, pp. 357-364.

Bell, S. and L. R. Wray, 2002-2003, "Fiscal effects on reserves and the independence of the Fed", *Journal of Post Keynesian Economics*, Vol. 25, No. 2, pp. 263-271.

Bell, V., M. Joyce, Z. Liu and C. Young, 2012, "The distributional effects of asset purchases", *Bank of England Quarterly Bulletin*, Vol. 52, No. 3, pp. 254-266.

Bernanke, B. S., 2000, "Japanese monetary policy: a case of self-induced paralysis?", in R. Mikitani and A.S. Posen (eds.), *Japan's Financial Crisis and Its Parallels to US Experience*, Washington: Institute for International Economics, pp. 149-166.

Bernanke, B. S., 2003, "Some thoughts on monetary policy in Japan", Speech before the Japan Society of Monetary Economics.

Bernanke, B. S., 2014, 김홍범 나원준 역, 『벤 버냉키, 연방준비제도와 금융위기를 말하다』, 미지북스.

Borio, C. and P. Disyatat, 2010, "Unconventional monetary policies: an appraisal", *Manchester School*, Vol. 78(S), pp. 53-89.

Bossone, B, M. Cattaneo, L. Gallino, E. Grazzini and S. Sylos Labini, 2014, "Free fiscal money: exiting austerity without breaking up the euro", Associazione Paolo Sylos Labini.

Bossone, B, E. Grazzini, M. Cattaneo and S. Sylos Labini, 2015, "Fiscal debit cards and tax credit certificates: the best way to boost economic recovery in Italy (and other Euro crisis countries)", Roubini's EconoMonitor.

Bossone, B. and S. Sylos Labini, 2016, "Macroeconomics in Germany: the forgotten lesson of Hjalmar Schacht", VOX CEPR Policy Portal.

Fazi, T. and W.L. Mitchell, 2019, "For MMT", *Tribune*.

Fullwiler, S. T., 2005, "Paying interest on reserve balances – It's more significant than you think", *Journal of Economic Issues*, Vol. 39, No. 2, pp. 543-550.

Fullwiler, S. T., 2013, "An endogenous money perspective on the post-crisis monetary policy debate", *Review of Keynesian Economics*, Vol. 1, No. 2, pp. 171-194.

Friedman, M., 1948, "A monetary and fiscal framework for economic stability", *American Economic Review*, Vol. 38, No. 3, pp. 245-264.

Goodfriend, M., 2002, "Interest on reserves and monetary policy", *Federal Reserve Bank of New York Economic Policy Review*, Vol. 8, No. 1, pp. 13-29.

Keister, T. and J. McAndrews, 2009, "Why are banks holding so many excess reserves?", *Federal Reserve Bank of New York Current Issues in Economics and Finance*, Vol. 15, No. 8, pp. 1-10.

Koo, R. C., 2010, 김석중 역, 『대침체의 교훈』, 더난출판사.

Kregel, J., 2014, "Liquidity preference and the entry and exit to ZIRP and QE", Levy Economics Institute Policy Note 2014/5.

Lavoie, M., 2010, "Changes in central bank procedures during the subprime crisis and their repercussions on monetary theory", *International Journal of Political Economy*, Vol. 39, No. 3, pp. 3-23.

Lavoie, M., 2014, *Post-Keynesian Economics: New Foundations*, Cheltenham: Edward Elgar.

Lavoie, M., 2016a, "Understanding the global financial crisis: contributions of post-Keynesian economics", *Studies in Political Economy*, Vol. 97, No. 1, pp. 58-75.

Lavoie, M. 2016b, "Rethinking monetary theory in light of Keynes and the crisis", *Brazilian Keynesian Review*, Vol. 2, No. 2, pp. 174-188.

Lavoie, M., 2019a, "Advances in the post-Keynesian analysis of money and finance", in P. Arestis and M. Sawyer (eds.), *Frontiers of Heterodox Macroeconomics,* International Papers in Political Economy, pp. 89-129.

Lavoie, M., 2019b, "Modern monetary theory and post-Keynesian economics", *Real-world Economics Review*, Vol. 89, pp. 97-108.

Lavoie, M. and B. Fiebiger, 2018, "Unconventional monetary policies, with a focus on quantitative easing", *European Journal of Economics and Economic Policies: Intervention*, Vol. 15, No. 2, pp. 139-146.

Lavoie, M. and M. Seccareccia, 2016, "Money and banking", in L. P. Rochon and S. Rossi (eds.), *An Introduction to Macroeconomics*, Cheltenham: Edward Elgar.

Murphy, R. and C. Hines, 2010, *Green quantitative easing: paying for the economy we need*, Norfolk: Finance for the Future.

Palley, T., 2015, "Money, fiscal policy, and interest rates: a critique of modern monetary theory", *Review of Political Economy*, Vol. 27, No. 1, pp. 1-23.

Peacock, M., 2013, *Introducing Money*, New York and London: Routledge.

Rochon, L. P., 2019, "MMT and TINA", *Real-world Economics Review*, Vol.89, pp. 156-166.

Ryan-Collins, J., T. Greenham, G. Bernardo and R. Werner, 2013, *Strategic Quantitative Easing*, New Economics Foundation.

Tcherneva, P. R., 2016, "Money, power, and monetary regimes", Levy Economics Institute, Working Paper 861.

Turner, A., 2015, "The case for monetary finance – an essentially political issue", The 16th Jacques Polak Annual Research Conference, IMF.

Tymoigne, E., 2019, "Debunking the public debt and deficit rhetoric", *Challenge*, Vol. 62, No. 5, pp. 281-298.

Tymoigne, E. and L. R. Wray, 2013, "Modern money theory 101: a reply to critics", Levy Economics Institute, Working Paper 778.

Woodford, M., 2000, "Monetary policy in a world without money", *International Finance*, Vol. 3, No. 2, pp. 229-260.

Wray, L. R., 2015, *Modern Money Theory*, New York: Palgrave Macmillan.

Wray, L. R., 2019a, "Alternative paths to modern money theory", *Real-world Economics Review*, Vol. 89, pp. 5-22.

Wray, L. R., 2019b, "Congressional Testimony: Reexamining the economic costs of debt", Hearing before the House Budget Committee.

9장

국가 발권력을 활용한 경제정책의 대안들:
"모두를 위한 양적완화"와 "주권화폐"를 중심으로

유승경 (경기도경제과학진흥원 원장)

    2008년 글로벌 금융위기 이후, 미국을 비롯한 선진권 국가들은 사실상 중앙은행의 발권력에 의존해 경제 회복을 도모해 왔다. 예를 들어 미국의 연방준비제도이사회는 양적완화 정책을 통해서 2008년 9월부터 2015년 1월까지 자산을 약 4.95배나 늘린 바 있고, 코로나 위기가 발생한 2020년 2월 이후에도 불과 7개월 만에 다시 한번 자산을 1.7배나 늘렸다.[1] 중앙은행이 자산을 늘렸다는 것은 그만큼 본원통화가 늘어났다는 것을 의미한다. 달리 말하면 중앙은행이 돈을 찍어내서 그것으로 시중의 자산을 사들임에 따라 본원통화가 늘어났다. 그로 인해 금리가 최저 수준으로 떨어지고 민간의 대출도 늘어났다.

    중앙은행이 발권력을 적극적으로 활용하는 정책은 글로벌 금융위기 이전까지는 금기시되었다. 왜냐하면 중앙은행이 발권력을 남용하면 인플레이션이 걷잡을 수 없게 일어날 것이라는 통념이 지배하고 있었기

---

[1] Board of Governors of the Federal Reserve System.

때문이다. 그러한 사례로 1920년대 초의 독일 바이마르공화국이 겪었던 하이퍼-인플레이션이 자주 상기되곤 했다. 그러나 선진 각국이 대대적으로 양적완화를 실시했지만 인플레이션은 오히려 목표치에도 미치지 않았다. 이런 점에서 2008년 위기 이후의 양적완화는 화폐에 대한 새로운 사고를 촉발시키는 새로운 역사적 경험이었다.

이러한 상황을 배경으로 그동안 비주류에 머물고 있던 여러 경제이론들이 독특한 화폐관을 근거로 삼아서 새로운 정책 대안들을 제시하고 있다. 그 중에는 "모두를 위한 양적완화(quantitative easing for people)"론, 현대화폐이론(Modern Monetary Theory: MMT), 주권화폐론(Sovereign Money Theory) 등이 있다.

"모두를 위한 양적완화"론은 통일된 한 가지 정책 방안을 제시하고 있지는 않지만, 경제 침체 극복과 구조 조정에 필요한 자금을 중앙은행의 화폐 발행을 통해서 조달하자는 입장을 공유하고 있다. 현대화폐이론은 정부 재정을 적극적으로 활용하여 완전고용을 실현할 것을 주장하고 있어서 넓게 보면 "모두를 위한 양적완화"론의 한 유형으로 볼 수 있다. 그리고 주권화폐론은 정부가 직접 화폐를 창조하는 근대 이전의 체제를 복원하여 정부 재정과 민간 지출의 자금을 조달할 것을 주장한다. 이 글에서는 "모두를 위한 양적완화"와 "주권화폐론"을 중심으로 국가의 발권력을 활용하자는 다양한 논의를 소개한다.

I 양적완화란 무엇인가?

발권력의 적극적 활용과 관련한 정책과 이론의 내용을 이해하기 위해서는 우선 양적완화가 무엇인지 파악할 필요가 있다. 양적완화는 통화정책의 특수한 형태이다. 여기서는 우선 국가가 수행하는 두 가지 형태의 경제정책인 재정정책과 통화정책에 대해서 간략히 알아본 후에 통화정책의 한 형태인 양적완화에 대해서 알아본다.

1. 재정정책과 통화정책

경기는 변동한다. 국가는 경기가 지나치게 과열되거나 너무 침체하면 상황을 개선하기 위해서 경제에 개입한다. 그 방법에는 재정정책(fiscal policy)과 통화정책(monetary policy)이 있다. 경제는 수요가 부족하면 침체하고 수요가 넘치면 과열된다. 재정정책과 통화정책은 바로 수요를 관리하는 두 가지 정책이다.

재정정책은 정부가 지출을 조절해서 경제의 총수요를 조절하는 정책이다. 경제가 침체했을 때에 정부는 조세 수입보다 더 많은 지출을 해서 총수요를 진작하고(적자 재정), 경제가 과열되었을 때에는 정부의 지출을 조세 수입보다 적게 해서 총수요를 억제한다(흑자 재정). 이에 반해 통화정책은 중앙은행이 금리를 통해서 대출을 조절하는 정책이다. 보통 통화정책은 통화량(돈의 양)을 조절한다고 말한다. 그런데 통화량은 주로 대출을 통해서 늘어나고 줄어들기 때문에 통화정책은 대출을 조절한다고 해도 무방하다. 왜냐하면 경제 내에서 유통되는 대부분의 통화는 상업은행이 대출을 통해서 창조하는 은행화폐이기 때문이다. 그리고 기업이나 가계가 대출을 하는 이유는 투자나 소비를 하기 위해서이다. 따라서 금리가 낮아지면 대출을 통해서 투자와 소비가 늘어나서 총수요를 진작하고 금리가 높아지면 그 반대의 효과가 나타난다. 현실 경제에서 금리는 중앙은행이 정책적으로 조정한다. 따라서 통화정책은 중앙은행이 금리의 조정을 통해서 대출을 조절하여(통화량을 통제하여) 총수요를 관리한다.

2. 통상적인 통화정책

대부분의 교과서는 통화량을 늘리면 금리가 내려가고 통화량을 줄이면 금리가 오른다고 설명한다. 그런데, 현실에 더 가까운 설명은 중앙은행이 금리를 내리면 통화량이 늘어나고 금리를 올리면 통화량이 줄어든다는 것이다. 왜냐하면, 오늘날 중앙은행은 앞서 언급했듯이 경기 상황에 맞추어서 기준금리(정책금리)를 조절하는 방식으로 통화정책을 펴고 있기 때문이다. 기준금리는 중앙은행이 정책적으로 조절하는 정책금리를 말한다. 중앙은행이 기준금리를 바꾸면 그에 맞추어 경제 내의 다양한 금리들이 일련의 과정을 거쳐서 조정된다.

3. 금리의 제로 하한의 문제

중앙은행은 대출을 늘려서 통화량을 증가시키고자 할 때, 기준금리를 내려서 시중 금리의 하락을 유도한다. 그런데, 금리의 인하에도 한계가 있다. 명목금리는 원칙적으로 결코 영(제로) 이하로 내려갈 수가 없다.

채권자가 채무자가 있다고 하자. 명목금리가 마이너스가 되면 채권자는 돈을 빌려주고 나서 정기적으로 이자까지 주어야 한다. 이런 경우라면 채권자는 더 이상 돈을 빌려주지 않는 것이 더 낫다. 금리가 마이너스가 아니고 영이라 해도 마찬가지이다. 다른 사정이 없는 한 채권자가 돈을 빌려줄 이유가 없다. 따라서 명목금리가 영이거나 마이너스가 되면 자금의 거래는 원칙적으로 일어날 수 없다. 이를 금리의 제로하한 문제(zero lower bound problem)라고 한다. 따라서 중앙은행이 정책금리를 아무리 내려도 원칙적으로 영 이하로 내릴 수가 없다. 미국의 연준은 2008년 12월 16일부터 2015년 12월 15일까지 기준금리의 목표 구간을 0~0.25%까지 내려서 더 이상 낮출 수 없는 상황에 있었다.[2]

---

2 그런데, 최근에는 마이너스 금리라는 말도 종종 접하게 된다. 중앙은행은 영리 기업

4. 양적완화란?

양적안화는 기준금리가 이미 영에 근접함으로써 더 이상 기준금리를 더 내릴 수 없는 상황에서 시중금리를 더욱 낮추어 통화량을 늘리려는 통화정책의 비통상적인 유형이다.

기준금리가 영이라 하더라도 시중의 다양한 금리는 대개 영이 아니다. 상업은행은 위험, 만기 등을 고려하여 가산 금리를 더해서 시장 금리를 정하기 때문이다. 중앙은행은 기준금리를 이미 영으로 내렸기 때문에 기준금리의 조정으로서는 경제 내의 자금을 더 싸게 공급할 방법이 없다. 양적완화는 이 상황에서 중앙은행이 경제주체에게 바로 자금을 공급하는 방식으로 시장 금리를 더욱 떨어뜨리는 방법이다.

양적완화는 중앙은행이 시중에 있는 자산을 매수하는 방식으로 이뤄진다. 매수 대상은 국채, 회사채, 주식 등 다양하다. 중앙은행이 만약 유통시장에서 국채를 사들이면 정부에 자금을 공급하는 것이나 마찬가지이다. 회사채와 주식을 사들인다면 중앙은행이 민간 기업에 자금을 제공하는 것이다. 이는 달리 말해서 양적완화를 통해서 시장 금리를 더욱 떨어뜨린다고 표현할 수 있다. 왜냐하면 새로 발행된 채권의 금리는 기존에 유통중인 채권의 금리(수익률)와 관계가 있기 때문이다. 예를 들어 장기 채권의 가격 상승은 새로 발행된 채권의 금리도 내린다.

또한 양적완화는 중앙은행이 지준금과 통화량을 직접 늘리는 방법이라고도 할 수 있다. 중앙은행이 민간 경제주체(기업, 연기금 등)가 가지

이 아니기 때문에 상업은행에 대출을 해줄 때 제로 금리나 그 이하로 금리를 책정하는 것이 불가능한 것은 아니다. 그러나 그렇게 되면 상업은행은 지준금 조달에 비용이 들지 않기 때문에 지준금을 무한히 늘릴 수 있다. 그러나 그렇게 늘어난 지준금이 대출로 이어지지 않는다면 경기를 부양하는 데 아무런 영향을 미치지 못한다. 그래서 유럽과 일본은행 등은 법정 지준금을 초과하는 지준금에 대해서는 마이너스 금리를 부가하고 있다. 즉 은행이 초과 지준금을 대출하지 않으면 벌금을 책정하는 방식으로 대출을 독려하고 있다.

고 있던 채권을 매입한다고 하자. 민간 경제주체는 그 돈을 은행에 예금해두고 사용한다. 그렇게 되면, 은행의 지준금과 예금이 동시에 늘어난다. 그렇다고 해서 지출이 반드시 늘어난다는 보장은 없지만 지출의 가능성은 높아지며 은행도 대출의 여력이 커진다. 중앙은행이 은행이 가진 국채를 매수한다고 하자. 그러면 은행의 지준금이 늘어나서 마찬가지로 은행은 더 많은 대출의 여력을 갖게 된다.

II 기존의 양적완화에 대한 평가

1. 양적완화의 거시경제학적 맥락

그러면, 기준 금리가 영에 다다른 상황에서 양적완화를 통해서 돈을 경제에 더 주입하는 방식이 거시경제적으로 어떤 효과를 내는지를 알아보자. 현대의 경제 시스템에서는 국가가 중앙은행을 통해서 발행하는 법정화폐(지폐와 주화)인 본원통화보다 상업은행이 대출을 통해서 발행한 은행(신용)화폐가 유통화폐로서 더 큰 역할을 한다. 상업은행은 부분지급준비제도에 따라서 예금의 일정 부분만을 지불준비금으로 남기고 나머지를 다시 대출해줌으로써 경제에 화폐를 공급한다. 이처럼 현행 화폐제도는 상업은행의 신용 창조와 화폐 공급(창조)이 결합되어 있다.

따라서 경제 위기 시에는 본원통화의 양이 크게 변하지 않더라도, 신용 창조를 통해서 공급되는 은행화폐가 크게 줄어들 수 있다. 달리 말해서 경제위기가 오면 은행은 대출을 해주지 않고 기존 대출도 회수한다. 그렇게 되면 은행화폐가 급격히 줄어들어 경제 내에 돈이 부족해진다. 대공황기인 1929년과 1933년 사이에 유통중인 통화량(은행 예금과 현

금)이 1/3이나 줄었다.³

　미국의 경제학자 밀턴 프리드먼은 이 사실에 주목했다. 대공황기에 연준이 통화량을 늘리지 않고 고금리 정책을 통해서 통화량을 오히려 줄였기 때문에 작은 불황으로 끝날 위기가 대공황으로 발전했다고 설명했다. 프리드먼은 대공황과 같은 재앙적인 경제 침체 시에는 통화당국이 돈을 직접 경제에 투입해야 한다고 주장했다. 그는 이 점을 강조하기 위하여 "헬리콥터에서 돈을 살포"했다면 공황의 정도와 지속 기간을 줄였을 것이라고 말했다. 양적완화는 바로 프리드먼이 제시한 "헬리콥터 화폐"에서 착상을 얻은 통화정책이다.⁴

　다시 말해서, 양적완화는 중앙은행이 기준금리의 조정으로는 통화량을 더 이상 늘릴 수 없는 상황에서 경제에 직접적으로 돈을 투입하여 시장 금리를 더욱 낮추어 통화량이 급격히 줄어드는 것을 상쇄하는 통화정책의 특수한 유형이다. 결국, 양적완화는 중앙은행이 은행을 통해서 민간에게 더 많은 화폐를 떠안기는 정책이라고 할 수 있다. 양적완화는 민간에게 낮은 금리로 돈을 떠안기면 소비나 투자가 늘어날 수밖에 없다는 것을 전제로 추진하는 정책이다. 그러므로 양적완화는 중앙은행의 발권력에 의존해서 소비와 투자를 유지하는 정책이라 할 수 있다.

2. 기존의 양적완화에 대한 평가

　2008년 이후 미국, 영국, 일본(2001년부터 이미 시작), 유럽에서 실시된 양적완화가 초저금리를 유지함으로써 민간의 채무 불이행의 확산을 방지했고 중앙은행 화폐를 은행과 금융시장으로 계속 투입함으로써 지

3　프란시스 코폴라(2020), 프리드먼은 왜 헬리콥터로 돈을 뿌리자고 했을까, 유승경 역, 미래를 소유한 사람들, 37쪽.
4　위의 책, 40쪽.

급 시스템의 작동 중단을 막는 데 기여한 것은 분명하다. 그렇지만 바람직한 결과만을 낳은 것은 아니다.

기존의 양적완화는 중앙은행이 민간의 자산을 매입하는 방식으로 경제에 돈을 공급했다. 그런데 누가 자산을 가지고 있는가? 자산은 국채, 회사채, 주식 등인데, 이를 가지고 있는 사람들은 대부분 부자다. 부자에게는 자산을 팔고 새로운 현금이 생겨도 그 돈을 지출할 유인이 낮다. 왜냐하면 이미 소비에 필요한 돈을 가지고 있을 뿐만 아니라 경기 전망이 전반적으로 어두운 상황에서 투자를 행할 가능성도 낮기 때문이다. 결국 부자들은 기존의 자산을 중앙은행에 매각한 후에 생긴 현금을 또다시 다른 자산에 투자했다. 그래서 부동산값을 치솟게 했고, 원유, 원자재, 고급 예술품 등의 가격을 올렸다.

경제위기가 구매력의 부족 때문에 일어난 것이라면, 구매력이 없는 사람에게 돈이 갈 수 있도록 하든지 가난한 사람에게만 주기 힘들다면 차라리 프리드먼의 원래 생각대로 돈을 무차별적으로 나눠줘 버리는 것이 더 낫다는 주장들이 제기되고 있다. 이것이 최근 논의되고 있는 "모두를 위한 양적완화"다.

III 모두를 위한 양적완화

2014년 영국 옥스퍼드대학의 경제학자인 존 뮤엘바우어(John Muellbauer, 1944~)는 "모두를 위한 양적완화"라는 제목의 논문을 발표했다. 그는 이 논문에서 유럽중앙은행이 모든 유럽연합 시민에게 500유로를 나눠 줄 것을 제안했다.[5]

---

5 Muellbauer (2014), "Combatting Eurozone Deflation: QE for the People", VoX-

그때 뮤엘바우어의 제안은 거의 관심을 끌지 못했다. 하지만 이후 많은 경제학자가 "모두를 위한 양적완화"의 여러 방안을 제안했다. 그래서 현재 유럽연합에서 "모두를 위한 양적완화"를 위한 압력 단체의 운동이 있고, 영국에서는 "모두를 위한 양적완화"가 야당인 노동당의 공식 정책이 되었다. 하지만 구체적인 실행 방안을 두고는 여러 가지 안이 대립하고 있다.[6]

1. 헬리콥터 살포

"모두를 위한 양적완화"의 가장 기본적인 형태는 프리드먼의 원래 착상을 복원하는 것이다. 프리드먼의 "헬리콥터 살포"는 단기적인 수요 진작 정책이다. 프리드먼은 헬리콥터가 한번만 날아야 한다고 주장했지만, 다른 이들은 불황이 심각하다면 헬리콥터가 여러 번 날 수도 있다고 주장한다. 이 방식을 주장하는 학자로는 앞서 소개한 존 뮤엘바우어 외에도 여러 학자가 있다.[7]

뮤엘바우어 이전에 미국의 전 연준 의장인 버냉키(Ben Shalom Bernanke, 1953~)도 헬리콥터 살포에 준하는 방안을 제시한 적이 있다. 버냉키는 폭넓은 감세와 함께 금리의 상승 기조를 누그러뜨릴 수 있는 공개시장 매입 프로그램을 운용하면 거의 확실히 소비를 효과적으로 자극할 수 있다고 주장했다. 그는 가계가 소비를 늘리는 대신에 남는 현금을 부동산이나 금융 자산을 얻는 데 사용하더라도 그에 따른 자산 가치 상승은 자본 비용을 낮추고 잠재적 차입자의 대차대조표 상태를 개선할

EU. https://voxeu.org/article/combatting-eurozone-deflation-qe-people.

6   Kevin Dow (2018), Against Helicopter Money, Cato Journal, Vol. 38, No. 1 (Winter 2018)

7   프란시스 코폴라(2020), 위의 책, 112쪽.

것이라고 주장했다. 사실 이 방안도 헬리콥터 살포와 크게 다르지 않다.[8]

누구도 은행권을 말 그대로 헬리콥터에서 뿌리자고 하지는 않는다. 헬리콥터의 의미는 무차별적으로 돈을 분배한다는 것이다. 중앙은행이 일회성으로 헬리콥터 화폐를 전달하는 방법으로, 모든 개인이 중앙은행에 하나의 계좌를 갖도록 하는 방안도 있다. 이 경우에 중앙은행은 필요에 따라서 이 계좌에 돈을 입금하기만 하면 된다. 또하나의 대안적인 방법으로, 소매상이 받을 수 있는 선불카드를 발행하는 안도 있으며, 모든 개인에게 수표를 보내는 방법을 생각해 볼 수 있다. 헬리콥터 살포는 어떤 식이든 중앙은행이 많은 사람에게 한차례 돈을 나눠 주어 경제를 단기적으로 부양할 수 있는 정책을 말한다.

2. 정부 적자의 조달

"모두를 위한 양적완화"에는 헬리콥터 살포와 같은 단기적인 일회성 경기부양책을 펼 것이 아니라 경제의 구조 전환을 위한 자금을 중앙은행에 의존하자는 안도 있다. 정부가 대규모 국책사업에 필요한 자금을 마련하기 위해 국채를 발행하고 그것을 중앙은행이 매입하는 방법을 말한다. 중앙은행이 국채 발행시장에서 직접 매입할 수도 있고, 그것이 법적으로 금지된 경우에는 이미 발행된 국채를 투자자나 은행으로부터 매입할 수 있다. 혹은 정부가 투자은행을 설립하여 그곳에서 채권을 발행하도록 할 수도 있다.[9] 그러나 어떤 방식을 취하든 형식적인 차이에 불

---

[8] Bernanke (2002), Deflation: making sure "it" doesn't happen here: remarks before the National Economists Club, Washington, D.C., November 21, 2002.

[9] Silke Tober (2015): Monetary financing in the euro area: A free lunch?, Intereconomics, ISSN 1613-964X, Springer, Heidelberg, Vol. 50, Iss. 4, pp. 214-220, http://dx.doi.org/10.1007/s10272-015-0545-z

과하다. 그런데 정부 적자가 늘어나면 정부부채가 늘어나는 문제가 생긴다. 여기에 대해서 이 방안의 제안자들은 경제가 회복되면 세수가 증가할 것이기 때문에 정부부채를 줄일 수 있다고 주장한다.

이는 전통적인 재정정책의 자금을 중앙은행이 제공한다는 것을 의미한다. 원래 재정정책은 시중 자금을 줄여서 민간의 지출을 줄인다는 비판을 받는데, 중앙은행이 자금을 조달한다면 이 문제를 피할 수 있다. 사실 이 방식은 1930년대 일본과 1940년대 미국에서 시행된 사례가 있다. 이 두 경우에 일본 중앙은행과 미국 연준이 정부가 발행하는 국채를 발행시장에서 직접 매입했다. 이에 힘입어 일본은 조기에 대공황에서 빠져나올 수 있었고,[10] 미국은 전쟁 비용을 원활히 조달할 수 있었다.[11]

현재 영국의 노동당의 제레미 코빈(Jeremy Corbyn)이 2015년의 당 대표 선거에서 내걸었던 "모두를 위한 양적완화"는 정부가 투자은행을 설립하고 그에 필요한 자금은 경기가 정상화되어 재정이 조달할 수 있을 때까지 중앙은행 자금을 활용하는 방안이다.[12] 정부가 투자은행을 설립하는 이유는 중앙은행이 국채를 직접 인수하는 데에는 법적인 제약이 있기 때문이다. 많은 나라에서는 정부가 중앙은행의 발권력을 남용하는

---

10 Masahiko Shibamotoa and Masato Shizumeb(2011), How Did Takahashi Korekiyo Rescue Japan from the Great Depression? Research Institute for Economics and Business Administration, Kobe University, Institute for Monetary and Economic Studies, Bank of Japan, August 1, 2011.

11 Mark Toma(2020). "Interest Rate Controls: The United States in the 1940s." The Journal of Economic History, vol. 52, no. 3, 1992, pp. 631–650., www.jstor.org/stable/2122888. Accessed 19 Nov. 2020.

12 Ben Fine and Alfredo Saad-Filho (2019), Economic Policies for the Many Not the Few: Assessing the Economic Strategy of the Labour Party, Theory and Struggle, Liverpool University Press.

것을 방지하기 위해서 중앙은행이 국채를 발행시장에서 매입하는 것을 금지하고 있다.

그 외에도 "모두를 위한 양적완화"의 방안으로는 부채 탕감과 같은 여러 방안이 있다. 부채 탕감도 부채 부담을 덜어주는 경기부양의 한 방편이긴 하지만, 부채가 없는 국민과의 형평성 문제와 부채 탕감 시 채권자의 손실을 어떻게 보상할 것인가라는 문제가 있다.

IV 주권화폐론

"모두를 위한 양적완화"나 "현대화폐이론"과는 조금 다른 문제 의식에서 국가의 발권력을 적극적으로 활용하자는 주장도 있다. 대표적인 것이 현재의 신용화폐제도를 폐지하고 국가화폐제도로 전환하여 화폐 발행 이익을 국민들에게 기본소득으로 제공하자는 주권화폐론이다.

1. 주권화폐란 무엇인가?

주권화폐란 국가가 직접 발행한 법정 화폐를 의미한다. 그리고 법정 화폐는 세금을 내거나 민간에서 부채를 청산할 때 국가가 그 수단으로 인정해 주는 화폐를 말한다. 현대 경제에서 가장 널리 사용되는 화폐는 상업은행에 예금 형태로 기록되어 있는 은행화폐(bankmoney)이다. 가계와 기업은 상업은행에서 대출을 받아서 그 돈을 요구불예금계좌에 넣어 두고 수표 발행이나 계좌이체를 통해서 지불 행위를 할 수 있다. 은행화폐도 세금을 내거나 부채를 청산하는 데 사용되지만, 법적으로는 법정통화에 대한 청구권이라는 사실에는 변함이 없다. 오늘날 주권화폐로는 상업은행의 지급준비금으로 불리는 비현금성 중앙은행화폐와 현금

(지폐와 주화)을 들 수 있다.[13]

현재 유통화폐에서 큰 비중을 차지하고 있는 것은 은행화폐다. 유로존의 경우 대략 은행화폐가 82%, 주화가 1%, 지폐가 17%를 차지한다. 한국의 경우 2019년 기준으로 M1중 현금의 비중은 12.4%에 불과하다.[14] 그런데 은행화폐는 상업은행의 대차대조표에서 부채 항목으로 기록되어 있는 안전하지 못한 화폐다. 은행화폐는 은행이 파산하면 정부가 예금보험을 통해 보장해주지만, 그 자체는 일단 사라질 수도 있다. 예를 들면, 지난 그리스 위기 때 그리스 국민은 상당 기간 은행으로부터 돈을 인출할 수 없었다.

주권화폐론은 현재의 은행화폐를 법정통화로 모두 대체하자는 개혁안이다. 은행화폐를 법정통화로 대체하려면 은행의 신용창조 기능이 중지되어야 한다. 따라서 주권화폐론의 기본 전제는 상업은행이 신용 창조를 통해서 대출하는 것을 중단시키는 것이다. 그리고 주권화폐론은 중앙은행이 아니라 정부가 화폐를 발행할 것을 주장한다.[15] 정부가 화폐를 직접 발행하는 것은 현재의 중앙은행 제도가 정착되기 전까지 전형적인 화폐 발행의 방식이었다. 근대로 들어와서도 미국의 링컨 대통령은 남북전쟁 때 정부지폐를 발행했으며[16], 케네디 대통령도 정부 화폐의 발행

---

[13] Joseph Huber (2017), What is sovereign money? http://www.sovereignmoney.eu/what-is-sovereign-money Jan2017.

[14] e-나라 지표, 통화량 추이, http://www.index.go.kr/potal/EachDtPageDetail.do?idx_cd=1072.

[15] Joseph Huber and James Robertson, Creating New Money, London: New Economics Foundation, 2000.

[16] Joseph Huber and James Robertson(2000), Creating New Money, A monetary reform for the information age, p.22.

을 검토했다. 현재에도 미국에서는 재무부가 주화를 발행하고 있다.[17]

2. 주권화폐론의 기본 관점

슘페터에 따르면, 화폐의 본질에 대한 이론은 크게 두 가지가 있다. 하나는 화폐의 상품 이론이며 다른 하나는 화폐의 신용 이론이다. 화폐의 상품 이론은 화폐가 물물교환의 불편함을 타개하기 위해서 상품에서 진화해 왔다고 하는 교과서 경제학이 받아들이는 이론이다. 화폐의 신용 이론은 화폐가 신용/부채 관계를 청산하기 위한 지불 약속에서 기원했다고 본다. 이 이론에 따르면 중요한 것은 약속의 신뢰성이지 결코 약속이 적혀 있는 소재의 가치가 아니다.[18]

화폐의 신용 이론은 화폐는 법의 산물이라고 하는 화폐의 국가이론으로 이어진다. 부채 관계를 청산하기 위해서는 계산의 단위가 먼저 정해져야 한다. 부채가 반드시 원래 빌린 것과 동일한 것으로만 보상되는 것은 아니며 그럴 수 없는 경우도 많다. 그래서 신용과 부채의 대등성을 가늠할 수 있는 계산의 단위가 있어야 한다. 역사적으로 국가(공동체)가 계산의 단위를 정했다. 그리고 사회의 가장 기초적인 부채 관계는 국가와 구성원 간의 관계다. 주권은 사전적인 경제 거래가 없이도 부채 관계를 형성할 수 있는 권력이다. 국가는 구성원에게 세금이라는 부채를 부여한다. 결국 국가가 계산단위를 정하고, 화폐를 발행하고, 구성원에게 화폐단위로 납세의 의무를 부여함으로써 화폐가 일반적 거래의 수단으

---

[17] Joseph Huber (2013), Modern Money and Sovereign Currency.

[18] Geoffrey Ingham (2004), The nature of money, Economic Sociology: European Electronic Newsletter, ISSN 1871-3351, Max Planck Institute for the Study of Societies (MPIfG), Cologne, Vol. 5, Iss. 2, pp. 18-28.

로 자리 잡았다.[19]

그러나 화폐는 국가만 만드는 것이 아니다. 차후에 지불하겠다는 약속을 상대방이 신뢰할 수 있게끔 할 수 있다면 누구라도 화폐를 발행할 수 있다. 개인 기업도 어음을 발행할 수 있고 어음도 화폐로서 역할을 수행한다. 그리고 현재 사용하는 은행화폐도 국가화폐는 아니다. 은행이 지불을 책임진다는 것을 믿기 때문에 통용될 뿐이다. 그런데 화폐에도 위계질서가 있고 그 위계질서에서 가장 으뜸이 되는 것이 바로 국가화폐라는 것이 화폐의 국가 이론이다.[20] 주권화폐론은 화폐의 국가 이론을 받아들인다는 점에서 현대화폐이론과 공통점이 있다.

주권화폐론은 이 같은 관점에서 화폐를 사적 질서가 아닌 공적 질서에 속하는 공공재로 바라본다. 화폐가 물물교환의 불편함을 극복하기 위한 교환수단이라고 한다면 화폐는 단지 교환을 편리하게 하는 중립적인 것으로 간주될 수 있다. 그러나 화폐의 가치가 국가에 의해서 보증된다면 그것은 사회를 지탱하는 공공질서다. 그리고 화폐의 생산과 분배는 곧 권력의 생산과 분배를 의미한다. 따라서 주권화폐론은 상업은행과 같은 영리를 추구하는 사기업이 아니라 공익을 대표하는 국가가 화폐의 발행과 분배를 책임져야 한다고 주장한다. 화폐가 사적계약의 산물이라면 화폐를 규율하는 효율성의 잣대가 중요하지만, 화폐가 공적 질서라고 한다면 사회적 필요성과 화폐에 관한 민주적 통제가 중요한 문제가 된다.[21]

---

19 랜덜 레이 (2015), 『균형재정론은 틀렸다』. 홍기빈 역, 책담, 45~55쪽.

20 Stephanie Bell, Bell(2001), The Role of the State and the Hierarchy of Money. Cambridge Journal of Economics. 25, pp. 149-63.

21 Joseph Huber (2017), Sovereign Money. Springer International Publishing. Ch.3.

주권화폐론은 화폐와 관련된 특권을 세 가지로 규정한다. 첫째, 그 나라에서 사용되는 화폐적 계산단위를 결정하는 권한이다. 둘째, 그 계산단위로 표시된 화폐를 창조하는 권한이다. 셋째, 화폐창조로부터 나오는 이득인 화폐발행이익을 누릴 권한이다.[22] 이 기준에 따르면, 현대의 모든 나라는 부분지급준비제도에 의해서 첫 번째 외의 특권은 거의 상실했다. 모든 나라는 자체의 계산단위를 가지고 있다. 그러나 거래 수단으로는 국가가 창조한 법정화폐와 은행이 창조한 은행화폐가 동시에 사용되며, 은행화폐가 지배적 비중을 차지하고 있다. 그리고 국가는 은행화폐의 비중이 높은 만큼 화폐 발행이익을 얻는 데서도 제한적이다. 상업은행이 발행한 은행화폐가 은행 소유가 되는 것은 아니지만 은행은 창조된 화폐를 통해 이자 수익을 올리며, 국가는 은행화폐 때문에 화폐발행이익의 일부만을 갖는다.[23]

주권화폐론은 국가가 세 가지 화폐주권을 모두 회복할 것을 주장한다. 이 주장은 화폐발행이익이라는 공공 자원의 가치를 모든 시민이 공유해야 한다는 규범적 가치를 바탕으로 하고 있다. 사회의 활동과 수요에서 기인하는 화폐의 가치는 공공 수익의 원천이 되어야 한다는 것이다.

3. 현행 은행화폐제도의 문제점

주권화폐론이 위와 같은 규범적 논리에만 의존하여 현행 제도를 비판하는 것은 아니다. 위에서 언급한 화폐 주권이 확립되어 있지 못하기 때문에 많은 경제적, 사회적 문제점이 발생한다고도 주장한다.

---

22 ibid., Ch.6.

23 Laurie Macfarlane, Josh Ryan-Collins, Ole Bjerg, Rasmus Nielsen and Duncan McCann(2017), Making Money From Making Money, 31 JANUARY 2017.

주권화폐론은 현행의 제도에서 통화 공급이 불안정하여 경기변동이 증폭되고 경제가 쉽게 위기로 내몰린다는 점에 우선 주목한다. 이 문제가 발생하는 것은 현실 경제가 교과서 경제학의 이론적 설명과는 다르게 작동하기 때문이다.

교과서는 화폐창조의 과정을 화폐승수(money multiplier) 이론을 통해 설명한다. 이 이론에 따르면, 예금이 들어오면 상업은행은 법정 지급준비율에 따라서 일정량을 지급준비금으로 남기고 나머지를 대출한다. 이렇게 대출된 돈은 다시 은행에 예금되어 은행화폐가 새롭게 창조된다. 그러면 은행은 다시 그 돈을 법정 지급준비금만큼 남기고 나머지를 대출한다. 그리고 그 대출은 새로운 예금을 낳아 또 은행화폐를 창조한다. 이 과정이 연속되어서 은행화폐는 기본적으로 법정 지급준비율에 의해서 결정된 화폐승수를 애초의 예금에 곱한 것만큼 창조된다. 그리고 중앙은행은 공개시장정책을 통해 은행의 지급준비금을 조절할 수 있고, 은행은 지급준비금에 맞추어서 대출을 조절하게 된다.

이 같은 교과서의 설명 틀에서는 상업은행은 화폐창조 과정에서 지극히 수동적인 역할을 하며 중앙은행은 본원통화와 법정 지급준비율을 통해 통화량을 재량적으로 조절할 수 있다. 그러나 현실 세계에서 화폐의 창조 과정은 교과서와는 아주 다르다. 은행은 사실 화폐창조 과정에서 적극적으로 두 가지 역할을 수행한다.

첫째, 은행은 단순히 저축을 대출로 연결하는 중개 기관에 머물지 않는다. 교과서는 예금이 대출을 낳는다고 상정하지만, 실제로는 대출이 예금을 일으키고 화폐를 창조한다.[24] 그 반대가 아니다. 현실의 화폐

---

[24] Joseph A Schumpeter(1954), Bank Credit and the "Creation" of Deposits, History of Economic Analysis.

창조 과정에서, 상업은행은 금리, 경제 조건, 다른 투자 대상 등을 고려하여 특정 고객에게 대출할지 여부를 결정한다. 그리고 은행이 고객에게 신용을 주기로 결정했을 때, 현금의 형태로 신용을 주지 않고 고객의 예금계좌에 금액을 기록한다. 그 금액은 곧 수표, 계좌이체, 현금카드 따위를 통해 지불 행위에 이용될 수 있기 때문에 화폐로 간주된다. 곧 신용창조가 화폐창조인 것이다. 이 과정을 미국의 경제학자 제임스 토빈(James Tobin, 1918~2002)은 "은행장의 펜에 의해서 창조되는 만년필 화폐"라고 불렀다. 은행장이 대출을 승인하고 차입자의 요구불예금계좌에 입력하면 화폐가 창조된다는 것이다. 이 과정에서 화폐는 창조되지만 은행의 대차대조표나 본원통화는 변하지 않는다. 이렇게 보면, 은행이 기업에 대출을 하는 데 반드시 새로운 저축이 필요한 것은 아니다.[25]

둘째, 상업은행은 지급준비금을 중앙은행으로부터 빌릴 수 있다. 은행은 지급준비금의 양을 확인하고 대출하는 것이 아니다. 이윤을 추구하기 때문에 이윤 전망이 높으면 먼저 대출을 하고 이후 지급준비금을 맞춘다. 중앙은행은 상업은행의 최종 대부자이기 때문에 이 요구에 응하지 않을 수 없다.

이 두 가지 요인을 고려하면, 중앙은행이 통화량을 조절하는 것이 아니라 시중은행, 즉 상업은행의 영리적 판단에 따라 통화량이 변하고 중앙은행은 오히려 그것에 순응하는 경향을 보인다고 볼 수 있다. 사실상 현행 제도에서는 상업은행이 사실상 화폐발행의 주권을 중앙은행으로부터 빼앗아갔다고 할 수 있는 것이다.

상업은행이 사실상 화폐발행의 주권을 행사하는 현 제도는 우선 경

---

25 Tobin, J (1963), 'Commercial banks as creators of "money"', Cowles Foundation Discussion Papers No. 159.

제적으로 많은 문제점을 야기한다. 주권화폐론은 상업은행이 사실상 화폐발행을 책임지기 때문에 현 제도가 경기변동을 증폭하고 쉽게 금융위기를 불러온다는 점을 강조한다. 상업은행은 경기가 좋으면 이윤을 쫓아서 대출을 늘려 화폐 공급을 늘린다. 통화량이 중앙은행의 정책적 통제가 아니라 대출을 확대하려는 은행과 대출을 받으려는 가계 및 기업의 의지에 크게 의존한다. 따라서 낙관적 경제 분위기는 쉽게 경기과열과 자산 거품을 낳아서 새로운 금융위기를 불러온다. 또한 경기가 위축될 때에는 상업은행은 대출을 주저함으로써, 경기 진작을 위해 화폐가 더욱 필요한 시기에 오히려 화폐 공급을 줄인다. 이로 인해 가격이 전반적으로 하락하는 디플레이션이 발생하여 더욱 심각한 공황에 빠져들기도 한다.[26]

더구나 현 제도에서 상업은행이 통화를 창조한다는 것은 곧 부채를 늘리는 것을 의미한다. 부분지급준비제도에서 통화 공급과 신용창조가 결합되어 있기 때문에 통화 확대를 통한 경기 진작이 부채의 누적을 동반하는 것은 불가피하다. 부채의 누적은 그 자체로 경제 불안정을 높이며 적절한 소득분배를 방해하는 요인으로 작용한다.

그리고 은행 파산 시에 고객의 예금을 보장하기 위한 제도가 과도한 위험 감수를 불러온다. 상업은행은 대출을 자산으로 하고 예금을 부채로 하는 민간 기업이다. 고객의 예금은 극히 가치가 불안정한 토지, 건물, 주택 혹은 금융상품 그리고 적은 비율의 지급준비금에 의해서 뒷받침된다. 따라서 은행이 대출을 제대로 회수하지 못하면 예금의 안전을 보장할 수 없다. 그래서 은행은 항상 대량 예금 인출 사태나 파산의 위험

---

[26] Randall Wray (2015), Minsky on Banking: Early Work on Endogenous Money and the Prudent Banker. Levy Economics Institute of Bard College, January 2015.

을 안고 있다. 이를 방지하기 위해서 대공황 이후 대부분의 나라에서 보험을 통해 예금의 안전과 지급 시스템의 안정을 보장하고 있다.

하지만 이 보장 제도는 위험에 대한 책임 문제를 왜곡시켜 도덕적 해이를 낳는다. 정부가 예금을 보장하기 때문에 고객들은 거래 은행의 건전성을 검토할 필요성을 느끼지 않고, 은행은 이윤 증가를 위해서 과도한 위험을 무릅쓸 유인이 생긴다. 또한 예금보험과 별도로 정부는 은행이 위기에 처하면 경제시스템의 붕괴를 방지하기 위해서 구제를 한다. 이 같은 관행은 은행이 위험한 대출을 행하고 고위험 활동에 참가하는 것을 부추긴다.[27]

그 외에도 화폐창조를 상업은행이 거의 결정하기 때문에 여러 가지 경제적, 사회적, 환경적 문제가 야기된다. 현재는 신용(대출)을 통해 화폐가 공급되는데, 신용은 대부분 담보를 가지고 있거나 실질소득이 높은 사람에게 제공된다. 그래서 이 관행은 기존의 불평등을 더욱 심화한다. 그리고 은행의 대출 선호가 새로운 화폐를 어떤 경제활동에 공급할 것인가를 결정하기 때문에 새로운 화폐는 실물 부문보다 자산시장이나 금융시장으로 흘러가서 거품을 형성한다.

4. 주권화폐제도의 내용과 이행 방안

주권화폐론은 현재의 제도를 어렵지 않게 새로운 제도로 재편할 수 있다고 주장한다. 주권화폐론은 현 제도의 개혁을 위해서, 현재 예금계좌에 전자화폐의 형태로 기록되어 있는 은행화폐 자체를 법정화폐(legal tender)로 선언하는 것에서 시작하자고 한다.

그렇게 되면 고객이 가지고 있던 기존의 은행화폐는 주권화폐로 전

---

[27] Sophio Khundadze, The Problem of Moral Hazard and Effects of Deposit Insurance Project, IBSU Scientific Journal 2009, 2(3), 89-114

환되어 은행의 대차대조표에 더 이상 부채로 잡히지 않고 개인이 가진 유일한 화폐자산으로서 유통된다. 그리고 은행은 이 돈을 고객을 위해 관리만 하며 그 거래는 중앙은행의 데이터베이스에 기록된다. 현행 체제는 지준금의 순환과 은행화폐의 순환이 분리되어 있다. 하지만 주권화폐론의 방안은 지준금이 없는 화폐의 단일 순환 시스템이다.

그리고 새로운 제도에서는 화폐 창조와 신용(대출) 활동을 분리한다. 주권화폐론은 은행의 계좌를 (1)고객이 즉각 인출금을 할 수 있는 거래계정(Transaction accounts)과 (2) 고객이 수익을 얻기 위해서 투자 용도로 사용하는 투자계정(Investment accounts)로 분리할 것을 제안한다.[28]

거래계정은 현행의 요구불예금계좌(당좌예금 계좌)를 대체한다. 고객들은 수표, ATM, 현금카드, 계좌이체를 통해서 자유롭게 입출금을 할 수 있다. 이 계정은 완전히 안전한 예금의 기능을 수행한다. 은행들은 내부 데이터베이스에 있는 각 개인의 계정을 관리하지만, 이 돈은 중앙은행의 고객기금계정에 기록되어 있다. 그 기록 자체가 돈이기 때문에 특별한 별도의 지준금은 필요하지 않다. 따라서 고객의 예금은 더 이상 민간은행의 부채가 아니며, 고객의 법적 사유재산이다. 예금은 개별 상업은행의 건전성이나 유동성과 관계없이 가치를 유지한다. 만약 은행이 파산하면, 거래계정은 단순히 다른 은행으로 이동한다. 따라서 거래계정은 위험이 없고, 예금보험이 필요 없다, 하지만 예금에 대한 이자는 붙지 않으며, 은행은 이 서비스에 대해서 비용을 물릴 수 있다.

투자계정은 현행 저축성예금계좌를 대체한다. 고객들은 거래계정에서 투자계정으로 돈을 옮길 수 있다. 투자계정은 금리, 만기, 용도 및 목적에 따라 다를 수 있다. 투자계정은 국가 보증이나 예금보험의 보호

---

[28] Ben Dyson, Andrew Jackson, Graham Hodgson(2014), Creating a Sovereign Money System, Positive Money.

를 받지 못하며, 위험은 은행과 투자자가 분담한다. 투자계정에 할당된 돈은 즉시 그 은행의 통합투자계정으로 들어간다. 통합투자계정의 돈은 거래계정과 마찬가지로 중앙은행에 기록된다. 투자계정은 어떤 돈도 가지고 있지 않으며, 그것은 단지 은행이 고객에 대해서 지고 있는 부채일 뿐이다. 그리고 이것이 대체 화폐로 발전하는 것을 막기 위해서 투자계정의 소유권은 바뀔 수 없다.

주권화폐제도로의 이행 과정에서 상업은행의 요구불예금은 모두 거래계정으로 전환된다. 기존의 요구불예금은 상업은행의 부채이고 대출은 상업은행의 자산이다. 그런데, 이것이 모두 고객의 주권화폐로 바뀌면 상업은행은 자산(대출)은 그래도 가진 채 엄청난 양의 부채를 덜게 된다. 왜냐하면 상업은행이 더 이상 요구불예금을 뒷받침해야 할 이유가 없기 때문이다. 그래서 이행과정에서 정부가 요구불예금에 해당하는 것만큼의 이자 없는 전환부채(Conversion Liability)를 상업은행에 부과할 필요가 있다. 전환부채는 중앙은행의 자산이며 만기는 은행이 가지고 있는 대출의 만기에 맞춰서 설정할 수 있을 것이다. 은행은 장기간에 걸쳐서 대출이 회수되는 대로 이 전환부채를 상환해야 한다. 이 과정에서 은행과 민간이 가지고 있던 국채는 국가발행화폐에 의해 상환되면서 정부는 부채 문제를 해결할 수 있다.

5. 주권화폐 제도하의 화폐 공급

새로운 화폐는 은행의 대차대조표에 부채로 잡히지 않고 개인이 가진 유일한 화폐자산으로서 유통된다. 그리고 은행은 이 돈을 고객을 위해 관리만 하며 그 거래는 중앙은행의 데이터베이스에 기록된다. 현행 체제에서는 지급준비금의 순환과 은행화폐의 순환이 분리되어 있다. 하지만 주권화폐론의 방안은 지급준비금이 없는 화폐의 단일순환 시스템

이다.[29]

　상업은행이 더 화폐를 공급할 수 없게 되면 새로운 화폐제도에서는 화폐를 어떻게 공급할 것인가? 주권화폐론은 중앙은행(혹은 새롭게 만들어지는 통화관리위원회)이 정부의 한 부서로서 화폐 공급을 책임질 것을 제안한다. 새로운 제도에서 중앙은행은 행정부, 입법부, 사법부와 대등한 제4부가 되어야 한다. 왜냐하면 특수한 기구가 전체 통화량을 적절히 공급하고 탄력적으로 조정하는 임무를 맡을 필요가 있기 때문이다. 즉 중앙은행은 독립적으로 인플레이션율, 성장률, 인구 증가 등에 기초하여 필요한 통화량을 결정하는 것이다.[30]

　새로운 제도에서는 의회나 행정부가 중앙은행에 화폐를 요구할 권리를 가져서는 안 되며 중앙은행의 판단에 발언권을 가져서는 안 된다. 즉 민주적 권력분립에 기초하여 중앙은행에 헌법적 지위를 부여해야 한다. 이 방식은 은행과 금융시장의 금융적 기능을 화폐적 기능과 분리하고 통화적 권력과 재정적 권력을 분리함으로써 통화 안전과 건전재정을 보장할 수 있다. 즉 화폐와 신용을 분리하여 더는 한 나라의 화폐가 은행 및 금융 산업의 특정 이해관계에 볼모가 되지 않도록 하고, 중앙은행과 의회/행정부를 분리하여 주권화폐가 정치적 이해관계에 좌우되지 않도록 할 수 있다.[31]

　중앙은행이 화폐 공급을 늘리는 기본적인 경로는 화폐를 발행하여 정부의 재정에 보태는 것이다. 이 화폐는 대출이 아니라 정부지출을 통해 유통에 들어가며 이것은 순수한 화폐발행이익이다. 이것은 국채와 달

29　Joseph Huber (2017), Sovereign Money, Springer International Publishing. P.145.

30　ibid., p.146.

31　ibid., p. 151.

리 상환할 필요가 없는 정부의 화폐적 소득이다. 또한 중앙은행이 일정 비율을 상업은행에 대출해 줄 수 있다. 중앙은행은 이 경로를 통화정책의 한 수단으로 활용할 수도 있을 것이다.

정부로 이전된 새 화폐를 어디에 사용할 것인가는 중앙은행의 업무사항이 아니라 정부와 의회의 소관 사항이다. 주권화폐론은 화폐의 첫 분배는 의회의 결의에 의해서 평등하게 이뤄져야 한다고 주장한다.

화폐의 첫 분배를 국가의 민주적 결정에 따를 때 자산 거품을 형성하는 방향으로 화폐가 공급되는 것을 억제할 수 있다. 그리고 정부는 부채의 누적 없이 예산을 넘어서 추가적인 지출을 할 수 있다. 정부는 그 돈을 예산으로 사용할 수도 있고, 시민들에게 기본소득으로 줄 수도 있으며, 국가부채를 탕감하는 데 사용할 수도 있고, 민간에 대출해 줄 수도 있다. 그 중에서 가장 부각되고 있는 것은 1920년대에 영국에서 더글러스(C. H. Douglas, 1879~1952)가 제안한 바와 같이 모든 시민에게 화폐발행이익을 매년 기본소득으로 제공하는 것이다.[32] 독일 경제학자 요세프 후버Joseph Huber에 따르면, 경제성장률에 맞추어 화폐 공급량을 늘린다고 할 때 1%당 기본소득으로 미국은 190달러, 영국은 165파운드, 유로존은 165유로 정도를 지급할 수 있다. 성장률이 1.5~3%라면 그리 풍부하지는 않지만, 기본소득의 상당한 재원을 화폐발행이익으로 조달할 수 있다. 화폐발행이익을 공동 배당으로 지급한 것은 1733년부터 1751년까지 메릴랜드에서 시행된 바가 있다. 당시 식민지 정부는 모든 납세자에게 30실링의 정부지폐를 주었다.[33]

---

32 Ben Dyson, Andrew Jackson, Graham Hodgson (2014), Creating a Sovereign Money System, Positive Money, p. 9.

33 Joseph Huber (2017), ibid., p.162.

Ⅴ 결론

2008년 이후 경제위기 타개책으로 실시된 양적완화는 양극화를 오히려 심화시키고 경제회복에도 한계를 보였지만, 경제 운용에 중앙은행의 발권력을 활용할 새로운 가능성을 확인해 주었다. 다시 말해서 경제 침체기에는 중앙은행 발권력을 활용한 경기 부양이 가능하다.

이런 사실이 밝혀진 이상 더 나은 방안을 생각할 수 있다. 이제까지 중앙은행의 발권력을 활용하는 것을 제약했던 요인은 통화의 남발이 하이퍼-인플레이션을 낳을 수 있다는 공포였다. 그러나 2008년 이후 중앙은행과 정부가 엄격한 준칙에 따라서 양적완화를 전개했을 때 인플레이션을 일어나지 않는다는 것이 실증되었다.

그리고 양적완화를 통해서 경기를 부양한다고 했을 때 더 나은 방법은 직접적 구매력을 가진 사람들에게 직접적으로 돈이 전달되는 것임이 분명하다. 그것이 "모두를 위한 양적완화"이다. 이 입장을 옹호하는 사람들이 기존의 양적완화가 불필요하다고 주장하는 것은 아니다. 기존의 양적완화는 은행 시스템을 유지함으로써 경제의 순환계인 지급 시스템을 유지했다. 그러나 기존의 양적완화는 서민을 혜택에서 소외시켰다. 따라서 새로운 양적완화는 기존의 양적완화의 단점과 한계를 극복한 "모두를 위한 양적완화"가 되어야 한다.

또한 중앙은행 발권력의 활용은 정부 적자에 대한 인식과 관련해서도 새로운 사고를 낳았다. "모두를 위한 양적완화"의 대부분의 방안은 단기적인 부양책이거나 일회성 자금 지출이다. 하지만 양적완화의 작동 메커니즘에서 확인된 법정화폐의 속성은 균형재정에 대해 근본적으로 재고할 할 것을 요구한다.

또한 장기적으로는 신용화폐제도의 근본적 재편도 염두에 두어야 한다. 물론 현재의 은행/통화 제도는 영국에서 시작되어 몇 백 년에 걸쳐 전 세계로 확산한 제도다. 따라서 단기간에 근본적인 제도의 개편을 기대하기는 힘들다. 그렇지만 제도는 역사성을 갖기 때문에 새로운 실험들을 통해 현재의 제도의 단점을 치유하려는 근본적인 노력이 중단되어서는 안 될 것이다.

참고 문헌

랜덜 레이(2015), 『균형재정론은 틀렸다』, 홍기빈 역, 책담.

프란시스 코폴라(2020), 『프리드먼은 왜 헬리콥터로 돈을 뿌리자고 했을까』, 유승경 역, 미래를 소유한 사람들.

Ben Bernanke (2002), *Deflation: making sure 《it》 doesn't happen here*: remarks before the National Economists Club, Washington, D.C., November 21, 2002.

Ben Dyson, Andrew Jackson, Graham Hodgson (2014), *Creating a Sovereign Money System*, Positive Money.

Ben Fine and Alfredo Saad-Filho (2019), Economic Policies for the Many Not the Few: Assessing the Economic Strategy of the Labour Party, *Theory and Struggle*, Liverpool University Press.

Geoffrey Ingham (2004), The nature of money, Economic Sociology: European Electronic Newsletter, ISSN 1871-3351, Max Planck Institute for the Study of Societies (MPIfG), *Cologne*, Vol. 5, Iss. 2.

Joseph A Schumpeter (1954), *Bank Credit and the "Creation" of Deposits*, History of Economic Analysis.

Joseph Huber and James Robertson (2000), *Creating New Money*, London: New Economics Foundation.

Joseph Huber (2017), *Sovereign Money*. Springer International Publishing. Ch.3.

Joseph Huber (2017), What is sovereign money? http://www.sovereign-money.eu/what-is-sovereign-money Jan2017.

Joseph Huber (2013), Modern Money and Sovereign Currency.

Kevin Dow (2018), Against Helicopter Money, *Cato Journal*, Vol. 38, No. 1 (Winter 2018).

Laurie Macfarlane, Josh Ryan-Collins, Ole Bjerg, Rasmus Nielsen and

Duncan McCann(2017), *Making Money From Making Money*, 31 JANUARY 2017.

Mark Toma (2020). "Interest Rate Controls: The United States in the 1940s." *The Journal of Economic History*, vol. 52, no. 3, 1992, pp. 631-650., www.jstor.org/stable/2122888. Accessed 19 Nov. 2020.

Masahiko Shibamotoa and Masato Shizumeb(2011), How Did Takahashi Korekiyo Rescue Japan from the Great Depression? Research Institute for Economics and Business Administration, Kobe University, Institute for Monetary and Economic Studies, *Bank of Japan*, August 1, 2011.

Muellbauer (2014), "Combatting Eurozone Deflation: QE for the People", VoXEU. https://voxeu.org/article/combatting-eurozone-deflation-qe-people.

Randall Wray (2015), *Minsky on Banking: Early Work on Endogenous Money and the Prudent Banker*. Levy Economics Institute of Bard College, January 2015.

Silke Tober (2015) : Monetary financing in the euro area: A free lunch?, *Intereconomics*, ISSN 1613-964X, Springer, Heidelberg, Vol. 50, Iss. 4.

Sophio Khundadze, The Problem of Moral Hazard and Effects of Deposit Insurance Project, *IBSU Scientific Journal* 2009, 2(3).

Stephanie Bell, Bell(2001), *The Role of the State and the Hierarchy of Money*. Cambridge Journal of Economics.

Tobin, J (1963), 'Commercial banks as creators of 'money'', *Cowles Foundation Discussion Papers* No. 159.

10장

통화정책을 통한 기본소득의 가능성*

안현효(대구대학교)

I 문제제기

기본소득의 쟁점은 이론적인 것과 정책적인 것으로 나눌 수 있다. 이론적 쟁점은 기본소득이 기본소득의 미래 지향, 현대사회의 변화로 인한 노동계약체제의 변화, 근로의욕(노동공급)에 미치는 영향 등이 있고, 정책적 쟁점은 기본 소득이 경제주체에게 미치는 효과에 대한 실증적 연구, 기본소득의 지급 형태, 기본소득의 재원 등의 문제가 있을 것이다.[1]

본 연구는 기본소득의 재원에 관한 쟁점에서 출발한다. 기본소득의 재원은 기본적으로 조세다(강남훈, 2011). 조세는 대표적인 직접세인 소득세, 대표적인 간접세인 판매세 등으로 구성된다. 과세금액이 국민경제에

---

* 이 논문 또는 저서는 2017년 대한민국 교육부와 한국연구재단의 지원을 받아 수행된 연구임(NRF-2017S1A3A2066659).
1 이에 대한 포괄적 소개와 논의는 강남훈(2019)을 참조하라.

서 차지하는 비중이 매우 높기 때문에, 이러한 전통적 과세를 통한 기본소득 지급은 지금까지 제시된 정책 대안 중에서는 가장 강력한 재분배 정책으로 보여진다(백승호, 2010). 또한 자연자원에서 나오는 수익이 기본소득의 재원으로서 현실성이 높은 것으로도 보여진다. 예를 들어 알래스카의 알래스카 영구기금(APF: Alaska Permanent Fund)와 같은 자연자원은 공유부로 간주될 수 있기 때문에 일종의 불로소득으로 생각되고 이 소득은 소득의 원천을 구분하기가 애매해서 쉽게 기본소득의 재원으로 여겨질 수 있다. 공유부의 관점에서 접근한다면 다양한 자원을 고려할 수 있다(금민, 2017). 토지가 대표적인 예다. 토지는 자본주의적 소유권을 인정받아 사적으로 소유되어 있지만 다른 자원에 비해서는 아직도 여전히 공적 소유의 비중이 높다. 그렇다면 현재 토지에 대해 매기는 세금, 즉 토지보유세 등에 대한 과세를 통해 재원을 마련할 수 있을 것이다(강남훈·전강수, 2017). 공유부의 관점에서 접근하면 토지뿐 아니라 환경도 공유부로 간주할 수 있다. 권정임(2011; 2012), 강남훈(2013)은 생태세를 통한 기본소득 재원 마련을 제안한다. 일단 공유자원을 세금의 재원으로 간주한다면 구체적으로 다양한 자원이 후보가 될 수 있다. 인공지능(강남훈, 2016), 로봇세(Delaney, 2017), 지구공유재(곽노완, 2018), 인지(안현효, 2016) 등이 제안된다.

　이 논문의 관심은 기본소득의 재원 마련에 관한 또 다른 대안으로서 화폐에 주목한다. 화폐는 매우 복잡한 존재이지만 자본주의에서 하나의 상품으로 존재한다.[2] 경제학에서는 화폐를 계산단위(좀 더 나아가면 교환수단)으로만 보는 고전파적 시각과 일종의 자산, 특히 유동성을 가진

---

[2] 인간이 직접 만든 재화가 아닌 존재 중에서 자본주의에서 상품화에 성공한 것은 노동력이 대표적이고, 다음으로 화폐가 있다.

무수익 자산, 즉 가치저장의 수단으로 보는 케인스적 시각으로 나뉘어진다. 그러므로 화폐는 경제학의 시장 경제를 바라보는 시각을 양분하는 중요한 주제이기도 하다.

또한 화폐에서 신용제도가 발전함에 따라 자본주의 생산과정과 밀접히 연계되어 작동함으로써 자본주의의 동학적 움직임, 즉 자본주의의 경기순환 과정에 주요한 변수로 기능하기도 한다.

이렇듯 화폐는 매우 복잡한 상품이지만, 기본소득의 재원으로 화폐에 주목한 논의로는 더글러스(Douglas, 2016)의 사회신용론을 들 수 있다. 일본 학자 세키 히로노(2010)는 클리포드 더글러스의 사회신용론을 수용하여, 현재와 같은 신용화폐가 아니라 정부 통화를 발행하여, 은행돈(이자 붙는 돈)으로 움직이는 경제로부터 벗어나야 할 필요가 있으며, 그 정부통화로 전체 국민에게 일률적으로 무조건 기본소득을 보장할 수 있다고 주장한다.

이 논문은 기본소득에 대한 이러한 배경을 바탕으로 통화정책을 통한 기본 소득의 실현 가능성에 대한 최근의 이론적 가능성을 모색하기로 한다. 그리하여 2008년 금융위기 이후 불황기 활용된 통화정책의 무력화 속에서 나타나는 새로운 이론적 논의를 소개하고 이 논의의 발전 과정에서 기본소득의 재원 문제에 관한 연결고리를 찾아보고자 한다.

II 비전통적 통화정책으로서의 양적완화(Quantitative Easing)

양적완화라는 용어는 극히 최근의 용어다. 2001년 일본은행이 최초로 시행하면서 이 용어를 사용하였다(Ueda, 2012). 그런데 2008년 9월 15일 리먼브라더스 파산으로 시작한 글로벌 금융 위기와 뒤이은 장기 불황에 직면하여, 통화정책을 통한 이자율 하락으로 경기를 활성화하려는 노력이 난관에 봉착하게 되자 많은 나라에서 양적완화 정책을 도입하였다.

일반적으로 불황기에 중앙은행은 공개시장조작 등으로 단기채권을 매입하는 방식을 통해 이자율을 낮추어 경기를 진작하고자 하는 확장적인 통화정책을 시행한다. 하지만 극심한 불황 상황에서는 시장 이자율이 이미 0 수준에 도달하여 정책 효과를 볼 수 없었다. 이른바 제로금리의 제약(ZLB: Zero Lower Bound constraint)라고 불리는 유동성 함정(liquidity trap)의 상태에 빠지면 통화정책이 효과가 없게 된다. 그래서 단기국채를 매입해서 단기이자율에 영향을 주는 전통적 정책을 대신해서 장기국채, MBS(모기지유동화증권, Mortgage Backed Securities) 등 다양한 채권을 매입하여 경제에 직접 유동성을 공급하고자 하는 정책을 양적완화(QE: Quantitative Easing)라고 부른다. 얼핏 보면 통화를 팽창한다는 점에서, 또 채권을 매입하여 이자율에 영향을 주려고 한다는 점에서는 일반적인 통화정책과 비슷해 보인다. 하지만 양적완화가 비전통적 통화정책인 것은 그 규모가 매우 크고, 전달경로가 전통적 통화정책과 다르다는 점 때문이다. 단기국채를 통한 단기이자율을 조절하는 정책에 비해서, 장기국채를 매입하기 때문에 위험이 발생한다는 점이 다르다.

양적완화 정책은 경제 이론에서의 논란과는 무관하게 실제로 적용되었다. 양적완화 정책을 최초로 시행한 나라는 일본인데, 2001~2006년 사이에 일본 은행이 40조 엔 규모로, 2010~2011년에는 101조 엔 규모로 채권을 매입했고, 2012년 매입규모를 확대하고, 2013년에도 80조 엔의 자산매입을 계획하였다.

2013년 자민당의 아베 신조 총리가 집권하자 중앙은행의 한도 없는 채권매입을 통한 무제한 양적완화를 시작하기로 결정했다.

표 1 미국의 양적완화

1차 양적완화	· 2008년 11월 25일: FRB는 1000억 달러 규모의 정부보증모기지채권(GSE direct obligations)과 5000억 달러 규모의 모기지유동화증권(MBS)을 매입하고 TALF라는 새로운 대출프로그램에 2000억 달러를 투입. · 2008년 12월 16일: 연방기금금리를 종전 1.00%에서 0~0.25%로 낮추고, 국채와 모기지채권을 대규모로 매입해 통화공급량 자체를 늘리는 '양적완화'로의 전환을 공식 선언. · 2009년 1월 28일: FRB는 장기채 매입을 통한 양적완화 정책을 본격 추진. · 2009년 3월 18일: FOMC는 앞으로 6개월 동안 3000억 달러 규모의 장기국채를 직접 매입. · 1차 양적완화는 2010년 1분기에 끝났으며 총 1조 7000억 달러가 투입.
2차 양적완화	· 2010년 11월 3일: FOMC회의에서 6개월간 6000억 달러 규모의 추가 양적완화 (QE2)를 시행한다고 발표. 2차 양적완화는 2011년 6월 30일 종료.
3차 양적완화	· 2012년 9월 13일: FOMC는 매달 400억 달러 규모의 주택담보부증권(MBS)을 사들이기로 결정. 아울러 2014년 말로 예정된 초저금리 기조도 2015년 중 반까지 6개월 연장. · 3차 양적완화 시즌2(3.5차 양적완화). · 2012년 12월 13일: FOMC는 매달 450억 달러 규모의 미국 국채를 추가로 사들어 매달 채권매입 규모를 850억 달러로 확대키로 결정.

자료: Woodford(2012: 96-98).

　미국에서는 2008~2012년 기간 중 3차에 걸쳐 수조 달러가 투입되었다. 미국은 2015년 12월부터 이자율을 올리기 시작했고, 2017년에는 양적완화로 엄청나게 불어난 연준 대차대조표의 자산을 축소할 계획을 발표함으로써 양적완화 정책에서 탈출하려고 한다.

　한편 영국의 경우 영란은행(2009년 3월)이 750억 파운드의 장기국채 매입을 결정하고, 유럽중앙은행(ECB, 2015, 1월) 100억~600억 유로의 채권 매입을 결정하였다.

　그런데 양적완화는 실제로 이루어진 정책인데도 효과에 관해서는 논란이 있다. 장기이자율에 영향을 줄 때 나타나는 현상은 단순하지 않

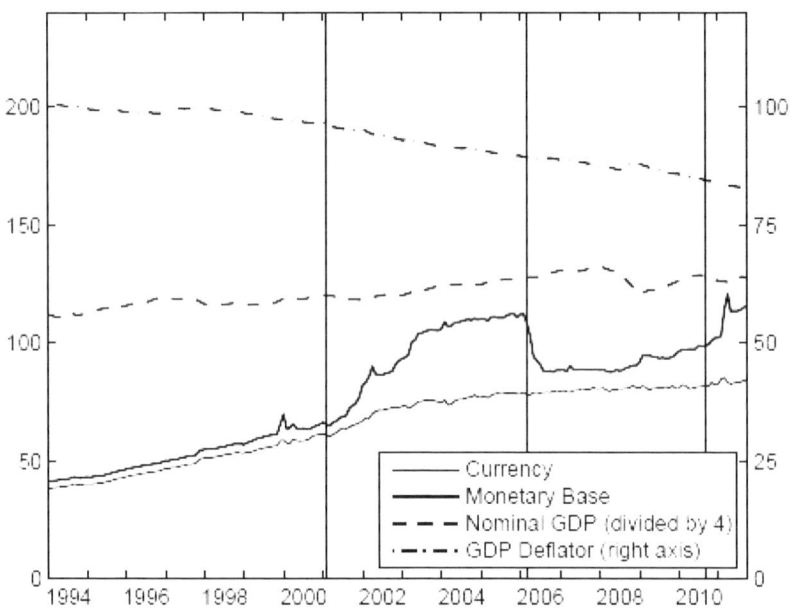

그림 1 일본의 양적완화 1기와 2기(단위: 조 엔)
자료: 일본은행, Woodford(2012: 57)에서 재인용.

다는 것이다. 일단 양적완화는 중앙은행의 대차대조표에 큰 영향을 주고, 장기이자율의 변동에 의해 영향받는 이해당사자들이 달라질 것이다. 예를 들어 정부에 이득이며, 장기저축자에게 손해가 된다. 그렇다면 거시적 효과는 어떠한가?

2001~2006년간 양적완화 정책을 시행한 일본은행의 경우 본원통화를 첫 두 해 동안 60%나 증가시켰는데, 명목GDP의 상승은 5년간의 양적완화 이후 2001년 대비 6% 상승에 그쳤다는 것이다.

미국의 경우에서도 양적완화의 규모에 비해 명목GDP의 상승과 인플레이션에의 영향은 기대 이하였다.

양적완화의 거시경제적 효과가 기대 이하라고 하여도, 전혀 없다고 해석할 수는 없다. 예를 들면 조이스, 통, 우즈(Joyce, Tong and Woods, 2012)의 실증 연구에 따르면 영란은행이 2천억 파운드의 QE를 시행했

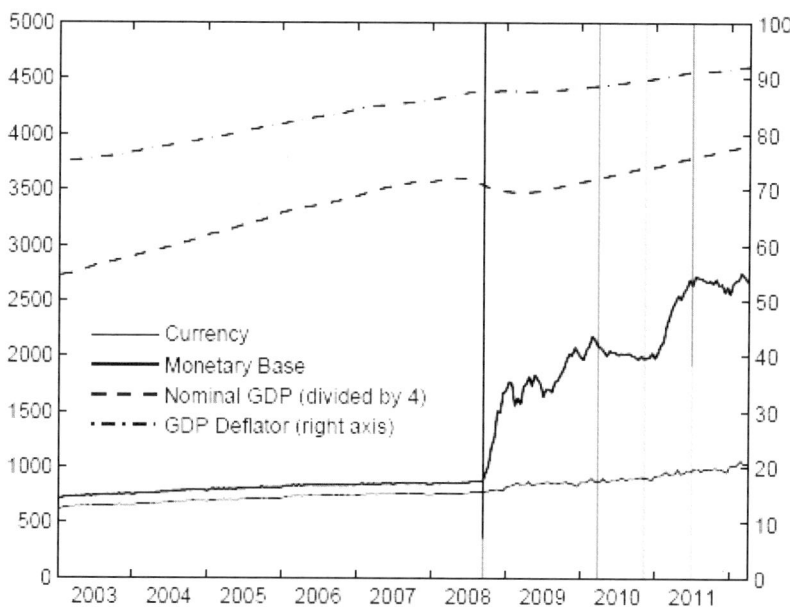

그림 2 미국의 양적완화 1기와 2기(단위: 10억 달러)
자료: 연방준비은행, Woodford(2012: 59)에서 재인용.

을 때, 장기이자율은 1% 하락했고, GDP는 1.5~2% 증가했으며, 인플레율 0.75~1% 증가가 나타났다. 이러한 실제적 결과에도 현상을 해석하는 이론적 쟁점은 여전히 남는다. 전통적 생각에 의하면 민간과 은행의 자산구성이 유동적이면, 통화량이 증가해도 민간은 지출을 꺼려하고, 은행은 대출을 꺼려해서 별 효과가 없다는 것이다. 이 상황에서 유동성이 더 투입되어도 결국 흡수되고, 경제를 자극할 수 있는 자산으로의 이동이 일어나지 않을 것이다(유동성 함정).

이에 반해 새로운 생각은 QE로 시장에 장기채권이 흡수되어 장기이자율이 떨어지면, 장기채무를 매칭하기 위해 장기국채를 보유한 연금기금들은 장기국채의 수익률이 떨어지기 때문에 다른 자산, 즉 기업채나 주식을 구입하기 시작한다. 그래서 경제가 활성화될 수 있다는 것이다.

또한 불황기에 흔히 채택되는 확장적 재정정책은 장기이자율을 올리는 경향이 있기 때문에 QE는 이러한 불황기의 확장적 재정정책이 초래하는 장기이자율 상승(이라는 부작용)을 상쇄하는 효과가 있을 수도 있다.

그동안 자산 공급, 자산 가격과 실질 거시경제 지표와의 관련성에 대한 연구가 적았는데, 금융위기 이후 이에 대한 관심이 급격히 증가하였다. 자산 포트폴리오의 변동이 위험을 안고 있기 때문에 포트폴리오 변동은 이자율의 차이가 많지 않으면 일어나지 않을 수 있다. 정책이 예상하는 대로 QE가 기대하는 결과가 나타날지에 대한 것은 QE를 어떻게 실행하는가의 문제로 볼 필요가 있다.

III QE에서 헬리콥터머니로

QE의 경우 통화량을 증가시킨다는 점에서는 통화정책에 속하지만 장기채권인 국채를 매입하는 방식을 통하기 때문에 비정통적 통화정책으로 간주된다. 장기국채의 매입은 국채 가격을 상승시키고, 장기 이자율을 하락시키는 경향을 가진다. 그러나 헬리콥터머니는 프리드만이 한 말로, 헬리콥터로 하늘에서 돈을 뿌리면 경제주체는 그 돈을 계속 반복되는 이벤트가 아닌 한 번의 이벤트로 확신한다고 가정하였다(Friedman, 1969: 4-5).

이는 중앙은행(정부)의 0의 이자율 수준과 예산 제약 범위 내에서[3] 진행되는 본원통화(monetary base)의 명목량에 대한 영구적이고, 비가역적인 증가로 정의된다. 예를 들면 비가역적 국가화폐 발행을 재원으로 중앙은행의 국채 매입과 병행하여 확장적 재정정책을 시행하는 경우를 들 수

---

3 헬리콥터머니가 뿌려지면 감세와 재정지출을 병행해야 예산 제약이 유지된다.

있다. 이 때문에 헬리콥터머니는 QE의 하나로도 볼 수 있지만, QE와 같이 장기국채를 매입하는 데 돈을 쓰는 것이 아니라, 이전지출의 방식으로 집행한다는 점, 즉 재정정책의 한 형태 라는 점에서 구분될 것이다.

직관적으로 헬리콥터머니는 화폐를 직접 찍어내어 (통화적 자금조달) 뿌리는 것이기 때문에 은행제도를 무시하고 진행될 수도 있다. 그렇다면 QE와 무관하게 수행될 수도 있을 것이다. 하지만 헬리콥터머니의 이론적 가능성이 논의되기 시작한 것은 바로 QE 때문이다.

한편으로 헬리콥터머니는 QE와 마찬가지로 경기진작과 인플레이션 효과를 가진다. 그런데 QE의 경우 자산의 포트폴리오 변경을 통해 시중의 자금을 실물투자로 유인하도록 하는 효과를 노리는 것이므로 경제주체가 직접적 소비를 하는 유인이 없지만, 헬리콥터머니의 경우 정부(재무부)가 상환의무가 없는 직접 화폐를 발행하기 때문에 경제주체는 소비를 적극적으로 하게 될 것이다. 따라서 QE를 시행하더라도 효과가 없는 경우 헬리콥터머니가 더 효과적으로 수요 증가 효과를 가진다고 볼 수 있다. 하지만 다른 한편으로 헬리콥터머니는 중앙은행의 계정을 봉하지 않을 수 있기 때문에 중앙은행 독립성 관련 논쟁을 야기하기도 한다.

Buiter(2014: 26)는 헬리콥터머니가 경기 정책이 되는 과정을 다음과 같이 설명한다.

> "화폐임금과 물가가 경직적인 케인지안적 경제에서, 생산은 수요에 의존한다. 완전고용균형에서 최초의 실질이자율은 낮고, 인플레이션과 명목이자율이 낮다. 이제 재화와 용역에 대한 정부 실질지출 감소와 같은 총 수요 충격이 있다고 하자. 이는 사전적 과잉저축 상황을 야기한다($S - I > 0$). 그러면 완전고용균형은 (-)의 실질이자율 수준에서만 가능하다. (-)의 실질이자율이 가능하기 위해서는 인플레이

션이 있거나, 명목이자율이 더 떨어져야 한다(실질이자율 = 명목이자율 - 인플레이션율). 그런데 이 둘 다 달성하기 불가능하다. 왜냐하면 최초의 수요충격이 인플레이션율을 낮출 것이고, 명목이자율은 통화 유지 비용보다 커야 하므로 (-)가 될 수 없기 때문이다. 이 상황으로 인해 전통적인 통화정책으로 완전고용 수준에서 새로운 실질이자율에 도달할 수가 없게 된다.

가능한 실질이자율 수준에서 완전고용이 회복되기 위해서는 양(+)의 수요 충격이 있어야 한다. 팽창적 재정정책이 명백히 필요한 정책 수단이다. 헬리콥터머니는 통화와 재정의 결합된 경기진작 정책으로 이 일을 할 수 있다."

Buiter(2014)는 일정한 조건하에서는 헬리콥터머니가 총수요를 자극해서 심지어 영구적인 유동성 함정의 상황 속에서도 통화 금융정책이 결합하여 무제한적인 민간 수요를 증가시킬 수 있다고 본다. 결국 디플레이션, 낮은 인플레이션, 지속적 스태그네이션은 불가피한 결과가 아니라, 선택가능한 옵션이라는 것이다. 여기서 헬리콥터머니가 거시경제적 효과를 내기 위해서는 국가화폐가 이를 보유한 민간에게 부채로 인식되어서는 안 되고, 순 부(net wealth)여야 한다. 이를 충족하기 위해서는 상환필요가 있는 채무의 형식으로 재정지출의 자금이 동원되어서는 안 된다. 즉 Buiter에게서 헬리콥터머니의 가장 중요한 특징은 지금까지 논의된 QE의 방식, 즉 국채 매입의 방식이 아니라 정부가 직접 화폐를 찍어야 한다는 점이다.

이런 연구는 최근 급증하고 있다. 매컬리와 포자르(McCulley and Pozsar, 2013) 역시 같은 주장을 한다. 불황기에 채택하는 확장적 통화정책은 민간신용의 수요에 초점을 맞추는 것이다. 그러나 중요한 것은 통화정책 그 자체가 아니라, 통화정책이 재정확장과 결합되어야 한다는 점(즉 헬리콥터머니)이다.

불황기에 유동성 함정으로 통화정책은 기업(민간 채무자)이 통화정책에 반응을 하지 않기 때문에 큰 효과가 없다는 점에서부터 출발하여, 재정정책이 효과적인데, 재정정책에 소요되는 자금 동원과 관련하여 정치적 부담이 있다는 현실이 출발점이다. 그러므로 재정정책의 자금을 국채발행을 통해서 하는 것이 아니라 재정정책은 직접적 지출을 증가시켜 통화정책의 문제를 해결할 수 있다는 것이다. 헬리콥터머니 방식의 통화정책은 재정지출에 동원하기 위해 국채를 발행하지 않기 때문에, 정부의 대차대조표를 악화시키지 않고 정부가 필요로 하는 돈을 마련할 수 있다는 장점이 있는 것이다. 따라서 문제는 통화정책 그 자체만은 아니고 민간 부문이 디레버리지를 하기 때문에 재정적 자극과 결합한 통화정책이라는 점에 핵심이 있으며, 통화정책이 재정당국의 채무비율(채무/GDP)에 대한 걱정을 줄여주느냐의 문제이다. 결국 이 정책은 민간 부문이 디레버리지하는데 필요한 명목소득증가를 유도하는 확실한 정책이라는 것이다. 결과적으로 중앙은행은 독립성 명제에 집착할 것이 아니라, 중앙은행은 인플레이션 타겟만으로 목적으로 삼지 않고, 재정당국과 협력하는 모델을 개발해야 한다.

그런데 헬리콥터머니가 적용 가능한 나라로서 대외 제약이 없는 폐쇄경제의 대국(영국, 미국, 유럽 흑자국)을 들고 있어 헬리콥터머니의 현실적 적용 가능성에 대해서는 유보조건을 달고 있다.

재정당국이 아무런 제약 없이 헬리콥터머니를 발행할 수 있다면, 통화의 과당 발행으로 인한 하이퍼인플레이션이 있을 수도 있기 때문이다. 그렇다면 헬리콥터머니의 발생에는 어떤 제약이 있는지를 확인해 보자. 이는 결국 화폐 유통 속도에 좌우된다. 통화주의의 화폐수량 방정식이 다음과 같다고 하자.

MV = PY (M: 통화량, V: 화폐의 유통속도, P: 물가, Y: 실질생산)

이때 증가율은 m+v=p+y 가 된다.[4]

V가 안정적이면 v는 0이 되고, m의 증가는 p 또는 y의 증가로 귀결될 것이다. 그런데 v가 감소한다면 (즉 유동성 함정과 같은 현상이 일어난다면) m을 증가시켜도 p, y에 변화가 일어나지 않을 수 있다. 이때는 v 감소를 상쇄시키는 m의 증가가 필요하다. 헬리콥터머니는 m을 팽창시키는 하나의 방식이 된다. 반대로 v가 증가하는 상황에서는 m의 증가는 p, y의 급팽창을 야기하게 된다. 이는 하이퍼인플레이션의 위험을 가중시킬 것이다. v가 증가한다는 것은 유동성 함정의 반대 현상이 일어나고 있는 것이다. 즉 화폐를 민간이 보유하려고 하지 않는다는 뜻이다. 통화주의에 의하면 화폐유통속도 v의 움직임은 매우 안정적이기 때문에 통화정책이 효과가 있다고 보고 있다. 바로 화폐유통속도 v의 안정성(또는 v가 예외적으로 낮은 유동성 함정의 시기도 여기에 포함할 수 있다)이 하이퍼인플레이션을 회피하고 헬리콥터머니를 활용할 수 있는 조건이 된다.

IV 헬리콥터머니를 통한 기본소득 재원 마련

헬리콥터머니 또는 변형된 QE가 등장하는 배경으로는 소득불균형의 악화 문제가 있다. 싱(Xing, 2017)은 경제위기 이후 진행된 QE로 인해

---

[4] 여기서 m, v, p, y는 M, V, P, Y의 증가율이다.

자산가격의 회복 과정에서 역설적으로 자산을 많이 갖지 않은 저소득층의 소득이 악화되는 소득불균등 현상이 심해졌고 이는 비전통적 정치지도자(anti-establishment political candidates)의 등장을 야기했다고 해석했다. 다른 QE와 달리 헬리콥터머니는 화폐를 공평하게 뿌려주는 것이므로 소득불균등에 대한 대안으로 연구해 볼 필요가 있다는 것이다. 즉 QE는 자산가격의 회복에 역점을 두는 것인 반면, 헬리콥터머니는 소비 확산을 통한 총수요 증대에 역점을 두고 있다는 판단이다. 이는 공식적으로 채택된 QE는 장기국채를 구입함으로써 자산가들은 이자율이 떨어진 장기국채를 포기하고, 다른 위험 자산, 즉 주식 등을 구입하는 것을 통해 투자가 진작되는 것을 목표로 한다는 논리이다. 이 논리가 작동한다면 이 정책이 임금상승과 동반되지 않는다면 결국 자산가들의 이익에 봉사하는 계급적 정책이 되고 말 것이다.

물론 경기회복과 함께 고용이 증대하고 적절한 임금상승이 동반된다면 자산 가치를 증가시키는 QE정책은 소비 진작에 효과를 나타낼 수도 있다. 하지만 실제로 기술적 임금양극화 등이 결합하면서 저소득층이 증가하게 되면 QE는 소득불평등을 더 악화시키게 된다는 것이다.

그리하여 더 과감한 정책 제안들이 등장한다. 예를 들면 이미 앞에서 제기된 버냉키(Bernanke)의 헬리콥터머니에 대한 제안 외에도, 제레미 코빈(Jeremy Corbyn)의 '민중적 QE'(People's QE) 제안들이 있다(Xing, 2017). 코빈의 민중적 QE는 영란은행이 화폐를 찍어 정부부채를 직접 구입하거나, 또는 추가적 정부지출의 자원으로 사용한다는 계획이다. 물론 이러한 정부지출은 노동자 교육과 직업 창출에 투자한다는 점에서 민중적이라고 할 수 있다.

전통적 통화정책(금융긴축 또는 금융완화)의 경우 단기이자율에 영향을 미칠 목적으로 중앙은행이 단기 채권을 매입(이자율 하락, 통화량 증가)

하거나, 매각(이자율 상승, 통화량 감소)하여 거시경제에 영향을 미치려고 한다. 반면 ① 2001년 이래 등장한 비전통적 통화정책은 장기이자율에 영향을 미칠 목적으로 장기국채를 정부가 민간은행으로부터 직접 매입함으로써 장기이자율도 낮추고 시장 통화공급을 증대시키고자 하는 것이다. 하지만 이 경우 중앙정부가 직접 국가통화를 발행하지만 (중앙은행을 통하는 경우도 있다) 국채의 매입과 연동되어 있어 포트폴리오 변화를 통한 투자 진작을 전달경로로 하는 것이다. 반면 ② 정부가 국채를 중앙은행으로부터 직접 매입하여 통화량을 증가시키면서 재정지출과 연계함으로써 소비에 직접 영향을 미칠 수도 있다. 마지막으로 ③ 정부가 직접 화폐를 발행하여 재정지출과 연계할 수도 있다.

이노우에는 이 세 가지 모두를 넓은 의미의 헬리콥터머니로 정의한다. **표 2**는 헬리콥터머니를 유형화해 본 것이다.

그림 3은 이노우에의 헬리콥터머니 유형 중 ①번 유형을 그려본 것이다.

전통적인 확장적인 통화정책은 기존의 금융질서 체제하에서 단기국채를 매입하여 통화량을 증대시켜 이자율을 하락시키고 경기를 진작시키려는 정책이다. 반면 QE라고 불리는 비전통적 통화정책에서 중앙은행은 장기국채 매입을 지속하지만(확장적 화폐정책), 동시에 정부는 장

표 2　이노우에의 헬리콥터머니의 분류

헬리콥터머니의 종류	명칭	내용
직접적 헬리콥터머니	정부지폐발행	정부가 직접 통화 발행③
	직접적 재정파이넌스	중앙은행에 의한 국채의 직접적 매입②
간접적 헬리콥터머니	간접적 재정파이넌스	중앙은행에 의한 국채의 간접적 매입①

자료: 井上智洋(2016: 93).

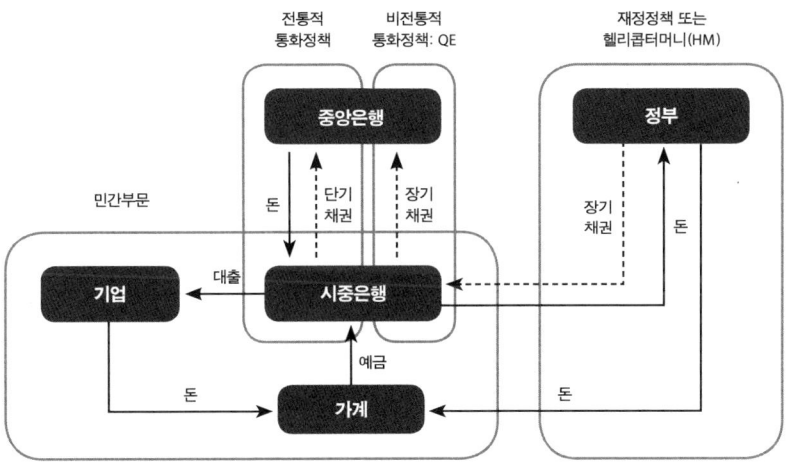

그림 3 통화정책의 여러 종류
자료: 이노우에(2017: 130)에서 변형.

기 국채를 발행하여 재정지출 (확장적 재정정책)을 위한 자금을 마련한다.[5] 이 방식을 통해서 금융정책과 재정정책이 결합한다. 이를 이노우에는 재정파이낸스라고 부른다.

　이때 확보된 자금을 어떻게 쓰느냐는 것이 또 다른 쟁점이 된다. 여기서 기본소득의 재원으로 QE를 활용하자는 견해가 나올 수 있다. 기본소득에 관한 논쟁의 하나는 기본소득에 소요되는 자금을 마련할 수 있는가라는 점이다. 물론 총량에서는 얼마든지 설계가 가능하다. 문제는 구체적 상황(시점과 나라) 속에서 그 재원을 만들어 내는 것인데, 주된 방안은 세금을 걷어서 기본소득 지출을 하는 방안이다. 기본소득 자체는 개인에게 정액을 지급하는 것이므로 간단한 정책 구조를 가지고 지급 방

---

[5] 반면 중앙은행에 의한 정부 국채의 직접적 매입(②)과 정부가 직접 통화를 발행(③)하는 유형에 대해서는 각각 井上智洋(2016: 92; 64)을 참조하라.

식에서 거래비용이 매우 낮다. 더욱이 재화, 서비스의 현물 공급보다 현금 지급의 경제적 후생효과가 높다는 점에서는 기본소득이 우위에 있다고 할 수 있다. 또한 4차 산업혁명의 영향과 같이 기술적 실업의 보편화 등에 대한 대응에서도 기본소득 정책은 우위에 있다.

첫째, 결국 쟁점은 여기에 필요한 자원을 어떻게 조달할 것인가의 문제인데, 일반적인 접근법은 소득세와 같은 직접세든, 판매세와 같은 간접세든 조세를 통한 것이다. 조세는 징수방법에 따라 소득재분배 효과가 있게 된다. 그러나 소득재분배 효과가 있다는 바로 그 이유로 인해 정치적 저항에 직면할 가능성이 있다. 예를 들어 "전 유럽 차원에서 기본소득이 일어난다면 부유한 독일은 손해이고, 가난한 스페인은 이익을 보게 된다. 각 나라의 과세 금액의 총액을 다시 재배분한다면 완전하게 기본소득 재원을 마련할 수 있지만, 나라 간 차이가 나는 부분으로 인해 완전한 연방이 성립하지 않는다면 정치적으로 받아들이기 어렵게 된다"(Mencinger, 2017).

둘째는 불황 시에도 유효수요가 부족하기 때문에 기본소득이 소비 진작 효과가 있다. 문제는 불황기에 적극적인 조세 정책을 시행하기가 어렵다는 것이다. 하지만 유럽에서도 전통적 통화정책의 실패, 즉 이자율 하락이나, 본원통화의 증가를 통해 경기 침체를 탈출하고자 하는 시도가 목적을 달성하지 못함에 따라 여러 차례에 거친 QE를 시행하게 된다. 헬리콥터머니는 전통적인 QE 정책의 실패에 따른 자연스러운 시도라고 할 수 있다. 왜냐하면 QE의 경우 공개시장정책보다는 더 장기의 국채를 정부가 구입하는 방식인데, 중앙은행의 대차대조표에 자산을 보유하지만, 헬리콥터머니의 경우 화폐를 비금융섹터(가계, 기업, 정부)로 이전하는 것으로 수혜자의 (금융적 부인) 순자산이 증가하고, 중앙 은행의 대차대조표에 자산이 없다. 그러므로 "헬리콥터머니의 핵심은 모든 다른 통화정책이 실패할 때, 디플레 상황에서 사용해야 하는 본원통화의 명목 스톡의 영구적 증가"(Mencinger, 2017: 6)로서 지나친 헬리콥터머니는 악성 인플레를 유발할 수 있지만, (지금과 같은 디플레이션 시기에) 적절한 헬리콥터머니는 수요를 진작시킬 수 있다고 볼 수 있다.

즉 QE로 얻은 화폐(부채)는 소비하지 않고 저축하려는 반면, 헬리콥터머니로 얻은 화폐(자산)는 더 많이 소비함으로써 경제성장에 기여하는 구조를 갖게 된다. 예를 들어 ECB는 매달 800조 유로를 QE에 사용한다면, 이 돈은 유로존의 3억 2500만 명에게 매달 246 유로를 주는 것과 맞먹는 규모로서, 이 금액은 M1의 1.06%, M3의 0.68%, GDP의 0.74%이며, 이는 한계소비(투자)성향 0.6 가정하에 GDP 1.8%의 상승효과가 있다는 것이다(Mencinger, 2017: 7).

이와 같이 헬리콥터머니와 기본소득을 결합하면 조세에 기반한 기본소득의 재원이 아닌 새로운 재원을 고려할 수 있다. 지금까지의 논의가 불황기 팽창적 화폐정책의 맥락에서 제기된 것이라는 점을 고려하면, 호황기에는 조세를 통한 재원 확보, 불황기에는 통화증발을 통한 재원확보 등의 혼합형 재원 마련 대책도 시도할 수 있다.

다른 한편 4차 산업혁명이 야기하는 AI 시대에는 만성적 과잉생산의 위기 발생 가능성이 매우 높다. 이 경우 AI 혁명으로 인한 생산성의 증가는 총생산량의 증대를 낳고, 이는 총수요 관리 정책을 추가적으로 필요하게 된다. 따라서 충분한 통화량 공급을 통해 총수요 관리를 할 필요가 있다(井上智洋, 2016: 132). 일단 충분한 통화의 필요성이 인정되면, 어떤 과정을 통해 통화량이 증가하게 되느냐에 따라 거시경제적 효과 및 소득분배의 수준이 매우 달라질 수 있다. 여기서 헬리콥터머니와 기본소득의 결합은 기술혁명으로 인한 고용의 급격한 변화 및 소득분배의 악화뿐 아니라 기술혁명으로 인한 생산성의 변화에 대응하기에도 적합한 대안으로 고려함 직하다.

V 소결

거시교과서에서 불황기의 전통적 총수요관리정책은 확장적인 통화정책과 확장적인 재정정책으로 구성된다. 전통적인 확장적인 통화정책은 공개시장조작을 통해 단기채권을 매입하는 매입정책을 통해 통화량을 증가시키거나 이자율을 인하하는 정책을 편다. 하지만 이러한 전통적인 통화정책이 효과를 보지 못하면서, 장기국채 등을 직접 매입하는데 화폐를 지출하는 비전통적인 통화정책을 추진하는 것이 양적완화(QE)다. 양적완화정책은 전통적인 통화정책이 통화량 증대의 효과를 보지 못할 때 장기국채의 매입 등을 통한 적극적이고 대규모로 진행되는 통화량 증가 정책이다.

그런데 양적완화정책조차도 통화정책으로서 기대한 효과를 가져왔는지에 대해서는 논란이 있다. 양적완화정책이 경제활성화를 기대만큼 가져오지 못한 것은 시중에 공급된 통화량이 기업이나 가계로의 대출로 이어지지 못하여 총 수요 증가에 기여하지 못하기 때문이라고 해석할 수 있다. 여기서 증가한 통화량이 직접적으로 총수요 증가에 기여하게 하는 방법으로 제시되는 것이 헬리콥터머니다. 헬리콥터머니는 기존의 화폐창출 메커니즘을 탈피해서 정부가 직접 화폐를 창출하는 것이다. 이 논문에서는 이노우에(井上智洋, 2016)를 따라, 헬리콥터머니를 양적완화와 결합한 재정정책으로서의 헬리콥터머니부터, 정부의 재정지출 재원을 중앙은행이 정부로부터 국채를 직접 매입하는 직접적 헬리콥터머니, 그리고 마지막으로 정부가 직접 화폐를 발행하는 직접적 헬리콥터머니

등 세 가지로 유형화하였다. 그 핵심은 헬리콥터머니가 통화정책이 재정정책과 결합된 것으로 이해된다는 점이다.

헬리콥터머니가 이렇게 이해되면 '총수요가 부족해지는 경향을 가지는 자본주의 경제'라는 케인스적 관점에서 수요부족의 불황을 극복하는 전략이 될 수 있다. 더글러스의 사회신용에서 다음과 같은 내용이 재인용되어 있다.

> "회계적인 분석 방법에 따르면, 현재의 소매가격 수준에서 생산된 재화들의 가치는 영구적 원천에서 나오는 구매력의 흐름을 훨씬 초과한다는 결론에 도달한다. 달리 말하면, 경기 침체기가 반복되는 것은 현행 금융 및 기업 정책의 결과로 비춰진다"[Douglas(2012: 107)에서 재인용].

이 말은 자본주의 경제에서는 총생산량 〉 총수요량인 현상이 항상적으로 초래되며, 이를 매개해 주는 화폐가 시스템 내에서 끊임없이 제공되어야 한다는 생각이다. 현대 신용제도는 바로 신용(화폐)창조라는 현상을 통해서 경제가 필요로 하는 화폐를 공급한다. 이것이 일반적으로 화폐금융론 교과서에서 설명되는 화폐신용제도의 설명이다. 신용화폐론은 시스템에서 필요로 하는 화폐를 시스템이 스스로 생산해 내는 과정으로 설명한다(=내생적 화폐공급). 하지만 인플레이션 현상을 설명하기 위해서 교과서 수준에서 화폐를 외생적 공급으로 간주하고 설명하기도 한다.[6] 하지만 ① 경제에 화폐가 지속적으로 생산되고 공급되어야 한

---

[6] 이 두 가지 접근법은 화폐를 바라보는 학파의 차이를 반영하고 있기도 하다. 화폐를 단순한 교환수단, 또는 가치척도로만 보는 고전파의 경우는 화폐가 실물경제에 전혀 영

다는 것과 ② 현재의 화폐신용제도(은행제도를 주축으로 하는)가 그 주체여야 한다는 것은 서로 같지 않을 수도 있다. 이런 생각은 주조권(시뇨리지, seigniorage)을 회복하자는 화폐개혁론(Huber and Robertson, 2000)에서도 발견된다. 휴버와 로버트슨(Huber and Robertson, 2000)은 현재의 화폐 은행 제도가 금속화폐를 기반으로 한 500년 전의 부분지급제도에 기초하고 있어, 오늘 날의 정보화 시대에 맞지 않는 제도라고 비판하고 중앙은행은 기존의 현금 외에도 비현금화폐(non cash money)를 창출하여 정부가 재정지출에 사용하도록 공급하여야 한다고 주장한다. 이에 따라 일반 상업은행은 화폐창조에 참여할 수 없으며, 단순히 금융중개자로서 신용 브로커 역할만으로 한정해야 한다는 것이다(Huber and Robertson, 2000: 1-2). 이와 같이 대규모의 새로운 화폐가 발행되어 정부로부터 시중에 유통될 때 대규모의 주조차익이 발생하게 될 것인데, 주조차액이 어떻게 배분되느냐에 따라 소득분배의 상황이 달라지게 된다. 이 주조차액을 바로 기본소득의 재원으로 활용함으로써 더 공평한 사회를 만드는 새로운 메커니즘을 만들 수 있다는 가설이 성립된다.

향을 못 미친다고 보고, 따라서 공급=수요의 항등식이 성립한다고 생각하며, 이에 비판적인 케인스의 경우 화폐는 가치저장수단이기 때문에 실물경제에 영향을 미치는 변수라고 주장한다. 전자에서 화폐는 외생적 통화이며, 후자에서 화폐는 내생적 통화일 것이다.

참고문헌

강남훈. 2011. "한국에서 기본소득 정책과 기초생활보장 정책의 재분배 효과 연구". 『마르크스주의 연구』, 8(3), 76-98쪽.

강남훈. 2013. "생태기본소득의 가구별소득 재분배 효과". 『사회이론』, 43, 239-265쪽.

강남훈. 2016. "인공지능과 기본소득의 권리". 『마르크스주의 연구』, 13(4), 12-34쪽.

강남훈. 2019. 『기본소득의 경제학』. 박종철출판사.

강남훈·전강수. 2017. "기본소득과 국토보유세 - 등장 배경, 도입방안, 그리고 예상 효과". 『역사비평』, 제120호.

곽노완. 2018. "지구기본소득과 지구공유지의 철학". 『마르크스주의 연구』, 15(3), 154~175쪽.

권정임. 2011. "생태사회와 기본소득-고르의 기본소득론에 대한 비판과 변형". 『시대와 철학』, 22(3), 1~40쪽.

권정임. 2012. "생태적 재생산이론과 생태기본소득". 『마르크스주의 연구』, 9(4), 12~41쪽.

금민. 2017. "공유자산 배당으로서의 기본소득". 『FUTURE HORIZON』, 34, 18~21쪽.

더글러스(Clifford Hugh Douglas). 2016. "사회신용: 왜 기본소득이 필요한가, Social Credit". 이승현 옮김. 역사비평사.

백승호. 2010. "기본소득 모델들의 소득재분배 효과 비교분석". 『사회복지연구』, 41(3), 185~212쪽.

세키 히로노. 2010. "사회신용론과 기본소득". 『녹색평론』, 통권 제111호.

안현효. 2016. "인지에 적용된 공유자원 패러다임". 『마르크스주의 연구』, 13(2), 68~91쪽.

Bernanke, B. S. 2002. "Deflation: Making sure it doesn't happen here." No. 530. Buiter, W. 2014. *The simple analytics of helicopter money: Why it works-always.*

Delaney, K. J. 2017. "Droid duties: The robot that takes your job should pay taxes, says bill gates." https://qz.com/911968/bill-gates-the-robot-that-takes-your-job-should-pay-taxes/ [accessed on 06/01/2017].

Den Haan, W. 2016. *Quantitative Easing. Evolution of economic thinking as it happened on Vox.* CEPR.

Farmer, R. E. 2012. "Qualitative easing: how it works and why it matters (No. w18421)." *National Bureau of Economic Research.*

Friedman, M. 1969. "The Optimum Quantity of Money." in Milton Friedman. *The Optimum Quantity of Money and Other Essays*, Chapter 1. Chicago: Adline Publishing company.

Huber, J. and Robertson, J. 2000. *Creating new money: a monetary reform for the information age.* London: New Economics Foundation.

Joyce, M., M. Tong and R. Woods. 2011. "The economic impact of QE: Lessons from the UK." Vox EU.org, 01 November in Den Haan, W. 2016. *Quantitative Easing. Evolution of economic thinking as it happened on Vox.* CEPR.

McCulley, P., and Pozsar, Z. 2013. "Helicopter money: or how I stopped worrying and love fiscal-monetary cooperation." *Global Society of Fellows*, 7.

Mencinger, J. 2017. "Universal Basic Income and Helicopter Money." *Basic Income Studies*, 12(2).

Ueda, K. 2012. "The Effectiveness of Non Traditional Monetary Policy." *The Japanese Economic Review*, Vol. 63.

Woodford, M. 2012. "Methods of Policy Accommodation at the Interest-Rate Lower Bound." paper presented at the 2012 Jackson Hole symposium (available at http://www.co- lumbia. edu/~mw2230/JHole2012final.pdf.

Xing, V. 2017. *Central Bank Quantitative Easing as an Emerging Political Liability.*

井上智洋(이노우에 도모히로). 2016. 『ヘリコプター マネー(Helicopter Money)』. 일본 경제신문사.

井上智洋(이노우에 도모히로). 2017. 『2030 고용절벽 시대가 온다』. 김정환 옮김. 다온북스.

11장

현대화폐이론(MMT)의 재구성을 통해 본 비트코인의 설계사상과 그 한계[*]

민병길(충남대학교 경제학과) · **박원익**(경기연구원 전략정책부)

I 들어가며

2009년 비트코인 소스가 처음으로 배포된 이후 전세계적인 비트코인 열풍이 불어 닥쳤다. 분산장부 및 암호화 기술의 결합체인 블록체인에 기반한 비트 코인은 중개자를 거치지 않은 당사자 간의 직접적인 (peer-to-peer) 거래의 가능성을 열었다. 이외에도 비트코인이 기반한 블록체인 기술은 계약체결, 기업관리, 자본조달, 해외송금, 지급결제, 투표, 기록관리 시스템 전반을 혁신할 수 있는 잠재력을 지닌 4차 산업혁명 핵심 기술 중 하나로 평가된다. 특히 화폐제도의 측면에 주목하면, 비트코

---

[*] 이 글은 경기연구원에서 수행한 과제인 민병길·박원익(2018)을 수정·보완한 민병길·박원익(2019)의 기존 논문을 편집을 거쳐 재수록한 것이다. 재출판을 허락해주신 사회경제학회에 감사드립니다.

인 이전에도 수많은 가상화폐가 존재했지만 비트코인의 경우에는 지급결제를 매개할 중앙의 관리 주체를 두지 않는다는 점이 획기적인 것으로 평가되었다. 이처럼 많은 이들이 비트코인에 주목하게 된 이후 비트코인을 기술적으로 개량한 수많은 유사 코인이 파생되어 현재까지 2천 개에 달하는 신종 알트코인(Alt-Coin)이 분화되었다.

비트코인이 일련의 사업가, 학자, IT 기술자, 네티즌 등의 광범위한 지지와 열광을 얻었다는 것은 부정할 수 없는 사실이다. 또한 이러한 열광 이면에는 투기적 열망 외에도 '현실의 제도에 대한 사상적 비판'이 개입되어 있다는 것을 부정할 수 없다. 비트코인 열풍은 금융위기 이래 국가가 발행하는 법정화폐는 물론 금융 시스템 전반의 안정성에 대한 대중적 불신에서 자라났다. 비트코인의 초기 설계자로 알려진 가명의 프로그래머 나카모토 사토시는 온라인 게재 논문에서 "P2P 버전의 전자화폐는 금융기관의 중개 없이도 온라인 결제수단이 거래 당사자에게 직접 전달될 수 있도록 한다"고 밝히며, 국가와 거대 기업 및 금융기관의 간섭 없는 개인 간의 자발적 거래질서를 추구하였다.

비트코인의 설계자와 그 옹호자들은 화폐금융 제도가 권력을 내포한 사회적 관계라는 것을 올바르게 파악했지만, 순수한 기술적 설계만으로 기존의 사회적 관계를 극복할 수 있는 것처럼 사고했다는 점에서 한계를 노정했다. 그리고 기존의 암호화폐 관련 연구도 순수 기술적 논의나 경제적 효용에 관한 논의 그리고 암호화폐 관련 규제에 대한 정책적·제도적 논의가 주를 이루었다. 이것은 비트코인을 비롯한 암호화폐를 새로운 기술이나 제도로 파악하는 관점에서 비롯된다. 한편 이번 연구에서는 최근 주목받은 블록체인 기반 암호화폐를 '현실비판'을 수반하는 '사상적 기획'으로도 파악함으로써 이에 대한 보다 적극적이고 원리적인 비판과 대안적 방향을 제시하고자 한다.

그동안 일면적으로만 이루어진 암호화폐와 현실의 화폐제도와의 비교분석을 보다 큰 틀로 확장해서 '법정화폐'와 '신용화폐'의 결합으로 이루어진 현실의 자본주의적 화폐에 대해 암호화폐가 갖는 비교우위 및 한계를 분석하고자 한다. 우선 2장에서는 크나프(Knapp)의 국정화폐이론과 포스트케인스주의 학파의 내생화폐이론을 현대화폐이론(MMT: Modern Monetary Theory)의 관점에서 재구성하였고, 3장에서는 비트코인의 설계사상을 살펴보고 이를 현대화폐이론에 대한 재해석에 기반하여 비판적으로 살펴보았다. 그리고 마지막 4장에서는 간략한 요약으로 결론을 대신하였다.

II 현대화폐이론(MMT)의 재구성

1. 국정화폐이론 : 권력에 기반한 법정화폐

표준적인 교과서적 논의에서 화폐에는 ① 교환의 매개수단 ② 지급결제수단 ③ 회계의 단위(가치척도) ④ 가치의 저장수단 등의 기능이 있는 것으로 소개된다. 여기서 상품화폐론은 화폐의 본질이 교환의 매개수단에 있다고 본다. 이에 따라 주류경제학의 화폐이론은 화폐가 시장경제에 도입됨으로써 가져오는 '교환의 증진'과 이로 인한 '효용의 증대'에 주목한다. 또 교환의 매개수단이라는 화폐의 기능적 측면에 주목하다 보면 화폐보다 더 중요한 것은 화폐를 통해 교환되는 상품 혹은 재화가 된다. 이때 화폐는 그저 교환되는 상품의 베일(veil)에 지나지 않게 된다.

하지만 이러한 관점과 달리 화폐는 실제로는 정치사회적 관계 속에서 생성된다고 말하는 화폐이론이 존재한다. 첫째는 국정화폐이론(theory of state money)이고 둘째는 내생화폐이론(endogenous money theory)이다.

표 1   상품화폐론과 국정화폐론 및 내생화폐론의 비교

구분	상품화폐론	국정화폐론·내생화폐론
화폐의 정의	교환경제 하에서 교환의 매개로서의 화폐	사회적 관계 속 부채에 대한 지불증서로서의 화폐
가장 중요한 화폐의 본질	교환 매개수단의 교환가능성 (exchangeability)	계산화폐와 지불수단의 수용가능성(acceptability)
화폐와 신용	통화와 신용의 분리	통화와 신용은 연속적

두 이론 모두 나름의 차이에도 불구하고 상품화폐론의 전제를 의심한다.[1]

국정화폐이론부터 살펴보자. 국정화폐이론을 지지하는 논자들은 '화폐=교환수단'이라는 상품화폐론의 문맥 위에 서 있으면, 화폐의 본질과 기원이 은폐된다고 비판한다. 이들이 보기에 화폐의 기원은 국가의 정치적 강제력이나 사회적 관습에 있다. 막스 베버는 금속의 소재가치와 무관한 명목가치로 관습적으로 평가받으며 일종의 '기호' 내지는 '표상'처럼 기능하는 화폐의 특성에 주목하며 이러한 특성을 강하게 보이는 화폐를 '공인된 화폐(chartales geld)'라고 부르고 있다(Weber, 1978). 그리고 이것이 증표주의(Chartalism)의 어원이 된다. 이를 지지하는 사람들은 역사적으로 화폐의 원형은 신전과 국왕을 중심으로 한 강력한 명령 경제 체제가 발전한 고대 메소포타미아 지역에서 찾을 수 있다 (잉햄, 2011)고 역설한다. 한편 케인스(Keynes, 1930)도 바빌로니아 문명에 주목하며, 아글리에타(Aglietta, 2002)도 수메르 문명이나 리디아 도시(Lydian cities)와 같은 역사적 연원을 분석한다.

이들이 공통적으로 주목하는 화폐의 본질은 '회계의 단위' 혹은 '가치의 척도'에 있다. 현대에는 원, 달러 등으로 불리고 고대에도 셰켈, 데

---

[1] 일각에서는 이 두 범주를 모두 신용화폐론이라는 동일한 사상적 계열로 묶기도 하지만 본 연구에서는 우선 그 둘의 차이점에 보다 집중하였고, 현대화폐이론(MMT)를 통하여 통합하였다.

나리우스 등의 단위로 불린 '가치척도로서의 화폐' 혹은 '추상적 계산화폐'는 금은 상품 그 자체에서 발견된 것이 아니라 국가가 법령을 통해 손해배상과 조세의무에서 납부해야 할 재화의 종류 및 양을 지정했던 것에서 발생한다. 이처럼 고대의 화폐는 사유재산에 기반한 시장경제의 교환수단이라기보다는 사회적 의무와 권리에 바탕을 둔 분배 체계(명령형 경제)를 뒷받침하는 수단에 가까웠던 것이다. 이처럼 시장에서 자생적으로 선택된 상품화폐가 후일 국가에 의해 공급되는 공공재로 진화했다는 후대의 설명과 달리 화폐는 그 기원에서부터 국가권력 그리고 법과 불가분의 관계에 있었다.

> 이러한 명령형 경제 국가들은 진주, 이빨, 소 따위를 사용한 단순 계산에서 시작하여, 국가 권위로 선포된 중량 단위로 가치 척도를 사용한 계산으로 바뀌어 왔던 것이다. 이러한 계산 단위들은 계산을 하기 위해 사용되던 무게 단위를 지칭하는 것이었다. 이러한 가치 척도들의 크기 또한 주목할 만하다. 가장 작은 단위였던 1 세겔조차도 한 달치 보리 배급량의 등가물이었다. 계산화폐의 가치를 이런 식으로 매겼다는 점은 시장에서 교환 매개체로 쓰기 위해서가 아니라 대규모 재화와 채무 계산에 사용하기 위해 고안된 것임을 의미한다. 실제 은을 그냥 무게를 달아서 지불수단으로 쓰는 일은 흔한 일이 아니었으며, 특히 초기 바빌론에서는 더욱 그러했다. 다시 말하면, 지괴 상태의 은은 근대적인 의미에서 화폐의 원초적 형태 라고 볼 수 없다. 사람들이 세속 권력과 종교 권력에 바쳐야 했던 지대와 조세를 계산할 때는 항상 계산화폐와 가치 본위가 사용되었지만, 이를 지불할 때에는 갖가지 상품과 노동서비스가 사용되었다. 이 체제의 핵심을 이루는 것은 사원이나 궁정과 농부들 사이의 작물 대여 관계였다. (잉햄, 2018: 202)

이처럼 국가가 법적인 지불 의무를 강제한 것은 추상적 가치척도 역할을 하는 계산화폐 탄생의 직접적인 배경이 된다. 또한 국정화폐이론의 옹호자들은 화폐가 지닌 교환의 (일반적) 매개수단이라는 기능은 이러한 가치의 척도가 확립되어야만 가능해지며, 이를 가능하게 하는 기제는 바로 국가권력이라는 것을 강조한다. 예를 들어 고대사회에서 통용되었던 금, 은, 가축, 곡물 등 일상적 교환수단의 경험적 교환비율은 임의적이고 우연적인 것에 불과했다. 한편 국가권력에 의해 가치척도가 확립된 이후에 비로소 시장에서도 안정적인 계산의 단위를 통해 상품에 가격을 매길 수 있게 된다. 즉 계산화폐=가치척도가 교환의 일반적 매개수단이라는 화폐기능에 논리적으로 선행해야 한다는 설명이다.

> 전통적으로 경제학은 가치를 측량하는 '담배 척도'가 자생적으로 출현한다고 답변해 왔지만, 이 답변은 순환논법이다. 즉, 수요 공급에 의해 형성되는 균형 담배 가격 같은 것이 있어서 여기로부터 상품의 가치를 측량해 주는 단일한 '담배 척도'가 나왔다는 논리는 성립할 수가 없다. 계산화폐가 먼저 존재해 주지 않는 한, 무수한 물물교환에서 담배의 가치는 끝없이 다양하게 변동하기 마련이다. 시장이 그 안에서 거래되고 있는 담배에 대해 단일한 가격을 형성할 수 있으려면, 안정적인 가치측정의 표준, 즉 계산화폐가 미리 존재해야만 한다. (잉햄, 2011: 61)

이러한 국정화폐이론의 기원은 19세기 독일 역사학파에서 찾을 수 있다. 이중에서 대표적인 논의는 크나프[2]의 화폐의 국가이론(*State Theory*

---

2 참고로 영어번역본인 State Theory of Money가 1924년 발간되었고, 독일어판 Sta-

of Money)이다. 해당 저서에서 크나프는 화폐는 본질적으로 채무를 청산하기 위한 결제수단이라고 보았으며 이 중에서 가장 중요한 채무는 조세 채무였다고 주장한다. 이때 조세채무는 국가가 정하는 계산단위로 그 액수가 산정되며 조세로 납부해야 할 결제수단 역시 국가화폐로 정해진다. 이것이 정해진 이후에는 조세납부자에 의해 국가화폐가 광범위하게 수용된다. 반대로 국가가 은행 등 금융 기관에게 진 채무를 자신이 발행한 화폐로 납부하겠다는 약속 역시 국가화폐의 수용성을 높인다. 이러한 역사학파의 관점에서 볼 때 금은 등의 역사적인 상품화폐도 국가가 정한 중량 등의 가치척도에 의해 화폐적 성격(moneyness)을 부여받는다. 이때 중요한 것은 화폐의 소재가 아니라 화폐가 지닌 명목적 가치 척도인데 이러한 가치척도를 강제할 수 있는 것은 어디까지나 조세 납부를 강제할 수 있는 국가의 정치권력이라는 것이 독일 역사학파의 관점이다. 나아가 자본주의적 은행 신용제도가 발달한 현대 사회에서도 화폐란 국가와 은행의 채무/채권 관계 속에서 존재한다는 것이 이들 역사학파의 관점이다.

　　국가의 조세채무와 화폐를 연결지은 크나프의 관점은 케인스(1930)에 통합된 이후 미첼(Mitchell, Wesley C.), 민스키(Minsky, H), 레이(Wray, L. R.)등으로 이어진다(Bell, 2001; Wray, 2015). 케인스(1930)는 화폐의 기능 중 가장 으뜸가는 것은 가치의 척도를 지정함으로써 채권과 채무의 가격을 표현하는 것임을 명시한다. 이로써 그는 화폐를 시장에서 발견되는 교환의 매개의 수단으로 보았던 종래의 이론에서 탈피했다. 이뿐만 아니라 케인스(1930)는 화폐에 대한 명목주의적 이론을 채택하면서 고대 메소포타미아 역사의 예를 들며 화폐가 지난 4천 년간 항상 국가화폐였다

---

atliche Theorie des Geldes는 이보다 앞선 1905년에 출판되었다.

는 사실을 지적하고 있다. 이러한 생각을 배경으로 해서 케인스는 화폐의 공급이 정치적·사회적인 성격을 갖고 있다는 점을 이야기한다. 이러한 생각은 이후 케인스주의 학자들에게도 이어져서 재량적인 통화정책의 중요성을 논의하는 실마리가 된다. 아울러 이러한 케인스의 이론은 이후 모슬러(Mosler, 1997), 레이(Wray, 1998) 등 영미권의 현대화폐이론(MMT: Modern Monetary Theory) 혹은 신증표주의(Neo-Chartalism)의 견해로 계승된다. 이 중에서 레이(2015)는 다음과 같이 국정화폐이론을 계승했음을 밝힌다.

> 모든 현대 화폐시스템은 국가 화폐시스템으로서, 주권자가 계산화폐를 선택하고 그것을 단위로 하여 조세 의무를 부과한다. 다음으로 주권자는 세금을 지불하는 데에 쓸 통화를 발행할 수 있다. (레이, 2015: 175)

이러한 견해에 기초해서 이들은 화폐제도 및 정책에 관해 다음과 같은 견해를 제시한다(Febrero, 2009). ① 정부는 자신이 발행하는 화폐로만 지불할 수 있는 조세의무를 부과한다. ② 세금 납부자는 세금으로 납부해야 할 정부 발행 화폐를 얻기 위해 자신의 재화와 용역을 판매한다. ③ 정부는 이러한 재화와 용역을 구입하기 위해 자신의 화폐를 발행할 수 있다. ④ 화폐는 조세의무를 부과한 국가에 의해 받아들여지기 때문에 가치를 갖는다. ⑤ 국가는 민간에서 생산된 상품의 얼마만큼을 구입할지를 결정하며 화폐의 가치를 결정한다. ⑥ 민간은행의 신용화폐는 국가 발행 화폐를 기초로 삼은 레버리지 자산이다.

나아가, 이러한 이론에 기초한 일부 현대화폐이론 지지자들은 다음과 같이 주장한다. 변동 환율제를 채택하고 세금을 전 국민에게 부과할 행정능력이 있는 현대 선진 자본주의 국가에서 정부는 수요 부족으로 인한 경제침체시 필요한 재정지출을 위해 얼마든지 화폐를 발행할 수 있으며, 특히 이러한 국가의 지출 능력은 세입규모에 구애받지 않는다는 주장을 펼친다. 이러한 주장은 해외의 버니 샌더스, 제레미 코빈, 시리자, 포데모스와 같은 서구의 신좌파 정당 및 정치인의 정책강령에 반영되었으며, 특히 국가가 발권력을 이용하여 일자리 창출과 복지에 적극적으로 지출해야 한다는 주장으로까지 이어졌다. 한편으로, 국가가 조세의무를 매개로 자신이 발행한 화폐를 수용하게 만들 힘을 갖고 있으며, 이를 근거로 민간의 재화와 용역을 구매하는 데 사전적 한계가 없다는 주장은 또 다른 관점에서 보면 국가가 화폐를 독점하는 제도의 정치적 위험성으로 읽힐 수 있을 것이다.

2. 내생화폐이론 : 은행제도에 기반한 신용화폐

내생화폐의 역사적 기원은 19세기 영국의 통화정책 논쟁을 주도했던 은행 학파에서 찾아볼 수 있다. 투크(Tooke, T.)를 필두로 한 은행학파는 통화정책에 대해 논쟁하던 국면에서 민간은행에 대한 중앙은행의 과도한 간섭에 반대한 바 있다. 당시 통화학파는 과도한 은행권 발행을 물가상승 원인으로 주목하며 영란은행이 민간은행에 엄격한 준칙을 부과하여 과도한 민간은행권 발행을 제한해야 한다고 주장한 반면, 은행학파는 시장에서 유통되는 은행권은 실제 상업적 거래를 위해 발행된 어음을 뒷받침하기 위한 것일 뿐이며(진성어음주의), 상업적 필요 이상의 은행권 발행은 결국 민간은행 시스템으로 환류할 수밖에 없다는 주장(환류의 법칙)을 내세웠다. 화폐의 본질은 민간에서 발행된 신용 및 부채에 있다는 생각, 그리고 신용에 대한 수요가 화폐의 공급을 결정한다는 사고방식은 고전파의 화폐수량설을 거부한 마르크스의 화폐이론에 영향을 끼

쳤으며(배인철, 1999) 이후 현대적인 내생화폐론으로 이어진다.

이어서 19세기 후반 20세기 초반에 활동한 경제학자인 슘페터와 빅셀 역시 내생화폐론의 사고방식을 받아들였다. 특히 슘페터는 기술변화와 산업구조의 변화를 다룬 (Schumpeter, 1934)바 있다. 해당 저작에는 은행이 대출을 통해 신용화폐를 창출하며 이러한 신용창출을 통해 이루어진 투자가 자본주의 경제의 구조변동에 영향을 미친다는 사고가 녹아들어 있다. 한편 스웨덴의 경제학자 빅셀(Wicksell, 1898)은 민간은행이 화폐공급의 유일한 원천이 되며 국가는 회계의 단위만을 지정하는 순수 신용경제 모형을 정립한 바 있다. 여기서 기업의 새로운 경제적 생산활동은 은행대출 없이는 시작될 수 없으며, 특히 은행의 예금화폐는 은행 부채를 상환할 수 있기 때문에 민간에서 수용되는 것으로 나타난다. 이는 앞서 본, 세금납부에 사용될 수 있기 때문에 법정화폐가 수용성을 갖는 국정화폐이론과 대칭적인 명제라고 할 수 있다. 후대의 포스트케인스주의 및 순환학파 경제학자들은 이를 현실을 묘사하는 모형으로 진지하게 받아들임으로써, 빅셀의 논의는 내생적 화폐이론의 발전에 큰 영향을 미쳤다(Graziani, 2003). 이 외에도 케인스 역시 화폐론(Treatise on Money)을 통해 내생화폐론의 원형이 되는 것으로 평가받는 논의를 전개한 바 있다. 예를 들어 그는 해당 저서에서 모든 은행이 발맞추어(in step) 신규 대출량을 늘린다면 이를 통해 창출될 예금화폐에는 아무런 한계가 없을 것이라고 논평한 바 있다. 이러한 언급은 화폐의 본질은 재화가 아닌 신용이며 이는 사회적·제도적 관습 속에서 창출된다는 내생화폐론의 기본적인 논점을 명시한 것으로 평가받고 있다.

포스트케인스주의 학자 대다수는 내생화폐론을 지지하며 통화 당국에 의해 화폐가 외생적으로 공급된다는 가정에 기초한 화폐수량설을 정면으로 반박한다. 특히 이들은 화폐의 공급이 수요에 의해 결정(demand-driven)된다고 주장한다.

라부아(Lavoie, 2006)는 이러한 포스트케인스주의의 화폐내생성에 관한 주장을 크게 세 차원으로 압축해서 요약한 바 있다. ① 화폐수요와 공급 간 인과 관계의 역전 : 화폐공급은 경제주체의 수요에 의해 결정된다(demand-led). ② 대출수요에 대한 은행의 수용적 태도 : 은행 및 중앙은행은 경제주체의 화폐수요에 부응하며 필요한 대출금 및 지준금을 공급한다. ③ 외생적 이자율 : 중앙 은행은 경제 내에서 유통되는 화폐량을 통제할 능력이 없지만 지불준비금의 최종대부자(lender of the last resort) 역할을 수행함으로써 기준금리(base rate)를 결정하는 재량을 갖는다.

상기한 역의 인과관계(화폐수요→화폐공급)에 대한 주장은 무엇보다 대출 시장에서 가장 먼저 적용된다. 여기서 은행은 대출을 행하기 위해 사전에 예금으로 된 저축을 보유할 필요가 없다. 이를 다시 중앙은행과 은행의 관계에 대입해서 말하자면 은행은 대출을 행하기 위해 사전에 중앙은행의 지불준비금을 보유할 필요가 없다. 오히려 시중은행은 수요가 있는 경우 곧바로 대출을 행하며 필요한 지불준비금은 은행 간 대출이나 중앙은행으로부터의 차입을 통해 확보한다. 한편 (시중은행이 민간의 대출수요를 만족시키기 위해 대출을 공급하듯) 중앙은행은 시중은행의 대출을 수용하기 위해 지불준비금을 시중에 공급한다. 중앙은행 역시 시중은행과 마찬가지로 대출수요에 대해 수용적인 역할을 수행하는 것이다. 그리고 이렇게 공급된 대출은 예금화폐를 창출하고 소득을 형성하며 저축의 재원이 된다. 이처럼 예금이 대출을 만드는 것이 아니라 '대출이 예금을 만든다'는 테제가 현대 자본주의 화폐경제를 더 잘 묘사한다는 것이 포스트케인스주의 학자의 공통된 인식이다.

내생화폐론에서 은행은 더 이상 자금 중개 기관이 아니다. 은행은 대출을 통해 무(nihilo)에서 화폐를 창조하는 기관이 된다. 이때 은행의

	자산	부채	
대출 수요 ┈┈▶	대출 ──▶	예금	┈┈▶ 소득순환 & 자금순환

그림 1 은행 시스템의 대차대조표를 통한 화폐창조 과정
자료 : Graziani(2003), 민병길(2012) 참조

화폐창조 과정이란 자산 측면에서의 신용(대출)의 창출이 부채 측면에서의 예금의 창조로 이어지는 과정이다(민병길, 2012). 또한 이하 **그림 1**을 통해 은행의 대차대조표 상에서 대출을 통해 실물과 화폐가 연결된다는 것을 볼 수 있다.

이처럼 사전적인 저축이나 지불준비금 없이도 은행대출에 의해 예금화폐가 창출된다는 내생화폐론의 관점을 실물부문으로까지 확장한 것이 화폐순환 모형이다(Graziani, 2003). 해당 모형은 기업, 노동자(가계), 은행 세 종류의 경제 주체 사이의 순차적(sequential)인 경제과정으로 이뤄져 있다. 여기서 기업은 신규생산 활동을 수행하기 위해 반드시 은행으로부터 대출을 받아야 한다. 이것을 초기금융이라고 한다. 기업은 은행으로부터 대출을 받은 후 노동자에게 임금을 지출한다. 그리고 기업은 노동자가 상품을 구매함으로써 얻는 상품·용역 판매수입이나 증권발행 수입으로 대출금을 상환한다. 이것을 최종금융이라고 한다. 이러한 과정을 통해 대출을 통해 창조된 화폐는 대출상환을 통해 파괴된다. 결국 경제전체의 화폐스톡은 경제 전체의 대출 잔액이나 다름없다. 여기서도 화폐의 본질은 신용이라는 점이 명확해진다. 또한 화폐의 출현을 설명할 때 (대출을 수요하는) 기업과 (대출을 공급하는) 은행의 관계는 물론이고 이

들 관계를 규정하는 제도적 요소가 중요한 것으로 나타난다.

이처럼 내생화폐론에 기반한 경제모형에서 은행은 경제의 실물변수에 큰 영향을 미치는 것으로 나타난다. 은행의 기업에 대한 대출 관행(신규대출을 수용할지 여부와 기존 대출을 연장할지 여부 등)이 경제 전체의 고용과 생산수준에 영향을 미치기 때문이다. 특히 기업은 대출을 통해 재화를 생산하고 임금을 지급하기 때문에 은행의 결정은 노동자의 실질임금과 분배에도 영향을 미친다. 은행이 부과하는 이자율 역시 물가에 영향을 미침으로써 간접적으로 실질임금과 분배에 영향을 미친다. 이처럼 내생화폐론의 관점에서 은행의 대출 관행은 통화 당국의 이자율 정책과 더불어 거시경제에 영향을 미치는 강력한 수단이 된다.

이처럼 내생화폐론에 기반해서 여러 가지 정책 함의가 도출될 수 있지만 그중에서 핵심적인 함의만 추려내면 다음과 같다.

첫째, 경제적 불평등은 신용(은행대출)에 대한 독점에 의해 재생산된다. 예를 들어 노동자 가계는 주어진 소득의 제약 아래 지출을 하는 반면 일부 기업은 은행신용에 대한 접근권을 통해 (이론상) 무한정한 구매력을 가지며 이를 통해 생산의 규모와 생산물의 구성(자본재와 소비재)을 결정한다. 이것은 노동자 가계와 기업가 간의 계급적 격차로 이어진다. 은행 역시 생산에 필요한 구매력을 제공하는 데 필수 불가결한 신용을 독점적으로 공급하는데 이러한 신용의 독점은 앞서 보았듯이 경제력의 격차를 확대 재생산한다.

둘째, 신용에 대한 사회적 통제 없이 추진되는 경기조절 및 분배개선 정책은 한계를 갖는다. 예컨대 화폐순환 모형에서처럼 기업이 무제한적으로 은행신용에 접근할 수 있는 한, 기업에 조세를 부과하거나 노동자 가계에 보조금을 지급하는 정책은 생산 및 고용 수준과 그 구성(자본재와 소비재)에 관한 기업의 계획을 변경하지 않으며 따라서 노동자 가계의 생활수준은 물론 임금과 이윤 사이의 실질적 분배 또한 변하지 않는다.[3] 또한 기업이 은행신용에 얼마든지 접근할 수 있는 한 임금인상 요구가 관철되더라도 기업은 이를 가격에 전가할 수 있다. 따라서 순환학파를 비롯한 일부 내생화폐론 지지자는 조세를 통한 소득 이전 정책이나 임금인상 정책보다는 정부의 '직접 투자'나 '정부에 의한 재화와 서비스의 직접 구매'를 더 효과적인 재분배 정책 수단으로 간주한다(Davanzati, 2016).

마지막으로 팰리(Palley, 2003), 민병길(2013) 등과 같은 포스트케인스주의 연구자는 내생적 화폐라는 조건 속에서 신용의 창출 과정에 대한 직접적인 통제가 정책적으로 중요하다고 강조한다. 이에 따라 일부 포스트케인스주의자(Palley, 2003)는 은행의 부채 항목인 예금 대신 자산 항목인 대출에 대해 지불 준비금을 마련하도록 규제하는 자산기반준비제도(ABRR: Asset Based Reserve Requirement)를 주창하기도 했다.

3. 자본주의 화폐 : 법정화폐와 신용화폐의 결합

앞서 고찰한 비판적 화폐이론인 내생화폐론과 국정화폐론은 크게 두 가지 공통점을 지닌다. 첫 번째, 그 둘 모두 화폐가 채무에 기반한 사회적 신용이라는 점에 주목한다. 화폐는 부채에 대한 지불약속을 기록한 증표이다. 이처럼 화폐를 신용에 의한 증표로 보는 접근은 화폐를 상징이라고 칭한 플라톤(Plato)으로부터 시작하여(Schumpeter, 2014), 매클라우드(Henry D. Macleod)와 영미 역사학파의 이니스(Mitchell Innes) 등을

---

[3] 포스트케인스주의 학파에 의해 널리 받아들여진 칼레츠키의 모형과 유사하게, 화폐순환 모형에서도 다른 조건이 일정한 한 실질이윤(과 그 거울쌍인 실질임금)은 기업이 생산하는 소비재와 자본재의 비율로 결정된다. Graziani(2003)를 보시오.

거쳐 슘페터로 이어졌는데, 이들 모두 신용에서 화폐의 본성을 찾았다.

두 번째, 두 화폐이론 모두 신용을 사회적 관계와 제도 속에 놓여 있다는 관점을 견지한다. 예를 들어, 화폐는 전반적인 사회과정의 한 요소라는 슘페터(2014)나, 사회적 관계라는 폴리(Foley, 1989)의 지적처럼, 화폐란 물물교환의 단계에서 자연적으로 등장한 교환가능성이 큰 상품이 아니라, 사회제도의 하나이며 그 자체가 사회적 관계라는 것이다. 잉햄(2011)은 화폐의 공급이 상품의 생산과 교환의 법칙에 의해 결정되지 않는다는 점, 화폐적 교환이 순수한 물물교환 경제에서의 교환과 질적으로 상이하다는 점, 현대 자본주의 화폐 자체가 국가나 은행의 지불 약속의 상징에 다름 아니라는 점을 들어, 화폐가 결국은 사회적 관계인 이유를 정리한 바 있다. 나아가 화폐에 대한 사회학·철학적 접근으로 주목받은 짐멜(Gimmel, 1900) 역시 화폐적 교환이 물물교환과 달리 사회적 신용관계에 기반하고 있음을 지적한 바 있다(Aglietta, 2002).

이처럼 내생화폐론과 국정화폐이론은 각각 화폐를 사회적·제도적 산물이자 신용으로 바라본다는 점에서 상당한 공통점을 갖고 있다. 하지만 동시에 간과할 수 없는 차이점도 있다. 우선 국정화폐이론은 국가가 통일된 가치척도를 정하고 이를 국가 예산의 회계 단위와 납세의 기준으로 삼음으로써 화폐를 통용시켰다는 점을 근거로 국가 우위의 화폐론을 전개한다. 여기서 화폐의 본질은 가치척도의 기능에 있다. 다른 한편 내생화폐론은 기본적으로 민간은행이 대출을 통해 발생시키는 신용, 즉 예금화폐에 주목함으로써 화폐 생성의 자생적이고 민간적인 성격을 강조하고 있다. 예를 들어 대표적인 내생화폐론자인 그라찌아니(Graziani, 2003)의 화폐순환모형에서 중앙은행이나 국가는 모형에 포함되어 있지 않다. 후술하겠지만 이들 각각의 이론은 역사적으로 실존한 상이한 화폐를 그 나름대로 포착한다고 할 수 있다.

표 2   국정화폐론과 내생화폐론의 비교

구분	국정화폐론	내생화폐론
화폐에 대한 공통적 정의	화폐의 본질은 신용이다 신용화폐는 사회적 관계와 제도의 산물이다	
가장 중요한 화폐의 기능	가치척도, 회계의 기준	결제 및 지불 수단
화폐와 신용	법정화폐가 신용화폐 시스템의 중심에 있음	민간의 은행 시스템이 신용 화폐시스템의 중심에 있음

역사적으로 화폐는 잡종적(hybrid)인 형태로 유통되었다. 서구 역사의 경우 금의 중량이 화폐의 가치척도로 기능했던 19세기 금본위제(실제로는 파운드 스털링 본위제)가 정립되기 전까지는 금은본위제(bimetalism)가 유럽에서 일반적이었다. 하지만 실상을 들여다보면, 중근세 유럽의 경우 금 은 외에도 부절(tally)과 어음 등의 다양한 유통수단이 통용되었을 뿐만 아니라 다양한 주화가 그 소재 가치와 무관한 명목 가치로 유통되었다(Kindleberger, 1984). 금은본위제 이전에도 주화는 반드시 그 귀금속 함유량에 의해 가치평가를 받은 것은 아니었다. 심지어 20세기 초반 홍해 연안에서 유통된 마리아 테레지아 주화처럼, 주화의 유통을 강제시키는 권력이 없는 상황에서도 일국의 주화가 전혀 관계없는 지역에서 유통된 사례도 보고된다(구로다, 2005: 28). 이와 관련하여 구로다(2005)는 서구 자본주의 경제 시스템에 편입되기 이전의 동양 사회 역시 이러한 잡다한 화폐가 공존하는 세계였다는 것을 드러내고 있다. 예를 들어 그는 전근대 중국에서 금은은 왕조의 재정을 운영할 때의 회계단위나 대규모 무역결제에만 사용될 뿐 실제로는 그 쓰임새가 희소했으며 일상적인 유통수단에는 지폐나 곡물 심지어 조개 등 다양한 형태가 존재했다는 점을 보고하고 있다. 나아가 그는 근세 중국의 경우에도 지역마다 상이한 화폐가 유통되었을 뿐만 아니라 사회계층별로 이들 화폐 사이의 환율이

상이하게 형성되었다는 증언을 인용하고 있다(구로다, 2005: 28).

정리하자면 보통의 경제학 교과서에 나오는 가치의 척도, 교환의 매개, 결제 수단, 가치의 저장수단 등등 오늘날에는 단일 화폐가 지닌 여러 기능이라고 생각했던 것이 실제 역사 속에서는 별개의 화폐로 구현되어 있었던 경우를 자주 볼 수 있다.

예를 들어 금이 축장수단으로 쓰이는가 하면 은은 원거리 교역 결제수단으로 사용되고 이를 주조한 주화가 관념적인 가치의 척도로 기능하지만, 실제 일상적인 상업적 거래에는 어음 내지는 지폐가 사용되는 사태를 생각해볼 수 있다. 더군다나 이러한 화폐적인 기능을 수행하는 여러 대상들의 교환비율마저 지역과 계층별로 상이했다. 오늘의 관점에서 보면 이러한 사태는 화폐가 제대로 기능하지 못하는 혼란스러운 사태로 보이지만 실제 역사적 화폐에서 나타나는 이러한 잡종성(hybridity)은 당시의 사회적 관계의 복잡성을 반영하고 있을 따름이다. 나중에 보겠지만 이러한 복잡성은 오늘날에도 지속되고 있다. 역사적으로 오랜 기간 전개되었던 이러한 화폐의 잡종적인(hybrid) 존재 양상은 구로다(2005)의 표현을 따르면 일국 내의 통일된 '본위화폐'(파운드화, 달러화, 엔화, 원화 등등)의 도입으로 끝나는 것처럼 보인다. 또한 이때 각 국가의 화폐간 환율은 국제 화폐시장에서 통일되어 있는 것으로 나타난다. 여기서 국가가 정한 하나의 본위화폐가 일국 내에서 화폐의 모든 기능을 떠맡고 있는 것처럼 보인다. 하지만 실제로 사태는 그렇게 간단하지 않다. 현대 자본주의 사회의 화폐는 크게 보았을 때 두 종류의 이질적인 화폐의 결합으로 탄생한 것이기 때문이다. 즉 현대 자본주의 경제의 화폐는 국가가 지정한 법정화폐와 은행이 대출을 통해 창출하는 신용화폐의 결합이다. 그리고 이 두 화폐의 결합은 여러 논평가가 '국가와 자본의 결혼'(베네딕트 앤더슨)이라고도 불렀던 역사적 사태(국민국가의 성립)와도 연동된다.

언뜻 보면 자명한 것으로 보이는 현대 화폐의 표면 배후에 깊숙이 자리 잡은 이러한 잡종성은 오늘날의 화폐제도를 불투명하고 이해하기 어려운 것으로 만든다. 현대 화폐제도의 문제점을 지적하는 사람들조차 자주 보이는 혼란 및 난맥상에서 엿보이듯이, 화폐제도의 불투명성은 한편으로 화폐가 외부적인 권력에 의해 강제된 정치적 산물인 것처럼 보이게 하는가 하면 다른 한편으로는 순수하게 자본주의적 시장 논리를 체현한 무언가로 보이게끔 한다. 그러나 이러한 혼란은 애초에 현대 자본주의 화폐가 두 개의 이질적인 화폐의 결합에서 탄생했다고 보면 어느 정도 해소될 수 있다. 또한 이렇게 보면 국정화폐이론과 내생화폐이론은 각각 서로 다른 화폐를 설명하는 이론이라고 할 수 있다.

이것은 언뜻 보면 중대한 패러독스를 낳는 것처럼 보인다. 국정화폐이론은 외부적 강제에 의해 주입된 법정화폐의 존재를 부각시키는 반면 내생화폐론은 경제 내에서 자생적으로 발행되고 유통되는 화폐의 존재를 부각하기 때문이다. 그러나 이 두 종류의 이질적인 화폐가 병존했던 사례를 얼마든지 실제 역사 속에서 찾아낼 수 있다. 그렇다면 관건은 이 이질적인 화폐가 언제, 어떻게 결합되었는지를 설명하는 것이다. 우선 김종철(2015)의 논의를 집중적으로 살펴보자. 저자는 '자본주의 화폐'의 기원을 17세기 후반 영국의 금세공업자인 골드스미스(goldsmith)가 은행권을 발행하기 시작한 사건과 더불어 이것이 국가에 의해 인가된 사건에서 찾고 있다. 한편 저자는 은행권의 발행 이전에도 여러 가지 신용수단이 국가에 의해 인가된 화폐와 별개로 이미 자유롭게 유통되고 있는 사태를 지적한다. 일례로 "중세 서유럽 왕들이 은화나 금화를 주조하기는 했지만, 이 화폐들 없이 대부분의 상업 활동이 부절(tally), 토큰, 장부 등의 신용 수단으로 행해졌다(김종철, 2015: 168)." 근대 이전에 국가가 발행한 금은주화 등의 법정화폐와 민간의 신용수단이 분리된 기능을 수행하고 있었다는 것은 이미 여러 논자들이 지적한 바이다. 전자는 납세의 표준을 정하고 전쟁 등 국가의 중요한 재정지출에 사용하기 위해 발행되었고 후자는 민간의 상업적 거래를 뒷받침하기 위해 사용되었다. 그런데 저자가 17세기에 태동하기 시작했다고 본 자본주의 화폐의 기원은 이러한 기존 민간 발행 신용수단과 국가가 발행하는 법정화폐가 독특한 방식으로 결합된 데서 찾을 수 있을 것이다. 그리고 저자의 분석을 따른다면 그러한 결합이 일어나도록 한 주요한 역사적 행위자는 영국의 골드스미스와 당시의 (법원과 의회 등의) 국가 권력기관이었다. 골드스미스는 초기에는 금세공업에서 출발했다. 나중에 이들은 금보관업을 겸할 뿐만 아니라 보관된 금을 근거로 은행권(bank note)을 발행하기 시작했다. 그런데 이들이 발행한 은행권은 기존의 신용수단과 차별성을 지닌다. 예를 들어 은행권은 기존의 환어음(bills of exchange)과 달리 요구불 지불(payable on demand) 약속을 동반한다. 그런 점에서 은행권은 일정한 만기일을 지니며 지불을 미루는 상업어음과 차별성을 지니고 있다. 이렇듯 즉각적인 인출을 요구할 수 있는 증서로 간주됨으로써 은행권은 '신용증서'일 뿐만 아니라 또한 기존 부채를 청산할 수 있는 '화폐'로 간주되었다. 또한 골드스미스의 차별성은 은행권 대출을 통한 화폐창출 능력에서 찾아볼 수 있다. 김종철(2015)은 이러한 화폐창출 능력의 원천을 특유의 부분지급준비제도에서 찾는다. 근세 이전 서유럽의 은행업자들은 100% 준비제도 아래 예금 보관 업무를 수행하며 보관증을 발행하는 대신 일정한 수수료를 부과했다. 이러한 영업 관행과 달리, 골드스미스는 보관하고 있는 금의 수량을 넘어선 은행권을 대출 명목으로 발행하기 시작했다. 이와 관련하여 킨들버거(Kindleberger, 1984)는 상인들이 한 골드스미스에 개설해 놓은 계좌 기록상의 1/10도 안 되는 정화(specie)

만을 해당 골드스미스가 실제로 보유했다는 사례를 인용하고 있다. 이처럼 부분지급준비에 기반한 은행권 발행은 사실상의 화폐창조 행위이며, 특히 내생화폐론의 관점에서 볼 때 사전적인 준비금이나 저축없이 대출을 통해 화폐를 '창조'하는 현대 은행업의 기원으로 볼 수 있다.

이 와중에 김종철(2015)이 역사적으로 주목하는 것은 이러한 은행권 발행 및 유통이 법적으로 인가된 사건이었다. 이것이 주목할 만한 이유는 이러한 일련의 법적, 제도적 변화가 비로소 현대 은행업을 가능하게 했기 때문이다. 근세 이전의 예금업은 상기했듯이 100% 지급준비를 원칙으로 하며 예금자는 예금된 금액에 대한 배타적인 소유권을 가졌다. 그리고 오랜 기간 서구의 민법 체계의 근간을 이룬 로마법 아래서 소유권법과 계약법은 명확히 분리되어서 적용되었다. 소유권을 규정하는 것은 소유권법이지만 채권자의 권리와 채무자의 의무를 규정하는 것은 계약법이다. 이때 경제적 행위자가 어떤 대상에 대해 동시에 소유권과 채권을 갖는 경우는 거의 없었다.

하지만 부분지급준비 제도 아래서는 상황이 다르다. 예를 들어 예금된 금화 이상의 은행권을 발행한 경우 은행권의 소유자들은 한정된 예금에 대해 중복된 소유권을 가지게 된다. 로마법적 틀 아래 이러한 사태는 소유권의 개념 그 자체와 모순된다. 실제로 17세기 후반 이전만 해도 이러한 행위(부분지급준비)는 횡령(소유권 침해)으로 간주되어 엄격한 제재를 받았다. 또한 전통적인 로마법의 관점에서 볼 때 은행권 소유자의 지위는 불분명하다. 예를 들어 은행권의 소유자는 언제든 예금 인출을 요구할 수 있다는 점에서 소유자이지만 다른 한편으로 예금을 양도한 대가로 은행으로부터 이자를 수취하는 채권자이기도 하다.

은행 역시 이중적 지위를 갖는다. 은행은 예금에 대한 소유권에 기반하여 대출영업을 행하며 대출자에 대해서는 채권자의 권리를 행사하는 동시에 지불 요구가 있을 시 예금에 대한 권리를 즉각 포기해야 한다. 이처럼 "현대은행업은 예금업과 대부업을 융합하여 배타적인 법체제인 소유법과 계약법 모두에 적용되어 소유권과 채권을 동시에 향유하는 (김종철, 2015: 176)" 기묘한 존재 였던 것이다. 한편 17세기 후반 영국은 사법적 판례의 축적과 입법을 통해 마침내 은행업의 이러한 애매한 지위를 합법화하며 은행권의 유통을 허용한다. 저자는 이러한 은행업 관행에 대한 인정이 소유권과 채권의 중간적 지위를 인정한 '신탁법'을 통해 가능해졌다고 분석한다. 신탁법은 신탁자가 피신탁자에게 신탁한 자산에 대해 제한된 소유권만을 행사할 수 있도록 하는 계약을 합법화했다.

김종철(2015)은 이러한 제도적 변화 배후에는 사회적·정치적 갈등이 존재한다고 지적한다. 신탁법은 여러 번 반복된 국왕의 재산몰수나 채무불이행에 저항하기 위해 소유권을 여러 이해관계자에게 분산시킨 데서 출발한다. 예를 들어 지주가 자신의 토지를 자영농에게 신탁하면 국왕이 토지를 몰수하려 시도할 시에 공동으로 이에 맞서게 된다. 즉 여기서의 신탁법은 국왕과 귀속계급의 정치적 투쟁의 산물인 동시에 자영농(요먼 계층)의 사회경제적 지위 상승을 반영한 제도라고 볼 수 있다.

한편 골드스미스가 은행권의 발행을 통해 예금에 대한 이중 삼중의 소유라는 사태를 야기한 것도 예금에 대한 '이해당사자'(예금자, 대출자, 은행)를 늘림으로써 예금형태로 저축된 재산의 몰수에 대비하기 위함이었다는 게 저자의 설명이다. 나아가 저자는 나중에 의회가 1694년 (당시만해도 민간은행이었던) 영란은행 설립을 인가하여 이들에게 은행권을 발행할 권리를 부여하며 그 대신 이들의 발권력을 이용하여 (전쟁으로 발생한) 정부 부채를 인수하도록 함으로써 비로소 자본주의적 형태의 화폐가 완전히 법제화되었다고 분석한다. 이 역시 영국과 프랑스 사이의 전쟁과 의회제도의 정착이라는 정치사회적 상황의 산물이다.

한편 김종철의 논의를 비판적으로 보충할 필요가 있다. 우선 그는 교과서적인 통념을 무비판적으로 따르면서 골드스미스에서 은행으로의 단선적인 발전 과정을 상정하지만 이는 실제 역사적 근거가 빈약하다. 킨들버거(Kindleberger, 1984)에 따르면 은행업의 역사적 기원은 중세 유럽 해외무역 상인 간의 어음 청산 시스템에서 발견될 수 있다. 특히 영국의 경우에도 골드스미스 외의 상인들이 은행으로 발전한 경우를 다수 발견할 수 있다.[4]

이처럼 주류 경제학 교과서가 은행의 역사적 기원으로서 골드스미스를 유독 특권화하는 이유는 은행이 예금을 기반으로 신용을 창출한다는 선입견 때문이다. 물론 부분지급준비 제도가 은행의 신용창출 능력을 더욱 강화한 것은 사실이지만 그 전에도 이미 민간이 자체적으로 발행한 신용수단을 지불수단으로 통용시킨 역사가 존재한다. 예컨대 부분지급준비 제도가 존재하기 이전인 15세기 무렵에도 민간이 발행한 환어음이 무역 지불수단으로 유통되고 있었으며, 주요 상인들은 이러한 환어음을 상호 간에 청산하는 시스템을 통해 통화 당국에 의존하지 않고도 원거리 교역을 통한 자본과 상품의 유통을 가능하게 했다(Lane and Mueller, 1985). 근대 자본주의 사회에서도 은행은 자신이 발행하는 부채(예금화폐)를 손수 지불수단으로 유통시킬 뿐만 아니라 이렇게 해서 생성된 예금 부채를 은행간 결제망을 통해 청산한다. 이런 점에서 중세 유럽의 국제적 환어음 결제·청산 시스템 역시 은행업의 기원으로 정당하게 평가받아야 할 것이다. 특히 이러한 은행 간 청산 시스템에 주목한 일부 논자(Graziani, 2003)는 은행이 이러한 청산 시스템에 힘입어 사전적인 예금보

---

[4] 킨들버거(Kindleberger, 1984)는 근대 은행업에는 토큰(token) 사업자, 세금 모집업자(tax farmer), 공증인(scrivener) 등 다원적 기원이 존재한다고 지적하고 있다.

유량에 구애받지 않고 수요에 따라 신용을 창출할 잠재력을 갖게 된다고 논의한다.

다음으로 김종철(2015)은 신용과 화폐를 엄격히 분리하는 관점을 고수하며, 특히 종래의 민간 신용수단과 현대적인 은행권을 차별화하기 위한 목적으로 (골드스미스가 발행한) 은행권은 신용과 다른 화폐라고 주장한다. 은행권은 기존의 채무관계를 연장하는 것이 아니라 최종적으로 청산하는 기능을 갖는다는 것이 그 이유이다. 특히 이런 관점에서 저자는 '화폐의 본질을 신용으로 보는' 포스트케인스주의의 관점을 비판한다. 하지만 포스트케인스주의 관점에서 이는 다소 설득력이 부족하다는 점을 첨언할 필요가 있다. 은행권 역시 발행주체에게 지불요구에 응해야 할 의무를 부과하는 부채이며 그 본질은 결국 신용이기 때문이다. 기존의 채무를 청산하는 기능을 수행하는 화폐 역시 한편으로는 누군가에게 지급을 요구할 수 있기 때문에 수용되는 것이며 이는 반대로 또 다른 채무자가 존재한다는 것을 함축한다. 심지어 오늘날 최종청산 기능을 갖는 것처럼 보이는 법정화폐(예, 중앙은행에 예치된 지급준비금)조차도 세금납부 시 받아들이겠다는 약속(Wray, 2015)을 동반하는 것이므로 일종의 사회적 신용이라고 할 수 있다.

마지막으로 저자는 영란은행의 설립을 은행권이 자본주의적 화폐로서 완전히 법제화된 사건으로 묘사하지만, 이러한 설명 속에서는 자본주의 화폐의 또 다른 측면이라고 할 수 있을 법정화폐의 등장이 누락된다. 특히 여기서 후일 영란은행이 (민간에서 자유롭게 발행되던) 은행권의 발권을 독점하게 된 사건이 제대로 논의되지 않는다. 가령 1844년에 영란은행은 은행법(Bank Act)을 통해 은행권의 발권을 완전히 독점하게 된다. 이때 발행된 영란은행 은행권은 민간에서 발행된 예금화폐와 성격이 판이하다. 영란은행의 발행권 독점은 구로다(2005)의 표현을 빌리면 일국일통화 본위화폐의 성립을 의미하는 사건이자 현대적인 의미의 법정화폐가 탄생하는 순간이기도 하다. 한편 상업적 민간은행은 비록 실물적인 형태의 은행권의 발권능력은 빼앗겼지만, 대출을 통한 (장부상에 기록된) 예금화폐의 창출 능력과 계좌이체를 통한 지급결제 서비스 제공 능력은 여전히 가지고 있다.

결국 자본주의 화폐의 탄생은 민간이 은행 네트워크 속에서 발행하는 신용 화폐를 단순히 법적으로 인가한 과정을 넘어서, 민간이 발행하는 신용화폐와 국가가 발행하는 법정화폐가 제도상에서 유기적으로 결합되는 과정에 이르러야 완전하다고 할 수 있다. 이때 법 제도상에서 민간은행은 정부가 지정한 화폐의 계산단위를 받아들이고 정부가 발행한 부채나 통화를 준비금 내지는 준비자산으로 수용한다. 이것은 사실 영란은행 설립 당시 민간 상인이 전쟁비용을 조달하는 방식이기도 했다. 그 대신 정부는 각종 법률을 통해 은행의 영업권을 보장해주며 나아가 중앙은행을 설립하여 민간은행 사이의 청산소 서비스를 제공하거나 위기 시 최종대부자로서 민간은행을 구제하는 역할을 수행하게 된다. 이뿐만 아니라 법정화폐는 국민경제에 일률적으로 적용되는 회계기준을 마련하여 은행의 영업에 간접적으로 도움을 준다. 이와 관련하여 잉햄(2011)은 환어음이나 은행권과 같은 민간 신용화폐의 혁신도 "추상적 화폐를 사용한 회계 관행이 공고하게 확립되면서 닦이게 되었다"고 지적하고 있다.

한편 레이는 법정화폐가 은행신용과 제도적으로 결합된 양상을 '부채 피라미드' 혹은 '신용의 위계'라는 개념을 통해 접근한다. 여기서 화폐는 기본적으로 특정 기관이 발행한 차용증(IOU)이다. 정부는 세금납부 시 자신이 지정한 화폐를 수령하겠다는 약속 아래 정부 차용증을 발행하여 민간의 재화와 서비스를 구매한다. 이와 유사하게 은행은 대출

상환 및 이자 납부 시 받아들이겠다는 약속 아래 대출을 통해 예금화폐를 발행한다. 이들 각각의 부채는 위계화된 부채 피라미드 속에 존재한다. 이처럼 대략적인 신용의 위계는 가계의 차용 증서, 기업의 채권이나 증권, 은행의 예금, 중앙은행의 통화라는 순서로 구성된다(Mehrling, 2012). 여기서 부채 피라미드 상위에 있는 부채는 기저에 있는 부채를 통해 상환된다. 예를 들어 **그림 2**에서 묘사되어 있듯이 은행 바깥의 민간 기업과 가계에서 발행한 차용증서는 은행의 예금화폐를 통해 청산될 수 있다. 한편 은행예금 역시 은행의 입장에서 예금 인출 요구 시 상환해야 할 부채이며 이는 궁극적으로 정부의 차용증이라 할 수 있는 준비금이나 현금을 통해 상환될 수 있다. 피라미드의 가장 기저에 있는 것은 정부 차용증이다. 현대의 정부 차용증(중앙은행에 예치된 준비금 및 현금 등의 법정화폐)은 금은 등의 태환 가능한 금속을 두고 있지 않지만, 세금납부의 유일하고 배타적인 수단으로 수령하겠다는 정치사회적 약속에 근거하여 시중에 유통된다(Wray, 2015).

이저럼 현대의 화폐시스템의 특징은 상위에 있는 부채가 하위에 있

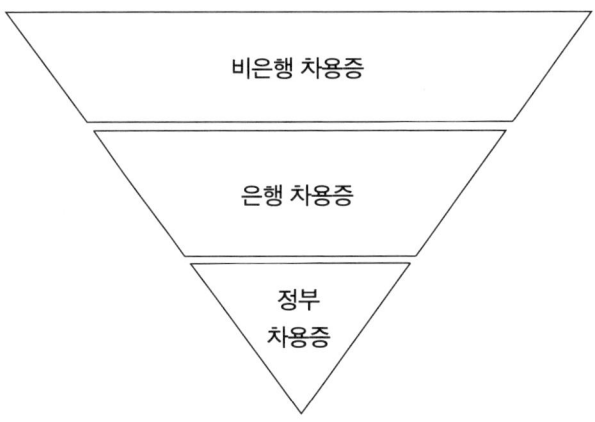

그림 2   현대 통화제도의 부채 역피라미드
자료 : Wray(2015)의 부채피라미드를 저자가 역피라미드로 재구성

는 부채에 대한 레버리지(leverage)를 통해 발행된다는 점에 있다. 하지만 **그림 2**의 역삼각형 모델에서 엿보이듯이 이러한 신용의 위계는 불안정한 시스템이다. 민스키(Minsky, 1986)의 표현처럼, 누구나 신용화폐를 창출할 수 있지만, 그것이 받아들여지는지의 여부는 전혀 다른 문제인 것이다. 평상시에는 신용도가 높은 화폐가 더 큰 규모의 신용도가 낮은 화폐를 뒷받침함으로써 전체 위계에 안정성을 부여하지만 이러한 안정성은 일시적이다. 신용의 위계질서가 갖는 잠재적 불안정성은 은행이 소량의 준비금만을 가지고 대출을 행하는 영업관행이라든가 (사업전망에 대한 낙관론이 확산될 때) 보유한 유동성(은행예금) 이상의 부채를 발행하여 사업자금을 확보하는 일부 기업 및 비은행 금융기관의 행태에서 엿볼 수 있다. 나아가 이러한 역피라미드 형태의 부채 시스템은 특정 금융자산이 부실화될 때 종종 금융기관 전체의 부실화나 파산 그리고 뱅크런과 같은 금융위기로 이어지는 구조적인 요인이 된다.

    그림 2의 예를 들면 맨 위의 비은행 차용증이 대규모로 부실화될 때 이들에게 대출한 은행 역시 부실화되며 연쇄적인 유동성 위기 혹은 신용위기가 발생하게 된다. 이것이 실제로 2008년 글로벌 금융위기 당시 발생한 사건이다. 나아가 이러한 신용의 위계적 피라미드는 경기변동에 따라 동학적인 모습을 보인다는 점을 지적할 필요가 있다. 즉 경기확장기에는 신용화폐 간의 구분이 약화되며 전반적으로 신용이 팽창하지만, 경기후퇴기에는 신용 간의 위계적 차이가 보다 더 뚜렷해지며 전반적인 신용은 수축한다(Mehrling, 2012).

    한편 **그림 2**와 같은 신용=부채의 위계적 피라미드를 통해 국정화폐 이론과 내생화폐론이 위계질서의 서로 다른 층(layer)에 주목하는 이론이라고 정리할 수 있게 된다. 여기서 내생화폐론은 은행이 발행한 신용화폐(예금화폐) 시스템이 외부의 도움 없이도 정상적으로 작동하는 상황을 가정한 이론을 의미한다. 민간은행 시스템은 대출을 통해 예금통화를 창출하며 이러한 예금통화는 대출 상환 수단으로 자신들이 발행한 예금화폐를 수령하겠다는 은행들의 약속을 통해 지불수단으로서 일반적인 통용력을 갖는다. 정상적인 상황에서는 은행 집단의 대출 여력에는 한계가 없으며 대출 규모는 준비금이나 기타 보유 자산에 구애받지 않는다. 이러한 경우 일부 내생화폐론자들의 지적대로 중앙 은행이 공급하는 법정화폐의 존재를 이론적으로 상정할 필요조차 없게 된다. 하지만 한 은행이 아닌 모든 은행에 걸쳐 대출상환에 문제가 생기거나 은행이 보유한 자산이 심각하게 부실화될 경우 이를 구제할 별도의 화폐가 필요하게 되는데 국가가 발행한 법정화폐가 그 역할을 떠맡는다. 이러한 법정화폐의 역할은 특히 서브프라임 모기지론의 대규모 부실화로 인해 악성 채권을 떠안게 된 금융기관의 자산을 중앙은행이 발권력을 통해 매입한 최근의 '양적완화'에서도 잘 나타난다. 이뿐만 아니라 법정 화폐는 역사적으로볼 때 전쟁 비용 조달과 같은 대규모 재정지출을 뒷받침하기 위한 목적으로 발행되었다. 내생화폐론 지지자들이 은행 시스템의 무제한적인 예금화폐 창출 잠재력을 강조하듯이 국정화폐이론의 지지자들 역시 국가의 무제한적인 발권력을 강조하는 데 후자의 이론은 특히 대규모 '금융위기'나 '전쟁' 같은 정치경제적 위기상황에서 커다란 설명력을 갖는 것으로 보인다. 이처럼 두 가지 이론이 동시에 그 나름의 상황 속에서 설명력을 갖는 사태는 논리적인 모순이 아니다. 그것은 그저 현대의 화폐시스템이 갖는 역사적 속성의 반영일 따름이다.

III 비트코인의 설계사상과 그 한계

1. 주류화폐이론과 비트코인

비트코인은 기존 화폐제도에 대한 비판에서 출발했다. 한편 경제학 이론에서 이해하는 현대 화폐제도는 어떤 모습일까. 우선 주류 경제학은 중앙은행을 중심에 놓는 '외생적 화폐이론'과 은행을 저축 기관으로 보는 '대부자금설'에 기초해 있다. 그리고 이러한 이론의 심층에는 화폐를 효용을 지닌 상품으로 간주하는 관점이 자리 잡고 있다. 대표적인 것이 화폐경제학의 기본적인 모형으로 거론되는 Money-in-utility 모형(Sidrauski, 1967)이다. 이 외에도 화폐가 주는 효용의 근원은 거래비용의 감소에 있다는 점에 착안한 Shopping time 모형 (McCallum, 1990), Cash in advance 모형(Lucas, 1982)이 등장하였으나 그들의 근본적인 함의는 화폐가 효용을 가져다 주기 때문에 가치를 갖는다는 점에서 동일하다. 이들 모형에서 화폐는 교환의 매개라는 기능을 수행할 수 있는 또 하나의 상품 내지는 재화(귀금속, 금속 주화, 태환 지폐 등)로서, 다른 재화 간의 교환비율의 기준(numeraire)으로 상정된다(Bell, 2001). 이러한 사고는 Kiyotaki & Moore(2002) 등과 같은 주류경제학의 화폐모형, 즉 이질적인 재화를 보유한 경제주체들이 매 기간 동안 일정한 소비수준을 달성하기 위해 자발적으로 약속어음 증서를 발행하고 교환하는 모형에도 반영된다.

주류경제학에서 화폐란 효용극대화를 추구하는 시장경제의 참여자들이 시장경제 내 교환의 곤란(욕구의 이중적 일치)을 해소하기 위해 자발적으로 도입한 '교환의 매개수단'이다. 이러한 학설은 이제 주류 경제학에서 널리 인정되고 있다. 또한 이러한 학설을 지지하는 논자들 중 많은 이들은 시장에서 통용되는 교환의 매개수단은 실제로 시장 안에서 이미 빈번하게 교환되던 상품(귀금속 등등) 중에서 발견된 것이라는 역사이론을 지지한다. 즉 경제주체들의 경제활동 과정에서 화폐는 자연스럽게 진화한다고 본다. 따라서 정부는 시장에서 대두된 화폐를 승인하는 역할을 수행하는 것에 그쳐야 한다. 한편 또 다른 주류 이론에 따르면 시장 내에서 자발적으로 유통되는 신뢰성 있는 교환 매개수단은 과소 공급되는 경향이 있으므로 이러한 상품화폐는 나중에 국가가 독점적으로 공급하는 공공재(법정화폐)로 진화한다. 그러나 화폐를 시장 내에서 자발적으로 공급되는 사적 재화로 간주하든 국가에 의해 독점적으로 공급되는 공공재로 간주하든 화폐는 여전히 시장에서 요구되며 효용가치를 갖는 희소한 재화이다.

정리하면, 주류 화폐이론은 상품화폐론 위에 서있다. 상품화폐는 직접적이든(화폐보유 그 자체가 주는 만족감) 간접적이든(거래비용 감소) 그 나름의 효용을 가지며 다른 재화와 교환되는 또 다른 특수한 재화이자 다른 재화와의 교환비율의 기준이 된다. 또한 이러한 상품화폐론에 따르면 실물과 화폐 부문은 엄격히 분리되어 있다(고전적 이분법). 화폐는 상품 교환을 매개하는 또 다른 상품이자 상품체계 속의 뉴메레르이기 때문에 유통되는 화폐의 수량을 변화시켜도 궁극적으로는 다른 상품 간의 교환비율(실질가격)에 영향을 미칠 수 없다는 것이다.

이처럼 상품 간의 교환거래에서 화폐의 본질을 찾는 접근방식은 아리스토텔레스의 '교환거래에 최적화된 상품으로서의 화폐'로부터 시작된다(Schumpeter, 2014). 화폐의 진화와 기능에 대한 아리스토텔레스적 논리의 핵심요소들은 토마스 아퀴나스(Thomas Aquinas), 보댕(Jean Bodin) 등의 철학자를 거쳐, 로크 (John Locke), 흄(David Hume), 스미스(Adam Smith), 리카도(David Ricardo), 밤 베르거(Ludwig Bamberger) 등 17~18C 유럽 정치철학자들에 의해 수용되었다. 그리고 이들의 금속 주화에 대한 화폐이론은 멩거(Carl Menger), 발라(Leon Walras), 배로(Robert Barro), 기요타키와 라이트(Nobuhiro Kiyotaki, Randall Wright) 등을 거치며 오늘날의 한계효용 이론 등과 결합되었다(Bell, 2001). 중요한 것은 비트코인 등 암호화폐의 설계사상도 이러한 주류의 상품화폐이론 위에 서 있다는 점이다. 나중에 보겠지만 이것은 비트코인과 그 설계사상이 가진 현실 비판적 힘(국가와 소수 금융기관의 화폐·신용 독점 비판)을 스스로 상실하게 된 계기가 된다. 예를 들어 비트코인의 설계사상 속에서 화폐는 그 필요를 느끼는 시장의 참여자들에 의해 ICO와 하드포크(무상분할) 등의 방법으로 자발적으로 도입된다. 또한 화폐는 일정한 공급스케줄과 시장수요가 만나서 그 가치가 매겨지는 상품이자 교환수단이 된다. 특히 암호화폐 옹호론자들은 암호화폐가 국가 내지는 외부권력이 개입할 수 없는 알고리즘에 의해 그 공급스케줄(최종적으로 2,100만개)이 정해지므로 그 희소성과 가치가 유지된다고 생각한다. 이에 기초하여 이시즈미(2017) 또한 책 제목과 동일하게 "비트코인은 금화가 된다"고 말한 바 있다. 실제로 다수의 비트코인 예찬론자들의 주장은 복고풍의 금본위제 옹호론과 많은 측면에서 유사하다. 채굴이라는 용어는 말할 것도 없고 현대적 기술용어로 묘사된 ICO 역시 17세기 남해버블(South Sea Bubble) 당시에 있었던, 허구의 금광개발을 위해 투자금을 모집한 행위를 연상시킨다.

주류이론이 비트코인의 설계사상과 다른 지점은 단지 '화폐는 독점적으로 공급되는 공공재여야만 가치가 안정적'이라는 점뿐이다. 주류의 경제이론은 화폐가 중앙은행의 관리 아래 준칙에 따라 공급된다면 화폐가치와 물가의 안정성을 달성할 수 있다고 주장한다. 반면에 비트코인 옹호론자들은 국가에 의한 화폐의 독점이 인플레이션과 자산버블 등의 폐단을 낳았다고 비판한다. 그러나 이들 모두 화폐는 시장에서 수요되는 재화이며 그 재화의 희소성에 의해 가치가 유지된다고 본다는 관점에서는 차이가 없다. 화폐는 특별한 만족을 주는 재화이며 이는 경제주체의 관계 외부에 존재한다. 즉 화폐는 정해진 알고리즘에 의해 채굴되거나 헬리콥터에서 뿌려진다.

2. 비트코인의 비판 정신

비트코인이라는 블록체인 기술 기반 암호화폐가 처음 등장할 때 나타난 열광 이면에는 여러 맥락이 존재한다. 블록체인 기술에는 신산업의 가능성뿐만 아니라 공공행정 서비스 투명성 및 효율성 증진의 잠재성이 존재한다. 그리고 그 외에도 직접 민주주의 정치를 촉진할 가능성도 있다. 하지만 비트코인이 초기에 공중의 주목을 받은 가장 강력한 이유 중 하나는 비트코인의 설계 사상에 담겨 있는 모종의 '비판적' 혹은 '탈권위적' 정신이었던 것으로 보인다. 무엇보다 비트코인의 지지자들은 비트코인식 블록체인 암호화폐가 독점과 권력에 의해 왜곡되지 않은 수평적·분권적 경제질서를 가져올 것이라 예측했다. 이러한 비전이 아니라면 암호화폐에 대한 일각의 '종교적'인 열광을 설명하기 어려울 것이다.

실제로 암호화폐의 개발노선에 대한 논쟁은 암호화폐의 이념과 결부되어 있다. 예를 들어 비트코인 이후로 출시된 알트코인 중 하나인 리플에는 채굴의 개념이 존재하지 않으며 코인의 발행 주체(Ripple Inc.)가 명확하기 때문에 탈 중앙화, 익명성, 탈규제 등 블록체인 기반 암호화폐의 이념을 위배한 것이라는 비판이 제기되는 등의 논란이 일었다.

비트코인의 개념을 소개하는 첫 논문이 등장한 시점은 금융위기 직후인 2008년 10월이었다. 익명의 개발자 나카모토 사토시는 최초로 비트코인을 설계한 논문에서 "P2P 버전의 전자화폐는 금융기관의 중개없이도 온라인 결제 수단이 거래 당사자에게 직접 전달될 수 있도록 할 것이다(Nakamoto, 2008)"라고 적은 바 있다. 많은 논평가는 이 건조한 문장 배후에 글로벌 금융위기를 일으킨 주범으로 지목된 대형은행 및 투자기관 그리고 중앙은행에 대한 비판이 숨어 있다고 평가한다.

케이시·비냐(2017)는 비트코인에 담긴 비판 정신을 다음과 같은 구절로 보다 명료하게 설명한다. 블록체인에 기초한 암호화폐는 "어떤 기관의 통제에도 놓여 있지 않은 분권화된 신용 시스템을 창출"하며 "중앙집권화된 신용 시스템"에 대한 대안을 추구한다. 더 나아가, 이들은 다음과 같이 지적한다.

> 이 기술의 핵심은 화폐와 정보의 지배력을 소수의 강력한 엘리트층으로부터 그 네트워크에 속한 모든 이들에게 이양하며, 그들의 자산과 능력을 되찾게 할 수 있다는 데 있다.(케이시·비냐, 2017: 18)

문제는 이러한 '소수의 강력한 엘리트층'이 누구인지 여부인데, 여기에 따라 암호화폐 옹호론자의 현실비판은 크게 ① 발권력을 독점한 국가권력에 대한 비판과 ② 각종 금융 서비스를 독점한 은행 시스템에 대한 비판으로 나누어질 수 있다.

우선, 다수의 암호화폐 옹호론자는 법정화폐 가치의 불안정성을 문제 삼으며 법정화폐는 물론 법정화폐를 떠받치는 중앙은행 시스템 전체를 비판한다. 이들은 선진국 다수가 불태환 법정화폐를 도입하면서 화폐의 가치 및 물가가 불안정해진다는 이론을 신봉하고 있다. 일례로 이코노미스트지는 비트코인을 "새로운 금화"로 칭찬하고 있다. 비트코인의 발행량이 한정되어 있고 그 수량을 외부에서 임의로 조절하지 못한다는 이유에서이다. 이에 따라 그는 안정적인 가치저장 수단으로서 비트코인이 각광받게 될 것이고 궁극적으로는 이것이 법정화폐를 대체할 것이라고 전망한다. 물론 2013년 키프로스발 금융위기 사태 당시 예금자산이 몰수 위기에 처하자 예금자들이 법화나 예금통화보다 비트코인을 더 신뢰성 있는 화폐로 여겨 수요가 몰린 사례가 존재하긴 한다. 하지만 이러한 일시적인 사례를 제외하면, 비트코인을 비롯한 블록체인 암호화폐가 전반적으로 다른 법정화폐보다 더 높은 가격 변동성을 보이고 있는 현재 시점에서, 암호화폐가 향후 신뢰성 있는 가치저장 수단이 될 것이라는 주장은 다소 설득력이 떨어진다.

이처럼 이들의 논의에는 정확성이 다소 결여돼 있지만 이들이 국가의 법정 화폐를 비판하는 데는 그럴만한 배경이 존재한다. 이들의 논의에는 불태환 화폐가 사실상 '정부 부채를 화폐화'하는 수단이라는 불신이 공통적으로 깔려 있다. 노구치(2015)는 이러한 인식을 명확히 드러낸다. 그에 따르면, 2013년에 시작된 일본의 양적완화의 "진짜 목적은 재정 파이낸스, 즉 '국채의 화폐화'로 생각된다. 이를 통해 금리 상승을 억제하고 재정 자금의 조달을 원활히 하는 것이다. 일본은행의 국채 구매 자체가 중요할 뿐 교과서적인 의미의 금융완화 효과(통화 재고량의 증가를 통한 경제 확대)는 애초에 정책 당국자의 머릿속에 들어 있지 않았을 것이다."

이처럼 다수의 암호화폐 옹호론자들은 정부가 법정화폐 발권력을 이용하여 방만한 국가재정 관행을 지속시키고 있으며, 이로 인해 화폐의 가치에 대한 신뢰성이 점점 악화되고 있다는 상황인식을 공유하고 있다. 이것은 곧 법정화폐가 부당한 권력에 기초하고 있으며 이러한 권력이 남용되고 있다는 인식과 다르지 않다. 이는 언뜻 일체의 국가개입을 부정하는 신자유주의 관점과 친화적인 것처럼 보이지만, 다른 한편으로는 글로벌 금융위기 당시 연방준비제도가 양적완화를 실시한 것에 대해 '방만 금융기관 구제 행위'라고 항의한 월가 점령 시위대의 인식과도 연결된다.

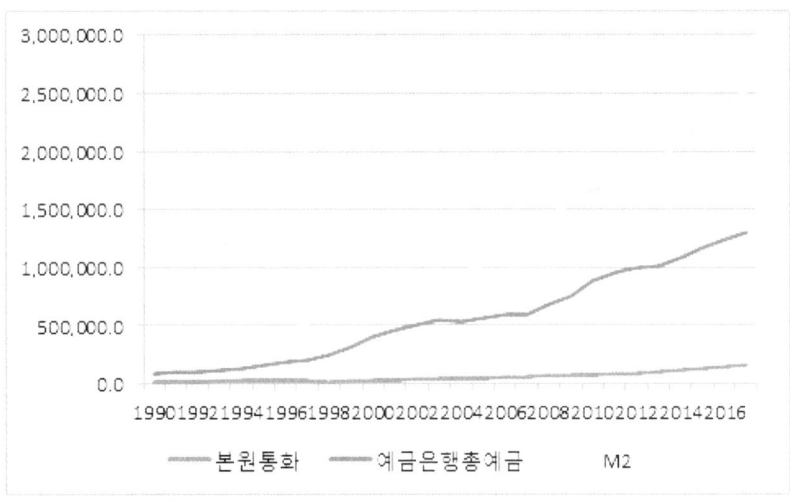

그림 3 연간 통화의 구성 변화(1990~2017)(단위 : 10억)
주 : 본원통화 = 현금 + 중앙은행 예치 준비금
자료 : 한국은행

그러나, 비트코인을 통해 법정화폐 자체에 대한 비판에 집중하면 현실의 화폐제도에 대해 간과하게 되는 것이 된다. 그것은 바로 통화의 상당 부분을 차지하는 것이 예금화폐라는 점이다. 실제로 광의통화에서 가장 큰 비중을 차지 하는 것은 예금통화이다. 한국의 경우에도 현금통화와 준비금이 광의통화(M2)에서 차지하는 비중은 예금통화에 비해 매우 낮다.

내생화폐론에서 주장하듯 이러한 예금통화는 은행 대출을 통해 창출되며 그 수량은 대출수요에 의해 결정되는 변수이지 중앙은행이 임의로 결정하는 변수가 아니다. 실제로 한국을 비롯한 많은 국가에서 중앙은행이 공급하는 본원통화와 예금화폐는 통계적 관련성을 보이지 않는다(채희율, 2017; 민병길 외2018). 이러한 점을 의식하듯 노구치는 다음과 같이 말하고 있다. "비트코인 등의 가상통화가 대체하는 것은 일본 은행권과 정부화폐만이 아니다. 예금통화도 대체한다. 현실 세계에서 돈으로서 주된 위치를 차지하고 있는 것은 바로 예금이며, 이 예금은 법화가 아니다. 요컨대 액수를 기준으로 보면 비트코인의 경쟁 상대 중에는 법화가 아닌 돈이 더 많다."

한편 이러한 예금화폐는 현금과 달리 예금은행의 장부에 기록된 '정보'에 다름 아닌데, 블록체인 암호화폐 옹호론자들은 이러한 정보를 소수의 은행이 독점하고 있다는 관점에서 현재의 화폐시스템을 비판한다. 나아가 이러한 비판은 구체적으로볼 때 송금 및 지급결제 서비스의 과도한 수수료에 대한 문제제기로 이어진다. 실제로 일상에서 이뤄지는 많은 경제적 거래의 지급·결제·청산 과정은 최종적으로 은행 시스템 상에서 완결된다. 은행 비판론자들은 이러한 서비스가 소수의 은행에 의해 독과점화되었으며 이러한 결제 시스템을 유지하는 비용구조에 대한 정보의 비대칭성이 존재한다고 지적한다. 케이시·비냐(2017)는 이로 인한 결제 수수료의 경제적 비용을 다음과 같이 추정한다.

> 비자와 마스터카드가 2013년에 처리한 신용카드 및 직불 결제액은 약 11조 달러에 이른다. 비자와 마스터카드는 전 세계 카드업계 매출액의 약 87%를 차지한다. 여기에 추정하건대 평균 약 2% 정도가 수수료로 부과되었다고 본다면, 가게들의 연간 신용카드 결제 수수료는 약 2,500억 달러에 이른다. (중략) 글로벌 지불 시스템에서 카드 결제 수수료가 '톱니바퀴에 낀 모래'처럼 성장, 효율성 그리고 발전의 장애물로 작용하고 있는 것을 알 수 있다.

은행과 카드회사 등으로 구성된 복잡한 결제 시스템의 수수료가 경제적 효율성을 해친다는 진단이다. 이에 입각해 다수의 암호화폐 옹호론자들은 암호 화폐가 결제 및 송금수단으로 상용화될 시 은행 및 소수 금융기관의 독점 구조를 깨뜨리고 수수료를 인하하는 효과를 가져온다고 주장한다. 이에 따라 그 자체로 (분산장부에 기반한) 송금 시스템이라고 할 수 있는 비트코인이 처음 등장할 때 해외송금과 무역결제 부문에서 널리 활용되리라는 기대를 얻었다. 이뿐만 아니라 암호화폐가 은행에 대한 접근권이 보장되지 않은 빈민층이나 제3세계 사람들에게 경제적 혜택을 가져온다는 주장도 암호화폐 옹호론자 사이에서 반복적으로 강조된 테마이다. 이후에도 비트코인에서 나타난 결제처리 속도와 용량의 한계를 개선하기 위해 각종 알트코인이 개발되었다. 다만 이러한 성능 개선이 의미 있으려면 코인의 가치 안정이 필수적이다. 노구치 등의 옹호론자는 선물거래 시장의 도입과 같은 제도화가 가치의 안정화를 가져올 것이라 기대하지만(노구치, 2015: 27), 2019년 현재까지 이러한 기대가 실현되리라는 전망은 불투명하다. 또한 혹자는 암호화폐 이용자가 많아질수록 가치가 안정화되리라 전망했지만, 실제 현실은 그 반대가 되어 가치가 더 불안정해 졌다.

한편, 다수의 논자는 암호화폐의 설계사상과 하이에크의 자유은행 사상과의 친화성을 지적한 바 있다. 하이에크(Hayek, 1976)는 다수의 기관이 은행권을 발행한 과거 역사를 들며 이러한 경쟁적인 화폐 발행 시스템이 화폐가치의 안정을 이루는 데 있어 효율적이라는 주장을 전개한다. 실제로 그는 법정화폐가 화폐가치를 불안정하게 하며 인플레이션 및 디플레이션을 유발한다고 주장한 바 있다. 이에 따라 하이에크는 화폐가치와 물가의 불안정을 방지하기 위해서는 화폐발행을 은행들의 자유경쟁에 맡겨야 한다고 주장한다. 시장 경쟁을 통해 각 은행은 자신이 발행하는 은행권의 수용성을 높이기 위해 은행권의 발행 남용을 자제하고 구매력 가치를 안정화시키는 데 최선을 다할 것이라는 논리이다.

하이에크가 주창한 이러한 자유 은행 시스템은 비트코인의 등장 이래로 여러 알트코인이 ICO나 하드포크 등을 통해 경쟁적으로 발행된 것과 일견 유사한 것으로 보인다. 또한 하이에크는 중앙은행 없는 화폐 발행 시스템을 꿈꾸었다는 점에서 암호화폐 옹호론자와 친화성을 보인다. 정부가 부채를 화폐화하기 위해 발권력을 남용하며 이로 인해 물가 및 화폐가치 불안정이 야기된다는 인식에서도 유사성을 보인다.

한편 블록체인 암호화폐 옹호론자의 입장에서 볼 때 하이에크의 주장은 여전히 은행을 화폐의 발행 주체로 상정하고 있다는 점에서 한계를 갖는다. 암호 화폐의 이념적 옹호론자에게 있어 중요한 것은 화폐 발행의 권한을 개인에게 돌려주는데 있다. 그 외에도 암호화폐 옹호론자는 은행이 처한 여러 현실적인 제약을 지적한다. 현실의 은행 시스템은 법정화폐에 대한 은행의 지불의무를 강제하고 있으며 특히 경제의 제도적 단위로서 금융당국의 각종 법률적·행정적 규제에 묶여 있다. 따라서 노구치(2015)는 "화폐 자유화는 은행 제도의 밖에서 화폐를 대체할 것이 다수 출현해 현존하는 화폐를 잠식한 결과 실현될 것"이라 지적한다. 실제로 몇몇 예외를 제외하면 퍼블릭 블록체인 상에서 블록생성과 채굴 등의 경제적 의사결정 일체는 개인 단위에서 이뤄진다. 이러한 개인은 각종 규제에서 비교적 자유롭기 때문에 혹자는 블록체인 암호화폐야말로 화폐발행 자유화의 본래 이념을 더 순수한 형태로 실현한다고 주장한다.

3. 비트코인의 한계

블록체인 기반 암호화폐는 의미 있는 사회적 비판에서 출발했음에도 불구하고 현재까지는 유의미한 대안을 보여주었다고 보기 힘들다. 우선 암호화폐가 아직 현존하는 화폐시스템을 대체할만한 기술적 성능을 보여주지 못했다는 것이 현재까지의 중론이다. 일례로 영란은행 총재 카니(Carney, 2018: 8)는 암호화폐에 대해 "속도와 거래비용은 다양하지만 대체로 법정화폐보다 느리고 비싸다"고 비평한 바 있다. 이러한 성능의 문제 외에도 중요한 이슈가 있다. 만일 (있을 법한 일은 아니지만) 암호화폐가 기존 법정화폐와 예금화폐의 대체재가 된다 하더라도 암호화폐 옹호론자가 제시하는 이념적 비전(분권화된 경제 시스템과 탈집중화 등등)이 실제로 실현되느냐의 문제가 여전히 남아 있는 것이다. 이러한 보다 본질적인 문제제기를 여러 측면에서 고찰할 수 있다.

첫째, 비트코인이 정말 분권화된 시스템인지에 대한 의문이다. 암호화폐 옹호론자들은 (개방형 혹은 퍼블릭) 블록체인 암호화폐는 분권화된 경제적 의사 결정을 가능하게 함으로써 개인에게 각종 권한을 돌려줄 것이라고 기대한다. 하지만 암호화폐의 상당수는 채굴, 보유, 거래가 소수에 집중되는 현상을 보이고 있다. 즉 암호화폐의 거래를 주도하는 것은 이용자 개개인이라기보다는 채굴자, 거래소, 소수의 큰손 투자자일 가능성이 높다는 것이다. 또한 갠들 외(Gandal et al., 2018)의 연구에 따르면 2013년 하반기 2달간의 비트코인 가격상승 기간 동안에 가격조작이 의심스러운 정황이 존재한다. 이뿐만 아니라 거래소에서 거래되는 각종 암호화폐의 대부분은 재화와 용역의 실거래나 송금에 이용되기보다는 투기적 목적으로 거래되고 있으며, 이때 대부분의 개인 거래자는 가격상승 여부에 따라 투기적 거래에 단순 동조하는 모습을 보이고 있다. 이처럼 자산버블에 대중이 동원되는 양상은 이미 오래전부터 반복된 패턴이다. 이외에도 결제속도와 성능을 획기적으로 향상시키기 위해 블록체인을 중앙 집중적으로 유지·관리하는 방식으로 탈집중화 이념을 포기한 사례도 존재한다. 대표적인 것이 리플이다. 리플 네트워크의 경우 블록체인 네트워크 이용자 전부가 아닌 소수의 노드(node)만을 합의 알고리즘에 참가시켜 블록에 기록된 거래의 진실성을 검증하므로 블록에 기록된 내용을 인증하고 갱신하는 과정에서 해시함수를 이용한 복잡한 연산(채굴과정)이 필요하지 않게 된다. 이러한 중앙집중적인 블록체인 관리방식은 실제 은행 간 지급·결제·청산 비즈니스 플랫폼이나 국제송금 서비스에 적용되기에 더 유리한 모델로 평가받고 있다. 둘째, 비트코인에 민주적 합의 시스템이 작동하는가에 대한 의문이다. 비트코인과 같은 퍼블릭 블록체인 암호화폐에는 채굴자와 개발자 등 이해관계자의 대립을 조율할 수 있는 상위의 메커니즘이 존재하지 않는다. 실제로 블록체인 암호화폐의 방향성을 둘러싼 대립이 개발자, 이용자, 채굴자 커뮤니티 사이에서 여러 차례 발생한 적이 있다. 여기서 개발자와 채굴자 집단은 각각 소프트웨어에 대한 지식과 거래 처리능력(일명 해시파워)을 기반으로 발언권을 얻는 반면, 일반 이용자가 암호화폐 운영 방향에 대해 갖는 발언권은 제한적이다. 이것은 자유롭고 평등한 개인의 집단지성에 기반해서 조화롭게 이해를 조정하는 사회를 구축한다는 비트코인의 비전(노구치, 2015)과 어긋난다. 또한 이는 블록체인 역시 정치적 조정을 필요로 하는 시스템이라는 것을 암시한다.

대표적인 것이 비트코인을 둘러싼 세그윗 사태이다. 이는 비트코인의 자생적 발전의 한계를 드러낸 사건이라고 할 수 있다. 해당 사건은 이용자의 증가로 인해 거래처리 속도의 저하와 수수료의 상승 등 확장성의 한계에 부딪힌 비트코인의 성능 업그레이드를 추진하는 과정에서 발생했다. 업그레이드의 방향성에 대한 이견 및 논쟁이 개발자 집단(블록 내 전자서명 데이터를 분리하는 세그윗 지지)과 채굴자 집단(블록의 용량 증가 방안 지지) 사이에 촉발되었다. 이 논쟁에서 더 이상의 논의의 진전이 이뤄지지 않자 비트코인으로부터 여러 번의 신규 코인의 하드포크가 이뤄지게 된다. 예를 들어 2017년 8월에는 비트 코인의 블록 용량을 1M byte에서 8M byte로 상승시킨 비트코인 캐시가 분할되었다. 한편 2017년 10월에는 채굴 난이도를 낮춘 비트코인 골드가 분할되었다. 이러한 갈등과 관련하여 한국은행(2018)은 개방형 블록체인 암호화폐시스템이 "다수가 시스템 운영에 참가하기 때문에 참가자 간 이해 상충 차이를 조정하는 데 한계가 있다"고 지적한다. 물론 현실의 통화 시스템도 통화정책의 목표를 둘러싼 정치적 대립과 이로 인한 비효율성이 존재한다는 점을 감안해야겠지만, 암호화폐 역시 이러한 대립에서 자유롭지 않다는 것 또한 엄연한 사실이다.

셋째, 비트코인에는 중개자가 없는가에 대한 의문이다. 옹호론자들은 블록체인 암호화폐가 중개자를 필요로 하지 않는다고 주장한다. 확실히 개방형 (퍼블릭) 블록체인의 경우 분산장부를 유지하고 갱신하는 데 있어 중앙집중적인 관리자를 필요로 하지 않는다. 그러나 이러한 논의는 어디까지나 블록체인에만 주목한다는 한계를 지닌다.

블록체인은 암호화폐시스템을 이루는 일부분에 지나지 않는다. 현실에서 다수의 암호화폐시스템은 블록체인에 기반해 거래를 기록하는 '글로벌 플랫폼'과 이용자를 이러한 글로벌 플랫폼과 접목시키는 '로컬 플랫폼'으로 나눠져 있다. 이때 다수의 암호화폐 거래는 로컬 플랫폼 상에서 이뤄진다. 대표적인 것이 암호화폐 거래소이다. 전문 채굴업자 외의 대다수 이용자는 거래소를 통해 암호화폐를 획득하고 거래한다.

이러한 일련의 거래소들이 필요한 이유는 다음과 같다. 우선 실시간으로 변동하는 다수 코인의 시세와 코인 개발 현황에 관한 정보를 수집하고 공시하는 기능을 누가 떠맡느냐는 문제(정보의 비대칭성 문제)를 해결하는 과정에서 로컬 플랫폼이 필요하게 된다. 이와 관련하여 조성훈(2018)은 자본시장의 맥락에서 다음과 같은 점을 지적한다.

현재 가상통화의 유통시장은 중개 기관이 존재하고, 투자자는 중개 기관을 통하여 가상통화를 거래하는 구조로서 모든 투자자가 P2P로 연결되는 구조는 아니다. 가상통화 중개 기관이 시장의 가격 정보를 수집

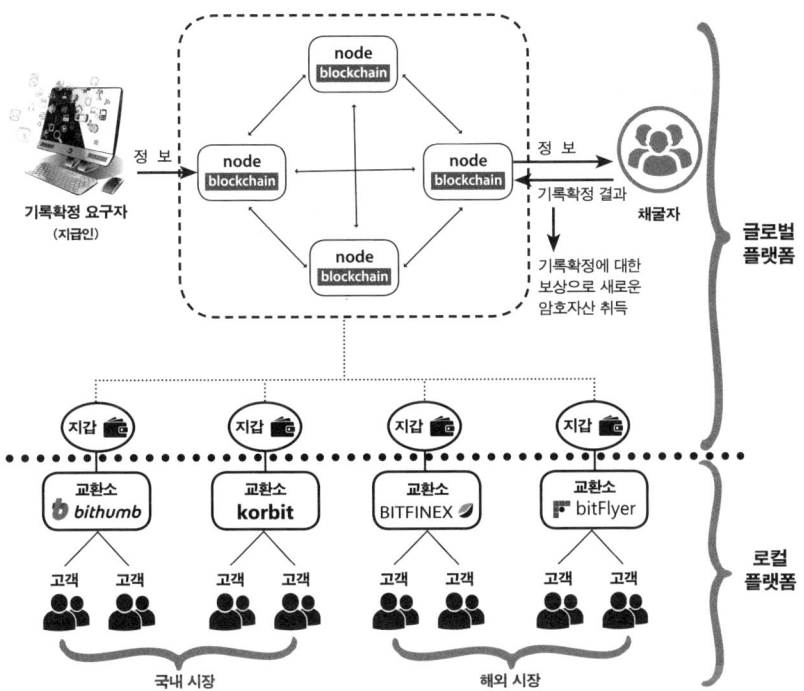

그림 4 블록체인 암호화폐시스템의 구조
자료 : 한국은행, 2018, p.7

하여 게시하는 기능을 담당하며, 관련 스타트업도 생겨나고 있다. 블록체인 기반의 자본시장에서도 이러한 '집중화된' 기관의 존재는 불가피한 것으로 생각되며, 완전한 P2P 구조의 시장은 어려울 뿐 아니라 비효율적일 수 있다.(조성훈, 2018: 4)

현재까지 암호화폐를 이용한 상거래의 결제는 미비한 실정이지만 암호화폐를 이용한 지급결제 시스템이 활성화되는 경우에도 이를 매개할 중개자가 필요하다는 것이 업계의 중론이다. 암호화폐를 통한 지급결제가 확정되는 데 일정한 시차가 존재하므로 이러한 간극을 매개할 지급 결제 서비스 중개업체가 필요한 것이다. 예를 들어 이러한 중개업체는 비트코인 결제 시점의 환율로 사업체에 입금해주는 서비스를 제공하는 대신 일정한 수수료를 부과할 수 있다. 또한 신용카드 단말기와 마찬가지로 비트코인 결제를 인식할 수 있는 단말기를 설치하는 서비스를 제공하며 일정한 수수료를 청구하는 업체 등이 있을 수 있다.

　마지막으로, 이제 블록체인 기반 암호화폐가 '대안적 화폐시스템'이라는 주장에 대하여 비판적으로 고찰해 보자. 지금까지 등장한 주요 블록체인 암호화폐의 가장 큰 문제점은 화폐의 가치를 '사회적 신용'이 아닌 '희소성'에 둔다는 데 있다. 예를 들어 비트코인을 비롯한 상당수의 퍼블릭 블록체인 기반 암호화폐의 경우 코인의 채굴량이 사전에 정해져 있다. 혹자는 암호화폐의 희소성이 유지될 것이라는 믿음 아래 암호화폐를 구매하는 것 역시 일종의 신용이라고 말할 수 있다. 하지만 '사회적 신용'에서 말하는 신용이란 단순히 각자가 좋을 대로 화폐에 부여하는 (상호) 주관적 믿음이 아닌 "사회적 관계(잉햄, 2011)" 속에서 객관적으로 규정되는 신용을 말하는 것이다. 게다가 화폐의 가치가 그 수량적 희소성에 의해 보증된다는 믿음은 상품화폐론의 복귀에 다름 아니다. 물론 암호화폐 자체는 상품이라고 보기 힘들지만 넓은 의미의 상품화폐론에서 화폐는 그 자체로 희소한 재화로서 가치 혹은 효용을 갖는다고 간주된다. 이렇게 볼 때 비트코인을 "새로운 금화"로 주목하는 담론 (이시즈마, 2017) 역시 상품화폐론을 계승한다고 할 수 있다. 역으로 이러한 점에 주목해서 비트코인에 대해 "시대에 뒤떨어진 금본위제 지지자들의 헛된 희망으로 인하여 발생한 폰지 사기극(루비니)"이라고 혹평하는 논자들도 있다(전주용·여은정(2014)에서 재인용).

　반면 슘페터 이후의 포스트케인스주의 계열의 내생화폐론자들이 지적하듯이 자본주의 신용화폐의 종별성(specificity)은 "은행이 무로부터 새로운 은행 신용화폐 예금을 (대출을 통해 : 인용주) 내생적으로 창출할 수 있다는 점에 있다(잉햄, 2011: 137)." 이러한 자본주의적 내생화폐는 많은 경제사 연구자들이 지적하듯 국가, 화폐자본가, 생산자라는 경제사회 집단 사이의 역사적·제도적·법률적 관계 속에서 형성되었으며, 이는 각 집단 간 갈등과 타협이라는 정치 사회 과정의 산물이기도 하다(김종철, 2015). 예를 들어 국가는 조세제도를 통해 통일된 계산화폐 단위(예: 파운드 스털링)를 지정하며 이를 통해 가치척도의 안정화를 불러왔다. 이러한 계산화폐의 가치척도에 기반해서 은행가는 명목화폐(어음, 은행권 및 예금화폐)와 상품화폐(금은 주화)의 분리라는 혁신을 일구어 내었으며 이를 통해 양적 제약 없이 수요에 따라 탄력적으로 대출을 통해 예금통화를 창출하는 내생적 화폐시스템을 창안했다. 한편 이러한 내생적 화폐시스템은 산업자본에 대한 은행의 대부와 상환의 사이클과 결합됐고 특히 각종 법 제도적 인가를 통해 이러한 결합 관계가 영속화되었다. '화폐란 사회적 신용'이라는 명제는 바로 이러한 역사적 배경을 두고 있다.

한편 은행을 중심으로 한 신용기구가 정립된 자본주의적 화폐제도 이전에도 지역 단위를 중심으로 탄력적인 사회적 신용화폐 제도를 유지했다는 점에 주목할 필요가 있다. 특히 동양 사회를 중심으로 화폐의 세계시스템을 고찰한 구로다(2005)는 이를 '지역유동성'과 '지불공동체'라는 개념으로 설명한다. 예를 들어 농번기나 수확기의 거래량 증가 혹은 특정 상품화폐의 공급 감소로 인해 거래에 필요한 화폐가 부족하게 될 때 지역 공동체(농촌사회) 차원에서 자체적인 화폐를 도입해서 교환의 곤란을 해소한 역사적 사례들이 존재한다. 구로다는 이러한 지역화폐가 "지역시장에서 단기간 대응을 위한 현지 통화로 만들어져 계속 유통되었던것(구로다, 2005: 57)"이라고 지적한다. 이때 도입된 화폐의 형태는 사주전, 외국주화, 어음, 장부 등으로 다양하며 공통적으로 국가 행정기구나 상인집단의 신용에 의지하지 않은 공동체적 화폐였다는 데 그 특징이 있다. 그리고 이러한 화폐는 외부의 신용이 아닌 농촌사회가 보유한 판매 가능한 재고에 의거하여 가치가 부여되었다. 여기서 주목되는 점은 다양한 화폐가 자유롭게 발행되고 유통되었다는 사태뿐만이 아니라 그 배후에 '지불공동체'라는 지역 단위의 사회적 관계가 작동하고 있었다는 점이다. 칼 폴라니의 저명한 개념을 빌려 말하자면, 전근대적 신용 역시 공동체 속에 착근(embedded)되어 있었던 셈이다.

반면 주류 화폐경제학에서 말하는 '신용화폐' 혹은 '화폐의 신용적 측면'에는 이러한 역사적·사회적 관계가 추상되어 있으며, 신용은 개개인의 선호에 의해 자생적으로 형성된 상호주관적 믿음으로 설명된다. 여기서 신용이라는 개념은 "다른 경제 주체들 또한 지급결제 수단으로 해당 교환 매개물이 지속적으로 화폐로 인정되고 이용될 것이라는 믿음(전주용·여은정, 2014)"으로 이해되며, 결국 '믿기 때문에 신용'이라는 식의 사실상의 동어반복적 정의에 의존한다.[5] 하지만 이러한 모형 속에서 화폐의 도입을 둘러싼 역사적·사회적 관계는 생략되어 있다. 특히 화폐 즉 신용이 개인과 개인 간의 관계뿐만이 아니라 집단과 집단 간의 정치사회적 관계 속에서 형성되었다는 사실을 놓치게 된다. 나아가 공동체 혹은 사회가 필요로 하는 신용을 공급하는 사회적 기구(예를 들어, 은행, 지역의 지불공동체, 등등)의 성립 과정을 다루기 어렵다.

비록 비트코인 옹호론자들은 정부·은행·기업이 주도하는 현대 자본주의적 신용화폐시스템 속에서 개인이 경제적으로 소외(신용제약으로 인해 빈곤층 전락, 사업의 기회 박탈, 화폐가치의 변동으로 인한 손해, 등등)되는 가운데 신용의 독점과 불균등한 배분이라는 문제가 지속된다는 점에 정당하게 주목했음에도 불구하고, 그것의 대안이 될 신용 시스템을 창출하지 못했다. 그 이유는 무엇보다 주류화폐경제학 일각의 시각처럼 화폐를 단

---

5   주류화폐경제학에서 널리 수용된 이러한 동어반복적 신용화폐 모델은 Kiyotaki & Moore (2002) 등에 의해 잘 설명되어 있다.

지 개인간 거래의 매개체와 거기서 파생된 신용수단으로만 보는 시각에 머물러 있었기 때문이다. 그러나 앞서 보았듯이 현실의 신용화폐는 규칙적인 사회적 수요(예: 농번기나 수확기 농촌사회의 화폐 수요, 산업자본의 순환주기에 따른 대출수요)에 부응하여 그 신용을 공급할 사회적 기구는 물론 그러한 기구의 작동을 뒷받침할 광범 위한 협업체계(법제도와 관행)를 필요로 한다. 이처럼 신용은 칼 폴라니의 표현을 빌리자면 사회적 관계 속에 착근되어 있다. 신용 시스템을 바꾸기 위해서는 그것을 떠받치고 있는 집단과 집단 간의 사회적 관계를 바꾸기 위한 노력이 병행되어야 한다. 하지만 일부 암호화폐 옹호자들은 단지 거래 장부를 기록하며 보안을 유지하는 알고리즘을 바꾸고 코인의 희소성을 유지하기만 하면 경제적 권한을 개인에게 돌려줄 수 있을 것이라는 믿음을 견지한다. 그러나 이들은 실제로는 사회적으로 유기적인 관계가 결여된 화폐시스템은 투기에 취약하다는 한계만을 보여주었다.

현대 자본주의적 화폐시스템이나 구로다(2005)가 역사적으로 환기한 농촌 지역사회의 신용공동체는 저마다의 차이점에도 불구하고 신용에 대한 사회적 수요에 대해 탄력적으로 대응한다는 특징을 공유한다. 이는 내생화폐론의 문맥에서 볼 때 이자율에 대해 무한탄력적인 혹은 수평의 화폐 공급곡선으로 표현된다. 이에 반해 상당수의 퍼블릭 블록체인 암호화폐는 공급이 수요에 대해 비탄력적이라는 특징을 보인다. 이러한 사회적 관계성의 결여는 특히 암호화폐를 투기에 취약한 것으로 만들었다. 수요에 발맞추어 공급되는 사회적 관계 성이 결여됐기 때문에 현재에도 다수의 암호화폐는 그 투기적 수요에 비례하여 가격이 등락을 거듭하는 변동성을 보이고 있다. 비트코인과 유사하게 공급이 수요에 대해 상대적으로 비탄력적인 금은 등의 원자재의 경우에도 가격의 등락이 존재하지만 궁극적으로는 소비재나 생산재로서의 일정한 사용가치에 기반한 수요가 존재하며 이를 통해 해당 원자재의 근원 가치를 정할 수 있다. 반면, 비트코인 등의 암호화폐의 경우 근원가치에 대한 합의를 이뤄내기 대단히 어렵다는 점(전주용·여은정, 2014), 그리고 그 가치에 대한 예측의 근거가 결국 그 가치에 대한 타인의 예측에 있기 때문에 일종의 케인스의 미인대회식 악순환에 빠져든다는 점도 투기에 대한 취약점을 악화시킨다.

IV 결론을 대신하며

현대금융 시스템에서 중앙은행은 정부의 은행이며, 동시에 은행의 은행이라는 이중적 역할을 한다. 이러한 중앙은행의 이중성은 화폐의 이중성에 각인되어 있다. 현대 자본주의 화폐는 정부의 재정지출에 대한 자금의 공급처 역할을 하는 법정화폐이면서 동시에 은행에 의한 내생적 화폐공급 시스템에 기반한 내생화폐이기도 하다. 이때 법정화폐와 내생화폐가 중앙은행을 통하여 부채 피라미드(신용의 위계)를 형성하며 상호 매개되어 있다는 것이 현대화폐이론에 대한 재구성의 요점이다.

비트코인은 2008년 글로벌 금융위기 속에서 기존 화폐금융 시스템에 대한 대안으로 제시되며 대중에게 우호적인 평가를 받기 시작하였다. 그리고 미 연방준비제도의 비전통적 통화정책, 즉 대규모 양적완화가 기존 화폐금융 시스템에 대한 민간의 불안을 가중시킴으로써 비트코인 등의 암호화폐에 대한 관심을 더욱 증폭시켰다. 무엇보다 암호화폐의 확산에 대해 제도적으로 준비를 갖추지 못한 각국 정부의 미숙한 대응은 암호화폐의 가격폭등을 야기했다.[6] 그러나 다른 한편으로 비트코인이 보

---

[6] 박종현·류승민(2015)은 비트코인의 등장 배경을 과학기술에 대한 신뢰, 정부와 금

여줄 것으로 기대했던 분권화된 시스템, 민주적 의사결정, 중개자의 불필요성, 그리고 비용 효율성 등에서 각종 의문이 제기되고 있다. 경제학적 관점에서도 블록체인 암호화폐는 사회적 관계에 기반한 신용 메커니즘이 아닌 코인 자체의 희소성에만 가치의 근거를 두고 있기에 현실의 화폐제도보다 더 불안정하다고 볼 수 있다.

그러므로 앞으로 현대화폐시스템에서 비트코인은 자신의 설 자리를 찾지 못할 수 있으며, 투기적인 성격이 강한 디지털 암호자산으로서의 역할에 그칠 가능성이 크다. 또한 암호자산으로서의 비트코인의 가치 평가도 개개인의 막연한 기대및 신뢰에 기초할 뿐, 그 사회적·제도적·산업적 기반이 너무나 취약한 것으로 평가할 수 있다. 즉 암호자산의 반대편에 부채가 존재하는 것이 아니며 동시에 암호자산 그 자체가 금이나 은과 같은 효용을 지니고 있지 못하기 때문에 결국은 믿음에 의해 부여된 그 가치조차도 어느 순간이 되면 의심을 불러일으키게 될 것이다.

이처럼 비트코인을 중심으로 암호화폐의 화폐성에 대하여 비판적으로 고찰해 보았다. 여러 한계에도 불구하고 블록체인 기술은 제3자에 의지하지 않고 거래자 간의 직접적 신뢰형성이 가능하다는 것을 보여주었다. 이런 전망에 힘입어 비트코인이 향후 1국1화폐 제도를 특징으로 하는 현대자본주의 화폐시스템에 균열을 낼 가능성을 내포한다고 적극적으로 평가하는 입장도 존재했다. 그러나 비트코인 등의 자생적 대안화폐가 그러한 전망을 실현하기 위해서는 우선 현대자본주의 체제 내의 사회적 관계와는 다른 사회적 관계질서와 사회적 신용 시스템의 출현이 선행되어야 할 것이다.

융기관 등 기성권력에 대한 불신, 자율에 기초한 독립적인 삶의 지향, 달러 화폐 대한 불신, 재정적자에 대한 우려와 더불어 사상적으로는 자유시장경제를 신뢰하는 우파적 경제담론, 통화주의, 오스트리아학파, 자유은행학파, 유통수단에서 화폐의 본질을 찾는 전통 등에서 찾고 있다(박종현·류승민, 2015: 21-22).

참고문헌

구로다 아키노부(정혜중 역), 2005, 『화폐시스템의 세계사 : 비대칭성을 읽는다』, 논형.

김병일, 2018, "암호화폐에 대한 과세방안", 한국경제연구원, 암호화폐 규제, 세제 회계 분야 이슈 점검 세미나.

김종철, 2015, ""자본주의 화폐(money)의 본질과 기원"에 대한 정치학적 설명", 『국제정치논총』, 제55권 3호 pp. 157-191.

노구치 유키오, 2015, 『가상통화 혁명 : 비트코인은 시작에 불과하다』, 한스미디어.

레이, 랜달(홍기빈 역), 2015, 『균형재정론은 틀렸다(Modern Money Theory)』, 책담.

민병길, 2012, "포스트케인스학파 내생화폐이론과 은행의 이중 기능: 수평주의자와 구조주의자에 대한 새로운 이해", 『사회경제평론』, 제38호, pp. 199-240.

민병길·박원익, 2018, "내생화폐론으로 본 지역예대율과 지방은행의 의의", 『사회경제평론』, 제56호, pp. 71-104.

민병길·박원익, 2018, 『암호화폐의 현황과 현대화폐이론(MMT) 관점에서의 비판』, 경기연구원.

민병길·박원익, 2019. "현대화폐이론(MMT)의 재구성을 통해 본 비트코인의 설계사상과 그 한계", 『사회경제평론』, 제60호, pp. 73-121.

박종현·류승민, 2015, "비트코인은 대안 화폐인가? 비판적 검토", 『연구』, 제5권 1호, pp. 17-36.

배인철, 1999, "투크와 슘페터의 동학에 비추어 본 맑스 신용론의 재해", 고려대학교 경제학과 박사논문.

이시즈마 간지(이해란 역), 2017, 『비트코인이 금화가 된다』, 국일증권경제연구소.

잉햄, 제레미(홍기빈 역), 2011, 『돈의 본성』, 삼천리.

전주용·여은정, 2014, "비트코인의 이해-금융경제학의 관점에서", *Korea Business Review*, 제18권 4호, pp. 211-239.

조성훈, 2018, "자본시장과 블록체인: 현황과 가능성에 대한 평가", 자본시장 연구원.

채희율, 2017, "내생적 통화공급과 통화정책의 효과", 『금융연구』, 제31권 1호, pp. 75-108.

케이시, 마이클 J., 비냐, 폴(유현재·김지연 역), 2017, 『블록 체인』, 미래의 창.

한국은행, 2018, "암호자산과 중앙은행", 서울.

Aglietta, M., 2002, "Whence and Whither Money?" in The Future of Money, OECD.

Bell, S., 2001, "The Role of the State and the Hierarchy of Money", *Cambridge Journal of Economics*, Vol. 25, pp. 149-63.

Carney, M., 2018, "The Future of Money", Bank of England.

Davanzati, J. F. and Paccella, A., 2016, "A. Keynes's Treatise on Money and the role of the State", *Iberian Journal of the History of Economic Thought*, Vol. 3, No. 1, pp. 17-26.

Febrero, E., 2009, "Three Difficulties with Neo-chartalism", *Journal of Post Keynesian Economics*, Vol. 31, No. 3, pp. 523-541.

Foley, D., 1989, "Money in Economic Activity" in J. Eatwell, M. Milgate and P. Newman eds., *Money*, London : Palgrave Macmillan, pp. 248-262.

Gandal, N., Hamrick, JT., Moore, T., Oberman, T., 2018, "Price Manipulation in the Bitcoin Ecosystem", *Journal of Monetary Economics*, Vol. 95, pp. 86-96.

Gimmell, G., 1900, *Philosophie des Geldes(The Philosophy of Money)*, Leipzig: Duncker & Humblot.

Graziani, A., 2003, *The Monetary Theory of Production*, Cambridge :

Cambridge University Press.

Hayek, F. A., 1976, *Denationalization of Money – The Argument Refined : An Analysis of the Theory and Practice of Concurrent Currencies*, London: The Institute of Economic Affairs.

Keynes, J. M., 1930, *A Treatise on Money*, London : Macmillan.

Kindleberger, C. P., 1984, *A Financial History of Western Europe*, London : George Allen and Unwin.

Kiyotaky, N. and Moore, J., 2002, "Evil Is the Root of All Money", *American Economic Review*, Vol. 92, No. 2, pp. 62-66.

Knapp, G. F., 1973, *The State Theory of Money*, New York : Augustus, M. Kelly.

Lane, F. C. and Mueller, R.C., 1985, *Money and Banking in Medieval and Renaissance Venice: Coins and Moneys of Account*, Baltimore : Johns Hopkins University Press.

Lavoie, M., 2006, *Introduction to Post-Keynesian Economics*, London : Palgrave Macmillan.

Lucas, R., 1982, "Interest Rates and Currency Prices in a Two-Country World", *Journal of Monetary Economics*, Vol. 10, No. 3, pp. 335-359.

McCallum, B. T., 1990, "Inflation: Theory and Evidence", In Friedmand., B. M., and Hahn., F. H.(eds), *Handbook of Monetary Economics*, Vol. 2, Amsterdam : North-Holland.

Mehrling, P., 2012, "The Inherent Hierarchy of Money ": in L. Taylor, A. Rezai and T. Michl eds, *Social Fairness Economics: Economic essays in the spirit of Duncan Foley*, Routledge, pp. 394-405.

Minsky, H. P., 1986, *Stabilizing an Unstable Economy*, New Haven : Yale University Press.

Mosler, E. J., 1997, "Full Employment and Price Stability", *Journal of Post*

Keynesian Economics, Vol. 20, No. 2 pp. 167-182.

Nakamoto, Satoshi, 2008, "Bitcoin: A Peer to Peer electronic Cash System".

Palley, T., 2003, "Asset Price Bubbles and the Case for Asset-Based Reserve Requirements", *Challenge*, Taylor & Francis Journals, Vol. 46, No. 3, pp. 53-72.

Schumpeter, J. A., 1934, *The Theory of Economic Development*, Cambridge, MA : Havard University Press.

Schumpeter, J. A., 2014, Treatise on Money, Aalten : Wordbridge Publishing. Sidrauski, M., 1967, "Inflation and Economic Growth", *Journal of Political Economy*, Vol. 75, No. 6, pp. 796-810.

Weber, M., 1978, *Economy and Society*, Berkely : University of California Press.

Wicksell, K., 1898, *Geldzins und Güterpreise(Interest and prices)*.

Wray, L. W., 1998, *Understanding Modern Money: The Key to Full Employment and Price Stability*, Cheltenham : Edward Elgar.

Wray, L. W., 2015, *Modern Money Theory: A Primer on Macroeconomics for Sovereign Monetary Systems*, New York : Palgrave Macmillan.